HELDER ANDRADE
SYLVIO BEHRING

INTELIGÊNCIA EMOCIONAL COMO AUTODEFESA E SEGURANÇA PESSOAL

EDITORA CIÊNCIA MODERNA

Editor: Paulo André P. Marques
Produção Editorial: Dilene Sandes Pessanha
Capa: José Renato
Diagramação: Daniel Jara
Copidesque: Equipe Ciência Moderna

FICHA CATALOGRÁFICA

ANDRADE, José Helder de Souza; BEHRING, Sylvio da Matta.

GPCI - Inteligência Emocional como Autodefesa e Segurança Pessoal

Rio de Janeiro: Editora Ciência Moderna Ltda., 2023.

1. Segurança Pessoal
I — Título

ISBN: 978-65-5842-220-4 CDD 323.43

Editora Ciência Moderna Ltda.
R. Alice Figueiredo, 46 – Riachuelo
Rio de Janeiro, RJ – Brasil CEP: 20.950-150
Tel: (21) 2201-6662/ Fax: (21) 2201-6896
E-MAIL: LCM@LCM.COM.BR
WWW.LCM.COM.BR

01/23

Apresentação

Neste livro, GPCI – INTELIGÊNCIA EMOCIONAL como AUTODEFESA e SEGURANÇA PESSOAL, você encontrará todo o conhecimento básico e avançado, necessário para tornar-se um *Expert em Relacionamento Humano.* Você vai adquirir um conhecimento aprofundado e habilidades especiais para se defender nessa guerra do dia a dia, usando a Força com Sabedoria e Elegância. Você vai aprender a lidar com a sua adrenalina e com a adrenalina dos outros, usando a inteligência emocional e estratégias de segurança. Você vai aprender a melhorar a sua Presença Física e vai se surpreender com o ganho de Força de Presença e Autoridade. Tudo isso está perfeitamente conectado e correlacionado com o Uso da Força dentro da Legalidade.

GPCI é um Curso Exclusivo, com metodologia própria, onde você vai aprender a se relacionar com Seres Humanos, a se defender e a defender terceiros com o máximo de eficiência e eficácia. Sim, nós estamos falando de Defesa Pessoal, mas uma Autodefesa com todo o conhecimento Básico e Avançado de Segurança, um curso diferente de tudo que você conhece, já viu, leu ou assistiu; uma Autodefesa recheada de Sabedoria e Elegância. Segundo Paul Valéry *elegância é a arte de não se fazer notar, aliada ao cuidado sutil de se deixar distinguir.* Não é ousadia afirmar que o GPCI, INTELIGÊNCIA EMOCIONAL como AUTODEFESA e SEGURANÇA PESSOAL é o que existe de mais avançado em Segurança e Autodefesa no mundo. É muito arriscado gerenciarmos pessoas cruéis, agressivas, violentas e estressadas, que estejam se comportando de maneira inconveniente, sem uma boa base de Inteligência Emocional e Segurança Pessoal. Assim, com base legal, dentro de um Modelo Internacional – ONU, para o Uso Proporcional da Força, daremos a você um conhecimento básico e avançado de Autodefesa, Liderança e Segurança Pessoal, usando a Inteligência Emocional, Estratégias de Segurança, Comunicação Verbal, Não Verbal e Paraverbal, e os fartos recursos da Autodefesa do Jiu-Jitsu Brasileiro, para preservar a sua integridade física e a de terceiros. O Mestre Sylvio Behring é referência mundial em Autodefesa, e você poderá acompanhar toda a evolução prática, através do site: ***gpci.online***. Esperamos que você dê início ao seu treinamento, começando com uma excelente leitura. Osu.

Introdução

Nossos sentimentos feridos geram os mais variados tipos de comportamento. Assim, se o seu comportamento ou o comportamento inconveniente dos outros andam, de alguma forma, deixando você constrangido, triste ou, quem sabe, estressado, devido às atitudes impulsivas, as vezes agressivas e violentas, outras vezes perigosas e até mesmo infantis, talvez esteja na hora de estudar e refletir sobre as técnicas de GPCI - Gerenciamento Progressivo de Comportamento Inconveniente.

GPCI – INTELIGÊNCIA EMOCIONAL como AUTODEFESA e SEGURANÇA PESSOAL é um curso exclusivo; trata-se de um conjunto de técnicas de comunicação verbal, não verbal e paraverbal, com base na inteligência emocional e qualidade comportamental, aliadas a estratégias de segurança e a autodefesa geral, mas com foco na autodefesa do Jiu-Jitsu Brasileiro que consolidam a competência de relacionamento humano, de forma eficiente e eficaz, mesmo em condições antagônicas; ou seja, desfavoráveis e adversas. Assim, abrange desde a projeção e identificação de possíveis confrontos, conflitos, problemas, crises e escândalos, com suas respectivas análises e avaliações de riscos e consequentes medidas e atitudes preventivas, até a formulação e construção de frases técnicas para o gerenciamento de comportamentos inconvenientes. Perceba que há o envolvimento de renúncias, escolhas e fatores emocionais, uma vez que, você aprende que é obrigado a fazer o que é certo e não aquilo que você gostaria de fazer.

Todos os pensamentos, ideias, pontos de vista e opiniões que apresentamos neste livro são simples, comuns e do conhecimento de todos. Não se trata da descoberta de nenhum segredo, mas os resultados "positivos e negativos" que obtivemos nas nossas caminhadas, e as "conquistas e fracassos" que observamos na vida de dezenas de milhares de alunos, dentro e fora do país. Sinceramente, nós acreditamos que aplicando esses princípios, você transformará de verdade a sua vida; melhorará a sua visão estratégica de segurança, a sua condição técnica e física e, consequentemente, melhorará o seu padrão comportamental, concomitantemente com a sua presença física. Como já dissemos, você tornar-se-á um ESPECIALISTA EM RELACIONAMENTO HUMANO; um estrategista, um analista e avaliador de riscos nessa guerra do dia a dia, e sobretudo, vai aprender a lidar com a sua adrenalina e com a adrenalina dos outros.

Esperamos que você não use este livro para preencher os espaços vazios da sua estante, assim, durante a leitura use e abuse da empatia, seja o protagonista das diversas situações e exemplos usados neste livro. Procure ler os capítulos com calma, observando e avaliando a construção de cada frase, releia e reflita sobre os conceitos, treine as técnicas e depois, aplique-as, transforme toda essa teoria em ação, faça a sua própria experiência com todos os conceitos que serão passados.

Acreditamos que ninguém é bom naquilo que não pratica; você verá esta frase inúmeras vezes durante a leitura deste livro, também acreditamos que disciplina é uma questão de atitude e que tudo começa na nossa cabeça.

Nossa mente precisa ser treinada, preparada e condicionada para trabalhar duro e diariamente. Assim, para alcançarmos o sucesso no gerenciamento de um comportamento inconveniente, precisamos reconhecer de forma consciente e equilibrada um problema bastante comum nas pessoas, que é o de postergar os estudos, protelar a atividade física, tardar o início de dietas e delongar o treinamento de atividades técnicas. Todas estas questões são, nada mais nada menos, que "Falhas de Programação Mental", assim, ao percebermos que as coisas não estão nada bem, que estamos deixando tudo para segunda-feira ou para o dia primeiro ou ainda para o ano que vem, resumindo, estamos sempre empurrando tudo com a barriga, provavelmente estamos passando pelo que batizamos de "Síndrome da Procrastinação".

No GPCI é fundamental trabalhar de forma intensa e comprometida essa "Falha de Programação Mental", e é exatamente isso que nós faremos. Assim, com todas as forças, buscaremos o entusiasmo, sim, "entusiasmo"; trata-se de uma palavra-chave, neste caso precisamos tomar uma atitude, precisamos de disciplina para dar início a uma reprogramação mental. Napoleon Hill dizia que:

"O entusiasmo é um estado de espírito que inspira e incita o indivíduo à ação para cumprir uma determinada tarefa. Mais ainda, o entusiasmo é contagiante e afeta de maneira vital, não somente o entusiasta, como também os que entram em contato com ele".

Por isso é imprescindível que estejamos entusiasmados, entusiasmo é uma palavra de origem grega que significa Deus dentro de nós. É o entusiasmo que nos conduz ao sucesso e não o contrário. Muitas pessoas ficam esperando o sucesso para depois se entusiasmarem, isso não faz sentido. Sucesso, tem tudo a ver com insistência, persistência e exaustão no treinamento, que por sua vez tem tudo a ver com derramamento de sangue, suor e lágrimas.

Sabemos que o fato de conhecermos o segredo do sucesso, não significa que teremos sucesso na vida, da mesma forma, o fato de sabermos como gerenciar um comportamento inconveniente, não é suficiente para que tenhamos a "certeza do êxito" no gerenciamento de um comportamento inconveniente. Acreditamos que a leitura deste livro completa essa lacuna, esse vácuo existente entre o "desejo" e a "conquista do sucesso".

Acreditamos de verdade na mudança, mas infelizmente aqui no Brasil, ainda não somos estimulados a fazer cursos técnicos, também não somos estimulados a ler, não temos o hábito da leitura, o analfabetismo funcional é um fato. Apesar do quadro descrito, acreditamos que você já tenha lido muitos livros, já tenha feito muitos cursos, já tenha estudado bastante e, consequentemente, já tenha recebido muitos conselhos, mas, na prática, qual foi o resultado obtido? Esperamos que tenha sido considerável, produtivo em termos de crescimento, porque infelizmente, para uma grande maioria o resultado é desprezível. Durante um curso ou após um conselho, as pessoas, na sua maioria otimistas, acham que vai dar certo, mas em pouco tempo, a "síndrome da procrastinação" retorna e tudo volta a ser como antes.

Todavia, com relação ao tema em questão, queremos que o resultado seja significativo e de simples entendimento. Garantimos que, se você começar reconhecendo a sua fraqueza, insuficiência, erro, restrição, indisciplina, enfim, qualquer que seja a sua limitação, juntos, trabalharemos o seu subconsciente reprogramando-o, através do treinamento de técnicas elementares para uma boa verbalização, comunicação não verbal e paraverbal, estudo de estratégias de segurança, liderança e prática de autodefesa.

Também juntos, quebraremos alguns paradigmas desnudando o real motivo pelo qual algumas pessoas, com naturalidade e simplicidade, gerenciam com muita habilidade comportamentos inconvenientes. Essas pessoas verbalizam com elegância, diplomacia, autoridade e assertividade e, consequentemente, obtêm o respeito das outras pessoas. Outras verbalizam mal, esbravejam, falam com arrogância e total descontrole emocional e, como resultado, são desconsideradas, destratadas e desrespeitadas; normalmente se comportam de maneira inconveniente e, fazem tudo isso, também, com muita naturalidade.

O objetivo é que você entenda, um pouco mais à frente, as raízes do sucesso para um GPCI eficiente e eficaz, mas também, as raízes da mediocridade e do fracasso que comprometem toda a eficiência e eficácia no gerenciamento de um comportamento inconveniente. Através desse conhecimento iniciamos o processo de transformação, de mudança para melhor.

Você também entenderá como a educação e as influências que recebemos na infância podem comprometer, sobremaneira, as nossas atitudes e linhas de ação e, consequentemente nos conduzir a pensamentos nocivos, hábitos autodestrutivos e a comportamentos inconvenientes. Você aprenderá técnicas simples que, se forem treinadas diariamente, vão auxiliá-lo a substituir hábitos destrutivos e linhas de ação negativas, por hábitos saudáveis e linhas de ação positivas, que vão estimulá-lo a pensar, a raciocinar e a agir com competência nos momentos mais críticos, nos momentos mais difíceis.

Para fechar essa introdução, no Gerenciamento de um Comportamento Inconveniente precisamos reconhecer o inconveniente como alguém importante e, ao mesmo tempo, usando de empatia, reconhecer-se no inconveniente. Sem "educação, respeito e autoridade", não existe GPCI. Quando usamos tecnicamente o GPCI, somos incapazes de ferir o inconveniente.

GPCI é o resumo de todo o respeito aplicado à inconveniência. É a diferença que demonstra através da conduta e atitude, o melhor do profissional.

Como Tudo Começou?

Eram aproximadamente 03:00h da manhã quando o telefone tocou. Com um sentimento bastante ruim, o Sylvio Behring atendeu com a certeza de que algo desagradável havia acontecido; não deu outra, *t*ratava-se de um amigo, Fábio Coruja, avisando que o Maurição estava muito mal numa clínica na Barra da Tijuca.

"Sylvio, o Maurição acabou de levar dois tiros."

Sylvio arrumou-se rapidamente e foi em direção a clínica. Ao chegar, se deparou com uma cena lamentável, triste e muito impactante; Maurição havia levado um tiro e estava morto. Ainda chocado, com as pernas bambas, buscou mais informações e soube que Maurição, num processo de surto, bastante alterado, foi na casa da sua ex-namorada resgatar uma televisão que lhe pertencia. Ao recebê-la das mãos da ex-namorada, soube que ela estava com um namorado novo; completamente descompensado, ergueu a televisão bem alto e jogou-a com toda a força no chão. Nesse momento, preocupado com a segurança da sua filha, seu ex-futuro sogro, com uma pistola empunhada efetuou dois disparos, sendo que um dos disparos atingiu o Maurição num ponto vital, levando-o a óbito. A Legítima Defesa foi caracterizada em razão de um histórico de brigas e violência com a ex-namorada; havia, portanto, um antecedente com agravante pois, tratava-se de um faixa preta 5º grau de jiu-jitsu. Diante do fato, vivendo um terrível momento de angústia e depressão, o Sylvio começou a se questionar nos mais diversos sentidos, mas sobretudo, questionar o seu comportamento nos momentos de estresse aliado ao seu conhecimento sobre as leis:

"Sendo eu um lutador, até que ponto a lei me protege?"
"Por ser Faixa Preta estarei sempre errado?"

Sua cabeça estava confusa. Precisava ler mais a respeito desse tema, precisava estudar mais, entender mais sobre legítima defesa. Não precisou de muito tempo para concluir que como Profissionais de Segurança, lutadores e especialistas em Defesa Pessoal, precisamos desenvolver Qualidade Comportamental e Inteligência Emocional diante de qualquer tentativa de intimidação. Não foi difícil perceber que, havendo chances de verbalizar, devemos conduzir a situação com *"Firmeza de Atitude"*, *"Autoridade"*, mas, sobretudo, com *"Extrema Educação e Inteligência"*. Em pouco tempo, percebeu que uma intimidação não é suficiente para causar entorses ou fraturas em alguém que esteja se comportando de maneira inconveniente.

Aprendeu em pouco tempo que as nossas atitudes não podem ser desproporcionais ao nível de submissão daquele indivíduo; precisamos usar um *"nível de força"* que seja proporcional ao *"nível de resistência oferecido"*. Naquele momento percebeu suas limitações e começou a desenvolver um trabalho de verbalização e inteligência emocional onde, gradativamente, a submissão ganhava uma posição de destaque especial. As técnicas de traumatização continuavam sendo importantes, mas, definitivamente, verbalizar, conectar e dominar o agressor com segurança passou a ser prioridade, passou a ser uma necessidade.

Coincidentemente, nessa mesma época, diante todos os questionamentos, surgiu um seminário do Mestre Rickson Gracie. Especificamente neste seminário, Rickson focou o *"Jiu-Jitsu Invisível"* e com grande destaque, as "*T*écnicas de *Conexão*". Super focado, o Sylvio percebeu rápido, caiu a ficha! As técnicas de conexão passaram a ter uma importância muito maior do que ele havia imaginado inicialmente. Aprender a Conectar com Excelência, dava ao Sylvio Behring o tempo necessário para que ele, usando uma Verbalização Eficiente e Eficaz, prevenisse um possível Confronto. Assim, foi preciso derramar muito sangue suor e lágrimas numa longa e árdua capacitação; comprometimento e foco no treinamento eram palavras-chave. Hoje em dia, obviamente, devido à insistência, à persistência e à exaustão no treinamento, todas essas *Técnicas de Conexão* são feitas pelo Sylvio Behring com bastante naturalidade, e o mais interessante é que foram essas técnicas que me convenceram a abraçar com todas as forças o *Projeto GPCI* - Inteligência Emocional como Autodefesa e Segurança Pessoal.

Como Nos Conhecemos?

Como sócio-diretor de uma conceituada Escola de Formação de Profissionais de Segurança, periodicamente eu recebia representantes dos mais variados estilos de artes marciais que propunham parcerias de todos os tipos, todavia, nossa filosofia sempre foi bem definida. Eu sinceramente não acreditava que fosse ético e racional durante um rápido Curso de Formação de Vigilante, por questões óbvias, passar determinados conhecimentos técnicos de artes marciais, para alunos que nunca praticaram qualquer atividade física. Muitos, além do sedentarismo com as suas consequências, apresentavam-se com vícios que comprometiam sobremaneira a saúde, como cigarro, álcool e até drogas ilícitas. Vale enfatizar que um Curso de Formação de Vigilantes, possui apenas 220 horas/aula de carga horária total, destas, apenas algumas poucas horas são dedicadas ao aprendizado de Conceitos Básicos de Defesa Pessoal previstos em Portaria Ministerial, o que definitivamente não é, nem de longe, suficiente para que um leigo aprenda Autodefesa.

Assim, no final de 2010, recebi a visita do Presidente da Federação de Jiu-Jitsu Desportivo do Rio de Janeiro, professor Rogério Gavazza, acompanhado do Mestre Sylvio Behring, que tinham por objetivo apresentar uma proposta para posterior parceria. Papo vai papo vem, com aquele cuidado diplomático, disse-lhes que não tinha qualquer interesse naquela parceria, expondo-lhes obviamente os meus motivos. Nesse momento, o Mestre Sylvio Behring, que ainda não havia se pronunciado, levantou-se e pediu-me que também me levantasse; levantei-me e ele disse o seguinte:

"Por gentileza Helder, coloque a mão no meu ombro?"

Disse isso posicionando-se diplomaticamente, mas adotando uma postura de abordagem. Imediatamente, atendi ao seu pedido, colocando minha mão sobre o seu ombro. Ao que novamente disse de maneira diplomática:

"O senhor poderia, por gentileza, retirar sua mão do meu ombro?"

Falou com diplomacia, mas exercendo autoridade. Olhei para ele e pensei: *"esse cara é doido?"* No entanto, enquanto retirava a mão, percebi que havia algo muito especial por trás daquela solicitação esdrúxula, e assim, novamente, pediu-me que recolocasse a mão no seu ombro, mas que só retirasse se ele conseguisse me convencer. E mais uma vez ele verbalizou:

"Senhor, eu estou lhe pedindo com toda a gentileza, que o senhor tire a mão do meu ombro; não é justo que o senhor seja tão cruel com alguém que esteja sendo tão gentil. Por favor, atenda o meu pedido."

Tendo me convencido retirei, mas novamente ele me pediu que colocasse a mão no seu ombro, só que dessa vez, quando ele me pedisse para retirar, eu deveria empurrá-lo com toda a força. Mais uma vez ele verbalizou diplomaticamente, com toda a educação.

"Senhor, eu estou lhe pedindo com toda a educação, que o senhor tire a mão do meu ombro."

Quando eu o empurrei, ele estava tecnicamente conectado e quem foi para trás fui eu; como resultado, caí sentado na minha própria cadeira. Imediatamente, ele me pediu desculpas e me perguntou por que eu o empurrei já que ele estava sendo gentil.

"Senhor, perceba que eu estou apenas cumprindo a minha função. Caso o senhor insista, eu serei obrigado a me defender e, como consequência nós iremos para uma delegacia policial. O senhor perderá horas com depoimentos intermináveis. Perceba as câmeras! Som e imagem estão sendo gravados com altíssima resolução."

Avançou um pouquinho mais na demonstração usando técnicas de conexão; após me submeteu com uma chave de punho, de braço e, simultaneamente, com uma verbalização bastante diplomática, o suficiente para que eu percebesse que não se tratava de mais uma venda de Técnicas de Defesa Pessoal, mas, um "upgrade" do Uso Progressivo da Força; assim, olhei para ele e disse:

"Mestre Sylvio Behring, isso realmente me interessa, vamos conversar."

O que ao longo de todos esses anos, devido a um trabalho duro e perseverante, evoluiu para o que hoje apresentamos neste livro.

O Mérito Supremo Consiste em Quebrar a Resistência do Inimigo sem Lutar

É óbvio que ao longo de todos esses anos trabalhamos duro, derramamos muito sangue, suor e lágrimas para chegarmos aonde chegamos. Sabíamos exatamente onde queríamos chegar, mas não tínhamos consciência dos obstáculos que precisaríamos ultrapassar. Nós dois trocávamos nossas experiências, nossas expertises e aprendíamos um com o outro; fizemos inúmeros cursos de especialização, qualificação e aperfeiçoamento, com o objetivo único de transformar toda a teoria em ação.

Percebemos logo no início a necessidade de preparar todos os instrutores dentro dos conceitos técnicos que estavam sendo construídos, sobretudo, prepará-los tecnicamente na Defesa Pessoal Avançada. Tínhamos a certeza de que nada disso seria possível conquistar de uma hora para outra, sabíamos que o treinamento era o grande segredo. Tínhamos uma grande ideia, tínhamos coragem para colocá-la em funcionamento, todavia, sabíamos que sem perseverança desistiríamos na primeira dificuldade, assim, desistir jamais. Tínhamos uma preciosidade nas mãos, contudo, não sabíamos direito como seria trabalhada, talhada e formatada, mas, estávamos entusiasmados e tínhamos muita fé.

Os cursos eram intensos, os instrutores estavam comprometidos e treinavam diuturnamente. Passo a passo construíamos uma *filosofia* bastante consistente, com base em Sun Tzu. Sabíamos que *o mérito supremo consistia em quebrar a resistência do inimigo sem lutar*; assim precisávamos encontrar uma fórmula que consolidasse tudo aquilo que tínhamos em mãos, ou seja, todas as nossas expertises e experiências vividas na caserna, nas academias, no tatame com o jiu-jitsu, com o karate, nas universidades, nos segmentos de segurança pública e privada e, sobretudo, nas viagens e seminários ministrados nos mais diversos países do mundo, com essa *filosofia de Sun Tzu* que gerou o GPCI.

Os instrutores estavam sendo devidamente treinados pelo Sylvio, pois havia uma enorme deficiência na aplicação da Defesa Pessoal. Anteriormente, usávamos apenas técnicas de traumatização, uma vez que a minha base era do Karate Shotokan e Uru-Can, o que contrariava as normas internacionais no Uso Progressivo da Força e, obviamente, tudo aquilo que acreditávamos e estávamos construindo. Precisávamos, portanto, daquelas técnicas de submissão clássicas de defesa pessoal, eficientes e eficazes, específicas do Jiu-Jitsu Brasileiro, principalmente na contenção de um indivíduo com comportamento inconveniente, onde houvesse a necessidade de submetê-lo. Finalizamos o curso após meses de treinamento; todos estavam afiados, bem treinados dentro das técnicas de Defesa Pessoal, com exceção de um instrutor, o Aluízio, que devido a sua postura menos formal, incomodava sobremaneira o Mestre Sylvio Behring.

Certamente ele seria reprovado, pois havia faltado a todas as instruções de defesa de bastão. Tratava-se de uma prova final prática de Defesa Pessoal, estávamos na minha casa onde tenho uma área particular de treinamento. Sylvio pediu-me que conseguisse um bastão para a realização da prova, lembrei-me do Bastão de Comando do saudoso General Aloysio Guedes Pereira, um tio avô da minha esposa Lucila, de Pau-Brasil torneado; servia perfeitamente bem para o que pretendíamos. Entreguei-o ao Sylvio e, juntos, numa troca de olhar percebemos que se saísse de suas mãos, poderia causar um grave acidente. Um a um, todos executaram as técnicas de defesa de bastão com excelência, até que chegou a vez do instrutor Aluízio. Todos sabiam que ele não havia treinado e o Mestre Sylvio Behring estava pré-disposto a reprová-lo, assim, chamou-o e perguntou-lhe se ele estava pronto, ao que prontamente respondeu que sim. Sylvio se preparou, levantou o bastão e quando partiu em direção ao Aluízio ele surpreendeu a todos nós falando alto, claro e em bom tom:

"Mestre Sylvio Bering, por favor coloque esse bastão no chão! O senhor não quer fazer isso! Perceba que o senhor vai me machucar e, certamente nós perderemos horas num hospital. Mestre, reconheço o meu erro e lhe peço, além das desculpas, mais uma oportunidade... Por favor, coloque o bastão no chão, faça o que eu estou lhe pedindo."

Falou com autoridade, mas de maneira respeitosa; assim, o Sylvio olhou-o por alguns segundos, avaliou o pedido e atendeu-o na íntegra, colocando o bastão sobre o tatame, em seguida pediu uma salva de palmas para o Aluízio. Era exatamente o que precisávamos para fechar o projeto. Perceba que o instrutor Aluízio foi o único que conseguiu *quebrar a resistência do inimigo sem lutar*. A partir daí tivemos a certeza das metas que deveriam ser estabelecidas para que os nossos objetivos fossem plenamente atingidos.

Prefácio

Em linha com o pensamento do filósofo Blaise Pascal (1623-1662), que afirmou "A justiça sem a força é impotente, a força sem justiça é tirana", nesta brilhante obra, os professores Helder Andrade e Sylvio Behring nos conduzem a refletir sobre a importância de ser forte, de se aprimorar, sem se esquecer de ser justo ao lidar com outras pessoas. Tal conceito vai ao encontro da importância da sociedade se esclarecer e utilizar mais as palavras ao invés do emprego prematuro da força.

De maneira prazerosa e direta, os mestres Sylvio Behring e Helder Andrade divulgam o curso de Gerenciamento Progressivo de Comportamento Inconveniente (GPCI) como ferramenta de conhecimentos necessários para que o leitor, usando de sua Inteligência Emocional, possa se relacionar com outras pessoas de forma apropriada, possibilitando realizar sua autodefesa e a de terceiros em situações rotineiras ou que poderiam se tornar fora de controle.

A estrutura do livro antevê um alinhamento de assuntos que apresentam experiências pessoais, avançam para a importância do autoconhecimento e a sabedoria do relacionamento interpessoal, e contemplam estratégias para promover uma transformação interior que permitirá o trato correto com outros indivíduos.

A forma como os capítulos estão organizados reflete a preocupação em sistematizar e sedimentar as temáticas em análise/discussão, por meio de uma articulação simples de ideias que facilitam a compreensão por parte do leitor, trazendo referências de pensadores de diferentes culturas e épocas, que possibilitam uma reflexão da psique humana e diversas formas de entender a importância e a necessidade da mudança interior e evolução pessoal.

Em relação aos conteúdos abordados, é importante destacar a preocupação em dar as bases necessárias ao leitor, contribuindo para que este identifique suas vulnerabilidades, saiba superá-las e reforce seus pontos fortes, de forma a quebrar barreiras e exercer sua autoridade pelo convencimento das palavras. A força física, então, se torna o último nível de força a ser empregado.

Ao abordar sobre mudanças pessoais, os autores trazem à tona cinco Linhas de Ação, que objetivam especificamente identificar e treinar o Comportamento, usando a Inteligência Emocional, de modo a evitar que a indignação e a raiva nos conduzam em direção ao erro. Deve-se buscar reconhecer as próprias limitações, controlar os impulsos pessoais, entender a raiz dos sentimentos e transformar a teoria em ação.

Os autores apresentam, ainda, os quatro pilares fundamentais do GPCI, quais sejam: a coluna intelectual, aprimorada por meio de estudos e relacionamentos saudáveis; a coluna física, relativa à saúde física e mental; coluna técnica, busca do domínio do conhecimento por meio da prática contínua; e a coluna espiritual, ou seja, o aprimoramento do espírito e a ligação com Deus.

Ao final da leitura, o leitor terá realizado uma mudança pessoal. A gama de conhecimentos adquiridos possibilitará a transformação daquele que lê o livro em um líder, com expertise em segurança pessoal e na forma de se relacionar com outras pessoas, usando a sua Inteligência Emocional como Autodefesa. O leitor estará preparado para gerenciar conflitos e problemas do dia a dia com medidas e atitudes preventivas.

Gen. de Brigada Ricardo de Castro Trovizo.

Sumário

Capítulo 1

Prepara-te para a Guerra

Neste primeiro capítulo, temos como objetivo específico, proporcionar uma Visão Estratégica do "Estar Preparado".

No mundo, as Forças Armadas treinam para a guerra, o objetivo é sempre matar, ou dependendo da estratégia, ferir o inimigo; tirando do combate pelo menos 2 soldados para transportá-los. Já a Polícia, tem como propósito, tem como escopo, a Proteção da Vida, usando a Força Letal como último recurso, apenas para fazer cessar uma grave ameaça ou agressão letal. A polícia realiza diversas atividades: diligências, prisões, buscas e apreensões. São atividades muito delicadas e dependendo do comportamento do suspeito, a polícia é obrigada a Usar a Força nos mais diversos níveis. Nós, como Especialistas em GPCI, usaremos os mesmos Níveis de Força, mas de forma diferenciada; nós usaremos 2 níveis de Verbalização; uma delas é a Verbalização Diplomática, a outra, é a que faz o Uso da Força da Lei como Ameaça; mas esse assunto será tratado com muito carinho um pouco mais a frente.

Segurança é Prevenção! Nós não podemos ficar esperando que os "Conflitos e Problemas" aconteçam na nossa vida, para depois vir com aquelas ideias geniais, brilhantes e inteligentes para solucioná-los. Com muita frequência eu observo pessoas, evitando falar determinadas coisas e abordar determinados assuntos, por medo, para que essas coisas não aconteçam; elas acreditam de verdade que, se falarem muito sobre um determinado assunto, o problema, o conflito, a crise ou o escândalo acabam sendo atraídos, pura superstição!

Segurança é uma filosofia, é um conceito bem interessante, e é sobretudo um bom negócio, um negócio muito grande, necessário e importante para o bem-estar de muitas pessoas. Assim, nós, Especialistas em GPCI, que lidamos com seres humanos, não podemos tratar dos possíveis conflitos, problemas, crises e escândalos apenas nos nossos momentos de oração, na nossa intimidade com Deus. É necessário que façamos a nossa parte, que "arregacemos as mangas" e derramemos o nosso sangue, suor e lágrimas na conquista dos nossos objetivos.

Há mais de 25 séculos, um General Estrategista de Guerra chamado Sun Tzu escreveu o livro "A Arte da Guerra". Este livro foi escrito em tiras de bambu com treze capítulos. Sun Tzu era um Estrategista de Guerra, mas também um filósofo. Apesar do tempo, seu livro é um best-seller até os dias de hoje. É leitura obrigatória para militares das Forças Armadas do mundo inteiro, leitura obrigatória, principalmente nos cursos de administração de Grandes Universidades, MBA, Doutorados e Mestrados no mundo inteiro. Sun Tzu dizia que:

"A Arte da Guerra é uma questão de vida ou morte, um caminho tanto para a segurança como para a ruína. E que em nenhuma circunstância deve ser negligenciada."

Existe um provérbio em latim, de um escritor romano do 4º século chamado Publius Flavius Vegetius Renatus, que diz o seguinte: "Si vis pacem, parabellum". Belum significa guerra, e com o passar dos anos, o substantivo deu origem à palavra bélico. A frase significa: "Se queres a paz, prepara-te para a guerra".

Eu sempre achei que essa frase pertencia a Sun Tzu, pois o Mestre da Guerra fala praticamente a mesma coisa no seu livro escrito há 2500 anos. Mas segundo os registros a frase é do Vegetius, portanto, o crédito é dele! Se nós quisermos a paz, é necessário que nos preparemos para a guerra. Perceba que a palavra-chave é *prepara-te*. E eu quero que você entenda essa palavra por inteiro, na íntegra.

Há alguns anos, naquele conflito dos EUA com o Iraque/Afeganistão, a mídia apresentou a imagem de uma criança de aproximadamente 8/9 anos, com um uniforme camuflado, coturno, capacete de aço e fibra, cara pintada, e uma submetralhadora nas mãos. Você saberia responder sobre quais as chances dessa criança numa guerra? Pois é, ZERO! Ela não teria a menor chance de sobrevivência. Quero chamar sua atenção para um problema óbvio, mas que muitas pessoas, por algum motivo, não conseguem enxergar; é que uma criança despreparada, mas armada, pode causar estragos incalculáveis antes da sua inevitável morte. Perceba que não basta você estar uniformizado, é imprescindível que você se prepare para entrar naquele uniforme; é fundamental que tenha alguém «preparado» dentro do uniforme.

Os guerreiros antigos usavam o que nós conhecemos como armadura; um negócio feito de ferro, de aço, isso quer dizer que é algo muito pesado. Uma pessoa «despreparada», dentro de uma armadura, morreria ali dentro, não conseguiria andar. Aquilo que deveria salvar sua vida, salvar das flechas e das lanças do inimigo, a mataria; não é verdade? Raciocine comigo, é preciso que dentro da armadura tenha alguém «preparado». Eu quero chamar sua atenção para o seguinte: Se eu vestir uma roupa branca, sapatos brancos, um jaleco branco com um estetoscópio ou um esfigmomanômetro pendurado no pescoço, as pessoas vão achar que eu sou médico. O problema é que eu não sou médico, eu não tenho o conhecimento técnico de medicina, eu não tenho o preparo. Dentro do uniforme existe uma pessoa despreparada. Perceba que o uniforme, simplesmente deixou de ser um uniforme e se transformou em uma desprezível e insignificante fantasia. Eu quero que você perceba a importância do "estar preparado". Portanto, se queres a paz, prepara-te para a guerra.

Capítulo 2

Planejamento Preventivo de Segurança

Neste segundo capítulo, temos como objetivo apresentar o Planejamento Preventivo de Segurança no GPCI.

George Santayana dizia que: "*Somente os mortos verão o final da guerra.*" De fato, a vida é uma guerra! Enquanto estivermos vivos, estaremos em constante guerra; é a nossa guerrinha do dia a dia. Nós também sabemos que "Não existe paz sem sofrimento". A história mundial guarda nos seus arquivos, a caminhada dolorosa de ilustres personagens que derramaram muito sangue, suor e lágrimas antes de conquistarem a tão almejada vitória. Muito provavelmente, se nós fizermos uma rápida retrospectiva da nossa vida, mesmo os mais jovens, seremos capazes de nos lembrar de algo, ou de alguma situação, que só se concretizou após termos passado por poucas e boas. Não é verdade?

Vamos fazer um pequeno exercício? Na verdade, a gente vai fazer uma analogia com o treinamento de um determinado esporte. Pense no seu esporte! Perceba que em alguns casos até sabíamos que o sofrimento era iminente – na hipótese de insistirmos naquele treinamento, mas, apesar de termos projetado o resultado futuro daquela escolha, seguimos em frente na tomada de decisão. Perceba que *"não fugimos"* do sofrimento, muito pelo contrário, caminhamos em direção a ele. Pergunta: *"Tínhamos medo do sofrimento?"* Resposta: *"Claro que tínhamos; mas tivemos Coragem!"* E, talvez, naquele momento de muito medo, até tenhamos dito: *"O que eu estou fazendo aqui?"*

Perceba que coragem não é ausência de medo, coragem é um atributo que nos faz vencer o medo; apesar do medo nós avançamos, seguimos em frente. Eu quero que você continue pensando no esporte. Quando a gente sofria naquele treinamento insano, o desconforto era um fato; ninguém fica confortável numa situação de sofrimento, mas com certeza estávamos felizes, a missão estava sendo cumprida. A evolução, o progresso, a melhora, era um fator motivacional importante. Muitas vezes nós nos encontramos nessas situações de dor e, pensar em desistir, não pode tornar-se uma opção fácil. O sofrimento é inevitável, assim é melhor sofrer para fazer o que é certo. Por exemplo, sofrer ao resistir ao prazer do cigarro, do álcool, da cocaína ou de uma outra situação complicada qualquer, caso contrário, considerando que o sofrimento é INEVITÁVEL, sofreremos as consequências de uma escolha equivocada; acredite, não é nada agradável. É preciso que passemos pelo *"bom sofrimento"*, para *"vencermos"*. Depois de passar pelo sofrimento, vem a Vitória. Reflita a respeito!

Não é apenas filosófico, teológico. É fundamental que seja a base para o GPCI, base para o plano de prevenção de conflitos, problemas e crises, de qualquer profissional que trata com pessoas, que lida com gente. Não podemos nos enganar achando que é fácil, ou que vai ser fácil, porque, definitivamente, não é! Aliás, nunca foi e jamais será! É necessário que você perceba, que é de sua responsabilidade pensar em todas as hipóteses, possíveis e imaginárias que podem acontecer com você, na sua família, no seu ambiente de trabalho, no esporte, no lazer, dentro do ônibus, no metrô, durante a direção do seu automóvel. Perceba que não é só um plano para resolver essas hipóteses complicadas, difíceis, mas, principalmente um plano para "impedir" que elas aconteçam.

Sabemos que Segurança é Prevenção, isso politicamente é péssimo, sabe por quê? Trabalhar preventivamente é algo extremamente difícil, desgastante e cruel. Quando investimos em prevenção, gastamos aquilo que poderia ser considerado lucro, gastamos recursos em algo que simplesmente "não rolou, não aconteceu", normalmente não conseguimos medir aquele investimento. Inevitavelmente tendemos a um questionamento, questionamos a importância daquela despesa, ou mesmo o tempo gasto vigiando, estudando ou praticando. *"Por que gastamos tanto dinheiro em nada?"; "Treino esses movimentos de autodefesa há anos e nunca precisei usar"; "Há cinco anos eu tenho essa porcaria de seguro e nunca usei".* Sabe aquele Profissional de Segurança arrependido, pensando? *"Caramba! Perdi muitas noites de sono e nunca aconteceu nada"; "Perdi muitas horas treinando essas técnicas de tiro e nunca precisei usar".* É legal que nós entendamos que o Planejamento Preventivo de Segurança no GPCI, é o RECURSO que todos nós devemos esperar Gastar ou Praticar, mas nunca desejamos precisar USAR. Que recursos seriam esses? Dinheiro e Tempo – a gente deve esperar gastar; Estratégia e Técnica – a gente deve esperar praticar. Portanto, é o RECURSO que todos nós devemos esperar Gastar ou Praticar, mas nunca desejamos precisar USAR; certo? Claro que não é uma tarefa fácil, mas é gratificante e necessária, inclusive para nós evoluirmos profissionalmente.

Capítulo 3

Base é Tudo!

Neste terceiro capítulo, temos como objetivo conscientizar e sensibilizar você, com relação a sua base, para que ela se torne realmente forte.

Nós vamos avançar um pouco mais, estudando essa afirmativa de Sun Tzu: ***"Aquele que se empenha em resolver as dificuldades, resolve-as, antes que elas surjam... Aquele que se ultrapassa a vencer os inimigos, triunfa antes que as suas ameaças se concretizem."***

Perceba que Sun Tzu, como um bom General, nos orienta a projetar conflitos e problemas, que ainda não aconteceram e, sobretudo, a adotar as medidas e atitudes preventivas, para que eles não aconteçam. Sun Tzu, como um excelente Estrategista de Guerra, nos induz a usar a inteligência emocional, a ouvir o inaudível e a enxergar o invisível. Na verdade, estamos falando de Prevenção, você precisa ter sempre em mente que Segurança é Prevenção, estamos falando de Visão de Futuro. Sun Tzu nos ensina que, antes de nós travarmos uma luta com uma determinada pessoa, devemos primeiro travá-la contra nós mesmos. É o que Sun Tzu nos ensina, no livro a Arte da Guerra. Além do mais, ele enfatiza o Espírito de Corpo, o Espírito de Liderança, e a Capacidade de Planejamento, como base, como fundamento para as nossas batalhas diárias.

Antes de nós entrarmos no conceito de GPCI, é necessário que nós falemos um pouco mais de base, de fundamento. Base é tudo! Existe uma base do Karate, Shotokan e Urucan, chamada Heiko Dachi e Boa Base respectivamente; os pés ficam afastados, um pouco mais que a largura dos ombros, e as bordas externas ficam paralelas. Você vai perceber que nós usaremos muito essa base no GPCI, em razão da Força de Presença que ela transmite. Quando nós ficamos de pé, permanecemos em pé em razão de uma boa base. Caso essa minha base seja comprometida, eu corro o perigo de cair. Minha base pode ser comprometida direta ou indiretamente. O comprometimento "direto" da minha base, seria, por exemplo, devido a uma fratura de um osso de membros inferiores como o fêmur, a tíbia, a fíbula – antigamente chamada de perônio, ou mesmo uma lesão muscular, articular, ligamentar, neurovascular, obviamente de membros inferiores. Nesse caso, minha base estaria diretamente comprometida. Já o comprometimento "indireto" da minha base, seria por exemplo num ambiente onde o piso esteja com óleo ou molhado com sabão, ou ainda em razão de irregularidades no solo como buracos, obstáculos, depressões, enfim, com a base comprometida, a tendência é cair.

Uma casa precisa de uma boa base para ser construída; por exemplo os fundamentos, os alicerces, sobre os quais se apoiam as estruturas externas de uma construção. Sem base, ela corre o perigo de cair. Perceba que não é por acaso, que na EDUCAÇÃO chamamos de *Ensino Básico ou Ensino Fundamental.* Uma criança que não recebe a devida atenção, a devida orientação e acompanhamento dos pais, dos responsáveis, ou mesmo dos professores nesse importante fase, certamente FARÁ um *Ensino Médio Fraco*, por "DEFICIÊNCIA NA BASE" e com um Ensino Médio fraco, ela corre o perigo de desistir, inclusive, do Ensino Técnico; corre o perigo de jamais chegar ao Ensino Superior pela falta da base.

Perceba que a mesma analogia vale para qualquer esporte. Vamos pegar como exemplo o Jiu-Jitsu? Um Faixa Branca que não recebe a devida atenção, a devida orientação e acompanhamento do seu professor, nessa importantíssima fase, muito provavelmente apresentará deficiências técnicas devido ao comprometimento da base, e certamente correrá o perigo de desistir do jiu-jitsu, desistir do esporte. Voltando a Educação, talvez por isso, observamos tantos "**Analfabetos Funcionais**"; *o indivíduo até sabe ler o texto, mas não sabe interpretá-lo.*

O objetivo é que você seja conscientizado e sensibilizado agora, no início dessa leitura, para que você também conscientize e sensibilize o seu filho, o seu aluno, ou aqueles que você ama, com relação a Base, para que ela se torne realmente forte. Essa base é que vai possibilitá-lo! Essa base vai dar ao seu filho, ao seu aluno, a você, a condição "de usar plenamente", o potencial que existe dentro de cada um de nós. Com essa base nós podemos avançar um pouco mais; vamos ao conceito de GPCI?

GPCI é um Curso de AUTODEFESA Exclusivo com metodologia própria, onde você vai aprender a se defender com o máximo de eficiência e eficácia. Uma Autodefesa diferente de tudo que você já viu, recheada de Sabedoria e Elegância. GPCI é um conjunto de Técnicas de Comunicação Verbal, Não Verbal e Paraverbal, aliadas as Estratégias de Segurança e a Autodefesa do Jiu-Jitsu Brasileiro. Tudo isso, de uma forma ou de outra, é que vai consolidar a nossa competência de relacionamento com as pessoas, com eficiência e eficácia, mesmo em condições hostis, desfavoráveis e adversas.

Capítulo 4

Conhecer-se e Conhecer o Inimigo

Neste quarto capítulo, temos como objetivo específico, proporcionar uma Visão Estratégica do "Conhecer o Inimigo".

Cabe nesse momento algumas perguntas para a sua reflexão:

1. *Na sua opinião, o que leva as pessoas a um comportamento inconveniente?*
2. *O que leva você a um comportamento inconveniente?*
3. *Com qual frequência, você observa um comportamento inconveniente?*
4. *Com qual frequência você é questionado ou contrariado?*
5. *Com que frequência você questiona e contraria as pessoas?*
6. *Com qual frequência você se ofende?*
7. *Com qual frequência você ofende as pessoas?*

Com relação a pergunta *número 3*, faça a reflexão com base em você e nos outros; certo? Feita a reflexão, nós vamos analisar mais uma das estratégias de Sun Tzu; são três afirmativas que ele faz, em uma das suas clássicas colocações estratégicas. Eu peço que você leia com bastante atenção:

"Se você se conhece e conhece o inimigo, não precisas temer o resultado de cem batalhas; se você se conhece, mas não conhece o inimigo, para cada vitória haverá uma derrota; mas, se você não se conhece e não conhece o inimigo, perecerás em todas as batalhas."

Pergunta:
"Em qual dessas três afirmativas de Sun Tzu, você se enquadra?"

Pense um pouquinho, e se for o caso, leia mais uma vez. Na verdade, todos nós, ao longo da vida, estaremos sempre enquadrados, em uma das três afirmativas. Vamos analisar juntos, a primeira afirmativa?

"Se você se conhece e conhece o inimigo, não precisas temer o resultado de cem batalhas".

Isso quer dizer que você vai se dar bem em todas as batalhas! Certo? Resposta: Não! Claro que não! Vamos analisar juntos e detalhadamente – Primeiro, que essa palavrinha INIMIGO, precisa ser bem entendida. Quando Sun Tzu fala inimigo, não necessariamente ele está falando daquele inimigo tradicional que nós conhecemos. Perceba o seguinte: se eu me conheço e conheço o meu chefe, eu saberei, exatamente o que fazer, e o que não fazer para preservar o meu emprego. Não quer dizer, que eu vou poder fazer e acontecer, que vai estar tudo certo. Não; não vai rolar assim! Se eu me conheço e conheço a minha esposa, eu saberei muito bem, o que fazer e o que não fazer, para manter a paz e a harmonia no meu casamento. Se você se conhece e conhece o seu cliente, você sabe exatamente como proceder, como agir, como e o que exigir do seu funcionário, do seu fornecedor, para deixar o seu cliente feliz, satisfeito.

Se você não se preocupar em *"superar as expectativas do seu cliente"*, além dos detalhes do tipo: respeito, credibilidade, agilidade, presteza e qualidade no atendimento, certamente você perderá o cliente. Acredite, é assim que funciona. Cliente é Cliente! Cliente quer ser tratado como Rei! Aprenda duas regras rapidamente: Regra Número 1: *Cliente tem sempre razão!* Regra Número 2: *Caso o cliente não tenha razão, retorne a Regra Número 1;* simples assim. Qualquer outro detalhe, você deve resolver usando o bom senso e a inteligência emocional, mas veremos esse tema com mais profundidade nos próximos capítulos.

"Se você se conhece, mas não conhece o inimigo; para cada vitória haverá uma derrota".

Estamos falando de cinquenta por cento, eu posso me dar bem, mas também posso me dar mal; verdadeiramente estamos lidando com 50%. Nesse caso, é preciso que nós sejamos inteligentes; não é prudente agir na impulsividade, e jamais devemos subestimar o inimigo. Finalmente,

"Se eu não me conheço, e não conheço o inimigo, vou sofrer, vou perecer em todas as batalhas".

É inevitável! Muitas vezes isso acontece conosco. Diante de uma determinada situação, a gente fala: *Como foi que eu fiz isso? Como eu pude ter falado aquilo? Como eu pude ter me comportado daquela maneira? Como eu fui capaz de tratar aquela pessoa, daquele jeito?* Ou seja, naquela situação, ou naquele momento, por algum motivo, eu não me reconheci, tampouco reconheci o inimigo.

Capítulo 5

Admitir o Eu Não Sei

Neste quinto capítulo, temos como objetivo específico, conscientizar que "reconhecer que não sabe", é a maneira mais inteligente de encontrar soluções.

Charles Darwin dizia que "*a ignorância gera mais frequentemente confiança do que o conhecimento: são os que sabem pouco, e não aqueles que sabem muito, que afirmam de uma forma tão categórica que este ou aquele problema nunca será resolvido pela ciência.*"

Existe um fenômeno chamado *"Efeito Dunning-Kruger"*, que leva pessoas que têm pouco conhecimento sobre um determinado assunto, normalmente adquirido numa tela de computador através de uma simples teclada, a acreditar que sabem mais do que aqueles que têm total domínio sobre aquele mesmo tema. O estudo da Ilusão de Superioridade foi demonstrado através de muitas experiências realizadas por *Justin Kruger e David Dunning*, na época eles eram investigadores da *Universidade de Cornell.* Os trabalhos foram publicados no *Journal of Personality and Social Psychology em dezembro de 1999.* Essa "loucura" faz com que essas pessoas tomem decisões erradas, mas de forma convicta. Na verdade, é a própria incompetência que as impedem de reconhecer o próprio erro. Na psicanálise esse comportamento inconveniente é conhecido como *"Superioridade Ilusória"* ou *"Efeito Acima da Média"*, a pessoa superestima suas próprias habilidades e qualidades em relação as mesmas qualidades e habilidades de outras pessoas. Muitos estudiosos acreditam que esse comportamento é fruto de uma cultura e da educação recebida. David Dunning traçou uma analogia muito interessante e que vale a pena refletir a respeito.

"Se você é incompetente, você não consegue saber que é incompetente... As habilidades necessárias para fornecer uma resposta correta são exatamente as habilidades que você precisa ter para ser capaz de reconhecer o que é uma resposta correta. No raciocínio lógico, na educação dos filhos, na administração, na resolução de problemas, as habilidades que você usa para obter a resposta correta são exatamente as mesmas habilidades que você usa para avaliar a resposta. Portanto, nós demos continuidade as investigações para apurar se a mesma conclusão poderia ser verdadeira noutras áreas. E para nossa surpresa, era bem verdadeira." David Dunning

Quando nós analisamos, avaliamos e fazemos um estudo de situação dos nossos pontos "fortes e fracos", depois projetamos todos os conflitos e problemas que poderão acontecer e, adotamos todas as medidas e atitudes preventivas necessárias, estamos na verdade fazendo uma "Análise e Avaliação dos Riscos" do ambiente em que vamos entrar, para gerenciar um determinado comportamento inconveniente. Conhecer-se e conhecer o "inimigo" são Fatores Críticos de Sucesso de qualquer Planejamento Estratégico, sobretudo, para lidar com pessoas que estejam se comportando de maneira inconveniente. Perceba que o que era básico, fundamental para Sun Tzu, não era o que ele sabia, mas exatamente o que ele não sabia. Autoconhecimento é o mesmo que Autognose, significa *Conhecer-se.* Reconhecer que não sabe, é a maneira mais inteligente de encontrar soluções em um panorama de incertezas, não é verdade? O orgulho e a vaidade acabam impedindo que muitas pessoas admitam o "eu não sei", por um motivo bastante simples, trata-se daquela questão do julgamento e, especificamente nesse caso, o julgamento da sua incompetência. Esse é o real problema. Quando você estiver vivendo um momento crítico, difícil, de crise, a atitude mais inteligente é: reconheça. Abandone imediatamente sua falsa sabedoria e mergulhe na sinceridade do "EU NÃO SEI". Nós, como líderes, sempre enfrentaremos ao longo da vida, as mudanças; elas são inevitáveis. O problema é que nesses momentos de transição, nesses momentos de mudança, geralmente entramos, caímos no chamado "Vale do Desespero", e não necessariamente estávamos no "Pico da Ignorância"; é preciso que saibamos sair desse vale com sabedoria e velocidade, para continuarmos tocando o nosso negócio. Quando saímos do Vale do Desespero, saímos ainda mais fortalecidos, mais preparados. As pessoas que mais sofrem, as que têm mais dificuldade para sair do Vale do Desespero, são aquelas que passam por aquele fenômeno que nós já comentamos, chamado *"Dunning-Kruger Effect".* Essas pessoas estavam no "Pico da Ignorância", e despencaram lá de cima, se esborracharam no Vale; é perfeitamente compreensível que tenham muito mais dificuldade para sair daquele lugar. Sair do "Vale do Desespero" significa que a ficha caiu, significa que a pessoa evoluiu, significa que aquele problema foi superado. As mudanças pelas quais geralmente nós passamos, compreendem basicamente dois elementos: Mudança Organizacional e Mudança Comportamental. Essas mudanças geralmente vêm precedidas por medo, incredulidade, dúvida e, obviamente, desespero. Quanto mais "emocionalmente preparados" nós estivermos, mais facilmente nós sairemos desse vale.

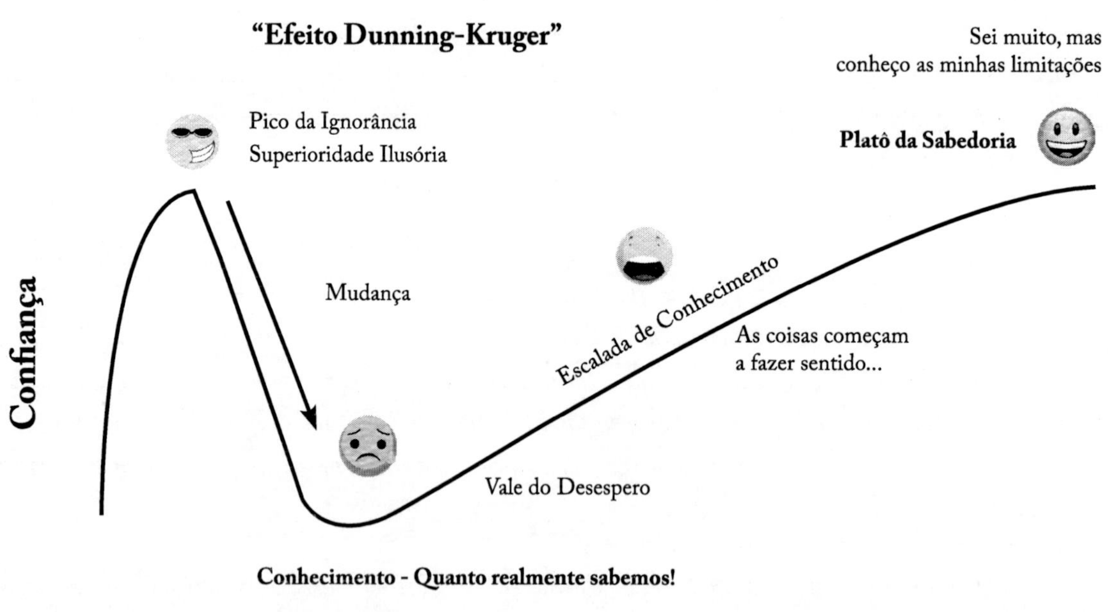

Como vimos, muitos se dizem especialistas, que sabem de tudo, mas grande parte com uma incrível superficialidade. Saber que sabe é saber; ok, mas saber que não sabe, também é saber. Assim, devemos eliminar esses padrões mentais limitadores que nos impedem de resolver determinados problemas, estamos falando de problemas maiores e mais complexos do tipo «crise de alta complexidade». Nós devemos treinar duro, sempre, mas normalmente nós só descobrimos que possuímos determinadas competências quando somos colocados sob pressão, em situações de alto estresse, de risco. É exatamente nesses momentos, de extrema pressão, que nós acabamos descobrindo soluções incríveis.

Quando reconhecemos nossa fragilidade, essas «forças incríveis» simplesmente surgem do nada, simplesmente despertam e assim nós conseguimos enfrentar com sucesso todas as ameaças, que estão sempre por aí aguardando pacientemente, na espreita.

Normalmente, nos estressamos muito nos *momentos de transição*, nos *momentos de transformação*, só que ao longo da nossa vida nós vamos viver muitos momentos iguais; "covids" são inevitáveis, assim não se abata, não tenha medo, esteja preparado, certamente virão outros. Resistir a uma transformação implacável, com estratégias inteligentes, é dar murros em ponta de faca, tendo as mãos protegidas por ataduras com pomadas antissépticas, é algo quase insano, trata-se de uma estratégia fadada ao fracasso. *A melhor estratégia, a melhor tática,* é nós nos adaptarmos à transformação, quebrando a resistência do inimigo sem lutar; fazendo com que as coisas aconteçam, ou melhor, fazendo dar certo. Aí sim, nós vamos tentar influenciar o caminho, a trajetória da mudança, a fim de obter vantagens sobre ela – e claro que sob pressão, e sob pressão, em situações de alto estresse, é que nós normalmente descobrimos que possuímos determinadas competências. Aliás, esse é o TREINAMENTO DE ALTA PERFORMANCE, no ALTO RENDIMENTO. Portanto mantenha o equilíbrio, acredite firmemente nisso e esteja preparado, simplesmente porque é um fato.

Capítulo 6

Uma Arma para os Bravos

Neste sexto capítulo, temos como objetivo específico, conscientizar que a Não Violência é uma Arma para os Bravos.

Mahatma Gandhi dizia que ***"A Não Violência nunca deve ser usada como um escudo para a covardia; é uma arma para os bravos".*** O que Gandhi quer nos ensinar? Perceba que, com clareza, Gandhi diz que: *"A não violência é uma arma para os bravos"*, ou seja, quem deve pregar a não violência são os bravos. Quem deve pregar essa "filosofia", são os bravos, ou seja, "Você" deve pregar a "Não Violência". Os seus filhos, os seus alunos devem pregar a não violência, e você é o responsável por ensiná-los, sensibilizá-los e conscientizá-los a esse respeito. Os fracos, os medrosos, os medíocres, os despreparados devem, simplesmente, se calar. Uma vez eu li que *"a expectativa é a mãe da frustração"*, só que nós não devemos usar isso como um escudo para encobrir a nossa inocência, a nossa ingenuidade ou despreparo.

A frustração é uma das emoções humanas mais comuns. Nós precisamos aprender a lidar com ela, e dominá-la. Quando nós subestimamos e não trabalhamos isso, o resultado é, inevitavelmente, estresse e depressão. Eu e o Sylvio temos uma grande expectativa! Mas sabemos que um mínimo de dedicação e empenho deve rolar da sua parte. Nós esperamos de verdade, que esse livro dê a você um preparo técnico e uma condição emocional bem legal, mas não é algo mágico! É preciso que você queira aprender e, sobretudo, esteja predisposto a treinar, porque *ninguém é bom naquilo que não pratica.*

Retomando Gandhi, quando você tem plena consciência do seu preparo, do seu potencial, você é capaz, inclusive, de absorver agressões verbais, pressões psicológicas. Vamos fazer um exercício como exemplo? *Empatia é sentir o que se sentiria, caso estivesse no lugar ou circunstância experimentada por outra pessoa,* ou seja, colocar-se no lugar do outro. Assim, usando de empatia, eu peço que você se coloque, na posição de um pai, com um filho de aproximadamente 1 ano e meio. Perceba que uma criança nessa faixa etária, acabou de aprender a andar, e fala pouquíssimas palavras, não é verdade? Ok. Você está com um furúnculo muito inflamado na perna, com um "quadro álgico" altíssimo. O tecido da calça encostando na sua pele lhe causa muita dor. Bom! Você está distraído, e o seu filho te dá um chute, exatamente ali, no furúnculo! Você vai nas nuvens de tanta dor. O que você faz?

Você pegaria o seu filho, e daria um gancho de direita na ponta do queixo? Depois colocaria o moleque sentado sobre uma mesa bem alta e leria a bíblia de gêneses a apocalipse? Depois leria Sócrates, Platão e Aristóteles, após ter lido Tristão e Isolda? Seria essa a sua atitude? Claro que não. Perceba que, mesmo que "aquela pessoa", tenha feito mal a você, você é capaz de perdoá-la e amá-la incondicionalmente. Não é verdade? Sabe por quê? *Porque você tem certeza, de que "ela" não tem, e não teve a menor noção do que fez. Você tem certeza da sua superioridade, do seu preparo, da sua posição sobre ela.* Quando nós temos essa "certeza", quando nós temos esse "preparo";

somos capazes de agir exatamente assim, da mesma forma nas mais diversas situações. É legal nós refletirmos sobre isso.

Acredite, um lutador preparado emocionalmente, vou repetir, preparado; é capaz de entubar agressões verbais, agressões morais, e até mesmo físicas, e administrar superbem, determinados conflitos, probleminhas do dia a dia; aquilo que, aparentemente, parece impossível de ser entubado. Um profissional bem-preparado emocionalmente, simplesmente administra e sempre sai por cima, com categoria, e normalmente, após as implacáveis, as inevitáveis reflexões, é aplaudido! Todos, todos sempre respeitam de verdade, essas pessoas; em razão da sua autoridade, em razão do seu equilíbrio e personalidade. Assim, com este pensamento filosófico, *"Uma arma para os bravos"*, é que desenvolvemos o GPCI.

Capítulo 7

Coragem Não É Ausência de Medo

Neste sétimo capítulo, temos como objetivo específico, conscientizar que coragem não é ausência de medo, mas um atributo que nos faz "Vencer o Medo".

Diz uma antiga fábula que um rato vivia angustiado com medo do gato. Uma fada teve pena dele e o transformou num gato. Mas aí ele ficou com medo do cão, por isso a fada o transformou num forte Pitbull. Então, ele ficou com muito medo da onça e a fada o transformou num enorme leão. Foi quando ele se encheu de medo do caçador. A fada já irritada, o transformou num homem; mas aí ele ficou com medo do camundongo. Desta vez, de "saco cheio", irada, estressada e furiosa, a fada desistiu. Transformou-o num camundongo e disse:

"Nada que eu faça por você vai ajudá-lo, porque você tem a coragem de um camundongo".

Aristóteles dizia que, *Coragem é a primeira das qualidades humanas, porque garante todas as outras.* É uma analogia, é óbvio que estamos falando de Comportamento Humano. Conheço pessoas que tiveram os melhores mestres, os melhores orientadores, os melhores líderes e mesmo assim fracassaram por medo; portanto, o problema não foi "liderança".

Não estou falando de fama, tampouco de dinheiro, de fortuna, estou falando de algo muito maior. É por isso que a gente não deve culpar as religiões. As nossas atitudes é que precisam mudar, nosso caráter precisa ser transformado; portanto, coragem! Caso contrário a gente não evolui. A gente vai continuar, como dizem os paraquedistas, no solo, sem jamais enxergar o infinito, ciscando como galinha; mas vale lembrar, que nós somos águias e não galinhas.

Bruce Lee dizia que *"Esperar que a vida te trate bem porque você é uma boa pessoa, é como esperar que um tigre não te ataque porque você é vegetariano."* Em outras palavras, esperar que as pessoas te respeitem, te tratem com educação e carinho, sejam éticas, sejam gentis porque você é um ser humano legal, bacana e bonzinho, é como esperar que um tigre não te devore e saboreie, porque você só come alface, tomate e agrião. Coragem, é um atributo necessário, para gerenciarmos o comportamento inconveniente, de pessoas indignadas, estressadas, com raiva, enfim por algum motivo, desequilibradas emocionalmente. Vale reiterar que Coragem não é a ausência de medo; "coragem" é a capacidade de avançar, apesar do medo. O medo precisa ser superado através da nossa coragem. Acredite, é preciso coragem, muita coragem, para enfrentarmos os desafios existentes nas relações humanas.

Você vai perceber que, gradativamente, nós vamos entendendo, nós vamos compreendendo a filosofia do GPCI. Eu vou abordar esse próximo tema de forma objetiva, com ênfase no "Uso Progressivo da Força"; também chamado de *Uso Diferenciado da Força*, eu particularmente gosto do *Uso Proporcional da Força*, mas, tem também quem chame de *Uso Comedido, Uso Seletivo da Força* e por aí vai. Todos estão certos na sua essência. No mundo, as Forças Armadas treinam para a guerra; o objetivo é sempre matar ou, preferencialmente, ferir o inimigo. Numa guerra, um soldado ferido, torna-se um enorme problema para a tropa. Já a Polícia tem como propósito, tem como escopo, a proteção da vida, usando a Força Letal como último recurso, apenas para fazer cessar uma grave ameaça ou agressão letal. Nós, Especialistas em GPCI, usamos os mesmos Níveis de Força, mas de forma diferenciada. Nós acreditamos que, na grande maioria dos casos, é perfeitamente possível nós administrarmos os conflitos e problemas através da Inteligência Emocional aliada as Técnicas de Comunicação Verbal e Não Verbal; por esse motivo nós usamos 2 níveis de Verbalização, mas, esse assunto será tratado com muito carinho um pouco mais a frente.

Capítulo 8

Necessidades Estratégicas

Neste oitavo capítulo, temos como objetivo específico, conscientizar que Inteligência Emocional e Qualidade Comportamental são Necessidades Estratégicas.

O assunto que nós vamos abordar merece uma especial atenção, falaremos das Necessidades Estratégicas para o GPCI. Estrategicamente eu necessito desenvolver Inteligência Emocional e melhorar as minhas Qualidades de Comportamento, para que eu me relacione bem com as pessoas, com gente, com seres humanos de uma maneira geral, sobretudo, consiga gerenciar os possíveis comportamentos inconvenientes dessas pessoas. Perceba que o emocional, se nós permitirmos, vai fazer da nossa vida, pura adrenalina, uma vida de emoções que não nos permiti pensar, tampouco buscar o equilíbrio. Nesse tipo de vida, que é uma escolha, dificilmente seremos lúcidos e equilibrados, pois quando a emoção é muito intensa, a razão se afasta. Essa oscilação de emoções diversas, impede que a razão esteja presente, uma vez que nós vivemos furiosos, indignados, ou apaixonados, ou sorumbáticos, ou eufóricos, ou deprimidos, enfim, vivemos com uma mutabilidade emocional exorbitante.

É fundamental que nós entendamos a diferença entre equilíbrio emocional e inteligência emocional. *Equilíbrio Emocional é a capacidade mental de nos mantermos estáveis e elegantes, diante dos conflitos e problemas.* Já a *Inteligência Emocional*, tem relação com a Inteligência Social do Daniel Goleman. *Além de manter a estabilidade e elegância diante dos conflitos e problemas, reconhece e avalia os próprios sentimentos e os dos outros.* Super aconselho que você leia o livro "Inteligência Emocional" do Daniel Goleman.

É óbvio que a inteligência emocional tem uma relação bastante intima com o GPCI. Etimologia é a ciência que investiga a origem das palavras, portanto, etimologicamente a palavra «inteligência» se originou a partir do latim intelligentia, oriundo de intelligere, em que o prefixo inter significa «entre», e legere quer dizer "escolha". Assim, seria a nossa capacidade de escolha dentre as mais diversas possibilidades ou opções que nos são apresentadas; só que com um agravante, sob o efeito de muita adrenalina. Para isso precisamos fazer uma análise, uma avaliação e um estudo de situação de todas as vantagens e desvantagens da escolha, projetando o resultado futuro dessas possíveis escolhas, necessitando para isso da capacidade de raciocinar, pensar e compreender, ou seja, a base do que forma a inteligência. Propositalmente, nós não vamos nos aprofundar nesse tema, tendo em vista que a Inteligência Emocional está implícita em todas as Técnicas de Gerenciamento de Comportamento, sobretudo, dos Comportamentos Inconvenientes.

Alteridade também é colocar-se no lugar dos outros, mas reconhecendo a individualidade, as diferenças que existem no ser humano; e respeitar esse fato. Empatia é sentir o que se sentiria caso estivesse no lugar ou circunstância experimentada por outra pessoa. Muitas vezes, alteridade e empatia se fundem e confundem com a Inteligência Emocional. Sabe aquela qualidade, aquela capacidade de enxergar as mais diversas situações e possibilidades pela visão dos outros? Um dos principais elementos da inteligência emocional é a facilidade de conexão com as pessoas. Eu tive a oportunidade de ter sido criado solto em Inhaúma, próximo a Nova Brasília, no Complexo do Alemão, um bairro da zona norte, subúrbio do Rio de Janeiro, e de ter estudado, graças a uma bolsa integral, no Metropolitano, um colégio tradicional de classe média alta. Particularmente, eu gosto muito dessa "harmonia", o *"conhecimento da malandragem da rua"* e o *"conhecimento da sabedoria da escola"*; acredito que essa combinação, esse cruzamento por si só explique uma melhor adaptação e flexibilidade de certas pessoas, na condução de determinados conflitos e problemas, além da confiança diferenciada nas tomadas de decisão. Por outro lado, o Sylvio conseguiu harmonizar o conhecimento da malandragem da rua, com o conhecimento da sabedoria da escola num nível ainda maior, pois harmonizou também com a diversidade cultural dos vários países onde residiu.

Quando nós usamos e abusamos da Inteligência Emocional nas atividades do dia a dia, entendemos com mais essência, com mais profundidade e simplicidade, a diferença que existe entre aquilo que é IMPORTANTE e aquilo que é NECESSÀRIO. Quando, por falta de inteligência emocional, priorizamos aquilo que é importante, ou preterimos aquilo que é necessário, destruímos qualquer possibilidade de êxito na elaboração de um Plano de Segurança na administração de conflitos; nosso Planejamento passa a ser ineficiente.

Geralmente nós priorizamos as demandas de maior urgência; ok! O problema é que nós priorizamos aquilo que *"nós achamos"* que é de maior urgência. Por orgulho, por vaidade, muitas vezes, nós subestimamos a orientação de especialistas ou das pessoas envolvidas direta ou indiretamente naquela demanda. Claro que a decisão é nossa, isso não está sendo questionado, mas precisamos fazer sempre uma análise, uma avaliação criteriosa antes de decidir, e isso envolve o "Ouvir e Escutar". Eu quero que você perceba que aquilo que é IMPORTANTE, eu posso deixar para depois, eu posso "empurrar com a barriga", mas o que é NECESSÁRIO, não! Só um detalhe, também existem as BOBAGENS. O que é importante eu até posso deixar para depois, ok! mas, eu não posso deixar de fazer. Certo? Acho que merece ser reiterado, "EU NÃO POSSO DEIXAR DE FAZER". Com relação as bobagens, são apenas bobagens, as vezes até ajudam na produção de dopamina, aquele hormônio neurotransmissor, que nos dá a sensação de prazer e bem-estar.

Vamos fazer um pequeno exercício? Eu vou fazer algumas perguntas e você vai respondendo mentalmente, e eu, simultaneamente, vou tentando fundamentar as respostas, ok? O oxigênio é importante? Não; o oxigênio é uma necessidade, não existe nenhum gás que possa substituí-lo; se ele acabar, nós que dependemos dele, morremos, portanto, é uma necessidade. A água é importante? Não; a água é uma necessidade, não existe nenhum líquido que possa substitui-la; se ela acabar, tudo acaba, portanto, é uma necessidade. E o petróleo é uma Necessidade? Não, o petróleo é importante. Ele realmente é o responsável por diversas guerras no mundo, contudo, é apenas importante. Caso acabe essa fonte de energia, podemos substitui-la por inúmeras outras fontes, tais como: energia solar, energia elétrica, energia eólica, energia atômica, álcool, biodiesel, magnética, ... enfim, existem inúmeras outras fontes de energia.

Através do discernimento, nós precisamos analisar, avaliar e fazer um estudo de situação dos RISCOS de uma determinada AÇÃO, buscando avaliar o que é importante e o que é necessário para que a ação tenha sucesso. Sempre com simplicidade, precisamos projetar o resultado futuro das nossas possíveis ações, adotando todas as medidas e atitudes preventivas para que elas aconteçam, para que elas dêem certo. Reiterando, é fundamental que saibamos identificar aquilo que é "importante" e aquilo que é "necessário" para que a ação tenha sucesso. Simplicidade é uma palavrinha chave; um bom planejamento exige simplicidade.

Capítulo 9

Planejamento Estratégico e Conceitos Básicos de GPCI

Neste nono capítulo, temos como objetivo específico, desenvolver um olhar ainda mais estratégico na projeção do resultado futuro das nossas possíveis escolhas.

Tem uma frase do Leonard Thiessen, que diz o seguinte: *A simplicidade é o último grau de sofisticação;* um bom planejamento exige simplicidade. Desenvolver "visão de futuro" através de um "treinamento diário"; desenvolver um olhar ainda mais estratégico na projeção do resultado futuro das nossas possíveis escolhas, vai nos ajudar bastante na administração de determinados conflitos e problemas, e para isso existem técnicas; e elas são simples, aliás, elas devem ser simples. tentar administrar sem uma base estrutural, na impulsividade, sem metodologia e sem as técnicas, raramente teremos um bom resultado. No *Planejamento* nós entramos com a M*etodologia,* ou seja, os *Meios*. Na *Estratégia* nós entramos com *a Inteligência Emocional*, com a *Criatividade*, com o *Estudo de Situação*, com as A*nálises e Avaliações*, com as a*tualizações* e a B*atida do Martelo.*

Muito provavelmente você conhece, ou já ouviu falar de Análise SWOT. Trata-se de uma ferramenta de gestão usada no Planejamento Estratégico, não só de empresas, mas também de novos projetos. O termo SWOT, são as letras iniciais das palavras inglesas: Strengths (Forças), Weaknesses (Fraquezas), Opportunities (Oportunidades), e Threats (Ameaças). Em português ficou conhecido como Análise ou Matriz FOFA, iniciais das palavras: Forças, Oportunidades, Fraquezas e Ameaças. Através dessa matriz nós fazemos análises e avaliações dos mais diversos cenários para Tomada de Decisão. As Forças e Fraquezas são relativas a quem *Bate o Martelo*, quem toma a decisão; *Ambiente Interno*, ou seja, *"Você e Sua Empresa"*. Já as Oportunidades e Ameaças dizem respeito aos *Fatores Externos*, aqueles que estão "Fora do seu Controle". Na *Análise SWOT,* esses dois cenários são chamados de Ambiente Interno e Ambiente Externo, respectivamente.

As Forças são os recursos especiais do espaço privativo interno, que a "sua" empresa possui, para conseguir desenvolver o resultado que você visualiza. Por exemplo, você tem a melhor estrutura, conforto, qualidade, segurança, e ainda os funcionários mais técnicos....

As Fraquezas são as partes que atrapalham, que impedem, que dificultam você de desenvolver o resultado almejado. Por exemplo, os colaboradores são intolerantes, antipáticos e verbalizam com arrogância, não existe pontualidade....

As Oportunidades são os cenários externos que podem surgir e serem usados para desenvolver o resultado pretendido. Por exemplo, devido a pandemia o governo reduziu as taxas e possibilitou um determinado investimento; isso poderia ajudar você a alcançar o resultado pretendido.

As Ameaças são os fatores externos que podem impedir você de desenvolver o resultado projetado. Por exemplo, devido a crise econômica o governo resolveu taxar e cortar os investimentos; isso poderia impedir você de alcançar o resultado.

Isto posto, a partir de um Estudo de Situação e de uma Análise e Avaliação bem estruturada, 4 estratégias podem ser desenvolvidas:

- Você pode Usar as Forças, ou seja, seus Recursos Especiais, para fazer com que as Oportunidades aconteçam; por exemplo usando de forma inteligente a Propaganda e Marketing.

- Você pode Usar as Forças, os seus Pontos Fortes, para reduzir as possibilidades de Ameaças identificadas; por exemplo, a previsão é que o calor será o mais cruel dos últimos 30 trinta anos, e você tem como ponto forte os melhores aparelhos de refrigeração, além da melhor equipe de manutenção, água gelada....

- Você pode examinar e procurar entender Como as Fraquezas, ou seja, os Pontos Fracos da sua empresa podem impedir que as Oportunidades aconteçam; por exemplo, a verbalização arrogante dos colaboradores gerou muitos processos com indenizações que comprometeram os lucros, e sobretudo, a imagem da empresa.

- Você pode minimizar Perdas e Impactos Negativos, que as Fraquezas e Ameaças podem causar, projetando resultados futuros com cenários mais críticos, guarnecidos de medidas e atitudes preventivas; certo?

A pergunta seria: *Como reduzir as chances de uma Fraqueza possibilitar uma Ameaça?* bom, talvez investindo numa determinada área, treinando os colaboradores, enfim, eliminando o máximo de fraquezas possíveis.

Da mesma forma, nós que lidamos com gente, que tratamos com seres humanos, precisamos saber que a Matriz SWOT é uma ferramenta de gestão que também pode e deve ser usada como modelo no Gerenciamento de Comportamentos Inconvenientes. Quando gerenciamos um comportamento inconveniente (nós estamos falando de algo maior, e não algo pontual) nós precisamos fazer Estudos de Situação, Análises e Avaliações dos Cenários para a Tomada de Decisão.

Quando falamos de Forças e Fraquezas, estamos nos referindo ao Especialista no seu "Espaço Privativo" e no "Espaço Social", correspondente ao Ambiente Interno. Privativo é o espaço exclusivo do especialista, o próprio nome deixa isso claro. O Social, é o espaço onde as pessoas circulam livremente, mas sob a visão, domínio e controle do especialista; cenário interno.

Quando falamos de Oportunidades e Ameaças, estamos nos referindo aos fatores externos, que estão fora do controle do Especialista, entre eles o "Espaço de Possibilidades", onde tudo pode acontecer, correspondente ao ambiente externo. Portanto, precisamos ter consciência desses três espaços: Espaço Privativo, Espaço Social e Espaço de Possibilidades.

As Forças são os "Recursos Técnicos Especiais" que nós possuímos; são as habilidades técnicas e o conhecimento adquirido, que nos ajudarão a desenvolver e conquistar o resultado que nós visualizamos.

As Fraquezas são as habilidades e o conhecimento técnico que nós não possuímos; portanto, que podem dificultar, ou mesmo impedir, que o resultado almejado seja alcançado, concretizado.

As Oportunidades são os cenários externos que podem surgir e serem usados para alcançar o resultado pretendido.

As Ameaças são os fatores externos que podem nos impedir de desenvolver, ou mesmo conquistar, o resultado projetado.

Isto posto, a partir de um Estudo de Situação e de uma Análise e Avaliação bem estruturada, 4 estratégias podem ser desenvolvidas:

- Nós podemos usar as Forças, ou seja, os nossos "Recursos Técnicos Especiais", nossas Habilidades e todo o Conhecimento Técnico Adquirido, para fazer com que as Oportunidades aconteçam;

- Nós podemos usar as Forças, nossas Habilidades e Conhecimento Técnico Adquirido, para reduzir a possibilidade de Ameaças Identificadas;

- Nós podemos examinar e procurar entender como as Fraquezas, ou seja, Habilidades e Conhecimento que *"Nós não possuímos"*, podem impedir que as Oportunidades aconteçam; e finalmente,

- Nós podemos minimizar ou mesmo eliminar conflitos, problemas, crises e escândalos, que as Fraquezas e as Ameaças podem causar; *projetando cenários preocupantes com resultados futuros críticos,* mas obtendo através desse estudo de situação, Soluções Virtuais Concretas, fundamentadas nas possíveis medidas e atitudes preventivas.

A pergunta seria:
Como reduzir as chances de uma Fraqueza possibilitar uma Ameaça?

Em se tratando de Relacionamento Humano, nós precisamos definir algumas questões antes do "Planejamento Estratégico", do tipo:

1. Qual é o Cenário? Quando nós falamos do cenário, nós estamos envolvendo todos os detalhes, os mínimos detalhes do tipo: Como é o ambiente que você está e, como e o que você vai administrar? Outra questão é...

2. Qual é o seu Objetivo? Onde você quer chegar? Qual é a sua previsão de tempo para administrar? Mais uma questão...

3. Quais serão as suas Linhas de Ação? Quando nós falamos das linhas de ação, eu quero saber quais serão os "recursos técnicos" que você vai usar? É necessário que você tenha isso bem fundamentado. Claro que ao longo do livro, nós vamos aprender muitos "Recursos Técnicos", todavia essas questões são básicas.

4. Qual a sua Missão? Ou seja, a "Razão de Existir"; o que você se propõe a fazer, o que você pretende atingir, resultado com o inconveniente; você deve enxergar com clareza e objetividade o resultado que você espera do inconveniente e, também, da opinião pública. Qual o seu propósito no gerenciamento desse comportamento?

5. Qual a sua Visão? O que se pretende atingir no futuro; sua perspectiva a longo prazo, onde você pretende chegar, o que você quer alcançar com esse gerenciamento, algo atingível; o que você busca no futuro (anseios, aspirações, metas e objetivos)

6. Quais são os Valores? Quais são os Princípios que orientam o comportamento? (sociais, éticos, morais, espirituais, econômicos...)

Nós vamos avançar um pouco mais nos Conceitos Básicos, nos Conceitos Fundamentais de GPCI. Sun Tzu usa o tempo todo a dicotomia "Guerra e Paz"; a verdadeira Paz é algo utópico na sociedade humana – *Se queres a paz, prepara-te para guerra.* É por isso que Sun Tzu nos ensina que conforme nós vamos administrando o conflito, à medida que o conflito vai sendo evitado, nós devemos aprimorar a FORÇA. Nós devemos melhorar as habilidades, a capacidade de análise, de avaliação, estudo de situação e, sobretudo, a "eficácia na estruturação". Cabe uma pergunta; *o que seria Eficácia na Estruturação?* Nós precisamos desenvolver a capacidade de elaborar a própria conduta no GPCI, porque não existem regras fixas, apenas devemos seguir fielmente a linha técnica que está sendo ensinada, dominando, submetendo o inimigo, preferencialmente, sem lutar; mas, individualmente, devemos desenvolver dentro dessa linha técnica, o nosso próprio jogo, devemos *elaborar a nossa própria conduta no GPCI.*

Ao longo da nossa trajetória, sobretudo na Segurança Privada, muitos foram os Profissionais de Segurança contratados devido a sua Presença Física, e sumariamente demitidos em razão da ineficácia na "*Tomada de Decisão*". Segurança é Prevenção! Nós precisamos permitir que o discernimento, essa capacidade instintiva que nós temos, e que é comum a todos os seres humanos, se revele nesse mundo de possibilidades. Por isso, mais uma vez é pertinente lembrar Sun Tzu, quando ele diz que: *"Não existem regras fixas na guerra"*. Vimos ainda a pouco que, Missão é o mesmo que Razão de Existir. A nossa Missão, ou seja, a Razão da nossa Existência como Especialistas em GPCI é Administrar Conflitos e Problemas"; logo somos aqueles que administram conflitos e problemas, jamais criamos. Para nós, ADMINISTRAR significa Adotar Medidas e Atitudes Preventivas; normalmente, esse tema exige um pouco mais de esclarecimento.

Quando eu administro uma empresa, quando eu administro a minha casa, eu preciso adotar medidas e atitudes preventivas o tempo todo; por exemplo: eu apago a luz, desligo o ar-condicionado quando eu saio do meu escritório, isso para que eu pague menos energia no final do mês; o mesmo acontece com a água, telefone, gás. Eu tenho o arroz, o feijão, o açúcar do dia a dia; quando um item do dia a dia acaba, eu vou lá na minha dispensa (eu não vou na rua); eu adotei essa "medida, essa atitude preventiva", e na primeira oportunidade eu vou ao supermercado e reponho aquele item. Isso vale para tudo! Nós precisamos estar sempre analisando, avaliando e adotando medidas e atitudes preventivas. Isso seria administrar para que a casa/empresa funcione bem; como eu disse vale pra tudo! Acho que cabe uma pergunta:

Se a minha Missão é Administrar Conflitos e Problemas, o que seria um Conflito?

Um Conflito é algo menor do que um Problema. Perceba que o Conflito se manifesta quando é preciso optar diante determinadas situações que podem ser consideradas antagônicas. Todas as situações de Conflito, necessariamente são antagônicas, são contraditórias e, de alguma forma, desestabilizaram a ação ou a batida do martelo, por parte de uma pessoa ou de um grupo de pessoas.

Ok para o Conflito! Mas o que seria então, um Problema?

O Confronto é um Problema. Problema é algo maior do que o Conflito, mas, menor do que uma Crise/Escândalo. Problema é aquilo que não se consegue lidar, nem tratar com facilidade; definitivamente não é algo simples. Confronto é a ação de se opor violentamente; pode evoluir para uma Crise/Escândalo. Os Conflitos, Problemas e Confrontos estão no "Intramuro". As Crises e os Escândalos estão no "Extramuro", ou seja, os clientes externos, a mídia, os meios de comunicação tomaram conhecimento; vazou.

Com essa base, qual seria a Essência da nossa Missão?

Na verdade, são três as Essências da Missão; substituindo a palavra "Administrar", pelo conceito dado, que é Adotar Medidas e Atitudes Preventivas, chegaríamos a 1ª Essência da Missão: Adotar Medidas e Atitudes Preventivas, para que, os Conflitos e os Problemas (projetados) não aconteçam; isso é Administrar!

Sim, mas, e se eu já estiver diante de um Conflito?

A 2ª Essência da Missão é Administrar o Conflito; porém, acho que cabe reiterar uma pergunta: "O que seria um Conflito?" Reiterando – Um Conflito é algo menor do que um Problema. O Conflito se manifesta quando é preciso optar diante determinadas situações que podem ser consideradas antagônicas. Todas as situações de Conflito, necessariamente são antagônicas e, de alguma forma, desestabilizaram a ação ou a batida do martelo, por parte de uma pessoa ou de um grupo de pessoas. Sendo o Conflito algo menor, eu não posso permitir que ele evolua para um Problema. Portanto, devemos administrá-lo, ou seja, devemos Adotar Medidas e Atitudes Preventivas para que ele não evolua para um Problema.

Sim, mas, e se eu já estiver diante de um Problema?

A 3ª Essência da Missão é Administrar o Problema; porém, acho que também cabe reiterar uma pergunta: *"O que seria um Problema?"* Reiterando – Problema é algo maior do que o Conflito, mas, menor do que uma Crise; fica entre a Crise e o Conflito. Problema é aquilo que não se consegue lidar nem tratar com facilidade. Da mesma forma, eu não posso permitir que ele evolua para uma Crise/Escândalo. Portanto, devemos administrá-lo, ou seja, devemos Adotar Medidas e Atitudes Preventivas para que ele não evolua para uma Crise/Escândalo.

Se, de verdade, nós entendermos a importância da Missão e das Essências da Missão, nos tornaremos bons Analistas e Avaliadores de Riscos além de Especialistas em Relacionamento Humano. O grande segredo é o treinamento; isso mesmo, "treinamento"; insistência, persistência, exaustão no treinamento. Perceba que ninguém é bom naquilo que não pratica.

Capítulo 10

Quebrar a Resistência do Inimigo, Sem Lutar!

Neste décimo capítulo, temos como objetivo específico, conscientizar que o mérito supremo consiste em Quebrar a Resistência do Inimigo Sem Lutar.

Vamos estudar mais uma estratégia de Sun Tzu? O Mestre da Guerra sempre nos surpreende com suas Estratégias... dessa vez ele nos ensina que ***"O mérito supremo, ou seja, o maior de todos os méritos, consiste em quebrar a resistência do inimigo sem lutar"***; sem estresse, sem tiro, sem brigas, sem agressões, sem bate boca. Parece utópico? Acredite, não é! Estamos em Guerra. Claro que uma Guerra diferente, uma guerra de valores morais, sociais, éticos, religiosos, culturais, econômicos. Guerra política e científica (o Covid 19 está aí; é um fato). Apesar de nós observarmos um número significativo de pessoas vulneráveis (pessoas susceptíveis de serem magoadas, ofendidas), existe um número muito maior de pessoas que não desejam ser "derrotáveis"; são pessoas que jamais desistem, querem o sucesso, buscam o êxito. George Santayana nos ensina que *"Somente os mortos verão o final da guerra"* ... Se você está aqui, lendo esse livro, você é um exemplo disso. Não é verdade?

Atualmente as guerras são bem diferentes. A inteligência emocional é, sem sombra de dúvidas, uma arma poderosíssima. As guerras são travadas, sobretudo, no campo da psicologia, e como nós podemos observar, pois já é do nosso conhecimento, é travada nas mais diversas áreas. Os grandes vencedores conseguem quebrar a resistência do inimigo, sem lutar; sem a menor necessidade de acionar a tecla do gatilho. Sun Tzu dizia que *a Arte da Guerra é de importância vital para o Estado; e que em nenhuma circunstância deve ser negligenciada.* Nós não temos a menor dúvida da necessidade dessa arte, no gerenciamento de pessoas ou grupos de pessoas que, por algum motivo, estejam se comportando de maneira inconveniente; reiterando que "*o mérito supremo consiste em quebrar a resistência do inimigo sem lutar*".

Vamos para mais uma reflexão?

O que é que você faz todos os dias, insistentemente?

Pense a respeito! Certamente você é muito bom nisso. O problema é que é uma faca de dois gumes, vale para coisas boas, e para coisas ruins também. Se você insiste em fazer algo errado, você vai ficar muito bom nisso também; seja lá o que for que você esteja fazendo errado. Vale inclusive, aliás vale sobretudo, para o nosso Comportamento. Precisamos no dia a dia, treinar exaustivamente nossas emoções, que geram os mais variados tipos de comportamento.

Aristóteles nos ensina que: *"Somos o que repetidamente fazemos; a excelência, portanto, não é um feito, mas um hábito"*. Ele também disse, que *"A educação tem raízes amargas, mas os seus frutos, são doces"*. E é uma verdade, é uma questão de educação, de treinamento. Assim, se eu tenho por objetivo gerenciar o comportamento inconveniente de alguém, é fundamental que eu esteja preparado, treinado para que o meu comportamento se mantenha equilibrado durante o gerenciamento; caso contrário seremos dois inconvenientes, e não é isso que nós queremos. Seguindo nessa linha de Aristóteles, qualquer um pode ficar furioso; é fácil demais. Agora, ficar furioso com a pessoa certa, na medida certa, na hora certa, pelo motivo certo e da maneira certa, não é fácil! Não vai rolar dessa forma; então, como isso acontece?

Nós, seres humanos, temos pouco ou nenhum controle sobre os nossos feedbacks emocionais e fisiológicos, ou seja, nossos sentimentos. Quando "batemos de frente", quando nos confrontamos com algo que acreditamos que "esteja errado", ou também fatos que nos desagradam profundamente, ficamos indignados, com raiva. O sentimento de indignação, de raiva ou ódio, é inevitável em razão dessa resposta fisiológica, entretanto, nós não temos qualquer controle sobre os nossos *Sentimentos;* porém, se treinarmos exaustivamente, com certeza, aprenderemos a controlar o nosso *Comportamento.*

Stephen Covey, autor do livro *"Os sete hábitos das pessoas altamente eficazes"* (Esse é um dos livros que nós indicamos) diz que: 10% da vida, estão relacionados com o que se passa com a gente; 10% da nossa vida tem relação com os nossos Sentimentos. Nós não temos qualquer controle sobre 10% do que nos sucede. Nós não podemos evitar, as pessoas chatas, evitar que o pneu fure, evitar que o trânsito fique congestionado, evitar que o sinal fique vermelho. Nós não podemos nem mesmo, evitar que um maluco jogue água suja no para-brisa limpinho do nosso carro. Todavia, 90% estão relacionados, com a *forma "Como Nós Reagimos ao que Passamos",* ou seja, 90% da nossa vida, estão relacionados "com a forma como nós nos Comportamos", devido aos Sentimentos. Nosso Gerenciamento, nossa Reação, enfim, o nosso Comportamento, determinará os outros 90%.

A título de curiosidade, nas Glândulas Suprarrenais, encontramos o Córtex e a Medula. O Córtex produz vários hormônios, as Corticosteronas, que controlam o metabolismo do sódio e do potássio, e, também, o aproveitamento dos açúcares, lipídios, sais e águas. Já a Medula, produz a Adrenalina e o Cortisol. Quando esses hormônios são lançados na corrente sanguínea, se nós não estivermos bem treinados, o nosso comportamento muda, passa a ser outro, a pessoa fica furiosa; simplesmente surta, e as consequências podem ser desastrosas. Conhecedores de toda essa complexidade no relacionamento humano, é necessário que tenhamos "todo o cuidado do mundo", e vigiemos as nossas atitudes, palavras e linhas de ação, ininterruptamente, dia após dia. Todavia, o mais interessante é que, quando temos o domínio desse conhecimento, fica simples entendermos Sun Tzu quando ele diz que o mérito supremo consiste em quebrar a resistência do inimigo sem lutar.

Vigiar é se relacionar; relacionar-se é um dom, e, todo "dom", precisa ser desenvolvido. Quem não se relaciona se isola, e quando nos isolamos ficamos vulneráveis. Vejam que interessante, uma pessoa vulnerável é aquela pessoa suscetível de ser magoada, ferida, ofendida. O sinônimo de vulnerável é derrotável; perceba que ninguém gosta de pessoas com este perfil, consequentemente se afastam, e as deixam isoladas.

Nós, seres humanos, não somos apenas corpo, também não somos apenas espírito, somos essa dicotomia "corpo e alma"; assim, quando comprometidamente trabalhamos nosso corpo, de alguma forma, o nosso caráter vai sendo talhado, construído. A nossa personalidade vai sendo forjada. Tornamo-nos seres humanos "melhores", não melhores *do que* os outros, mas, melhores *para os* outros. Mais equilibrados emocionalmente, e com uma qualidade de comportamento, facilmente percebida, por todos aqueles que convivem conosco.

Se você tem por objetivo ser o melhor, seja o melhor de verdade. Não basta querer ser o melhor, é necessário que você desenvolva alguns atributos básicos de Liderança, e esteja sempre fazendo uma limpeza interna, jogando fora aquilo que não dá resultado, que não agrega valores. Se você quer ser o melhor, deve se comportar como um verdadeiro líder; liderar é conduzir pessoas na busca dos seus objetivos. Pitágoras dizia que nós somos um grande recipiente, por isso, é preciso que nós estejamos sempre atentos, focados, vigiando o tempo todo e, de vez em quando, devemos nos esvaziar de nós mesmos, para podermos nos alimentar mentalmente daquilo que de fato importa, daquilo que realmente tem valor. Pitágoras dizia o seguinte: *"Purifica o teu coração e a tua mente, antes de permitir que o amor entre neles."* Ele complementava dizendo que: *"até o mel mais puro e mais doce azeda, num recipiente sujo"*. Portanto, "devemos ser o melhor", mas quando nós entendemos isso errado, de maneira equivocada, nós passamos a ser um problema. Deixe-me explicar através do exemplo abaixo!

Um pai aproxima-se do filho, ou um professor do aluno e diz: *"Presta atenção! Eu quero que você seja o melhor."* Como a nossa natureza humana é inclinada ao erro, é comum que aquele pedido seja entendido de maneira errada. Como consequência, aquele filho ou aquele aluno, começa a querer ser melhor do que o fulano, do que o ciclano, beltrano, e se torna uma pessoa insuportável, individualista, arrogante e prepotente.

É fundamental que nós entendamos que, ser o melhor, não é ser melhor *"do que os outros"*, mas ser o melhor *"para os outros"*. Se o fulano está passando por um problema, nós devemos ajudá-lo naquele problema; se o ciclano não entendeu uma determinada técnica, nós o ensinamos; se o beltrano faltou a aula, nós ligamos e procuramos saber o que houve; passamos a matéria pra ele, aí sim, nos tornamos líderes! Consequentemente, gerenciamos comportamentos inconvenientes, com mais habilidade e simplicidade; quebramos a resistência do inimigo, sem lutar. No GPCI nós precisamos de resiliência e simplicidade e não de teorias complexas; a vida não é fácil, mas é simples, precisamos apenas vive-la da melhor forma; as vezes nós complicamos as coisas por querer impor algo absolutamente desnecessário ou ainda por querer mais do que realmente nós necessitamos. O que seria ser resiliente? Resiliência é a capacidade da gente lidar com os conflitos e os problemas de forma equilibrada, é a capacidade de nós nos adaptarmos as mudanças, de superarmos obstáculos, de resistir à pressão de situações adversas, como por exemplo estresse, ou mesmo algum tipo de evento traumático.

Capítulo 11

Exercer Autoridade

Neste décimo primeiro capítulo, temos como objetivo específico, dar início ao aprendizado do Exercício de Autoridade, consciente que exercer autoridade é coragem e consequente segurança.

A Declaração Universal dos Direitos Humanos é um dos documentos básicos das Nações Unidas. Legitimada e proclamada pela Assembleia Geral das Nações Unidas, foi assinada no dia 10 de dezembro de 1948, e nela são enumerados os direitos que todos os seres humanos possuem. O artigo 3º da Declaração, diz que *"Todo ser humano tem direito à vida, à liberdade e à segurança pessoal"*. Perceba que é um direito fundamental *das pessoas de bem* e de acentuada importância, pois é o núcleo de todo esse trabalho sobre GPCI. O artigo 5º diz que *"Ninguém será submetido à tortura nem a tratamento ou castigo cruel, desumano ou degradante"*. Estes artigos nos levam a seguinte reflexão:

"Que resultados podemos esperar de pessoas despreparadas, desequilibradas emocionalmente e sem qualidade de comportamento?"

"O que fazer diante de uma pessoa com comportamento inconveniente?"

"Como agir se essa pessoa for agressiva, arrogante e prepotente?"

"Quais as consequências de uma abordagem errada?"

"Qual o resultado de um gerenciamento malconduzido?"

Nas entrelinhas está implícito que Seres Humanos, de uma maneira geral,10 despreparados e desequilibrados emocionalmente, podem causar muito sofrimento às pessoas; podem submetê-las a castigos absolutamente desnecessários, levando-as inclusive à morte. Você duvida? Certamente o "feedback de compensação" também será uma verdade, ou seja, os despreparados e desequilibrados emocionalmente também sofrerão, de uma forma ou de outra, as consequências dos seus atos. É incrível, mas as pessoas que mais apontam o dedo para os erros dos outros, geralmente são aquelas que mais fazem coisas erradas; não é assim? Esse tipo de postura retrata uma estratégia medíocre, que tem por objetivo desviar a atenção de seus erros.

"Cara, olha *lá! KKKKKKKKK... O traseiro daquele sujeito tá todo empoeirado né!"*

Enquanto o dele está imundo, todo sujo e lambrecado. Certa vez eu li, de um autor desconhecido, que *"A quantidade de pedras que você tem na mão é proporcional ao tamanho da máscara que você usa."* E é uma verdade! Nós vamos tratar desse assunto analisando as inúmeras possibilidades de gerenciarmos o comportamento inconveniente de pessoas com raiva, estressadas e indignadas. Todos nós, se não vigiarmos, podemos ser envolvidos pelas circunstâncias e acabar protagonizando os dois lados, ou seja, nós podemos atuar no palco da vida como "inconveniente" ou como "alvo de um inconveniente".

Assim, conscientes de que somos seres humanos, devemos buscar todo o conhecimento técnico, tendo sempre em mente que nada, absolutamente nada pode alterar a nossa Inteligência Emocional e a nossa Qualidade Comportamental - Necessidades Estratégicas para quem lida com seres humanos. Eu quero chamar sua atenção para o seguinte, *"Exercer Autoridade é Coragem e Consequente Segurança"*, porém, antes de nós entrarmos no tema "Exercício de Autoridade", é preciso que avancemos um pouco mais nas Qualidades de Comportamento.

Quando falamos de Qualidade Comportamental, vale lembrar que todos nós temos inúmeras qualidades de comportamento (elegância, pontualidade, educação, comprometimento, serenidade, assertividade, meticulosidade, tolerância, presteza de atitude, exação no cumprimento do dever...) São qualidades de comportamento, todos nós temos muitas Qualidades de Comportamento e, também, não temos muitas. Ninguém possui todas as Qualidades de Comportamento, e ninguém não possui nenhuma Qualidade de Comportamento. Todos possuímos muitas e não possuímos muitas também. Certo? Entretanto, vale ressaltar que o mesmo conceito, vale também para as deficiências comportamentais; todos nós possuímos muitas e não possuímos muitas também.

Muito bem! O detalhe é que quando avaliamos pessoas, quando avaliamos profissionais que lidam com gente, com o público de uma maneira geral, existem três Qualidades de Comportamento que não podem faltar, não podem deixar de existir; são elas: Iniciativa, Bom Senso e Discernimento. Sem essas Qualidades de Comportamento é impossível, na verdade passa a ser um desastre, tratar, lidar com as pessoas. Você pode imaginar alguém sem iniciativa lidando com as pessoas? Iniciativa tem a ver com pro-atividade, com fazer acontecer; aliás eu diria que vai além de fazer com que as coisas aconteçam; seria fazer dar certo, fazer com que as coisas deem certo... O que eu preciso fazer, para que isso que eu quero, aconteça? O que eu preciso fazer para isso dar certo? Portanto, pessoas "quase parando", "sem iniciativa", geralmente têm sérios problemas de relacionamento.

Já o bom senso e o discernimento estão muito próximos. Discernir significa distinguir, avaliar bem, saber a diferença entre o que é certo e o que é errado. Para que eu consiga usar o bom senso, primeiro eu tenho que discernir. Um exemplo clássico é o seguinte:

Você foi convidado para um almoço ou jantar na casa de uma determinada família. Após a refeição, é certo você arrotar? Resposta, não sei! Talvez sim, talvez não! Veja! Existem países que você demonstra sua satisfação, através desse gesto. Se você não arrotar, você será considerado uma pessoa estranha e sem educação. Portanto use sempre o discernimento para saber se é certo ou errado; em seguida, através do bom senso, proceda da melhor forma. Quando nós gerenciamos um comportamento inconveniente, nós devemos usar o ‹Discernimento› para saber se é certa ou errada aquela abordagem; após, usamos o ‹Bom Senso› para conduzir aquele gerenciamento. Certo? Portanto, Iniciativa, bom Senso e Discernimento são as principais qualidades de comportamento, são as principais características das pessoas que lidam com o público de uma maneira geral.

Gradativamente você vai perceber que todos esses assuntos são imprescindíveis para um «Gerenciamento Técnico" eficiente e eficaz. Agora, nós vamos procurar te sensibilizar e te conscientizar, de forma que você entenda a importância do Exercer Autoridade no GPCI. Exercer autoridade é coragem e consequente segurança. É muito importante que você repita isso, Exercer Autoridade é Coragem e consequente Segurança. Eu preciso que você reflita a respeito; mas, não é possível Exercer Autoridade sem uma boa base. Se nós não estivermos fundamentados, nossa autoridade fica debilitada, ficamos inseguros. Insegurança é aquele sentimento ruim de vulnerabilidade geral, de indisposição, de nervosismo. Geralmente, esse sentimento – insegurança – é estimulado pela falta de treinamento. Treinamento é o grande segredo!

Você já assistiu ou pelo menos já ouviu falar, num filme clássico – na verdade bem antigo, com Michael Douglas: "Um dia de fúria?" Vamos lá, mais uma vez use de empatia. Imagine-se uma pessoa, com um sentimento muito intenso de raiva, ódio, rancor, indignação; que se manifesta através de ofensa, injúria, atentado físico, moral, e ainda que o leva ao desejo de vingança, expressado por cólera e fúria? Talvez um pouco menos, mas, todos nós, já nos comportamos inconvenientemente, em algum momento da nossa vida, e certamente, nos comportaremos de maneira inconveniente, num futuro; talvez não muito distante. Raríssimas pessoas, são capazes de admitir os seus comportamentos inconvenientes, mas com certeza enxergam com facilidade, os comportamentos inconvenientes dos outros.

Há alguns anos, não sei se você se recorda, um indivíduo, no Sul do Brasil, mais especificamente em Porto Alegre, indignado com um protesto liderado por ciclistas, num processo de surto avançou sobre eles, atropelando dezenas de ciclistas que protestavam por uma determinada causa. Por sorte ninguém morreu, mas, "essa atitude impensada e violenta", nos faz refletir, sobre o motivo que o levou a agir daquela forma. Certamente aquela pessoa se sentiu injustiçada, e esse sentimento fez com que ela produzisse hormônios em grande quantidade. Uma quantidade enorme de adrenalina, cortisol e noradrenalina, lançados na sua corrente sanguínea, levou-o àquela loucura; talvez aquele protesto fosse prejudicar um novo negócio, poderia atrasá-lo para uma reunião importante, ou quem sabe levá-lo a ser alvo de chacota, por mais um atraso corriqueiro?

Todas as hipóteses podem e devem ser levadas em consideração, inclusive a de loucura, mas, nada justifica aquele comportamento insano. Eu vou pedir que você faça uma reflexão acompanhada de um pequeno exercício. Talvez seja sofrido, ou cause algum incômodo em você, mas é fundamental que você busque forças e encare de frente esse desafio. Ok?

Todos nós, sem exceção, já fizemos muitas coisas erradas; não é verdade? Se você tivesse uma nova chance, de mudar uma "escolha equivocada na sua vida", o que você mudaria? Reflita e pense a respeito!

Muito bem! Perceba, que pelo simples fato de nós estarmos aqui analisando essa ocorrência, essa do indivíduo que atropelou os ciclistas, provavelmente, caso nós venhamos a enfrentar situações parecidas num futuro, nossas chances de "não cometer esse mesmo erro", aumenta de forma significativa, ou seja, nós também aprendemos com os erros dos outros; se tivermos sensibilidade, não é preciso errar para aprender.

Tal como esse sujeito, as vezes nós ficamos entediados, sem entender e sem saber por que estamos daquele jeito. São muitas coisas na nossa cabeça, ideias novas, reuniões importantes, projetos, cobranças diversas, relatórios com prazo... Não adianta ficar estressado, é bobagem, nada acontece nem antes nem depois. O tempo sempre estará com a razão; as vezes é preciso dar tempo ao tempo. No tempo certo as coisas acabam acontecendo, apenas dê o seu máximo; simples assim! Portanto, é desnecessária a preocupação excessiva. *O tempo é implacável, mas, também, é soberano!*

Capítulo 12

Reconhecimento e Arrependimento

Neste décimo segundo capítulo, temos como objetivo específico, dar continuidade ao aprendizado do Exercício de Autoridade mostrando que as pessoas só fazem conosco aquilo que nós permitimos.

A experiência nos mostra, que a maioria das pessoas que se destacam no GPCI, que entendem e transformam toda essa teoria em ação, são aquelas que naturalmente 'Reconhecem' os seus erros. Essas aprendem com os seus próprios comportamentos inconvenientes e, também, com os comportamentos inconvenientes dos outros, mas não só com os erros, também aprendem com os comportamentos exemplares dos outros.

Dependendo de como nós reagimos ao "sofrimento", que resulta dos nossos "erros", ele se torna nosso aliado. Nossos erros sempre geram muito sofrimento, mas o reconhecimento e o arrependimento do erro, nos dá autoridade e experiência; estas nos conduzem à vitória. Exercer autoridade é coragem e consequente segurança. Perceba que o sofrimento acaba permitindo o reconhecimento dos erros; uma vez reconhecido o erro, somos levados ao arrependimento. O arrependimento está num nível acima do reconhecimento, o arrependimento nos faz dobrar os joelhos e pedir perdão. É como se a ficha tivesse caído, ficamos livres daquilo que nos aprisionava, escravizava; diante de tudo isso, ganhamos "Autoridade" sobre os nossos próprios erros. Ganhamos Autoridade porque, definitivamente, vencemos, eliminamos aquele erro.

Reconhecer é o primeiro passo, mas muitas vezes a pessoa reconhece o erro, mas continua no erro. Por exemplo: "*É! Eu sei que fumar faz mal, mas eu não consigo parar.*" Arrepender-se não! O erro é eliminado de uma vez por todas e isso vale para tudo! Nós não queremos com isso incentivar ninguém a 'errar' para conseguir essa Autoridade, podemos e devemos aprender com os erros, e, também, com os acertos dos outros; isso é ser inteligente. Nós não devemos ficar nos culpando, nós não precisamos carregar sentimentos de "culpa e fracasso" pelos erros do passado. Basta apenas aprendermos com os erros, e "exercer a autoridade que recebemos", ou seja, com sensibilidade e comprometimento, nós devemos impedir, que aqueles que estão ao nosso redor, caíam naquele mesmo erro; isso é exercer autoridade. Todos nós conhecemos "histórias com H", de pessoas que após terem cometido erros gravíssimos, usam sua experiência para ajudar centenas de milhares de pessoas; não é verdade?

Certa vez ouvi, que os erros são inevitáveis ao longo da vida; o que conta é a resposta ao erro. Talvez o remédio mais eficaz para o erro, seja reconhecê-lo. O comportamento ideal é simples, apenas reconheça e, se puder, peça perdão. Um comportamento bastante inconveniente é ficar inventando desculpas. Por exemplo, se você não se comportou bem com alguém, apenas reconheça que o seu comportamento foi inconveniente. Simplesmente peça desculpas, não invente desculpas! Por exemplo: "*É que eu acordei e pisei no xixi do meu cachorro, aí eu fiquei nervoso*" ou "*É que eu me lembrei que um cara me deu uma fechada, aí eu tentei ir atrás dele e não consegui alcançá-lo*". Quando a gente fica inventando desculpas, jamais nos livramos daquele erro; seremos eternos prisioneiros daquele erro. Apenas aprenda a pedir desculpas e reflita sobre o seu comportamento inconveniente. No entanto, é óbvio que, se o seu comportamento causou algum dano, é preciso que você encontre uma maneira concreta de corrigir aquele prejuízo. Algumas vezes não basta pedir desculpas pelo erro, é preciso que paguemos pelo erro, estamos falando de prejuízo financeiro; são as consequências.

Confúcio, disse certa vez, que *a única maneira de não cometer erros é fazendo nada, e que esse, no entanto, é certamente um dos maiores erros que se poderia cometer, em toda uma existência.* Por outro lado, "não fazer nada" já é uma escolha, não há como fugir dessa realidade. Ao tomarmos uma decisão, concomitantemente, estamos fazendo uma escolha. Ao fazermos uma escolha, inevitavelmente corremos o perigo de errar naquela escolha. Nem sempre a gente acerta nas nossas escolhas, não é verdade? As consequências das nossas escolhas são erros ou acertos; essa é a nossa condição humana, Deus nos deu o livre-arbítrio. A gente só não pode se esquecer, que a nossa natureza humana é inclinada ao erro. Portanto, sabedores dessa verdade, cabe a nós vigiar.

Tudo isso serve para que nós, e você, futuro especialista em GPCI, perceba a enorme responsabilidade que pesa sobre os nossos ombros; sua família, alunos, amigos, colegas de trabalho, precisam receber de você, todo o conhecimento que está, e será transmitido durante esse curso. Vale enfatizar que existem erros que não devem ser colocados no mesmo pacote; como por exemplo, o "abate equivocado" com mísseis, de uma aeronave comercial; "erros médicos" com consequentes óbitos ou amputações equivocadas; "disparo acidental" de arma de fogo com morte de inocentes; erro de um controlador de voo causando um desastre aéreo; erro no cálculo estrutural de um edifício; erro no manuseio de material genético com altas concentrações de vírus potencialmente letais, enfim, poderíamos enumerar centenas de erros inadmissíveis, que não se encaixam na filosofia do errar é humano. Não é verdade?

Antes de entrarmos no exercício de autoridade, eu quero falar de um assunto bastante polêmico, mas é fundamental que nós entendamos. Todos nós conhecemos pessoas que tiveram uma vida de erros, erros talvez gravíssimos, seja no crime, nas drogas, na prostituição; e, de uma hora para outra reaparecem com outra roupagem. Agora usam uma camisa social, entraram para uma determinada igreja e estão, de alguma forma, tentando tocar suas vidas. O problema é que as pessoas que os conheceram naquela vida pregressa, desconfiam, ficam com o pé atrás, cochicham entre si:

"Olha só quem tá de camisa social falando que mudou? Irmão, você acredita nesse cara?"

E dão gargalhadas! Pergunta: *O que você acha disso?* Eu quero que você entenda que eu não acho certo as gargalhadas; elas são irrelevantes, mas nós precisamos entender que as pessoas "têm sim" o direito de duvidar daquela mudança. Quem precisa provar que mudou somos nós. Nós que tivemos aquela vida complicada, é que precisamos provar que mudamos de verdade. E isso pode levar bastante tempo, pode rolar ainda muito sofrimento, muito sarcasmo, ironia, deboches de todos os tipos, até que um dia as pessoas comecem a falar:

"Caramba! Eu acho que esse sujeito realmente mudou; e olha que eu não acreditava!"

É fundamental que você entenda que, quem tem que provar que mudou somos nós. As pessoas não são obrigadas a acreditar na nossa milagrosa mudança; não mesmo? Não rola assim. O tempo é implacável! Mas também é soberano! Essas coisas se acertam com o tempo, obviamente, através das nossas atitudes e linhas de ação.

No GPCI, é fundamental que nós entendamos plenamente, o que é autoridade, para que nós possamos exercê-la com eficiência e eficácia. Nós falamos até agora, de uma Autoridade sobre os "erros do passado". Podemos chamar de Autoridade Espiritual. Trata-se de uma Autoridade conquistada através do Reconhecimento e do Arrependimento; entretanto, existe um outro tipo de Autoridade que nos é dada por homens; podemos chamá-la de "Autoridade Humana".

Assim, podemos definir autoridade, como sendo um "Poder" delegado a alguém, por alguém; obviamente, alguém que tem autoridade. Eu não posso dar o que eu não tenho; não é verdade? Todavia vale enfatizar, que a nossa autoridade é limitada, e deve ser exercida. Com relação ao limite, ele é maior ou menor, dependendo de quem nos dá essa autoridade. A minha autoridade de pai vale para a minha família. Eu não tenho autoridade na família dos outros. A minha autoridade como professor, é limitada à minha turma, na minha sala de aula ou no meu tatame; a autoridade de um vigilante, é limitada ao posto de serviço onde ele atua. Perceba que se o Prefeito me der autoridade, eu terei autoridade apenas naquele Município; no entanto se o governador me der autoridade, eu terei autoridade em todo o Estado, mas apenas naquele Estado. Todavia, se o Presidente me der autoridade, eu terei autoridade em todo o país.

Portanto, a minha autoridade é maior ou menor, dependendo de "quem", me dá autoridade! Certo? Até agora nós falamos do limite; nossa autoridade é limitada. Mas, nossa "autoridade também deve ser exercida". Quando nós não exercemos a autoridade que temos, o resultado é sempre muito ruim. Perceba! Se eu não exerço a autoridade que eu tenho na minha família, como pai... certamente virão os desmandos, o desregramento moral; e a família acaba. Se o Prefeito não exerce a autoridade que tem, a cidade vira uma bagunça. Se o Governador não exerce a autoridade que tem, o estado vira uma bagunça. Da mesma forma, se o Presidente não exerce a autoridade que tem, o país vira uma bagunça.

Assim, é necessário que nós saibamos que as pessoas só fazem conosco aquilo que nós permitimos. Nós precisamos nos posicionar, falar "não", enfim, exercer autoridade. Existe uma poesia bastante interessante, chamada "No caminho com Maiakovski". Essa poesia é de um poeta brasileiro chamado, Eduardo Alves da Costa. Eu não vou recitar a poesia, mas ela diz mais ou menos o seguinte:

Roubaram as flores do meu jardim; e eu não falei nada! Depois, entraram no meu jardim sem flores e pisotearam a grama; e eu não falei nada! Depois entraram no meu jardim sem flores, com a grama pisoteada e foram até a varanda, e sujaram tudo; e eu não falei nada! Depois entraram no meu jardim sem flores, com a grama pisoteada, com a varanda suja e foram até a sala, e quebraram tudo; e eu não falei nada! Depois entraram no meu jardim sem flores, com a grama pisoteada, com a varanda suja e foram até a sala, e quebraram tudo; e eu não falei nada! Finalmente, entraram no meu jardim sem flores, com a grama pisoteada, com a varanda suja, com a sala toda destruída e foram até a cozinha. Lá, estupraram! Mataram nossos pais, filhos, irmãos... Agora, mais do que nunca, eu não posso falar absolutamente nada; nunca falei!

Nós vamos permitindo uma coisinha aqui, uma outra ali, e quando nos damos conta, perdemos nossa autoridade. Ela nos foi roubada, por falta de iniciativa, por falta de bom senso e discernimento.

Capítulo 13

Sinceramente Equivocado

Neste décimo terceiro capítulo, temos como objetivo específico, aprender a ser menos impulsivo e preconceituoso para desenvolver uma compreensão mais precisa.

Gradativamente, como você pode perceber, nós vamos avançando e entendendo a filosofia e as técnicas de GPCI. Logo no início, na construção desse livro, uma amiga, psicóloga Danusa Garcia, uma casca grossa, faixa preta de taekwondo, me pediu para ler um livro chamado "The other side of love", "O outro lado do amor", do Dr. Gary Chapman. O Dr. Chapman explica no livro que a "Ira" é, na verdade, o outro lado do amor. Ele diz que enquanto o "Amor" aproxima a gente do outro, a "Ira" nos predispõe contra o outro, entretanto o autor explica que a "Ira" tem propósitos positivos, e que pode e deve ser canalizada para resultados positivos.

Quando nós "batemos de frente" com algo que nós acreditamos que esteja errado, ou também fatos que, por algum motivo nos desagradam, ficamos indignados, irados, com raiva; não é verdade? O verdadeiro objetivo da ira, é fazer com que nós fiquemos motivados e respondamos às "injustiças da vida" com atitudes construtivas, com amor, fazendo de tudo para que a justiça prevaleça.

O Dr. Chapman explica que a ira é algo legal; é boa! A ira é na verdade, um fator motivacional poderoso e positivo, útil, para que nós sejamos impulsionados, a uma atitude amorosa; mas também, para consertar erros, para corrigir injustiças. Sabe qual o perigo? É que a ira pode se tornar contraproducente, trabalhando contra nós, se nós não soubermos lidar com ela.

Claro que você conhece e certamente já assistiu, aos filmes do "Incrível Hulk". O fato interessante, não sei se você se lembra, é que a sua transformação só ocorre, quando o Dr. Banner, de alguma forma, fica extremamente irado, despertando assim o seu lado mais selvagem e assustador; perceba que a analogia é perfeita. Quando nós gerenciamos um comportamento inconveniente, nós precisamos tomar todo o cuidado para não estimularmos na pessoa, sentimentos como raiva, ódio, rancor. É preciso que nós entendamos, como o sentimento de raiva surge. Acredite, não é nada interessante, despertar em determinadas pessoas, esses sentimentos que produzem essas transformações.

Num confronto direto, quando nós "batemos de frente" com algo que nós acreditamos que "esteja errado", surge na hora, o sentimento de indignação que nos leva à raiva. A indignação será maior ou menor, na proporção do nível de importância que nós damos àquilo que acreditamos "que esteja errado". Muitas vezes, devido a um sentimento que surge em virtude de algo que nos contraria, que nos deixa com raiva, corremos o perigo de tomar uma decisão errada, equivocada.

Marco Aurélio dizia, que *"muito mais dolorosas, são as consequências da raiva do que as suas causas."* Ou seja, o que causou a raiva, normalmente é uma enorme bobagem, se compararmos com as consequências. Você consegue perceber isso?

Certa vez, ouvi o relato de um policial militar que realmente me chamou a atenção. Segundo o policial, um amigo fazia sua ronda quando foi acionado por um grupo de pessoas. Elas disseram que havia um enorme tumultuo e barulho de pratos quebrados no interior de um restaurante em frente, e que parecia uma briga, mas que também poderia ser um assalto.

O policial rapidamente informou o fato a central de operações e, cheio de adrenalina, partiu em direção ao local por eles indicado. Chegando, percebeu alguns curiosos que também tentavam identificar o que estava acontecendo. Ao entrar, tomando todo o cuidado no caso de um assalto, viu duas pessoas no chão, ensanguentadas e se "atracando". A que estava por cima empunhava algo, talvez pelo brilho, um metal; quem sabe uma faca!

Neste momento, já com a sua pistola empunhada, precisava tomar uma decisão; atiro ou não? Foi quando decidiu usar, exercer a sua autoridade verbalizando, através de um comando alto e claro. Talvez tenha sido a melhor decisão da sua vida. Na verdade, era uma tentativa de prestação de socorro, a uma pessoa com crise convulsiva. O sujeito apavorado, tentava proteger o amigo garçom que era epilético, para que ele não se machucasse. E com uma colher, tentava desenrolar sua língua.

A cena era terrível, pois no momento da crise, o garçom derrubou uma pilha de pratos. Havia pratos estilhaçados por todos os lados, e esses cacos de vidro, causaram ferimentos nos dois. Eu quero que você perceba que, mesmo que nós estejamos sendo "sinceros", no "*acreditar ser certo ou estar errado*", não significa que nós estejamos com a verdade; podemos estar "*sinceramente equivocados*". Todos nós que possuímos o atributo da sinceridade, corremos o perigo de achar que a verdade está com a gente; esse é um cuidado que todos nós precisamos tomar.

Sinceridade é a segunda qualidade de liderança segundo Sun Tzu, assim, como bons líderes, precisamos desenvolver esse atributo, essa qualidade; o problema é que as pessoas sinceras correm dois perigos. Nós vimos que o primeiro perigo é se achar o dono da verdade, mas o segundo é confundir sinceridade com grosseria; por exemplo, existem aqueles que gostam de esbravejar, alto e em bom tom:

"Eu sou sincero, eu falo na cara, tô nem aí!"

Nesse caso, você definitivamente não é sincero, você é mal-educado. Existem muitas pessoas, que sentem muita dificuldade para estabelecer os limites da sua sinceridade. Até onde é possível eu continuar sendo sincero? e, por esse motivo, acabam se comportando de maneira inconveniente, se prejudicando nas suas relações pessoais e profissionais; as pessoas normalmente, não perdoam essa sinceridade patológica. Nós Especialistas em GPCI, precisamos estar atentos, vigiando, e, ao percebermos um filho, um aluno, um colaborador, um amigo com esse comportamento inconveniente, no momento oportuno e usando a inteligência emocional, precisamos tentar ajudá-lo; quem sabe até, sugerindo que ele busque apoio com um terapeuta, para entender melhor porque isto ocorre e como controlar.

Muitas pessoas acreditam que uma das regras da boa educação é que, uma pessoa educada consegue manter sua boca fechada, no entanto, isto não é uma verdade absoluta. Acredito que o Discernimento e o Bom Senso ajudam bastante; não é verdade? A gente deve treinar! Aprender a controlar a língua é uma questão de Treinamento. Devemos ser capazes de dizer coisas agradáveis, gentis, mas também, ser capazes de fazer críticas quando for necessário. Mais uma vez, o Discernimento e Bom Senso devem estar presentes. Como pais, professores, líderes, instrutores, nós podemos e devemos, nos momentos oportunos, apontar algo negativo com relação àquela pessoa. Mas é fundamental que usando a inteligência Emocional, cuidemos da nossa Presença Física, da nossa Verbalização, cuidemos do Tom de Voz; sempre preocupados com a maneira correta de fazer isto, sem ferir e magoar aquela pessoa, ou o interlocutor, seja ele quem for. É claro que existirão momentos em que, mesmo sendo difícil, nós pais, líderes, instrutores, teremos que ser sinceros e falar a verdade, mesmo que aquela pessoa na hora, não aceite e se revolte. O interessante é que depois, se você fizer dentro da técnica, ela vai se sentir melhor; e vai entender que foi para o bem dela que você agiu assim. Toda a crítica sincera e honesta, quando usamos a Inteligência Emocional, ajuda a melhorar não só aquela pessoa individualmente, mas todas as outras pessoas que convivem com ela. O excesso de Sinceridade significa falta de Inteligência Emocional. É claro que a gente deve ser sincero, mas não a ponto de detonar o outro. Vamos para um exemplo clássico:

Use de Empatia, imagine o cônjuge triste, sorumbático devido um conflito, um problema que acabou de acontecer com o síndico do edifício. Por exemplo, ela(e) chega em casa e conta como agiu diante uma determinada situação, e você, na hora, percebe que ela(e) errou feio. *E aí? O que é que você fala? O que é que você faz? Você atinge o ponto fraco? Coloca o "dedo na ferida" com sal, vinagre e limão?*

É aí que entra a Inteligência Emocional, para nós não detonarmos, para nós não destruirmos ainda mais o emocional do outro. Administre aquela situação, usando uma Verbalização Diplomática:

"Puxa! Entendo perfeitamente bem como você está se sentindo."; "Relaxa! Amanhã as coisas estarão mais claras."; "Vamos sair, vamos fazer algo diferente!"; "Fique na paz, essas coisas se resolvem."

Essas linhas de ação, essas estratégias são eficientes e eficazes. O problema, é quando na impulsividade, nós alfinetamos, com observações do tipo:

"Porra! Você errou feio!" "Você não deveria, jamais, ter falado isso!" "Você não tem jeito né! Com esse seu comportamento inconveniente, você sempre afasta as pessoas!" "Você mereceu o que ouviu; tomara que você aprenda dessa vez." "Você é muito sem noção!"

Portanto, desenvolva esta sensibilidade, todo cuidado é pouco! É legal nós refletirmos a respeito. Dando continuidade, imaginem a seguinte cena: Crianças com idade de nove a doze anos, brincando na rua com uma bola. Você está a uma determinada distância, apreciando a brincadeira e a alegria daqueles meninos. De repente, surge um grupo de jovens adolescentes, alguns praticantes de jiu-jitsu, com a orelha estourada, fazendo a maior algazarra, e acabam com a brincadeira das crianças.

Um deles, de forma agressiva, pega a bola e grita: *"Cala a boca"!* Em seguida saem rapidamente levando a bola, deixando as crianças tristes, desoladas. *O que você sente diante deste relato? Causa indignação em você? Qual seria a sua reação, caso estivesse por perto? Reflita!*

Primeiro é preciso manter o equilíbrio, usando a inteligência emocional e a qualidade comportamental, você se lembra? São necessidades estratégicas; certo? Só assim, conseguiremos raciocinar e agir com competência, diante momentos críticos, difíceis, situações como essa que, inevitavelmente, nos deixa indignados, com muita raiva; não é verdade?

Só que, ao se aproximar das crianças, você ouve o relato e percebe o que de fato aconteceu. Uma das crianças, era o irmão mais novo do adolescente, aquele que gritou, o dá orelha estourada; lembra? Esse adolescente ficou furioso, quando viu sua bola oficial de couro, que ele havia comprado e cuidava com tanto zelo e carinho, com as crianças, sendo usada no asfalto, e com um agravante, sem a sua autorização. Simplesmente, "irado", ele pegou o que era seu de direito, deu uma bronca no seu irmão; em seguida partiu com seus amigos para o campo de futebol gramado.

Você consegue projetar os danos que podem ser causados, quando nós agimos na impulsividade? Gandhi dizia que *"A raiva e a intolerância são inimigas gêmeas da compreensão correta"*. Existem pessoas que, talvez por patologia, ou mesmo por questões educacionais, criam enormes problemas, se envolvem em situações altamente constrangedoras, devido às suposições malucas que fazem. A nossa natureza humana é preconceituosa, é inclinada ao erro, e isso é um fato. Suposições primárias, nos levam a suposições secundárias, e assim sucessivamente.

Vamos lá, mais uma vez usando de empatia, eu quero que você se imagine sentado, viajando de trem ou metrô, com alguns lugares vagos na composição, inclusive do seu lado. De repente, você percebe um sujeito bastante magro com os cabelos bem ralos, com olhos vermelhos, com olheiras, e com um lenço nas mãos tossindo. O que você pensaria? Como você agiria? Que tal algumas prováveis hipóteses?

"Caramba, tomara que esse cara, não venha pra perto de mim..."; "Será que esse cara tá doente?" "Será que é Covid? Será que essa doença é contagiosa?"; "Tá parecendo AIDS ou acho que é tuberculose"; "Caramba! Sou novo na empresa, se eu ficar doente serei demitido"; "Se eu for demitido terei problemas em casa"; "Sem grana, certamente será o fim do meu casamento"...

Observe que em poucos segundos, criamos a terceira grande guerra mundial, um estardalhaço absolutamente desnecessário; e assim, corremos o perigo de, dominados pelo preconceito, nos comportarmos inconvenientemente. Perceba que em pouco tempo, uma semente minúscula de mostarda, vira um carvalho centenário, apenas em cima de suposições. Perceba também que o preconceito existe em nós, como a gente falou a pouco, faz parte da nossa natureza humana, entretanto, precisamos dominá-lo, para que não sejamos dominados por ele. Essa é, de fato, uma questão que devemos refletir bastante.

Empatia é a palavra-chave; ao percebermos que a pessoa inconveniente acredita de verdade naquela posição, é necessário que sejamos hábeis na argumentação, e tentemos perceber qual o "nível de importância" dado àquela "verdade"; só assim teremos mais chances de êxito no Gerenciamento daquele Comportamento Inconveniente.

A gente vai falar um pouco mais de Sentimento e Comportamento. Há algum tempo eu li um livro muito interessante chamado "*Comunicação Não Violenta*", do *Marshall B. Rosenberg*. As técnicas do autor têm por propósito converter possíveis conflitos numa comunicação serena. Ele ensina ferramentas simples para desarmar argumentos perigosos, criando conexões de compaixão. Logo no início do livro, um poema da *Ruth Bebermeyer*, faz com que nós entendamos o poder das palavras e a importância da empatia na construção de frases que causam impacto emocional; realmente chama bastante a atenção. Eu gostaria que você se colocasse como personagem, que observasse a construção de cada frase nesse poema. O título é uma afirmativa, "palavras são janelas ou são paredes"; diz o seguinte:

Palavras são janelas ou são paredes; elas nos condenam ou nos libertam. Quando eu falar e quando eu ouvir, que a luz do amor brilhe através de mim. Há coisas que preciso dizer, coisas que significam muito para mim. Se minhas palavras não forem claras, você me ajudará a me libertar? Se pareci menosprezar você, se você sentiu que não me importei, tente escutar por entre as minhas palavras os sentimentos que compartilhamos.

Ruth Bebermeyer

No GPCI a gente aprende a importância das palavras, da construção de uma frase de impacto, enfim, a importância de uma boa comunicação verbal quando estivermos frente a frente com o inconveniente. Acontece que concomitantemente com a Força das Palavras, nossa Presença Física deve ser trabalhada de forma 'impecável'. Perceba que é a coerência das nossas atitudes, a grandeza dos nossos gestos e a elegância da nossa comunicação não verbal, que vão definir se o resultado será favorável ou não. Assim, com base no chavão *"Palavras convencem exemplos arrastam"*, faço as seguintes perguntas: *"Será que as nossas palavras estão correspondendo as nossas ações?" "Será que o nosso silêncio encanta?" "Nós estamos nos fazendo entender?"*

Capítulo 14

Sentimento X Comportamento

Neste décimo quarto capítulo, temos como objetivo específico, aprender a escolher bem os Comportamentos diante dos Sentimentos.

Você certamente conseguiu perceber o porquê do Exercício da Autoridade, o porquê dos cuidados com a Elegância e com o Poder de Convencimento. Agora, nós vamos fazer um breve repasse daquilo que nós aprendemos até aqui sobre GPCI; isso para nós continuarmos avançando, mas entendendo e se familiarizando um pouquinho mais com toda essa linguagem e termos técnicos. A gente vai repetir alguns questionamentos, algumas perguntas que já foram feitas, tá legal? Elas devem ser respondidas em silencio, para nós mesmos.

"O que leva as pessoas a se comportarem de maneira inconveniente?"

"Às *vezes nós nos comportamos de maneira inadequada; o que leva você a se comportar de maneira inconveniente?"*

"Com qual frequência você observa um comportamento inconveniente em você e nos outros."

"Você repara, você presta atenção no comportamento das pessoas? Você acredita que as pessoas prestam atenção no seu comportamento?"

"Com qual frequência você é questionado ou contrariado?"

Com qual frequência você questiona e contraria os outros? Você se sente bem contrariando os outros? Você sempre quer ter razão? É importante para você ter razão?

"Com qual frequência você se ofende?"

"Você se magoa facilmente? Com qual frequência você magoa as pessoas? Você se lembra qual foi a última vez que você magoou alguém?"

Você sabe como acontece aquele sentimento de raiva? Nós, seres humanos, temos pouco ou nenhum controle sobre os nossos Feedbacks Emocionais e Fisiológicos, ou seja, nossos Sentimentos. Perceba que quando nos confrontamos com algo que acreditamos estar errado ou, também fatos que nos desagradam profundamente, ficamos indignados, com raiva, ódio, ira. O sentimento de indignação, de raiva ou ódio, é inevitável em razão desta resposta fisiológica; entretanto, não temos qualquer controle sobre os nossos Sentimentos, mas, se treinarmos exaustivamente, com certeza, aprenderemos a controlar o nosso Comportamento. Stephen Covey, autor do livro *"Os sete hábitos das pessoas altamente eficazes"*, nos ensina que 10% da vida está relacionada com o que se passa conosco; e que os outros 90% estão relacionados com a forma como nós reagimos ao que passamos. Portanto, 10% da nossa vida está, de alguma forma, relacionada com os nossos Sentimentos e que não temos qualquer controle sobre esses 10%.

Nós não podemos evitar o congestionamento, os acidentes de trânsito, que chova, que faça calor, que o pneu fure, o "flanelinha", o chato que buzina sem motivo, os sinais e pardais que multam. 90% dos conflitos, problemas, crises e escândalos que vivenciamos no nosso dia a dia, têm relação direta com a forma como nós nos Comportamos devido aos Sentimentos. Nosso Gerenciamento, nossa Reação, enfim, o nosso Comportamento determinará os outros 90%.

Há muitos anos, li uma estória bem parecida com a que eu vou contar; fiz algumas adaptações, mas usando de Empatia, gostaria que você se imaginasse no lugar de um Pai, empresário, saindo para uma Importante Reunião de Negócios, mas antes saboreia um rápido café da manhã com a sua esposa e filhos.

Para adiantar você pede ao seu filho para tirar o carro da garagem; porém, seu filho, distraído e, também, preocupado com o horário, colocou a chave no bolso da calça e foi para a faculdade de metrô, levando a chave do seu carro. Você não tem controle sobre os seus Sentimentos, e o que acontecerá em seguida será determinado, simplesmente, pelo seu Comportamento.

Hormônios (Adrenalina, Noradrenalina e Cortisol) são produzidos em grande quantidade e são lançados na sua corrente sanguínea; você fica furioso! Irado, você pega o seu telefone e liga, mas seu filho está dentro do Metrô e não percebe a chamada. Você continua insistindo e nada... até que, quase explodindo de tanta raiva, seu filho atende. Pelo telefone, você o chama de moleque irresponsável; e seu filho fica bastante chateado e bravo com você.

Totalmente descompensado, você acusa a sua esposa de não ter lhe dado uma boa educação. Nesse momento você mexeu com quem não devia e o tempo fechou. Vespas, cobras e escorpiões surgiram do nada... Indignado, estressado e resmungando, você vai procurar a Chave Reserva, contudo, ao levantar-se esbarra na xícara de café e se suja todo, camisa social branca, calça, cueca e até a meia fica molhada de café.

Algum tempo depois você retorna com outra roupa, mas, ainda mais estressado, pois tudo deu errado e você está quinze minutos atrasado. Sua esposa vai para o trabalho também contrariada. Você ainda tem como responsabilidade, levar a sua filha de carro para a escola. Como está atrasado, dirige em alta velocidade e é multado. Só então percebe que esqueceu a CNH e todos os documentos do automóvel. Depois de 01 hora de atraso, uma séria discussão com o guarda de trânsito, uma multa e o carro rebocado, vocês chegam à escola de Uber, onde a sua filha entra, sem se despedir de você.

Tendo chegado atrasado na empresa, você percebe que também esqueceu o seu Notebook dentro do carro. O seu dia começou mal, você perdeu um grande negócio e tem a sensação de que ficará ainda pior. Você fica estressado o dia inteiro, ansioso para o dia acabar e quando chega em casa, a sua esposa e filhos estão aborrecidos, em silêncio e frios com você. Você tem ideia porque tudo isso aconteceu?

A) Por causa da xícara de café?
B) Por causa dos seus filhos?
C) Por causa da sua esposa?
D) Por causa da multa de trânsito?
E) Por sua causa.

Imagino que você saiba que a resposta correta é a letra "E". Como nós não temos controle sobre os nossos Sentimentos, você não teve controle sobre os seus Sentimentos durante o Café da Manhã. Mas, perceba que o seu dia foi destruído, não em razão dos seus Sentimentos, mas devido a forma como você se *COMPORTOU* naqueles cinco minutos.

Mais a frente, nós vamos falar com mais detalhes as 5 (cinco) linhas de ação para nós lidarmos com pessoas que por algum motivo estejam se comportando de maneira inconveniente, mas os primeiros passos são:

1. ***Reconheça***; admita de forma consciente e equilibrada a sua indignação.
2. ***Não reaja pelo impulso***; não siga os seus sentimentos feridos.
3. ***Procure entender***; tente localizar o foco da sua indignação.

Ao perceber que o seu filho, distraidamente, levou as chaves do carro, então você inspiraria e expiraria profundamente, cinco vezes consecutivas; após, inspiraria o ar profundamente e o liberaria bem lentamente, por três vezes consecutivas; e aí sim diria com toda a gentileza e da maneira mais elegante:

"Filho, não se preocupe, está tudo bem; buscarei a chave reserva. Boa aula pra você filhão, fique com Deus!".

1. ***Analise suas opções***; projete o resultado futuro das suas possíveis escolhas.

Em seguida, você ligaria para a sua empresa e projetaria um possível atraso; levaria, equilibradamente, sua filha ao colégio, e ela certamente iria retribuir com um sorriso e um beijo de despedida.

2. ***Transforme toda essa teoria em ação***; faça a escolha certa.

Você conseguiu perceber a diferença? Perceba que são duas situações iguais, mas com resultados completamente distintos. Essa diferença no desenlace, no cômputo final, é porque aqueles 90% são determinados pelo seu Comportamento. Nós precisamos aprender a escolher bem os nossos Comportamentos diante dos nossos Sentimentos, para não sofrermos de forma Absolutamente Desnecessária.

É claro que nós precisamos corrigir, educar e disciplinar nossos filhos, alunos e quem sabe uma equipe de trabalho, para que eles se tornem motivo de orgulho e nos representem superbem. Todavia, nós não podemos nos esquecer que os maiores conflitos e problemas, geralmente são resultados do nosso despreparo. Nosso Comportamento precisa ser treinado dia após dia. Perceba que nós estamos falando de 90%, e isso não pode ser desprezado de jeito nenhum.

nos esquecer que os maiores conflitos e problemas, geralmente são resultados do nosso despreparo. Nosso Comportamento precisa ser treinado dia após dia. Perceba que nós estamos falando de 90%, e isso não pode ser desprezado de jeito nenhum.

Capítulo 15

Estresse X Cortisol

Neste décimo quinto capítulo, temos como objetivo específico, identificar e usar os sentimentos feridos, com destaque para a raiva, a seu favor.

Nós sabemos que existem regras ocultas de convívio e equilíbrio social. Por exemplo: Quando nós chegamos ou saímos de um determinado local, nós devemos cumprimentar as pessoas; se nós cometemos um erro ou um insulto, mesmo que seja sem querer, nós devemos pedir desculpas imediatamente; nós devemos agradecer quando alguém nos faz um favor; quando alguém fala com a gente, nós devemos olhar para a pessoa e demonstrar que estamos ouvindo; se a gente pede algo emprestado, precisamos devolver o mais rápido possível e agradecer.

Essas "regras veladas" precisam ser treinadas e ensinadas desde cedo, de forma insistente, com o objetivo de desenvolver a Inteligência Emocional e a Qualidade Comportamental daquela pessoa. Esse treinamento vai nos ajudar a desenvolver o discernimento; se eu não tenho discernimento, é impossível usar o bom senso. Quando não aprendemos e, portanto, não cumprimos essas regras, nos tornamos inconvenientes; acabamos incomodando, de uma maneira até cruel, aqueles que convivem com a gente. Nós sempre conhecemos alguém completamente sem noção; pessoas mal-educadas, deselegantes e insensíveis, que não conseguem parar de falar, e pior, não conseguem prestar atenção naqueles que estão falando, e isso deixa a gente bastante irritado, desconfortável e estressado; não é verdade?

Outro dia eu recebi um texto, de um autor desconhecido, que trata exatamente dessas regras veladas, que eu considero da maior importância. O texto dizia que "é em casa que as crianças devem aprender a dizer bom dia, boa tarde, boa noite, por favor, com licença, me desculpe, me perdoe, muito obrigado, grato, errei... Também é em casa que as crianças aprendem a ser honestas, pontuais, a não *xingar, a ser solidárias, a respeitar todos os amigos, colegas, idosos, professores e autoridades de uma maneira geral. Também é em casa que as crianças aprendem a comer de tudo, a não falar com a boca cheia, a ter higiene pessoal, a não jogar lixo no chão, a ajudar os pais nas tarefas diárias e a não pegar o que não é seu. Também é em casa que a criança aprende a ser organizada, a cuidar das suas coisas, a não mexer nas coisas dos outros, a respeitar as regras, usos e costumes e amar a Deus sobre todas as coisas. Agora, na escola, os professores devem ensinar matemática, português, história, geografia, língua estrangeira, ciências, química, física, biologia, filosofia, sociologia, educação física e artes. Obviamente, também devem reforçar aquilo que a criança aprendeu em casa. Na escola não se aprende sobre sexo, ideologia de gênero, ativismo LGBT e suas ramificações, porque com o que se aprendeu em casa, reforçado pelos professores, as crianças passam a controlar aquilo que conheceram, conseguem dominar o que aprenderam; como consequência, respeitam tudo e todos.*"

Nós só conseguimos controlar, aquilo que nós conhecemos e dominamos, por isso focar nos nossos "*pensamentos*" é bem legal, uma vez que Harv Eker, autor de um livro que eu super indico, "*Os segredos da mente milionária*", nos ensina que os "*pensamentos nos conduzem a sentimentos*". Por sua vez os "*sentimentos nos conduzem a ações*".

Bons sentimentos é igual a boas ações, certo? E "*ações nos conduzem a resultados*".

Reiterando, quando nós "batemos de frente" com algo que nós acreditamos que esteja errado, ou também fatos que nos desagradam, que nos contrariam, nós ficamos indignados, com raiva. Quando isso ocorre, hormônios são produzidos e lançados na nossa corrente sanguínea. É como se fosse um estímulo para a raiva, um acelerador para nós nos comportarmos errado, de maneira inconveniente. Nós sabemos o quanto é difícil tratar com pessoas, no entanto, é sempre importante lembrar que a responsabilidade é nossa, exclusivamente nossa.

É Guerra, precisamos estar preparados se quisermos Paz. Comunicação não é aquilo que nós falamos, comunicação é aquilo que as pessoas entendem. As pessoas são diferentes, existe uma individualidade biológica e todos nós temos as nossas limitações. É fundamental que nós entendamos desde o início de um gerenciamento, que existem duas prováveis hipóteses:

A primeira, é que podemos estar sinceramente indignados com toda a razão;
A segunda, é que nós podemos estar sinceramente indignados, mas sem nenhuma razão, ou seja, equivocados.

Assim, como seres humanos que somos, precisamos discernir o tempo todo, para que nós não fiquemos pagando mico, ou cometendo injustiças gratuitas. Já falamos bastante sobre esse tema, sei que é repetitivo, mas, didaticamente funciona. Mais a frente nós vamos estudar o Sistema Límbico, a Região Mesolímbica; a gente vai falar sobre uma alegria maliciosa chamada "Schadenfreude". Portanto, dominar e entender a fisiologia que envolve o GPCI, é muito importante e, acredite, não tem mistério nenhum; a gente aprende "batendo papo", a gente aprende pela repetitividade.

Nas Glândulas Suprarrenais, encontramos o Córtex e a Medula. A Medula produz a Adrenalina, que também é conhecida como Epinefrina. A medula também produz a Noradrenalina, também conhecida como Norepinefrina. O Córtex produz vários hormônios, as Corticosteronas; mas produz também um hormônio, chamado Cortisol, que controla o biorritmo, reduz inflamações e estimula a imunidade. O problema é que o excesso de Cortisol, leva a chamada Síndrome de Cushing. O estresse, o uso excessivo de corticoides, também provoca um aumento da produção do cortisol. Os sinais e sintomas da Síndrome de Cushing, variam de pessoa pra pessoa; envolvem desde obesidade a alterações cutâneas (estrias na pele, fadiga, fraqueza muscular) e, também, perda do equilíbrio emocional.

Mais uma vez, tudo aquilo que nos agride em demasia, tudo aquilo que nos causa uma sobrecarrega ou de alguma forma nos perturba, nos leva a uma profunda irritação acompanhada logo em seguida de estresse. O estresse é uma espécie de mecanismo de defesa, uma resposta física do nosso organismo a um estímulo. Quando o nosso corpo é muito pressionado, ele acaba reagindo. O corpo considera que está sendo atacado e, como resposta, muda para o modo "combate ou fuga", liberando uma quantidade enorme e complexa de hormônios, substâncias químicas como o cortisol, adrenalina e noradrenalina para preparar o corpo para a guerra. Quando nós falamos tudo, estamos incluindo sobretudo, àquelas "coisinhas", aparentemente inofensivas, que normalmente nós desprezamos, equivocadamente. Todos nós nos estressamos, isso é um fato; todavia existem pessoas que vivem estressadas. Quando faz parte da rotina de alguém, viver sob estresse, isso realmente não é legal; o estresse pode estar se tornando crônico. Assim, atividade física regular e uma boa alimentação, sempre ajudam muito.

Numa ocasião eu li um texto, que nos trás alguns dados estatísticos muito interessantes. O texto dizia que búfalos matam, aproximadamente, 7 (sete) pessoas todos os anos. Imediatamente eu calculei que a cada dez anos, setenta pessoas morrem por ataque de búfalos; aí eu pensei! Esse bicho com cara de bobo é complicado hein! Mas, logo em seguida eu li que os Leões matam 500 pessoas por ano; e eu pensei Ual! Só que os Hipopótamos matam ainda mais, matam 800 pessoas por ano; 8.000 a cada dez anos. Claro que é um número assustador, só que depois, eu aprendi que as aranhas matam 5.000 pessoas por ano, os escorpiões matam 7000, e as cobras matam 10.000 pessoas todos os anos. Diante desses dados, surpreendentemente, aprendi que os mosquitos; sim, aqueles insetos minúsculos, matam 2,7 milhões de pessoas, todos os anos. Não é incrível? O menor é o mais mortal!

Perceba que da mesma forma, essas bobagens do dia a dia, que nós desprezamos por ignorância, por falta de preparo ou por não sabermos administrar, é que promovem o maior índice de estresse e a consequente perda do Equilíbrio Emocional. A maneira como conduzimos nossa vida no dia a dia, está diretamente relacionada com a nossa saúde; isso me parece óbvio.

O Covid 19 provocou uma aceleração, uma mudança radical no modo de vida das pessoas, e isso aumenta sobremaneira, as chances de as pessoas adoecerem, não apenas devido à comorbidade, mas porque 'todos' estão sendo muito exigidos com relação a capacidade de adaptação; adaptação ao que alguns chamam de 'novo normal. Sabemos que não é uma verdade absoluta, existe a individualidade, somos diferentes, mas todos nós estamos sujeitos às pressões impostas pelas mudanças radicais e, como resultado, sujeitos a nos tornarmos também, inconvenientes. A raiva pode nos levar ao estresse, é verdade! Contudo, se for bem administrada, se for bem conduzida, pode tornar-se útil; pode, inclusive, gerar criatividade.

É claro que podemos usá-la a nosso favor, mas para que isso aconteça precisamos trabalhar nossa mente para que ela não se torne uma patologia. Precisamos "arregaçar as mangas" e treinar. Treinar assumir um compromisso é o grande segredo! Por exemplo: outro dia minha esposa me pediu para fazer compras no supermercado. Ao entrar no carro, estabeleci uma meta:

"Nada, absolutamente nada irá me aborrecer até o meu retorno".

Na verdade, eu estava projetando possíveis conflitos e problemas pertinentes ao trânsito, durante a direção, tais como abalroamento, fechadas, pessoas ansiosas buzinando, engarrafamento, enfim, nada fora desse contexto. Ao chegar no supermercado vi que todas as vagas estavam ocupadas, no entanto percebi que um casal havia acionado o destravamento automático de um carro, e uma vaga, um pouco mais distante, seria liberada; mesmo assim, pacientemente liguei o alerta e aguardei-os; lentamente colocaram as compras no porta-malas e sem pressa saíram; mal saíram, não tive a menor chance. Um outro veículo entrou direto na vaga, percebi que era um casal, talvez pai e filha; imediatamente buzinei e fiz sinal de que eu estava aguardando àquela vaga. Foi como se eu não estivesse ali; fui completamente ignorado e pior, aquele sujeito ao sair do carro, levantou os braços e balançou os ombros como se dissesse: *Fui mais rápido seu otário! Espere outra vaga!* Lembro-me que o meu sangue ferveu de raiva e, automaticamente abri a porta; só que, ao sair do carro, meu 'gatilho mental' foi acionado:

"Nada, absolutamente nada irá me aborrecer até o meu retorno".

Por coincidência, o guardador, que se encontrava um pouco distante, estava atento ao que estava acontecendo, era um ex-aluno que me reconheceu e gritou *"Cara sem noção Sr. Helder! Arria o pneu!"* O casal olhou assustado e o motorista veio na minha direção sem graça, e eu disse: "*Pode ir meu amigo, está tudo certo.*" Ficaram indecisos, olharam e mais uma vez eu repeti: "*Tá tudo certo, podem ir*!" Agradeci o apoio ao guardador e disse-lhe que não estava com pressa, e que muito provavelmente eles estavam com alguma urgência. O interessante foi que, antes que iniciássemos um bate papo, surgiu uma vaga ainda melhor, bem em frente a entrada do supermercado.

O objetivo desse relato é que você entenda a importância do treinamento, com relação a conscientização. Perceba que eu havia estabelecido uma meta, tinha assumido um compromisso comigo mesmo; não podia falhar. Tratava-se de um treinamento e eu havia estabelecido uma meta; *"Nada, absolutamente nada irá me aborrecer até o meu retorno".* Parece loucura, mas é assim que funciona. É fácil? Não; definitivamente não é fácil, mas, você se lembra de Lao Tsé?

"Um homem que vence outro homem é forte; mas um homem que vence a si próprio é poderoso".

Confúcio dizia que:

"A virtude do cavalheiro é como o vento; a virtude do homem comum é como a grama. Que o vento sopre sobre a grama, e ela com certeza se dobrará".

Capítulo 16

1ª Linha de Ação - Reconheça

Neste décimo sexto capítulo, temos como objetivo específico, identificar e treinar o Comportamento, usando a Inteligência Emocional, para não permitir que a indignação e a raiva, nos conduza em direção ao erro.

Falhas e ruídos na comunicação, é realmente um assunto da maior importância. Eu me lembro bem, de um comandante que eu tive, Coronel José Aurélio Valporto de Sá, que dizia o seguinte: "A missão só termina quando, aquele que deu a missão, apaga a chama da vela". E o que isso significa?

Quando a gente recebe uma missão, a gente recebe, virtualmente, uma vela acesa. Sim; isso mesmo, uma vela virtual acesa. Assim, enquanto não retornarmos àquele que nos deu a missão, a vela continua acesa; ou seja, a missão ainda não foi cumprida. Somente quem deu a ordem, tem poder para apagar a chama. Notem que essa chama pode ser apagada, em determinados casos, até à distância; por e-mail, telefone... (Por quem deu a ordem). O importante, é nós entendermos que, sem esse retorno, a missão ainda não foi concluída, cumprida. A missão está em aberto. Usando de Empatia, coloque-se no lugar de um pai, fazendo um pedido, ou dando uma ordem ou uma missão ao filho; não importa como queira chamar, o importante é que entenda o conceito.

"Filho, eu quero que você vá até a casa da D. Maria e entregue esse envelope em mãos, somente para ela; caso ela não esteja, traga-o de volta, não entregue a mais ninguém. Depois, vá até a casa do seu tio Daniel e pegue uma encomenda que ele irá lhe entregar. Após, vá até o escritório e traga todas as correspondências que chegaram ao longo da semana. Elas são muito importantes."

Perceba que, a vela foi acesa e está nas mãos do seu filho, e só você pode apagá-la. É claro que você estará preocupado, e essa preocupação só acabará quando você receber o feedback do seu filho. Agora, imagine a seguinte cena:

O seu filho fez tudo o que você pediu; mas, após concluir a missão, resolveu ir ao cinema com a namorada. Perceba que a vela continua acesa, e, o seu estresse aumenta a cada minuto, a angústia assume o controle da situação. Perceba que, não dar feedback é um comportamento bastante inconveniente. Seu filho pode até argumentar:

"Pô Pai! Você está estressado à toa! Eu fiz tudo que você me pediu com toda a atenção... Está tudo aqui oh! Certinho! Pode conferir! Afinal de contas, eu tenho o direito de me divertir um pouquinho".

Perceba que ele está sendo sincero, mas está "sinceramente equivocado", sem nenhuma razão. Ele simplesmente precisa ser treinado, isso caracteriza deficiência no treinamento; caracteriza falha no treinamento. E, aqui entre nós, "Um Erro Seu." Bom, claro que essa analogia, PODE e DEVE, ser projetada para tudo! Certo?

Dando continuidade ao assunto "Falhas na Comunicação", observamos muitas dúvidas com relação às linhas de ação que devemos adotar quando, por exemplo, eu vou criar uma situação: O Diretor Presidente de uma grande empresa multinacional, dá uma ordem direta para um determinado colaborador, subordinado a área de Segurança. No caminho ele é chamado pelo Diretor de Logística que lhe dá uma outra missão; ainda raciocinando sobre as ordens recebidas, foi surpreendido pelo seu líder direto, Gerente de Segurança, que lhe deu uma terceira missão; o que fazer? Pense a respeito! Na verdade, as coisas não são tão complicadas como parecem. Normalmente, até por questões éticas, acredito que o Diretor Presidente informaria o fato ao Gerente de Segurança, no caso de uma ordem direta a um colaborador de outra área, contudo, isso aqui é apenas um exemplo de como o colaborador deveria se comportar numa situação como essa; vamos chamar de "situação inconveniente". Primeiro, o colaborador precisa "discernir", ele deve avaliar se é possível cumprir todas as missões sem prejuízo; as vezes são missões muito simples; se for, cumpra-as e pronto. Não precisa se vitimizar. Caso não seja possível, existem várias outras hipóteses. Observem: quando o Diretor de Logística abordou o colaborador e lhe deu a segunda missão, bastava uma simples resposta do tipo:

"Desculpe-me diretor, mas eu estou com uma missão do Presidente; avaliei essa sua missão para saber se eu conseguiria cumprir as duas; infelizmente não é possível. Diretor, pode ser após cumprir a do Presidente?".

O Diretor de Logística certamente entenderia. Ainda nesta mesma linha de raciocínio, poderíamos criar uma outra hipótese. O Diretor de Logística, após ouvir que o colaborador está no cumprimento de uma missão do Diretor Presidente, diz:

"Colaborador, esqueça essa missão e cumpra essa nova ordem".

É importante que entendamos com simplicidade, que o Diretor de Logística não é maluco; portanto, para que ele tenha dado tal ordem, para ele proceder dessa forma, ele sabe exatamente o que está fazendo. Evidentemente, assim que o colaborador partir para o cumprimento da nova ordem, o Diretor de Logística fará contato com o Diretor Presidente, e o posicionará sobre o ocorrido, explicando-lhe o motivo. Talvez o Presidente diga o seguinte:

"Caramba, muito obrigado pela ajuda; ainda bem que você estava atento!".

É óbvio que a vela ainda está acesa, portanto, na primeira oportunidade, o retorno ao Diretor Presidente é imprescindível. Exemplo:

"Presidente, gostaria de lhe dar feedback da missão".

E o Presidente falaria:

"Ok, muito obrigado, eu já estou ciente; o Diretor de Logística já me informou! Me disse que abortou a missão. Obrigado pelo retorno!"

Essas linhas de ação valem para todas as hipóteses similares.

Nós, Especialistas em GPCI, pensamos, raciocinamos, avaliamos, fazemos estudos de situação e tomamos decisão! Você se lembra das Principais Qualidades de Comportamento? Iniciativa, bom senso e discernimento? Sim? Então me responda a seguinte pergunta: *Protocolos podem ser quebrados?* Resposta: *claro que podem! Agora, para que nós quebremos um protocolo, é imprescindível que nós tenhamos toda a base, todo o fundamento do mundo, para aquela quebra de protocolo. Caso contrário, assinaremos o nosso próprio atestado de óbito;* não é verdade?

Um outro assunto que precisamos entender com simplicidade é o seguinte: Quando nós recebemos uma missão, nós temos a obrigação de avaliar a missão, que nós estamos recebendo e, como Especialistas em GPCI, devemos solicitar os meios necessários, para que essa missão seja devidamente cumprida. Quem sabe o que é necessário para o cumprimento da missão, é o profissional da área. Se eu invisto e contrato um bom profissional, e tenho que falar e ensinar, *"como e o que" ele deve fazer,* não faz o menor sentido; não é verdade?

Eu me lembro bem de um exemplo bastante utilizado pelo Coronel Valporto, dizia ele: o General abre uma carta (mapa), e aponta para uma determinada região na carta, e dá a seguinte ordem ao Capitão.

"Capitão, exatamente aqui, nesta área, existe um grupo terrorista que precisa ser eliminado. A missão é sua; cumpra-a!"

E o Capitão, imediatamente, em posição de sentido (respeito) lhe responde:

"Sim senhor, meu General" – E parte no cumprimento da missão.

Alguns dias depois o capitão retorna numa situação deplorável.

"O que houve Capitão? Cumpriu a missão?" – Pergunta o General.

E o capitão lhe responde: *"Não senhor, General, o suprimento foi insuficiente, havia um curso d'água e não tínhamos equipamentos para transpô-lo, muitos soldados foram picados por cobras venenosas e não tínhamos soro antiofídico..."*

Perceba que isso seria o cúmulo da incompetência, não é verdade? O que deveria ter sido feito? Após a ordem do General, o Capitão, imediatamente, faria uma análise e avaliação dos riscos, faria um estudo de situação, o levantamento e o planejamento da missão. De posse das necessidades, solicitaria os meios necessários para o cumprimento da missão (soldados especializados, armamento e munição, suprimentos, equipamentos, equipes de apoio logístico, transposição de curso d'água, enfim, tudo o que fosse necessário) e a missão seria, sem dúvida, cumprida com êxito. Somos nós, os profissionais! É necessário que tenhamos iniciativa, bom senso e discernimento, competência suficiente para sabermos exatamente o que necessitamos para que a missão seja cumprida.

Sabemos que a nossa natureza humana é inclinada ao erro, e que existem inúmeras doenças espirituais em nós. Sabemos também que é preciso que nós as dominemos, para que nós não sejamos dominados por elas. Se nós vacilarmos, elas nos dominam; aí passa a ser patológico, passa a ser uma doença, e quando isso acontece, em pouco tempo aquela semente minúscula de mostarda, vira um carvalho centenário, apenas em cima de suposições. E isso vale pra tudo! Vale para o orgulho, para vaidade, para inveja... e por falar de inveja, perceba através do caso a seguir, o comportamento inconveniente que a inveja descontrolada, ou seja, aquela que nos domina, pode causar.

Certa vez, durante o intervalo de uma aula, eu fui até o "bar do Chico" tomar um cafezinho. Chegando lá encontrei alguns instrutores e, junto com eles, havia um aluno falando alto e gesticulando bastante. Quando eu cheguei, ele já estava chamando a mulher dele de "dona encrenca", depois disse que os filhos eram desobedientes, criticou a sogra, em seguida "meteu o malho" na empresa que trabalhava; disse que ainda não havia recebido o vale transporte e que o vale refeição sempre atrasava. Eu estava ali, com eles, ouvindo aquele murmúrio e, de repente, algo me chamou a atenção na orelha dele; e eu fiz o gesto de retirar aquilo, ao que imediatamente ele pulou, tirou a minha mão e disse: *Não seu Helder! É arruda!* e eu *Ôpa! Desculpe-me!* Me disse que era para afastar a inveja; em seguida me mostrou o cordão que era uma figa, o chaveiro que era um pé de coelho, e o incrível é que ele ainda tirou da carteira um trevo de 4 folhas plastificado.

Perceba que todo aquele comportamento inconveniente era por medo da inveja. Você percebeu a patologia do negócio? Deixe-me confessar um segredo aqui para você; sabe que eu fiquei com inveja do sujeito? Sim; eu acabei ficando com inveja da autoestima dele! Perceba que ele não se dava bem com a esposa, não se relacionava bem com os filhos, dizia que eram desobedientes, tinha problemas com a sogra, com a empresa e, com todo aquele "problemão", com aquela vida completamente do avesso, ele ainda achava que as pessoas tinham inveja dele! E aí eu pensei, inveja do que? É ou não é uma autoestima digna de inveja?

Eu quero que você perceba que a inveja que nos causa problema não é aquela que vem de fora pra dentro, mas aquela que sai de dentro pra fora; essa sim nos causa muitos problemas e muitos comportamentos inconvenientes.

Agora que nós vimos os conceitos técnicos e as questões emocionais e fisiológicas, é necessário que nós conheçamos a "Aplicabilidade do GPCI". Estudaremos a partir de agora, as 5 Linhas de Ação, para lidar com pessoas que por algum motivo estejam se comportando de maneira inconveniente.

1ª Linha de Ação - ***Reconheça; admita de forma consciente e equilibrada a sua indignação, ou a sua limitação, a sua doença, o seu erro, a sua fraqueza;*** enfim, a sua miséria humana, seja ela qual for. Nessa etapa nós precisamos trabalhar os nossos sentidos, sobretudo a visão e a audição. Nós precisamos aprender a enxergar o invisível e a ouvir o inaudível. O que seria isso? Seria usar a percepção para enxergar e ouvir o que está dentro do coração e da mente das pessoas. Perceba que nós devemos: avaliar, analisar e observar o que de "fato" está acontecendo; é preciso que tenhamos todo o cuidado do mundo com os achismos, é preciso usar TODA a SENSIBILIDADE. Nós precisamos tentar perceber os fatos, ouvir de verdade o que está sendo falado.

É fundamental que nós estejamos totalmente despidos de vaidade, orgulho, enfim, despidos de qualquer doença espiritual que possa nos impedir de discernir, de avaliar bem, de distinguir, de concluir se é certo ou errado, se procede ou não, se te agrada ou não, se compromete ou aumenta a segurança, se causa riscos. Você percebeu? Como vimos, é muito difícil nós reconhecermos os próprios erros; não é verdade? Assim sendo, "O que" e "Como fazer" para que o inconveniente reconheça o seu próprio erro? É possível?

Empatia continua sendo uma palavrinha chave. É preciso que nos coloquemos sempre no lugar do outro; só assim nós temos mais chances de falar, o que a pessoa precisa ouvir para admitir o erro, a indignação, a raiva, a limitação; enfim, qualquer que seja a miséria humana. Vale lembrar que a pessoa precisa admitir naturalmente; estamos falando de auto constatação, uma conclusão própria. Nós não devemos apontar o erro, lembrá-la do erro, mas sim fazê-la perceber que todos nós temos o direito de "nos indignarmos". Nós só não temos o direito, de errar com ninguém com base na nossa indignação; isso é muito complicado! Sabe por quê? Simplesmente porque existe a hipótese de estarmos equivocados, e se nós estivermos, cometeríamos uma enorme gafe com consequências imprevisíveis. O ideal é que nesses momentos, com toda a sensibilidade, de forma curta, mas extremamente educada, falemos claro e em bom tom:

"O senhor (a) tem toda a razão de estar indignado (a); mas, por favor, não permita que a sua indignação venha prejudicá-lo (a)".

"O senhor (a) tem toda a razão de indignar-se; mas, suas atitudes podem tirar toda a sua razão; deixe-me ajudá-lo (a) senhor (a). Eu estou lhe pedindo com toda a gentileza".

Devemos, de alguma forma, fazê-la entender que não é pecado nós nos indignarmos, é um direito que nós temos; todos nós temos esse direito, todavia, nós não podemos permitir que a indignação, nos leve em direção ao erro. William Shakespeare dizia que:

"Nós temos o direito de ficar com raiva, mas isso não nos dá o direito de sermos cruéis".

Mostre que não deixá-la errar, é uma preocupação sua para com ela. Deixe bastante claro que o seu objetivo é ajudá-la; única e exclusivamente, ajudá-la. Vamos aos exemplos:

"O senhor (a) tem toda a razão de indignar-se; mas, suas atitudes podem tirar toda a sua razão".

"A senhora tem todo o direito de ficar indignada; mas, isso não lhe dá o direito de ofender as pessoas. Perceba que eu estou sendo gentil com a senhora".

"O senhor (a) tem toda a razão; eu lhe entendo, mas o senhor precisa permitir que eu lhe ajude. Esse é o meu objetivo, deixe-me ajudá-lo por favor".

Reconhecer é o primeiro passo; é bíblico, quando eu reconheço que sou fraco, eu inicio um processo para reverter àquele quadro. O processo de cura de uma determinada doença, só tem início, quando eu reconheço a doença, em mim. O pior doente, é aquele que considera saúde, sua própria enfermidade. Por exemplo, uma pessoa vaidosa. A vaidade é uma doença espiritual, assim como a inveja, o orgulho, o preconceito... Se o sujeito acha, que a maneira vaidosa dele ser, é algo muito legal, é positivo; qual será o resultado futuro, uma vez que ele acha que a doença dele é saúde? Esse é o pior doente, ele considera saúde, a sua própria enfermidade. Portanto, reconhecer é o primeiro passo, mas não é fácil reconhecer. Tem gente que é capaz de fazer tudo novamente, contanto que não tenha que reconhecer que estava errado. Não é assim?

Para nós fecharmos esse capítulo, nós vimos que reconhecer é muito importante, mas não basta. Existem aqueles que até reconhecem algo errado, mas apesar do reconhecimento, persistem no erro. A pessoa sabe que fumar faz mal para saúde, que causa câncer, enfisema pulmonar, doenças cardiorrespiratórias, mas não consegue parar de fumar. Outras, sabem que refrigerante faz mal para a saúde, mas não conseguem parar de beber refrigerante. Portanto, é necessário que avancemos e busquemos algo que vai além do reconhecimento; e o que está acima do reconhecimento, é o arrependimento. Reconhecer é o primeiro passo, mas muitas vezes a pessoa reconhece o erro, mas continua no erro. Arrepender-se não! O erro é eliminado de uma vez por todas. O arrependimento nos faz dobrar os joelhos e pedir perdão. É como se a ficha tivesse caído, ficamos livres daquilo que nos aprisionava, escravizava.

Vimos então que "*reconhecer e admitir de forma consciente e equilibrada a nossa miséria humana*", seja ela qual for, é o primeiro passo para que nós lidemos com pessoas que por algum motivo, estejam se comportando de maneira inconveniente.

Capítulo 17

2ª Linha de Ação – Não Reaja pelo Impulso

Neste décimo sétimo capítulo, temos como objetivo específico, identificar e administrar as suas atitudes impulsivas e as suas respostas impensadas.

Agora, nós vamos estudar a 2ª linha de ação: **Não reaja pelo impulso; não siga os seus sentimentos feridos.** Perceba que lá na 1ª etapa a gente reconheceu algo; certo? Nessa etapa, a gente precisa identificar os próprios sentimentos, ou seja, como estamos nos sentindo, por termos reconhecido algo. Não é nada complicado, apenas é necessário que estejamos focados, predispostos a "identificar os sentimentos" e, quando estivermos vivendo aquele momento crítico, o gatilho mental precisa ser acionado. Como eu disse é treinamento! Ninguém é bom naquilo que não pratica.

Vamos lá, reiterando; por termos reconhecido algo, qual ou quais os sentimentos que prevaleceram? Que estão nos incomodando? E, também, quais os sentimentos que podem estar influenciando o inconveniente, naquele comportamento descabido? Não reagir de forma impulsiva, não seguir os sentimentos feridos, é o segundo passo para que nós tenhamos sucesso no GPCI. Claro que não é fácil! Mas é perfeitamente possível, não é utopia. O legal é que, quando nós, na insistência, na persistência, conseguimos uma pequena vitória sobre a impulsividade, isso funciona como um FATOR MOTIVACIONAL. De agora em diante é bem legal! Serão vitórias sucessivas e nós, só não podemos desistir. Eu estou convencido que, se nós tivermos que desistir de alguma coisa, nós temos que DESISTIR DE SER FRACO; desistir nunca.

Nós precisamos, com toda a sensibilidade, mostrar à pessoa que agir por impulso é normalmente uma atitude negativa. Agir na impulsividade, nos leva a tomar decisões erradas, equivocadas e podem ter consequências desastrosas. Todos nós conhecemos alguém impulsivo, que age sem pensar e, talvez, você até seja o protagonista dessa história. E se for, você certamente, tem consciência do quanto isso pode trazer problemas, muitos problemas para você.

Normalmente, as pessoas impulsivas vivem num processo de constante arrependimento, vivem remoendo as coisas que fizeram ou falaram no passado, talvez não muito distante. Muito bem, então como devemos administrar esse problema? Uma pessoa com esse comportamento inconveniente, impulsividade, é alguém que age sem pensar nas consequências das suas ações, não projeta o resultado futuro das suas possíveis escolhas, não reconsidera as suas opções. Geralmente, essas ações impulsivas, prejudicam também aqueles que estão ao seu redor, e não somente a pessoa impulsiva. Como nós já vimos, esse comportamento inconveniente é geralmente acompanhado por sentimentos de arrependimento e culpa.

Vimos que Sinceridade é o 2º atributo de liderança; ser sincero não é um problema, no entanto, pessoas impulsivas acabam desenvolvendo aquela sinceridade patológica e sempre são obrigadas a arcar com as consequências.

O primeiro passo para nós lidarmos com a impulsividade, é compreender e perceber a sua aproximação; assim cabem algumas perguntinhas básicas:

Em que "ponto definido no tempo" você está deixando de raciocinar antes de agir? – A gente precisa pensar a respeito.

Uma outra questão é:

Onde a impulsividade afeta você com mais impacto e onde não afeta? –Tente perceber se a impulsividade, é o resultado do estresse, do medo, da ansiedade, de não saber lidar com uma determinada escolha...

É fundamental que você descubra a origem da impulsividade, e "entenda" que lutar contra os impulsos é um exercício diário. Ninguém é bom naquilo que não pratica. Lutar contra os impulsos é uma questão de treinamento. Você não vai deixar de ser impulsivo num passe de mágica. Paulatinamente, tendo identificado a origem da impulsividade, passo a passo, é que você vai melhorar e se tornar mais disciplinado, criterioso e consciente. E é claro, que a gente sempre recomenda, buscar a ajuda de um terapeuta, de um profissional.

Portanto, ***não reaja pelo impulso, não siga os seus sentimentos feridos...***

Como a gente viu, **é** preciso que identifiquemos os nossos sentimentos, ou seja, como estamos nos sentindo. Cabe algumas perguntas:

- *Por termos reconhecido algo, qual ou quais os sentimentos que prevaleceram? Que estão nos incomodando?*
- *Quais os sentimentos que podem estar influenciando, naquele comportamento inconveniente?*

O problema é:
Como fazer com que a pessoa com comportamento inconveniente não tenha uma atitude impulsiva?

Complicado né!

Eu preciso cuidar de mim em termos de impulsividade OK; mas não posso me esquecer do inconveniente. Nós não podemos nos esquecer da impulsividade do inconveniente, afinal de contas *ele é o inconveniente*! Se nós vacilarmos, seremos dois inconvenientes; e não é isso que nós queremos. Nós precisamos ter sempre em mente a fisiologia do negócio; precisamos entender que aquela resposta impulsiva é fruto de um jato, uma explosão hormonal lançada na corrente sanguínea. Assim, é necessário que façamos uma abordagem altamente diplomática, mas recheada de muita autoridade:

"Senhor, perdoe-me por tê-lo contrariado, mas estou dentro da lei, cumprindo ordens";
"Senhor, desculpe-me, não é minha intenção causar problemas, mas são normas e diretrizes, apenas preciso cumpri-las";
"Senhor, espero que o senhor me ajude a cumprir o que a lei determina".

Muitos de nós, ainda crianças, aprendemos com nossos pais a não reprimir a raiva. Ouvimos muitas vezes os adultos falarem:

"De vez em quando é bom colocarmos pra fora, nossa raiva; senão a gente enfarta".

Reprimir significa reter, e realmente não seria uma boa decisão; administrar, talvez seja o termo mais correto. Administrar as nossas atitudes impulsivas e nossas respostas impensadas, é fundamental; pois, *Sentimento* é uma coisa e *Comportamento* é outra coisa. Administrar comportamentos insanos, não significa "armazenar a raiva". É uma grande bobagem nós acharmos que, "se segurarmos a onda", a ira, a raiva, a indignação serão rapidamente "retidas" num cantinho estratégico do nosso organismo e, a qualquer momento, Bummmm!!! O "Big Bang!" surge.

Eu quero que você entenda que eu não estou afirmando "categoricamente", que a indignação não pode ser armazenada. A indignação realmente pode ser armazenada; "*é cumulativa sim*", mas apenas, se nós não administrarmos; se nós não soubermos lidar com ela. Segurar a onda seria, ter a consciência do Sentimento Ferido, mas administrar totalmente o Comportamento. Isso funciona superbem. Quando você entende isso por inteiro e cumpre essa missão, você acaba sentindo uma espécie de orgulho de você mesmo, e isso vai te fazer bem. Você produzirá hormônios que vão te deixar de bem com a vida, serotonina, dopamina, oxitocina, endorfina. Assim, o objetivo é fazer com que você, tenha consciência, entenda e não permita que a indignação fique "mal resolvida".

A indignação, a raiva, a ira, o ódio, são feedbacks de compensação. Trata-se de uma resposta imediata a um sentimento de frustração, de desconforto, de injustiça. Por isso é fundamental, nós administrarmos as atitudes impulsivas e as respostas impensadas. É necessário que nós consigamos evoluir nesse sentido. É uma questão de treinamento comportamental. Você precisa querer mudar a sua reação comportamental. A gente só aprende, aquilo que a gente quer aprender! A gente só muda na gente, aquilo que a gente quer mudar de verdade! Não pode ser aquele negócio: *É! acho que eu vou mudar sim!* Dessa forma, não vai rolar! Você precisa tomar uma decisão e dar início a uma guerra com você mesmo. sabendo que haverá muito sofrimento até a mudança de fato. Percebeu?

Sentimento é uma coisa e *Comportamento* é outra coisa. É uma questão de aprendizagem, é treinamento diário; nós precisamos aprender a controlar o comportamento, porque o sentimento, é algo fisiológico. Se você está bem treinado, preparado para o combate, você vai se comportar bem e, certamente, será aplaudido; caso contrário, você será apedrejado e crucificado, sem dó e sem piedade.

"Só se vê bem com o coração; o essencial é invisível aos olhos".

Essa é uma frase de *Antoine de Saint Exupéry*, autor do livro O Pequeno Príncipe. A percepção é uma habilidade cognitiva que precisa ser treinada. Enxergar o invisível e ouvir o inaudível, é ouvir e enxergar o que de fato existe dentro da mente e do coração das pessoas. Também é verdade que, da mesma forma que explodimos de raiva, também podemos implodir. A explosão seria de fora para dentro, já a implosão, seria lentamente e silenciosamente, de dentro para fora.

Estamos bem no finalzinho desse capítulo, assim reitero pela enésima vez que ninguém é bom naquilo que não pratica. GPCI só de teoria, não significa nada. Tratar com seres humanos numa situação de normalidade, por si só já é uma tarefa difícil; agora, tratar com pessoas arrogantes, descompensadas, com comportamento inconveniente, exige um procedimento diferenciado que só se aprende praticando.

No GPCI nós precisamos reconhecer o inconveniente como alguém importante, e ao mesmo tempo, usando de empatia, nós precisamos nos reconhecer no inconveniente. Nós nos distinguimos dos animais irracionais exatamente por agir com racionalidade. Nós discernimos, eles não! A palavra humano é utilizada também como adjetivo: generoso, compreensivo, tolerante, bondoso. Com tudo isso fica mais fácil nós nos reconhecermos no inconveniente.

Certamente somos experientes; muito provavelmente já nos comportamos de maneira inconveniente, muitas e muitas vezes ao longo da nossa vida. Por tudo isso fica mais fácil entender que sem "educação, respeito e autoridade", não existe GPCI. Quando usamos, tecnicamente, o GPCI, somos incapazes de ferir o inconveniente. Nós precisamos ser respeitosos e extremamente educados, mas com autoridade. Você se lembra?

'Exercer Autoridade é coragem; e consequente segurança'

Não é possível exercermos autoridade sem uma boa base. Se nós não estivermos fundamentados, certamente teremos grandes problemas. Se nós não estivermos bem fundamentados, nossa autoridade ficará debilitada; ficaremos inseguros. Insegurança é aquele sentimento ruim de vulnerabilidade geral, de indisposição, de nervosismo. Normalmente esse sentimento (insegurança) é estimulado pela falta de treinamento. *Treinamento é o grande segredo!*

Para fecharmos esse capítulo, *GPCI é o resumo de todo o respeito aplicado à inconveniência. É a diferença que demonstra, através da conduta, o melhor do profissional.* Por isso, é fundamental que nós consigamos lidar com essa "indignação mal resolvida"; caso contrário, ela vai se acumulando e, nós implodimos!

Capítulo 18

3ª Linha de Ação – Procure Entender

Neste décimo oitavo capítulo, temos como objetivo específico, aprender a identificar o foco dos conflitos e problemas, para não permitir que a guerra do dia a dia interfira na sua vida integralmente.

Recapitulando rapidamente a 1ª Linha de Ação, em se tratando de leitura de expressões faciais, o Dr. Paul Ekman é considerado a maior autoridade do mundo nesse assunto. Ele foi Professor de Psicologia da Universidade da Califórnia; e é autor de vários livros sobre o tema. O Dr. Ekman explica que através do treinamento nós desenvolvemos essa percepção, e é simples. Ele diz que é possível saber quando alguém está feliz, triste ou angustiado – ou ainda quando está fingindo tudo isso.

O professor diz que qualquer pessoa, nos quatro cantos do planeta, é capaz de reconhecer no rosto de outra pessoa essas emoções elementares: alegria, tristeza, medo, raiva, nojo, surpresa e angústia. Ele diz que o rosto é o principal lugar onde as nossas emoções se expressam. O legal é que quando nós nos "especializamos", nós vamos além das emoções elementares. Por exemplo, perceber quando uma pessoa está mentindo, ou quando a pessoa está com intenções ilícitas, criminosas.

Para não nos perdermos, nós estamos recapitulando a 1ª linha de ação certo? *Reconheça; admita de forma consciente e equilibrada a sua raiva, a sua fraqueza, o seu erro...* Vimos que nessa etapa (primeira) nós precisamos trabalhar os nossos sentidos, sobretudo a visão e a audição; precisamos aprender a enxergar o invisível e a ouvir o inaudível, ou seja, o que está dentro do coração e da mente das pessoas.

Existe um especialista que eu sigo no YouTube, chamado Vitor Santos, que tem um Canal chamado Metaforando, que trata superbem desse tema. Vale a pena conferir! Nós não podemos permitir que sejamos dominados pelo preconceito; certo? Em segurança isso é básico. Deixe-me fazer uma pergunta? *O criminoso trás escrito na testa que é criminoso? O que você acha? Pense a respeito!* Normalmente o leigo afirma que "*Não*"*!* Mas, um profissional de segurança, sabe que o criminoso, trás escrito na testa sim, que é! Muitas vezes nós não temos é a competência para ler, não dominamos aquela leitura, mas, que está escrito, está!

Se eu te apresentar um texto em mandarim e te perguntar: Tem alguma mensagem escrita nesse texto? Talvez você responda que sim e diga: *"Eu só não sei ler! Mas, creio que tem!"* Mas, será que essa é a melhor resposta? Perceba que para você falar que sim, é necessário que você conheça o idioma; caso contrário você não pode afirmar; deixe-me explicar. Caso eu prepare um texto com um conjunto de letras aleatórias, sem nenhum sentido, e te perguntar: Tem alguma mensagem escrita nesse texto? É claro que rapidamente você vai perceber que nada faz sentido, mas, se eu perguntar para um chinês, se tem uma mensagem escrita, muito provavelmente ele falará que sim, e dirá: *"Eu só não sei ler! Mas, creio que tem!"* E na verdade não tem absolutamente nada. Donde se conclui que o mesmo pode acontecer com aquele texto chinês.

Não cabe nesse momento nós complicarmos ainda mais esse assunto falando de codificação e decodificação de mensagens. Mas, apenas para não passar em branco, codificação é o método de alteração de códigos de uma mensagem, mantendo a informação, para uma transmissão segura. A decodificação inverte esse processo para que as informações sejam restauradas.

Para concluirmos esse assunto, um médico, especialista numa determinada patologia, olha para um determinado paciente, observa os sinais e sintomas, olha os exames laboratoriais e imediatamente adota medidas emergenciais: antibióticos, intervenção cirúrgica e salva a vida daquela pessoa. Perceba que o médico olhou para o paciente e conseguiu enxergar; conseguiu ler a patologia olhando o paciente.

Um outro médico, inexperiente, que não tem aquela especialização, simplesmente não enxergaria a patologia. Não conseguiria ler o que o especialista leu através dos sinais e sintomas. Não enxergaria a gravidade e talvez a pessoa viesse a óbito. Um enxergou, leu e agiu; o outro olhou e não enxergou, não sabia ler. E o pior, não houve o dolo; não foi intencional. O indivíduo morreu simplesmente porque o médico não identificou a gravidade do negócio; ele não sabia, não era um especialista. Ele acreditava que estivesse tudo em ordem. É assim que funciona!

Um pescador olha para a cara do peixe e fala: Isso é Cherne... Robalo... Dourado... Namorado... Perceba que o pescador olha para o peixe, faz a leitura e o identifica através das guelras, escamas, tamanho, formato, cor... Ele conhece aqueles códigos; ele é um profissional. Aqueles que não conhecem os códigos, simplesmente dizem que é um peixe como outro qualquer. O que é claro, visível para um, não é para o outro. Isso vale para o agricultor, para o policial, para o engenheiro, para o cirurgião dentista, para o pecuarista...

O Mestre de Jiu-Jitsu olha e enxerga o potencial do atleta, os movimentos, as alavancas, as tomadas de decisão, as oportunidades, os erros, os grupos musculares que precisam ser trabalhados para que o atleta melhore determinado movimento. Enfim, essa visão é fruto de muito treinamento, é experiência adquirida. Também é importante que saibamos que existem percepções, chamadas "ciclo de latência", que não podem ser atribuídas aos sentidos. Por exemplo, você sabe que um copo pode cair, quebrar ou rachar, mas não pode voar; ao olhar você simplesmente sabe, percebe tudo isso. Quando você olha para um gato deitado, você sabe que ele pode miar, pode gostar de ser acariciado, mas você também sabe que existe o risco dele te morder ou arranhar. Você também sabe que ele não voa e não fala. Reconheça que são percepções, mas que não podem ser atribuídas aos sentidos; elas simplesmente estão ali, presentes. O interessante é que os especialistas, dentro da sua área de atuação, desenvolvem especificamente essa percepção num alto nível; reiterando, naquela área de atuação.

Quando nós somos surpreendidos, dependendo "de como" e do "nível de impacto" causado pela emboscada, inúmeras são as reações orgânicas provocadas pela produção de hormônios, lançados em grande quantidade na corrente sanguínea. A ansiedade, sempre acompanhada pelos seus sinais característicos, é uma delas; estes sinais podem ser facilmente percebidos se estivermos atentos. Perceba que como aconteceu um desequilíbrio interno, o nosso organismo responde imediatamente, para que o equilíbrio seja retomado. A isso chamamos de homeostase; este é o princípio homeostático. No caso da "Vergonha", observamos um movimento exagerado das mãos, que se tocam e se esfregam com movimentos rápidos, acompanhado da queda da cabeça. A cabeça baixa, associada a quebra do contato visual e auditivo, surge como resultado de uma espécie de sentimento de culpa.

Quando nós somos surpreendidos por um sujeito inconveniente, com uma ideia descabida, no contra azimute daquilo que nós acreditamos, é bobagem, naquele momento, "bater de frente" com este sujeito. Talvez uma boa resposta seja:

"É, talvez seja interessante eu pensar um pouco mais a respeito desse tema".

Durante um momento de descompensação, uma crise emocional, acontece algo que é descrito no livro Inteligência Emocional do Daniel Goleman, o *sequestro da amígdala*. Como seria isso? Imagine você, vivendo uma situação real com alguém descompensado, num processo de surto. Diante momentos como este, existem duas regiões no cérebro chamadas de amígdalas, localizadas na região temporal, que são estimuladas e excitadas. A amígdala é uma estrutura cerebral bastante comprometida na exposição de reações emocionais e na aprendizagem de conteúdos emocionalmente significativos. As amigdalas tem um papel muito importante no processo de grandes sentimentos como raiva, medo, rancor, ódio... Elas, as amígdalas, trabalham enviando informações ao nosso cérebro, mais especificamente a hipófise, que dispara secreções hormonais e mobiliza os centros dos movimentos. Quando nós estamos sob o efeito de grandes emoções, nossa área cognitiva, a área da inteligência e da racionalidade, perde o controle. O córtex pré-frontal, a parte racional do cérebro, passa a funcionar com menos poder, é como se a área cognitiva fosse absorvida pela resposta emocional, pela resposta amigdalar; é o que Daniel *Goleman chama de Sequestro Emocional.*

A pessoa fica sequestrada, e as emoções assumem a consciência, a razão. O sujeito não consegue compreender as questões de forma racional, assim é bobagem insistir, e o uso de palavras-chave e frases técnicas simples e bem formuladas, funcionam perfeitamente bem. Nessas situações o cérebro tem bastante dificuldade para absorver grandes informações, mas através da repetitividade, da simplicidade das palavras e das frases técnicas, com educação e elegância, é possível reverter a situação. Mesmo que demore um pouco, uma vez que não é algo imediato, você precisa acreditar que, nesta situação, o cérebro só consegue se concentrar com mais facilidade, no que é simples. Portanto, não é momento de filosofar ou de dar sermão, mas de usar as técnicas que certamente são mais eficientes e eficazes nessas situações.

Simplicidade é um grande segredo, todavia não podemos nos esquecer do silêncio; silenciar-se nos momentos de confronto, de embate, é sem dúvida uma grande estratégia. Quando usamos o silêncio, nesses momentos de crise, no mínimo estamos evitando falar o que jamais falaríamos estando no modo equilibrado. Geralmente, em razão das fortes emoções, falamos muitas bobagens que só complicam, sobremaneira, a resolução daquele problema.

Muito bem! Com essa base, nós podemos avançar um pouco mais. Estudaremos a partir de agora a 3ª Linha de Ação - ***Procure entender; tente localizar o foco da sua raiva, da sua fraqueza, da sua limitação, da sua indignação...*** Esse, é o terceiro passo, entretanto, essa etapa acontece, quando estamos em pleno combate com nós mesmos. É realmente uma etapa sofrida, nós precisamos aprender a raciocinar, e agir com competência, durante um momento altamente crítico e difícil, momento em que estamos tentando reprimir os nossos impulsos; e é exatamente neste momento, que nós precisamos localizar o foco da indignação, ou melhor, localizar a verdadeira origem da indignação, da fraqueza, da limitação. Nós temos que "*procurar entender a razão da indignação antes de responder*". Porque nessa etapa, realmente não é fácil responder com calma. Lembre-se de que você, está travando uma batalha com você mesmo, para não agir na impulsividade.

A gente sabe, nós pelo menos já ouvimos falar; é bíblico! "*que a resposta calma desvia a fúria, mas a palavra ríspida desperta a ira*". Certo? Falar com agressividade só piora a situação; só que a tendência é falar de forma violenta. Falar com agressividade serve para provocar medo. Falar com brutalidade serve para alertar, mostrando sinal de perigo. Exercer autoridade não é isso; nós exercemos autoridade com base nas necessidades estratégicas. Quem usa a inteligência emocional, mantendo o equilíbrio e verbalizando com serenidade, retoma o controle da situação. Nesses momentos as pessoas falam o que não deveriam falar; falam o que não deviam, para fazer com que o outro perca o controle, esse é o real objetivo. Muito provavelmente, nós já fizemos isso que eu vou descrever; dolosa ou culposamente, mas, já fizemos. Você sabe que se você falar aquilo, naquele momento, aquela pessoa vai surtar, vai descompensar. Você sabe, mas fala! Quando a pessoa surta, você na maior cara de pau, fala. Caramba! O que houve? Claro que você sabia que aquilo iria acionar o gatilho do surto; é ou, não é? Somos ou não somos complicados?

Quando nós ignoramos o insulto, nós demonstramos maturidade e deixamos claro que o outro não pode nos desequilibrar. Trocar farpas com o outro, não resolve absolutamente nada. É o mesmo que tentar apagar um incêndio, jogando um balde de gasolina. É incrível, mas muitas pessoas tentam, de forma persistente, apagar incêndios o tempo todo, com baldes e baldes de gasolina. Quando o outro se sente respeitado, retoma o equilíbrio. Mais uma vez: "*A resposta branda desvia a raiva, mas a palavra dura suscita a ira*".

As vezes nós nos sentimos sufocados, como se não pudéssemos respirar, sem saber por quê; **não é assim?** E acredite, não é Covid; perceba a loucura! Nós nos estressamos no trânsito, em razão de um problema com um colega de trabalho, ou nos descompensamos com nossos filhos, em razão de um atrito com um garçom, que não nos atendeu bem, não foi gentil, cobrou errado. É ou não é algo descabido? Mas, infelizmente, acontece com muita frequência. Outro dia eu recebi num grupo, uma estória pertinente ao assunto que nós estamos desenvolvendo. É a história de um desses profissionais autônomos do tipo "Faz Tudo", que foi contratado para arrumar algumas coisas numa determinada casa. O primeiro dia foi bem difícil; a parafusadeira quebrou, o sujeito cortou o dedo, o carro enguiçou...

A pessoa que o contratou perguntou se ele queria uma carona para casa. Durante o percurso, o sujeito não falou nada; estava chateado, triste e deprimido. Quando chegaram na sua casa, ele convidou a pessoa que o contratou, que lhe deu carona, para entrar e conhecer a sua família. Quando eles estavam caminhando pelo quintal, pouco antes de entrar na casa, o sujeito parou junto a uma pequena árvore e, gentilmente, tocou as pontas dos galhos com as duas mãos. Ao abrir a porta da sua casa, transformou-se completamente. Estava alegre, completamente diferente, e demonstrando alegria abraçou os seus filhos e beijou a sua esposa. Após saborearem um delicioso cafezinho, agradeceu a carona e acompanhou o cliente até o carro. Assim que eles passaram pela árvore, o cliente perguntou:

– Pude perceber que você mudou o seu comportamento, ao tocar nessa planta.

– Ah! Essa é a minha Árvore dos Problemas. Eu sei que nem sempre posso evitá-los. Mas, também sei que esses problemas não devem chegar até os meus filhos e sobretudo, a minha esposa. Então, quando isso acontece, eu os deixo aqui fora; nesta árvore. Na manhã seguinte, eu os pego de volta quando saio. E sabe de uma coisa? Quando eu vou buscá-los na manhã seguinte, eles não são nem metade do que eu me lembro de ter deixado na noite anterior.

Assim, nós não podemos permitir que os problemas do dia a dia interfiram na nossa vida "integralmente!" Eu estou com um problema em casa, chego na empresa e tomo uma justa causa? Eu estou com um problema na empresa, chego em casa e acabo com o meu casamento? Isso é loucura! Por falta de *treinamento*, por não sabermos localizar o foco da indignação, a gente vai complicando, distorcendo e destruindo tudo.

Capítulo 19

4ª Linha de Ação – Analise Todas as Suas Opções

Neste décimo nono capítulo, temos como objetivo específico, aprender a projetar para a pessoa que se comporta de maneira inconveniente, o resultado futuro da sua possível escolha.

Estudaremos a partir de agora a 4ª Linha de Ação, ***analise todas as suas opções, projete o resultado futuro das suas possíveis escolhas***; mas antes nós vamos fazer um pequeno exercício. Novamente usaremos de empatia, sentir o que se sentiria caso estivesse no lugar ou circunstância experimentada por outra pessoa. Tá legal?

Você está nesse momento num processo seletivo para uma grande empresa. O ambiente e o salário são ótimos! Trata-se de um cargo de liderança e você vai tratar com pessoas, vai se relacionar com gente dos mais diversos perfis, e eu sou o entrevistador. Portanto, imagine-se numa sala, sentado numa cadeira confortável, sendo entrevistado. Eu farei algumas perguntas e você responderá alto, claro e em bom tom, como se, de verdade, estivesse diante de uma grande oportunidade; ok?

1. Qual o seu nome completo?
2. Você tem algum apelido?
3. Você gosta de ser chamado por apelido?
4. Você se considera uma pessoa preparada para assumir esse cargo?
5. Você se considera um bom líder?
6. O que tira você do Equilíbrio? Em determinados momentos da nossa vida a gente surta, não é verdade? O nosso pavio é curto, não é mesmo? Portanto, o que tira você do Equilíbrio?

Muito bem! A entrevista acabou e, se você concordou que em determinados momentos da vida nós surtamos, e que o seu pavio é curto, você se auto reprovou. Caso tenha respondido surtar jamais! Você é merecedor de todos os aplausos. Como líder, como um profissional que vai lidar com pessoas, você precisa ser equilibrado emocionalmente e, sobretudo, perceber as pegadinhas. O nosso pavio precisa ser enorme, precisa ter quilômetros de comprimento e, surtar, nunca; jamais! Lembre-se sempre que, inteligência emocional e qualidade comportamental, são necessidades estratégicas, para quem lida com seres humanos e você já aprendeu isso! Perceba que tecnicamente, sua resposta deveria ter sido a seguinte:

Primeiro vamos a pergunta novamente:

Em determinados momentos da nossa vida nós surtamos, não é verdade? O nosso pavio é curto, não é mesmo? Portanto, o que tira você do equilíbrio?

Resposta: *Senhor aprendi que Inteligência Emocional e Qualidade Comportamental são Necessidades Estratégicas para quem lida com o público de uma maneira geral; assim, surtar, nunca! Senhor, acredite, nada me tira o equilíbrio. Se eu concordar com o senhor que em determinados momentos da vida a gente surta, eu estou indo na contramão daquilo que eu 'acredito e treino'. Aprendi a transformar o meu estômago em pântano; de tanto sapo que eu sou obrigado a engolir para promover a paz. Senhor, o interessante é que sempre dá certo!*

Claro que você foi induzido a responder sim, mas a vida nos prega peças, nos prega pegadinhas o tempo todo e a gente não tem o direito de errar. Quando você diz que, em determinados momentos da vida você surta, você está, de alguma forma, justificando talvez, uma atitude insana do tipo:

"Matei porque o cara disse que a minha mãe é uma vagabunda, e que o meu pai é corno, e que a minha mulher é vadia... aí o sangue subiu, eu surtei e matei o cara..."

Você percebeu a loucura do negócio? Você atirou no cliente da sua empresa, porque ele xingou a sua mãe! Portanto, é necessário que nós desenvolvamos esse pavio longo e, também, que consigamos transformar nosso estômago em pântano, em razão dos sapos, que certamente nós precisaremos engolir, quando estivermos gerenciando comportamentos inconvenientes de pessoas estressadas e furiosas.

Portanto, a 4ª Linha de Ação é, ***analise todas as suas opções; projete o resultado futuro das suas possíveis escolhas***. Devemos fazer uma Análise de todas as opções existentes, nós sempre podemos fazer muitas escolhas, mas é preciso projetar o "feedback de compensação" de cada uma delas, ou seja, fazer a previsão do resultado futuro das nossas possíveis escolhas. Perceba que, segurança é prevenção! Somos nós que precisamos "treinar fazer" a "previsão" do resultado futuro das nossas possíveis escolhas, seja em razão de um planejamento ou qualquer outro motivo. É fundamental que aprendamos a fazer previsões; isso é treinamento!

"Um rapaz entrou numa loja muito bonita e viu um senhor no balcão. Maravilhado, deslumbrado com a beleza daquele lugar, perguntou: - *Senhor, o que se vende aqui?* E aquele senhor com muito carinho disse: - *Todos os Atributos de Liderança que existem. - Ual! E custam muito? É caro?* Perguntou com certo medo da resposta - *Não, não custam nada; aqui tudo é de graça!*

Contemplando a loja, maravilhado percebeu que havia muitos jarros de amor, de sinceridade, humanidade, coragem e exigência. Havia também, muitos vidros de inteligência emocional, um monte de pacotes de qualidades de comportamento, inúmeras caixinhas de exercício de autoridade, muita sabedoria, fardos de perdão e tolerância a perder de vista, pacotes enormes de comprometimento e inúmeros outros atributos de liderança. Acabou criando coragem e pediu: - *Por favor, quero o maior jarro de inteligência emocional, quero dez fardos de sabedoria, um de sinceridade, um vidro grande de humanidade, outro de tolerância, dez de coragem e, também, de exigência, para mim e toda minha família.*

Então, aquele senhor preparou tudo e entregou-lhe um pequeno embrulho que cabia na palma da sua mão. Incrédulo, ele disse: - *Mas, como pode estar aqui, tudo o que eu lhe pedi?* Sorrindo o senhor lhe respondeu: - *Meu amigo, na loja de Atributos de Liderança não vendemos frutos, apenas doamos as sementes; você deve plantá-las!*

É fundamental que você entenda que nós somos livres, é verdade! Nós nascemos livres, mas a nossa liberdade não é uma arvore que nasce pronta, nossa liberdade é uma semente que precisa ser plantada. Se nós deixarmos a semente no bolso, nada vai acontecer. A semente não vai germinar, porque o ambiente não é favorável.

Se o grão de trigo não morrer, ele não produz; sabe o que isso quer dizer? É que quando nós plantamos, nós abrimos uma cova e enterramos a semente; é o enterro, é a morte dela. Se a semente não morrer ela não produz. Cabe a nós criar um ambiente favorável para que a semente possa germinar, crescer e dar frutos. O problema é que dá um trabalho enorme. A gente precisa trabalhar a terra, adubar, aguar, eliminar pragas, ervas daninhas, equilibrar a terra, revolver a terra para que ela oxigene, isso tudo no sol, na chuva, com vento e poeira.

Nosso corpo é um terreno fértil e nossas escolhas são sementes. Cada escolha, cada opção que fazemos é uma semente que plantamos em nós mesmos. Nós temos o direito de optar, somos livres para plantar o que quisermos, entretanto, somos obrigados a colher os frutos daquilo que escolhemos plantar. Se plantarmos frutos agradáveis aos nossos olhos, ótimo! Agora, se plantarmos frutos que não são agradáveis aos nossos olhos, obrigatoriamente teremos que colhê-los; e, acredite, não é nada legal! Portanto, seremos nós que analisaremos as opções existentes, seremos nós que projetaremos, para aquela pessoa que se comporta inconvenientemente, o resultado da sua possível escolha, ou melhor, os frutos que ela, obrigatoriamente, irá colher.

Faça uma análise dessas frases técnicas abaixo:

"Senhor(a), preciso alertá-lo(a), infelizmente, caso o senhor(a) tome essa decisão, serei obrigado a acionar a polícia".

"Senhor(a), seria bastante desagradável para todos nós, perdermos a noite numa delegacia policial".

"Senhor(a), perdoe-me, mas, sua escolha pode levá-lo(a) a um processo criminal, iria nos custar muitas horas com esclarecimentos e depoimentos intermináveis numa delegacia policial".

"Senhor(a), eu não vou impedi-lo(a) de entrar; mas, perceba que as imagens estão sendo gravadas. O resultado é processo criminal e demissão por justa causa; o senhor(a) realmente quer isso? Deixe-me ajudá-lo(a) senhor(a)."

Quando projetamos para a pessoa, o resultado futuro daquele comportamento inconveniente, estamos dando a ela uma oportunidade; àquela história pode ser reescrita. É preciso fazer com que ela entenda que vale a pena abortar aquela intenção descabida. Perceba que é algo prático; uma teorização desnecessária do GPCI, pode modificar completamente o seu conceito.

Para que nós fechemos este capítulo, quando projetamos o resultado futuro, eliminamos a "vitimização" e ajudamos o inconveniente a tornar-se autor da própria história. Nós devemos fazer isso com todo o cuidado, para que o inconveniente *não fique com medo dos próprios sentimentos*. Nós precisamos dar a ele, coragem e segurança, para que ele aborte, definitivamente, aquela intenção insana.

Capítulo 20

5ª Linha de Ação – Transforme a Teoria em Ação

Neste vigésimo capítulo, temos como objetivo específico, aprender a criar ambientes favoráveis na sua família, no seu trabalho, com os seus amigos, enfim, na sociedade.

Perceba que nós devemos ter muito cuidado ao projetar o resultado futuro daquele comportamento, porque, com medo dos próprios sentimentos, ele, o inconveniente, poderia fazer o que nós não gostaríamos que ele fizesse. Perceba o perigo! Se eu não estiver atento, focado! Se eu não tiver cuidado, se eu não tiver a sensibilidade necessária, eu posso fazer a projeção de um resultado futuro «equivocado» para o inconveniente. Talvez até seja o que ele queira, em razão de uma mente confusa. Você percebeu? Ainda não?

Você não sabe, mas por trás daquele comportamento inconveniente, o real objetivo daquele indivíduo é cometer suicídio! Aí você projeta como resultado futuro, que ele pode morrer... Olha o gatilho que você acionou. Aí ele pensa! *Opa! é tudo que eu quero!* e prossegue ainda mais decidido, com aquele comportamento inconveniente. É enorme a quantidade de pessoas que usam os trens, o metrô, para cometer suicídio.

O Policial, ou mesmo um vigilante distraído, acaba sendo um instrumento, um alvo fácil para que o provável suicida pegue a arma do policial, ou do vigilante para se matar. Inúmeros foram os casos já registrados com esse Modus Operandi, com essa maneira de agir. Portanto, é preciso que estejamos atentos, focados, tendo esse cuidado, essa sensibilidade. Vamos aos exemplos com as frases técnicas:

"Perdoe-me, mas eu sei que o senhor é capaz de me compreender; caso o senhor prossiga nessa linha, com essa atitude, as consequências serão essas..."

Perceba que as consequências que precisam ser projetadas, são aquelas que através da empatia, da nossa sensibilidade, nós entendermos que poderão ajudá-lo a fazer o que nós queremos que ele faça. Precisamos tomar todo o cuidado para não fazer projeções futuras equivocadas. Uma outra frase técnica seria:

"Eu estou aqui como amigo e sei que o senhor não quer que isso aconteça. Por favor deixe-me ajudá-lo".

Nós precisamos dar a ele, coragem e segurança, para que ele aborte definitivamente, aquela intenção insana. Ou ainda:

"Com essa sua atitude, agindo dessa forma, você destruirá pessoas que realmente te amam. Por favor não faça isso."

Agora, nós vamos estudar a 5ª linha de ação: *Transforme toda essa teoria em ação; faça a escolha certa.* Transformar toda a teoria em ação, fazer a escolha certa, é o que nós queremos. Diante de tudo isso, optar corretamente é o que nos resta fazer. Perceba que no nosso caso, precisamos usar toda a sensibilidade para fazer com que a pessoa com atitude inconveniente faça a melhor escolha; faça a escolha certa.

Aprendemos ao longo da caminhada que tudo na vida é simples, mas nada na vida é fácil. Sabemos que o fato de conhecermos o caminho da vitória não significa que seremos vitoriosos; o fato de conhecermos o segredo do sucesso não significa que teremos sucesso na vida.

O fato de nós sabermos que exercícios físicos diários e uma alimentação equilibrada com base em cereais, frutas, legumes e verduras é o grande "segredo do sucesso" para que a gente tenha um corpo saudável, não significa que nós vamos conseguir este corpo saudável e escultural, porque é necessário que consigamos resistir às deliciosas feijoadas, aos suculentos bifes com batatas fritas e aos mais variados tipos de doces, pudins de leite condensado e sorvetes, enfim, esses "venenos" que certamente causarão em nós, uma complicada crise existencial.

Fazer a escolha certa é simples, mas como vimos não é nada fácil, pois, exige renúncia e sofrimento; e quem está predisposto ao sofrimento? Quem gosta de sofrer? Vimos que tudo aquilo que nos agride em demasia, ou de alguma forma, nos perturba, nos leva a uma profunda irritação, acompanhada logo em seguida de estresse. Quando digo "tudo", é tudo mesmo; como o suor que escorre pelas nossas costas, durante uma cerimônia que não nos permite aliviar aquela situação; ou aquela música que você detesta, com som extremamente alto, de um vizinho sem bom senso; sabe aquele vizinho sem noção que coloca o som no último volume? No seu íntimo ele quer apenas agradar, quer que todos ouçam a música com ele, ele acredita que todos estão ouvindo aquele negócio, felizes da vida, mas na verdade, todos estão irritados.

Outra coisa que causa estresse é aquela dorzinha insistente durante um longo tempo, tipo lombalgia, nervo ciático inflamado; ou ainda aquelas longas viagens desconfortáveis com o trânsito completamente parado; ou o zumbido insistente de um mosquito, durante uma noite quente de verão; e é claro que, não podemos nos esquecer das brigas e desentendimentos familiares, odores desagradáveis, síndrome de abstinência de todos os tipos, sentir-se enganado, traição etc. Enfim, tudo o que nos agride em demasia, causa estresse.

Assim, mais uma vez reitero que, o sentimento de indignação, de raiva, é inevitável em razão dessa resposta fisiológica. Não temos qualquer controle sobre os nossos sentimentos, mas se formos comprometidos e treinarmos, com certeza, nós aprenderemos a controlar o comportamento.

Vimos que nós podemos querer gritar com alguém, socar, bater, submeter e até mesmo matar, mas, apesar deste sentimento ruim, nós podemos nos comportar equilibradamente. Minha mãe dizia que vontade é coisa que dá e passa; e é verdade! Quando resistimos às nossas "vontades" e fazemos o que é certo, percebemos logo em seguida a bobagem que teríamos feito, caso tivéssemos optado errado, ou seja, agido de acordo com os sentimentos feridos. Estou convencido de que estes sentimentos sempre nos levam em direção à morte.

Quando aprendemos a lidar de forma equilibrada com eles, ou melhor, quando passamos a dominar esses sentimentos, e não mais, sermos dominados por eles, criamos ambientes favoráveis na nossa família, no nosso trabalho, com nossos amigos, enfim, na sociedade; nós ficamos melhores! No entanto, como nós já vimos, não melhores do que ninguém, mas melhores para os outros. É o detalhe que faz a diferença, até porque, venhamos e convenhamos, é uma insanidade nós acharmos que somos melhores do que os outros. Esse comportamento nos leva a um quadro doentio, é patológico querermos ser melhores do que os outros. Isso também é treinamento e esse tipo de treinamento a gente começa em casa. Só que a gente insiste em treinar fora, dentro de casa é sempre mais difícil. Fora de casa é mais fácil, só que não funciona; palavras convencem pessoas, mas os exemplos arrastam multidões!

Sabemos que todos nós temos o direito de decidir, de escolher o nosso próprio destino, entretanto, «se nós escolhermos não decidir», nós já tomamos uma decisão. Sabemos que o primeiro passo é reconhecer..., mas, para aprender é preciso querer aprender... sem essa atitude é impossível evoluir. É bobagem querer ensinar algo a alguém, que tem certeza, de que já sabe tudo.

Sempre que abordamos este tema, percebemos com clareza, que um número bastante significativo de pessoas, poderiam ter evitado muitas dores de cabeça se, na sua Educação Básica, tivessem sido orientados e conscientizados a esse respeito, assim, é impossível não citarmos Lao Tsé que diz: "*Um homem que vence outro homem é forte, mas o homem que vence a si próprio, é poderoso.*"

Acredito que um dos maiores problemas, que todos nós enfrentamos, seja '*criar expectativas*'. Estou convencido de que é uma loucura '*esperar muito dos outros*'; esse é um erro terrível! E, geralmente, nos torna inconvenientes..., no entanto devemos abraçar, com força, tudo aquilo que recebemos; e mais, com gratidão! Devemos ser gratos, isso também é treinamento!

Capítulo 21

Você Sabe Quem Eu Sou? Como Lidar Com Isso?

Neste vigésimo primeiro capítulo, temos como objetivo específico, avaliar, analisar e adotar medidas e atitudes preventivas para que os conflitos e os problemas projetados, não aconteçam ou sejam reduzidos.

Pra gente relaxar um pouquinho, em razão da pandemia, um voo superlotado de uma grande companhia aérea foi cancelado. Uma única funcionária, linda! atendia todos os passageiros, e, com tranquilidade e tolerância, tentava resolver todos os problemas. Havia uma longa fila... De repente um passageiro surtou, furou a fila, foi até a atendente no balcão, arremessou o bilhete com violência e disse:

- *Presta atenção! Eu preciso embarcar nesse voo, e quero na primeira classe!*

A atendente gentilmente disse:

- Senhor perdoe-me, terei todo o prazer em ajudá-lo, mas, primeiro preciso atender, todas essas pessoas; já que elas também estão aguardando e, sobretudo, estão na sua frente! Desculpe-me, mas, prometo que quando chegar a sua vez farei de tudo para satisfazê-lo.

O passageiro arrogante, prepotente e intransigente gritou de forma que todos na fila ouvissem:

- *Você faz alguma ideia de quem eu sou?*

Sem hesitar a funcionária sorriu, pediu um instante, pegou o microfone e disse:

- Posso ter um minuto da atenção dos senhores, por favor?

A voz ecoou por todo o terminal e ela continuou:

- Senhores e senhoras, nós temos aqui no balcão um passageiro que não sabe quem é, deve estar perdido. Se alguém é responsável por ele, ou é seu parente, ou então se puder ajudá-lo a descobrir a sua identidade, favor comparecer aqui no balcão, urgentemente. Obrigada.

Além das gargalhadas histéricas, a funcionária ainda levou uma calorosa salva de palmas. Com as pessoas atrás dele gargalhando, o sujeito olhou furioso para a funcionária, rangeu os dentes e disse ensandecido:

- Eu vou te comer!

Sem recuar ela sorriu e, educadamente, disse:

- Desculpe-me senhor, mas mesmo para isso, o senhor vai ter de esperar na fila; tem muita gente querendo o mesmo.

Brincadeiras a parte, perceba que o mais interessante é que, essa estória, como tudo na vida, serve para que nós aprendamos como não se deve fazer. Parece bobagem, mas o mundo está cheio de pessoas exatamente assim, com este perfil; arrogantes, prepotentes, enfim, que se acham melhores do que os outros; que se acham Deuses! Aliás, alguns até têm certeza de que são!

O problema é que todos nós sentimos vontade de aplaudir, de pé, as pessoas com a mesma presença de espírito daquela funcionária; não é verdade?

No entanto, como profissionais e especialistas em GPCI, nós não podemos, nós não devemos em hipótese nenhuma, gerenciar seguindo os nossos "sentimentos feridos", com ironia. Certamente eles nos conduziriam ao caos, e, inevitavelmente, a morte.

Diante situações de estresse devemos argumentar, não com o objetivo de "sair vencedor", mas de verdadeiramente ajudar e aprender. Talvez essas, teriam sido boas respostas:

"- Perdoe-me, não sei quem o senhor é, mas sei que é capaz de me desculpar por não poder atendê-lo com a precisão que o senhor requer; por favor me perdoe!"

"- Desculpe-me, não sei quem o senhor é, e me sinto constrangida; mas sei que é capaz de relevar esse meu posicionamento de não poder atendê-lo com a presteza que o senhor necessita".

"- Desculpe-me senhor, realmente não sei quem o senhor é, mas perdoe-me por não poder atendê-lo nesse momento, de acordo com as suas necessidades".

"- Perdoe-me por não conhecer o senhor, fico envergonhada, mas sei que o senhor é capaz de compreender a situação que eu me encontro; sinto muitíssima por não poder atendê-lo com a urgência que o senhor merece".

"Um único bom argumento vale mais do que muitos argumentos melhores."
Tristan Bernard.

Pessoas estressadas precisam de alguém capaz de ajudá-las; precisam de pessoas habilitadas e capacitadas para compreendê-las. Bater boca com pessoas com comportamento inconveniente é pura perda de tempo, é uma enorme bobagem.

Nós entraremos daqui a pouquinho com o tema "Uso da Força". Nós aprendemos a importância de desenvolver uma boa base. Assim, com o objetivo de melhorar um pouco mais a sua base, nós vamos fazer um rápido repasse dos Assuntos Básicos e dos Princípios Orientadores de GPCI.

Repasse dos Assuntos Básicos de GPCI

Aprendemos que Segurança é Prevenção! Você se lembra? É inaceitável, nós ficarmos esperando que "conflitos e problemas" aconteçam, para depois nós apresentarmos aquelas soluções incríveis, superinteligentes, geniais... Isso definitivamente, não é legal... Vimos também que a palavra "Missão" para nós significa "Razão de Existir". Portanto, a nossa Missão, a Razão da nossa Existência é "Administrar Conflitos e Problemas"; logo somos aqueles que administram conflitos e problemas, jamais criamos.

Para nós, ADMINISTRAR significa Adotar Medidas e Atitudes Preventivas; portanto, qual seria a essência da nossa MISSÃO? Apesar de nós falarmos Essência da Missão (no singular), nós sabemos que na verdade são três as essências da missão. Vamos recordar? Substituindo a palavra ADMINISTRAR pelo conceito dado, nós chegamos na Essência da Missão, ou seja, Especialistas em GPCI, no seu dia a dia, Administram Conflitos e Problemas, logo, adotam medidas e atitudes preventivas para que os Conflitos e os Problemas por eles projetados, não aconteçam. Ok, essa é a primeira, mas, e se nós já estivermos diante de um Conflito? A resposta é simples; administramos o conflito! E como nós administramos um conflito? Adotando medidas e atitudes preventivas para que o Conflito, não se torne um Problema.

Muito bem, e se nós estivermos diante de um Problema? A resposta também é simples; administramos o Problema. E como nós administramos um Problema? Adotando medidas e atitudes preventivas para que o Problema não evolua para uma Crise, não vire um Escândalo. Ficou mais claro?

Nós queremos apresentar a você, linhas de ação, condutas, atitudes e maneiras adequadas de como Usar a Força, com eficiência e eficácia, sem abrir mão dos Princípios Essenciais para o Uso da Força que estudaremos mais adiante (legalidade, necessidade, proporcionalidade e conveniência). O GPCI surgiu devido um *erro de procedimento,* que causou a morte de um grande amigo do Sylvio Behring; esse amigo levou dois tiros por acreditar que conflitos, problemas e crises poderiam ser resolvidos usando a força com Violência e Habilidade Técnica. O Sylvio aprendeu com o erro do amigo, e nós, queremos sensibilizar e conscientizar você a resolver conflitos, problemas, crises e escândalos usando as técnicas de GPCI, com base na Inteligência Emocional e na Qualidade Comportamental, Necessidades Estratégicas para quem lida com seres humanos.

Muito bem, agora nós podemos avançar um pouco mais, já temos base suficiente para entrar no Uso da Força.

Conceitos de Força

Em *Física Clássica,* Força é tudo aquilo que pode alterar o estado de repouso, ou de movimento de um corpo, ou ainda, deformá-lo.

Em *Segurança,* Força é quando obrigados a intervir sobre pessoas, ou grupos de pessoas, reduzimos ou eliminamos sua capacidade de auto decisão.

No *Gerenciamento Progressivo de Comportamento Inconveniente*, Força é quando através de uma "intervenção compulsória", impedimos pessoas ou grupos de pessoas, de prosseguir com a intenção, de comportar-se de forma inconveniente, ou que, por algum motivo, decidiram contrariar Normas/Diretrizes de Segurança, ou mesmo a própria Lei. Reforçando, é quando a simples Presença Física, "aborta a intenção de uma atitude inconveniente", ou mesmo, "elimina um comportamento inconveniente", ou seja, o provável "transgressor", desiste da sua intenção de comportar-se de maneira inconveniente, em razão da Sensação de Segurança transmitida; e, também, quando o "provável transgressor", melhora o seu comportamento, não insistindo naquela atitude inconveniente.

Nível do Uso da Força

O "Nível do Uso da Força", são as "Opções de Força" que eu seleciono, em resposta ao "Nível de Submissão" da pessoa com comportamento inconveniente; consequentemente, o Nível de Força a ser utilizado deve ser proporcional ao Nível de Resistência Oferecido.

O Nível do Uso da Força, é definido na teoria como sendo a modalidade da Força por nós utilizada, variando da nossa simples Presença Física, funcionando como inibidora de uma atitude inconveniente, até o uso de Armas Convencionais Letais como último recurso para defesa própria, protegendo nossa incolumidade física, bem como a de terceiros.

Mas, nesse vácuo existente entre o 1º e o 7º Nível de Força, temos a Verbalização 1 ou Diplomacia, temos a Verbalização 2 ou Uso da Força da Lei como Ameaça, temos o Controle de Contato ou Técnicas de Mãos Livres, temos as Técnicas de Submissão e ainda as Táticas Defensivas Não Letais, onde usamos Armas Não Letais ou Menos Letais, usamos Técnicas de Traumatização inclusive com Armas Brancas; e, em casos extremos, dentro da lei, o Uso de "Armas Convencionais Letais", como último recurso para proteger a nossa incolumidade física bem como a de terceiros.

Vimos que quando minimizamos ou eliminamos a capacidade de auto decisão de uma pessoa, ou grupo de pessoas, através de uma intervenção obrigatória, chamamos de "Força". Mais adiante, nós vamos estudar detalhadamente, cada modalidade da Força, cada "Nível do Uso da Força utilizada", lembrando que, o Uso Progressivo da Força, é uma forma de orientar as pessoas, a respeito dos mais diversos "Fatores de Autoridade", da sua utilização ou não, do tipo de Força, e das possíveis reações, com relação às atitudes de um sujeito com comportamento inconveniente.

Capítulo 22

Princípios Essenciais para o Uso da Força

Neste vigésimo segundo capítulo, temos como objetivo específico, identificar e explicar os Princípios Essenciais para o Uso da Força.

Sabemos que nós não estamos livres de viver momentos, situações difíceis com pessoas desequilibradas; nós podemos a qualquer momento, protagonizar esse tipo de situação. Assim, Inteligência Emocional e Qualidade Comportamental são fatores fundamentais, são Necessidades Estratégicas para quem lida com seres humanos.

Esse é um assunto pertinente a todos aqueles que lidam com pessoas, independentemente da profissão que exercem, da vida que levam ou do esporte que praticam; agora, se você é um líder de equipe (Diretor, gerente, coordenador, supervisor, professor, instrutor, fiscal) ou um Profissional de Segurança Pública ou Privada, é necessário que você cumpra o seu dever legal, cumpra a sua respectiva Missão, sem provocar danos aos Direitos das pessoas; direitos estes garantidos por Lei.

Já sabemos! Vimos que conhecer a teoria de GPCI, não é suficiente para gerenciarmos pessoas, ou grupo de pessoas com comportamento inconveniente. Relembrando Sun Tzu, o «Fato» de nós conhecermos o «Caminho da Vitória», não é suficiente para que sejamos «Vitoriosos». Assim, a gente deve vigiar o tempo todo, com o intuito de perceber atitudes inconvenientes, que podem gerar "Conflitos e Problemas", e, enxergando a possibilidade, devemos adotar medidas e atitudes preventivas para que eles não aconteçam. Essa insistência é puramente didática, e nós precisamos fazer isso com os nossos filhos, alunos, colaboradores... Vamos a um rápido exemplo, aparentemente idiota, mas que pode ser projetado para coisas maiores. Você vê uma casca de banana no chão, aí pensa:

"Se alguém pisar nesse negócio, vai escorregar e se machucar, talvez até sofra uma fratura. No caso de uma pessoa idosa, pode até causar a sua morte. Talvez minha empresa venha sofrer um processo e tenha que pagar uma alta indenização por danos morais, aí vem a mídia e a imagem da minha empresa será prejudicada, poderá ficar seriamente comprometida."

Assim, tendo enxergado a possibilidade de "Conflitos e Problemas", você pega a casca de banana e, simplesmente, joga no lixo. Ou seja, você adotou uma medida, uma atitude preventiva, para que os conflitos e os problemas por você projetados, não acontecessem. Percebeu? Simples assim! Existe um ditado árabe, que diz o seguinte:

"Quem não compreende um olhar, tampouco há de compreender uma longa explicação."

Estou convencido que no GPCI, as coisas não são óbvias. Assim, se eu não consigo enxergar o óbvio, como é que eu vou conseguir enxergar, aquilo que não é óbvio? Por isso, não podemos subestimar o óbvio, não podemos nem de brincadeira, desprezar as análises e as avaliações óbvias; certo?

Princípios Essenciais para o Uso da Força

Antes de nós avançarmos nos Níveis de Força, nós vamos estudar os Princípios Essenciais para o Uso da Força. Princípios que nos autorizam a Usar a Força com Base, fundamentados. Vale esclarecer que no Brasil, ainda não existe uma lei específica que trata do Uso da Força de maneira rigorosa, com normas, diretrizes e regras a serem seguidas. O que de fato existe é o que está previsto no art. 23 do Código Penal Brasileiro, que trata das excludentes de ilicitude. Vamos então ao primeiro princípio?

Princípio da Legalidade.

A palavra legalidade significa qualidade, caráter ou condição do que é legal, do que está de acordo com a lei. Existe uma expressão que vem do latim *"nullum crimen... nulla poena sine lege"*, que quer dizer o seguinte: *Não há crime, nem pena, sem lei anterior que os defina.*

Portanto, é um princípio jurídico fundamental, que estabelece não existir delito, fora da definição da Norma Escrita na Lei, e nem se pode impor uma pena, que nessa mesma lei, não esteja já definida; "vale o que está escrito". O Art. 5º da Constituição Federal no seu inciso II diz que:

"Ninguém é obrigado a fazer ou deixar de fazer alguma coisa senão em virtude de lei".

Na verdade, existe uma relativa liberdade do povo, que pode fazer de tudo, menos o que a lei proíbe. O Princípio da Legalidade, é a garantia vital de que a sociedade não está presa às vontades particulares, às vontades pessoais, dos seus governantes. A gente sempre deve buscar um fundamento legal, para todas as nossas decisões, atitudes e linhas de ação. Conhecer a Lei e as Normas e Diretrizes do ambiente que a gente atua, é fundamental. É imprescindível para que a gente tenha respaldo, credibilidade e, principalmente, o apoio da opinião pública.

Eu não posso cobrar, exigir de uma pessoa, aquilo que não está escrito; aquilo que não está escrito na lei ou nas normas e diretrizes daquele estabelecimento, daquele local, daquele ambiente de trabalho. Quando nós falamos do Apoio da Opinião Pública, nós estamos falando de algo muito mais sério do que nós podemos imaginar; algo que está acima desse Princípio.

Você certamente já assistiu aquele filme O Gladiador. O gladiador era na verdade um general, braço direito do imperador Marcos Aurélius que foi assassinado pelo próprio filho 'Comodus'; que também mandou matar o General e toda a sua família. A família do general foi executada, mas o general Máximus Décimus Merídius sobreviveu e tornou-se um gladiador.

A sua missão, a razão da sua existência passou a ser matar Comodus, o imperador. Ele percebeu que como gladiador teria mais chances de se aproximar do imperador, e acabou se tornando um ídolo para o povo romano; era adorado. Um dia, numa batalha surreal, suicida, ele se deu muito bem; era perspicaz e muito habilidoso. O imperador ficou tão impressionado que anunciou que iria até a arena cumprimentar o gladiador. Era tudo que ele queria! Só que o imperador foi acompanhado do sobrinho, um menino de 9/10 anos, neto do imperador assassinado; da mesma idade do seu filho que também tinha sido assassinado. Quando ele viu o menino, percebeu que se matasse o imperador colocaria a vida do menino em risco; aí desistiu, abortou a missão. Foi quando o imperador determinou que ele retirasse o capacete. Descoberto, a vida dele ficou nas mãos do imperador. Certamente seria sumariamente decapitado. Só que, quando o povo percebeu que o imperador iria matá-lo; ele, que era o maior ídolo. Começaram a gritar: *"vida, vida, vida!"* Pressionando o imperador de tal forma que, o imperador sentiu-se ameaçado. Percebendo a real possibilidade de uma revolução, com medo e sem alternativa, recuou.

O que nós queremos que você perceba com essa estória, é a Força da Opinião Pública. Nós nunca podemos desprezar a opinião da maioria, a opinião do povo. Perceba que não basta que nós estejamos dentro da lei. É preciso que nós tenhamos sensibilidade; sensibilidade para perceber a opinião do povo. Se o povo não estiver do nosso lado, nós precisamos usar o poder de convencimento, usar o poder de argumentação, de persuasão para convencer o povo. Primeiro nós precisamos convencer a maioria, caso contrário nós corremos o perigo de dar um tiro no pé; ou o tiro sairá pela culatra, como queira. Portanto, o 1º princípio para usarmos a força, é o Princípio da Legalidade.

Princípio da Necessidade

A ação, o uso da força propriamente dito, deve atender aos limites considerados mínimos, para que se torne justa e legal, a nossa intervenção. Princípio segundo o qual, as nossas decisões, as nossas atitudes e linhas de ação, somente serão legítimas, quando for real o conflito, ou seja, quando efetivamente não for possível, estabelecer um modo de convivência simultânea, dos direitos fundamentais sob tensão. Perceba que, se houver a "menor" possibilidade de "convivência", é porque não devemos usar a força. A pergunta chave seria:

A aplicação da Força é Necessária?

A Necessidade está relacionada ao fato de ser a "medida restritiva de direitos", fundamental à preservação do próprio direito, por ela, "diminuído" ou "reduzido" a limites mais rígidos, mais rigorosos; para a sua própria segurança.
Perceba! São dois indivíduos, com a mesma intenção de te ferir, a mesma vontade de te agredir gravemente, o mesmo motivo, a mesma raiva; contudo, um tem 25 anos, uma boa compleição física, é saudável, enfim, cheio de disposição! O outro tem 95 anos, com deambulação comprometida em razão de um AVC, visão deficiente. Assim, usando discernimento, com um, é necessário que você use a força, com o outro não! Percebeu?

Um outro exemplo interessante é o seguinte: usando empatia, você é funcionário de uma grande empresa. Um eletricista pede para você impedir que as pessoas entrem numa determinada sala, pois em razão de um curto, um problema na alta tensão, quem tocar em algo metálico naquela sala corre risco de morte. Ele está indo na sala de disjuntores; você está ali tranquilo, mas atento. Nesse ínterim, o diretor Presidente da empresa aparece meio agitado, ansioso, desatento e tenta entrar na sala. Qual será a sua atitude? Como você vai abordá-lo? Qual a frase que você usaria? Faça um exercício agora; imagine-se nessa situação real. Qual seria a sua atitude? O Que você falaria? Como você falaria? Deixe-me dificultar um pouco. O presidente está nervoso, você percebeu que ele não está te ouvindo e cismou que vai entrar. Você aplicaria, ou melhor, você o controlaria pelo pescoço, com um estrangulamento – "mata leão"? Vamos lá! *A necessidade está relacionada ao fato de ser a medida restritiva de direitos* – o controle pelo pescoço não é uma medida restritiva? Mas perceba, que essa medida é fundamental à preservação do próprio direito, por "ela diminuído", ou "reduzido" a limites mais rígidos, mais rigorosos; para a sua própria segurança. Perceba que nesse caso, se você não fizer o necessário, ou seja, o que precisar ser feito para impedi-lo de entrar, ou seja, salvar sua vida, você será responsabilizado; tendo em vista que o Presidente, por está preocupado, nervoso com algo, não está conseguindo entender o risco de morte existente.

Mudando o cenário, você está ali tranquilo, mas atento. Nesse ínterim, o diretor Presidente da empresa vem com naturalidade e tenta entrar na sala. Qual será a sua atitude? Como você vai abordá-lo? Como seria a frase? Perceba que nesse caso, tudo é bem mais simples. A sua função é apenas informar o que está acontecendo.

"Bom dia, Sr. Presidente! Nós estamos com um problema muito grave nessa sala; com risco de morte. Todos os metais estão energizados com alta tensão. O eletricista está resolvendo o problema."

As pessoas subordinadas a você, certamente acatarão o seu pedido sem maiores problemas, todavia, os seus chefes, após ouvirem com atenção a sua orientação, é que vão decidir; poderão inclusive falar o seguinte para você:

"Obrigado pela informação; agora é conosco. Por favor, vá agora lá em cima, e chame o fulano, o ciclano e o beltrano."

Você entendeu? Uma coisa é uma coisa, outra coisa é outra coisa. Certo?

Princípio da Proporcionalidade

Nós sempre devemos verificar, a proporcionalidade do uso da força. A pergunta seria:

"O nível de força que eu quero usar, é proporcional ao nível de resistência oferecida? É proporcional ao nível de submissão daquela pessoa?"

No ano de 1791, num Simpósio sobre Direito de Polícia, no sul da França, um jurista chamado Jellinek, disse que "Não se abatem pardais com tiros de canhão"; ele palestrava sobre o fim do estado de polícia, e o advento do estado de direito. Essa frase ficou famosa, e representa no mundo, esse princípio. Eu gostaria de chamar sua atenção para um detalhe.

"É proporcional matar um pardal com um canhão? Não! O que seria proporcional? atiradeira, espingarda de chumbinho?"

Perceba que também mata o pardal! Morte é morte! A morte não é maior ou menor. Nós precisamos entender através dessa analogia, que Proporcionalidade não tem nada a ver com "igualdade" ou "mesma força". Se eu usar uma força igual, eu certamente não vou conseguir resolver a questão. Portanto, entender o Princípio da Proporcionalidade é importante demais.

Princípio da Conveniência

Ele nos ensina que é essencial que nós tenhamos consciência, das nossas atitudes, mas sobretudo, consciência das consequências dos nossos atos; são duas as perguntas fundamentais:

"O Uso da Força é Conveniente, com relação às consequências da minha Ação? Ou ainda... O Uso da Força é Conveniente, com relação às consequências da minha Omissão?"

Tudo indica que naquele ataque ao complexo do World Trade Center em NY, com relação àquele avião que caiu num campo na Pensilvânia, os próprios passageiros teriam reagido, causando a queda da aeronave; pelo menos foi o que a mídia divulgou na época. No entanto, o Princípio da Conveniência poderia, perfeitamente, ter sido usado; por exemplo:

"Se eu abater essa aeronave, terei problemas? Sim, Sr. Presidente, são centenas de cidadãos inocentes; jovens, idosos, mulheres e crianças. E se eu não abater? Se não abater, senhor Presidente, o problema poderá ser muito maior."

Assim, é "conveniente" que seja abatido. Você percebeu o Princípio?

Capítulo 23

Níveis de Força - Presença Física

Neste vigésimo terceiro capítulo, temos como objetivo específico, discernir e explicar o emprego da Segurança de Baixo Impacto e de Alto Impacto no GPCI, tendo como base o 1º Nível de Força.

Nós sabemos que o mundo gira, que o avanço tecnológico é um fato, e nós evoluímos ou não, à medida que, de alguma forma, nós fazemos escolhas. Nós tomamos decisões e fazemos opções diárias, das mais simples as mais complexas. Vimos que, nossas escolhas são sementes que plantamos em nós mesmos. Por sermos um terreno fértil, nossas escolhas sempre darão frutos, resultados; isso é um fato inevitável. Nós até podemos escolher o que vamos plantar, mas nós somos obrigados a colher aquilo que plantamos. O problema é que talvez não sejam agradáveis aos nossos olhos, mas seremos obrigados a colher. Portanto, analise bem, avalie bem e faça um bom estudo de situação antes da tomada de decisão. Não seja impulsivo, não aja na impulsividade.

Níveis de Força

Avançando um pouco mais, é importante que nós saibamos que há 2500 anos, Sun Tzu já usava Níveis de Força. Naquela época, Sun Tzu já aplicava 4 Níveis de Força, com resultados extraordinários:

1. Posicionamento Superior,
2. Diplomacia,
3. Uso da Força da Lei como Ameaça e
4. Ataque.

Perceba que Posicionamento Superior é o mesmo que Presença Física, é a Sensação de Segurança transmitida através de uma imagem forte. Sun Tzu usava 2 **Níveis de Verbalização: Verbalização1 ou Diplomacia** e Verbalização 2 ou Uso da Força da Lei como Ameaça. Num primeiro momento, ele usava uma Verbalização Diplomática; não obtendo sucesso, Sun Tzu usava uma Verbalização fazendo Uso da Força da Lei como Ameaça. Não tendo sucesso, o próximo nível era o Ataque; literalmente cortava a cabeça, Força Letal.

Passados todos esses anos, a ONU (Organização das Nações Unidas) desenvolveu cinco Níveis de Força considerados como base de um padrão Internacional, conforme o modelo abaixo:

Core Objective
Safety and security of UN military/police and those being protected as well as the rights and well being of the aggressors during a legitimare peacekeeping operations

Use of Force Continuum

Important!
The specific details in this chart are for illustrative purpose only. Military units must tailor the details of their mission-specific requirements, equipment and level of training.

Level of Force	Threat Actions	UN Action/Reaction
DEADLY FORCE	ASSAULTIVE (SERIOUS/FATAL ACTION) • Threat uses weapons, undertakes life threatening weaponless assault, and/or disarms a military/police	LETHAL • Use of firearm and strike to vital areas
NON-DEADLY FORCE	ASSAULTIVE (NON LIFE THREATING) • Threat conducts non-life threatening activities but has the potential to cause physical harm to peacekeepers/civilians, e.g.: stonethrowing, use of incendiary device, sabotage. RESISTANT (ACTIVE) • Threat wrestles/pushes military/police or pulls away RESISTANT (PASSIVE) • Threat is unresponsive (refuse to move dead weight) or exhibits danger cues	DEFENSIVE TACTICS • Use riot control equipment including shields, water cannon, soft kinect projectiles, etc. COMPLIANCE TECHNIQUES • Use chemical irritant application, riot control agents/barricades/cordon/show of forces including aviation. CONTACT CONTROLS • Takedowns, handcuffs, threat of using force.
AUTHORITATIVE PRESENCE	COMPLIANT • Threat shows positive or cooperative behavior	COOPERATIVE CONTROL • Physical appearance, verbal command, search techniques and apprehension tatctis

O VIII Congresso das Nações Unidas sobre a prevenção do crime e o tratamento dos delinquentes editou os Princípios Básicos Sobre o Uso da Força e Armas de Fogo para os funcionários responsáveis pela aplicação da lei. Entre os diversos princípios que recomendam o uso da força necessária de modo progressivo e proporcional para o cumprimento da lei, há também a orientação para a utilização de metodologias apropriadas que facilitem o treinamento dos agentes sobre a questão do uso da força.

Tendo como base o modelo da ONU, os países desenvolveram e seguem os seus próprios modelos, como por exemplo o Modelo FLECT - Aplicado pelo Centro de Treinamento da Polícia Federal de Glynco, Geórgia, Estados Unidos da América – EUA – com 5 Níveis de Força. Modelo GILLESPIE; um modelo interessante; ele define quatro situações: o azul é cooperativo, o amarelo não cooperativo, o laranja agente desarmado, e o vermelho agente armado. Modelo REMSBERG, também interessante, bem direto com 5 níveis de força. Modelo CANADENSE utilizado pela Polícia Canadense. Modelo NASHVILLE, utilizado pela Polícia Metropolitana de Nashville, EUA. Modelo PHOENIX, utilizado pelo Departamento de Polícia de Phoenix, EUA.

No Brasil, as Forças de Segurança Pública utilizam o seguinte modelo:

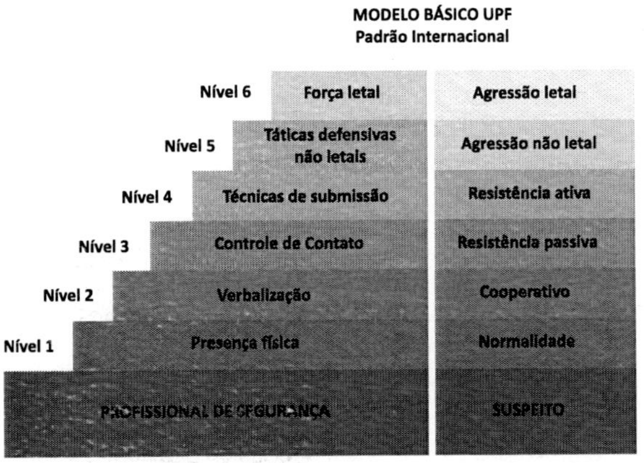

É evidente que, por não sermos policiais, por não termos "Poder de Polícia", precisamos ser muito mais eficientes e eficazes na nossa abordagem e verbalização; assim, com perspicácia usamos 7 Níveis de Força, conforme o modelo abaixo. Tal estratégia é devido a subdivisão do Nível II, Verbalização, em dois Níveis de Força, seguindo àquele modelo praticado por Sun Tzu há 2500 anos (Verbalização I ou Diplomacia e Verbalização II ou Uso da Força da Lei como ameaça).

Esse modelo acima é normalmente usado pelas Forças de Segurança Pública. Nós vamos estudar, minuciosamente, cada um deles, mas antes eu preciso que você saiba o que é Segurança de Baixo e de Alto Impacto.

Segurança de Baixo Impacto

Os três primeiros Níveis de Força (Presença Física, Verbalização e Controle de Contato) representam a Segurança de Baixo Impacto, usada por profissionais preparados técnica e emocionalmente. Trata-se de uma Segurança de Alto Nível Técnico.

Segurança de Alto Impacto

Já os últimos três Níveis de Força (Técnicas de Submissão, Táticas Defensivas Não Letais e Força Letal) representam a Segurança de Alto Impacto; é sempre a primeira opção dos despreparados técnica e emocionalmente. Portanto, em se tratando de Uso Diferenciado da Força, nós temos dois níveis de segurança; a Segurança de Alto Impacto e a de Baixo Impacto.

Modelo GPCI para o Uso Progressivo da Força

Nós, Especialistas em GPCI, estrategicamente, usamos 7 (sete) Níveis de Força:

1. Presença Física,
2. Verbalização 1 ou Diplomacia,
3. Verbalização 2 ou Uso da Força da Lei como Ameaça,
4. Controle de Contato ou Técnicas de Mãos Livres,
5. Técnicas de Submissão,
6. Táticas Defensivas Não Letais,
7. Força Letal.

Por termos como Necessidades Estratégicas, a Inteligência Emocional e a Qualidade Comportamental, nossa Verbalização é diferenciada; é eficiente e eficaz. Sabemos que para ter Poder de Convencimento, é preciso que tenhamos o Domínio do Conhecimento. Se eu não domino um determinado tema, eu não consigo convencer ninguém sobre aquele tema. Sabemos que o Poder de Convencimento vai além do Entendimento; ter entendido um determinado assunto, não significa ter o domínio sobre o assunto. Por isso a nossa Verbalização foi dividida em dois Níveis de Força. Podemos evitar muitos problemas usando uma Verbalização Técnica de Qualidade.

Nós estudaremos uma afirmativa bastante polêmica, para que possamos refletir com deferência, com carinho, algo que é fundamental no GPCI. Vale esclarecer que essa afirmativa não é uma verdade absoluta, mas, um princípio didático.

"Se formos obrigados a usar Segurança de Alto Impacto num Gerenciamento de Comportamento Inconveniente, é porque falhamos ou fomos incompetentes; entretanto, se não usarmos, permitindo assim o agravamento da situação com o comprometimento da segurança, merecemos severas críticas; mas, se formos Especialistas em GPCI, merecemos demissão por justa causa".

Resumindo, se formos obrigados a usar os últimos níveis do UPF, devemos usar sem tartamudear, sem hesitar. É claro que, se não houver uma perfeita sintonia e entendimento dos conceitos básicos de segurança no GPCI e filosofia de Autodefesa, fica difícil aceitar essa "aparente incoerência"; contudo, é simples de se entender, pois, quando um não quer, dois não brigam. Se estivermos bem-preparados «emocionalmente e tecnicamente», certamente conseguiremos administrar, usando técnicas de verbalização, estratégias de segurança e inteligência emocional.

Nível 1 – Presença Física

Vale lembrar que todo esse preambulo é para fortalecer o nosso tema principal, Níveis de Força, e o nosso assunto é Presença Física – ou Posicionamento Superior. Nível I significa "*atitude submissa*", estamos dentro da normalidade, nessa fase, usaremos nossa "Força de Presença". A primeira estratégia é o "Posicionamento Superior". No GPCI, posicionar-se de forma superior tem relação direta com Sensação de Segurança, com Força de Presença, com Imagem forte (estereótipo). Os Níveis de Força não são substituídos por um nível mais avançado, eles são cumulativos; perceba que a Presença Física e a Verbalização acompanham, permanecem efetivamente em todos os Níveis de Força posteriores. Segundo Sun Tzu,

"Não devemos jamais confiar na possibilidade de o inimigo não vir, mas na nossa competência técnica de recebê-lo, tornando nossa posição invulnerável".

Os guerreiros antigos colocavam-se primeiro fora da possibilidade de derrota; depois esperavam a oportunidade de derrotar o inimigo. Devemos nos posicionar de forma que todos nos vejam diretamente e percebam imediatamente nossa presença forte; é como se estivéssemos sob a luz de um holofote, mas, apesar da imagem marcante, devemos ser profissionalmente discretos. Sensação de Segurança e Força de Presença é mais ou menos igual a um leão; observem que o leão está lá, tranquilo, na dele, calmo, sereno e sossegado; todavia, é um leão. Todos sabem que é um leão. Ninguém se mete a besta com ele, sabem por quê? Porque é um leão. Ele não precisa plantar bananeira, tampouco fazer piruetas ou algo mirabolante. Basta ser o que é; um leão! Acho que é pertinente enfatizar este assunto com algumas perguntas:

Quem é mais forte, o leão ou o elefante?

A resposta é óbvia; é claro que é o elefante. Assim, partimos para a segunda pergunta:

Então por que o leão é o rei dos animais? Por que o rei não é o elefante?

Talvez a resposta mais próxima da verdade seja a seguinte: *Quando o leão olha para o elefante, enxerga comida; ao contrário, o elefante enxerga um predador.* Perceba que se o criminoso olhar para nós e enxergar muita comida; tem algo muito errado. Precisamos, nesse caso, cuidar da nossa presença física; reiterando que não tem nada a ver com arrogância, tampouco prepotência.

Sun Tzu também pregava que:

"A garantia de não sermos derrotados está em nossas próprias mãos, porém a oportunidade de derrotar o inimigo é fornecida pelo próprio inimigo." Assim nós podemos saber como proceder, como agir, como fazer, para conquistar a vitória sem, contudo, termos capacidade para tal.

"A garantia contra a derrota implica em táticas defensivas; a capacidade de derrotar o inimigo significa tomar a ofensiva. Manter-se na defensiva indica força insuficiente; atacar, uma superabundância de força". *Sun Tzu.*

O que isso significa? Imagine um jogo de futebol. Eu posso até empatar; mas não posso perder; se eu perder eu estou fora. Assim, qual a minha garantia contra a derrota? Táticas Defensivas; vou jogar com o time na defesa, na retranca.

"A capacidade de derrotar o inimigo significa tomar a ofensiva". Nesse caso eu tenho que vencer; se eu empatar, eu estou fora. Preciso tomar a ofensiva, atacar com todas as forças. *Manter-se na defensiva indica força insuficiente*; seria aquela pessoa muito na defensiva - ou está cansada, ou está machucada. *Atacar, uma superabundância de força.* Ficou claro?

Posicionamento Superior é realmente Presença Física; é quando exercemos a autoridade que realmente possuímos, mas conscientes de que nossa autoridade é limitada; assim, usamos a "Força de Presença" para inibir possíveis atitudes inconvenientes. Estrategicamente, nestes casos, é necessário que sejamos elegantes; curtos, mas, extremamente educados.

Sabemos que *"o mérito supremo consiste em quebrar a resistência do inimigo sem lutar"*; assim, quando um indivíduo predisposto a arrumar problemas, percebe a extrema dificuldade de prosseguir com a sua intenção insana, normalmente desiste. Abortar uma ideia maluca é uma boa rota de fuga. Estudamos o 1º Nível de Força, a Presença Física. Ela estará sempre presente, normalmente e naturalmente, em todos os níveis de força que poderão sucedê-la; uma vez que ela respaldará, amparará e apoiará todos os níveis de força que poderão advir.

Ao longo do curso, a gente vem mostrando a importância de uma boa Base, onde o Exercício de Autoridade esteja sempre respaldado por uma impecável Presença Física recheada de Elegância. É basicamente o que nós precisamos para ter sucesso no gerenciamento de um comportamento inconveniente.

Nós sabemos o que é Presença Física, sabemos o que é Verbalização e sabemos o que é Autoridade. Mas, o que seria ser elegante? Paul Valéry nos ensina através de um conceito, que eu acho bem legal.

"Elegância é a arte de não se fazer notar, aliada ao cuidado sutil de se deixar distinguir." Paul Valéry

Capítulo 24

Verbalização Diplomática

Neste vigésimo quarto capítulo, temos como objetivo específico, criar condições de Praticar as Técnicas de Verbalização, sempre ancorada e respaldada pela Presença Física, visando a aquisição do Poder de Convencimento.

Nós nascemos livres! Assim, somos livres! Só que a nossa liberdade precisa ser cultivada. Todos nós podemos fazer escolhas do tipo, sorrir com um bom dia ou simplesmente ficar calado, emburrado e reclamando da vida; reclamando de tudo e de todos, porque tudo é irritante e a gente não consegue conviver, tampouco respeitar a individualidade do outro. *As pessoas têm que ser do jeito que eu quero que elas sejam; você conhece alguém assim?*

Podemos fazer escolhas simples do tipo, acordar cedo para malhar ou ficar na cama embrulhado num edredom; podemos assistir àquele documentário, ou não; podemos ler aquele livro ou ficar no WhatsApp ou no Facebook ou no Instagram com conversa fiada; podemos iniciar aquele programa de treinamento físico ou ficar diante da televisão comendo pipoca e tomando refrigerante; podemos sacar o revólver ou usando de empatia, pedir desculpas pelo transtorno, pelo mal entendido; podemos também, fazer um MBA ou ir para um barzinho tomar cerveja com os amigos; enfim, somos livres para decidir.

Só não podemos nos esquecer que essas "escolhas simples e superficiais", podem comprometer, e normalmente comprometem, as nossas "escolhas mais profundas". Ficar na cama, pode significar a perda do emprego; assistir aquele programa de televisão, pode influenciar numa mudança de comportamento para melhor ou pior; sacar o revólver pode significar a perda da sua liberdade; tomar aquela cerveja, pode significar a perda da sua família; proceder daquela forma, pode significar a perda de um amigo; e assim vai.

Eu quero que você perceba que as nossas escolhas superficiais, aquelas escolhas do dia a dia podem comprometer, sobremaneira, as nossas escolhas mais profundas. É preciso entender que nós não temos que fazer o que nós queremos, ou o que nós gostamos ou mesmo o que nos dá prazer. Nós devemos procurar fazer o que é certo! Claro que isso não é fácil; mas a gente também nunca falou que é. É preciso muita sabedoria, para "escolher fazer" aquilo que nos fará bem. Não um bem, momentâneo, que normalmente procuramos de forma equivocada, mas um bem que nos trará a verdadeira Paz. Agora, seguindo nessa mesma linha na busca da paz, precisaremos ainda de mais sabedoria, quando tivermos que escolher: "O que" e "Como" verbalizar com pessoas, ou grupo de pessoas que estejam se comportando de maneira inconveniente.

Nível 02 – Verbalização 1 ou Diplomacia.

Nível 2 significa "*atitude submissa passiva*", cooperativo, perceba que ainda estamos no Nível 2, mas avançamos um pouco mais. Nós estamos fazendo agora uso de "comandos verbais". A segunda estratégia é a Verbalização 1 ou Diplomacia. No GPCI, Diplomacia tem relação direta com Argumentação, Abordagem, Persuasão, Fluência Verbal, Riqueza de Vocabulário, enfim, Poder de Convencimento. Mas, antes de nós falarmos de Poder de Convencimento, como o tema é Verbalização, é importante que nós avancemos um pouco mais no entendimento da comunicação, ou seja, a ação de transmitir uma mensagem e, eventualmente, receber uma outra mensagem como resposta.

GPCI é um conjunto de Técnicas de Comunicação Verbal, Não Verbal e Paraverbal aliadas a Estratégias de Segurança e a Autodefesa... A Comunicação Verbal, na verdade, engloba toda a linguagem falada e escrita, realizada através da Verbalização e do "Papel e Caneta"; ou seja, todas as mensagens transmitidas através das palavras/desenhos. Por sua vez, a Comunicação Não Verbal, compreende todas as mensagens transmitidas sem o uso de palavras/desenhos, sem o uso da linguagem falada e escrita; estamos falando da "linguagem corporal" aliada as "expressões faciais". Perceba que durante a verbalização, nós movimentamos os braços, as mãos, os ombros, nossos olhos se expressam das mais variadas formas, assim como os lábios, a testa, enfim, a face como um todo. A Comunicação Paraverbal, está presente tanto na Comunicação Verbal, como na Comunicação Não Verbal. São os sons emitidos durante a Verbalização, que não estão de modo direto concatenados a mensagem. Perceba que o ritmo da fala e o tom de voz podem modificar definitivamente uma simples mensagem. Por exemplo: *Por favor, ouça o que eu vou falar!* Dependendo do ritmo e do tom de voz empregado, pode-se transmitir uma solicitação extremamente educada, diplomática, ou uma ordem, ou uma admoestação, uma correção, ou ainda uma solicitação cômica. Perceba que um simples Ual! Dependendo da entonação e do ritmo, pode significar sentimentos distintos. O mesmo acontece com tons irônicos; um sim, pode significar, não; um vai, pode significar, fica; uma palavra de baixo calão, pode significar um grande elogio; uma resposta do tipo "que ótimo!", pode significar uma péssima notícia; não é verdade? É exatamente nesse ambiente que nós presenciamos enormes falhas de comunicação; as palavras que são emitidas têm um determinado significado, mas a maneira como elas são pronunciadas, dá margem a inúmeras interpretações.

Isto posto, eu quero que você responda a seguinte pergunta:

Qual dessas 3 influências da Comunicação, tem mais repercussão na mensagem, na correspondência que você recebe?

É fundamental que nós saibamos e tenhamos consciência que a Comunicação Verbal impacta apenas 7% daquilo que nós recebemos através das mensagens. Perceba que é muito pouco impactante se nós compararmos com 38% de repercussão correspondente a Comunicação Paraverbal, e 55% de impacto equivalente a Comunicação Não Verbal. Essa informação é importante demais, quando estivermos construindo aquelas marcantes e relevantes frases, nas mensagens enviadas pelas redes sociais. Lembre-se de que nós estamos falando de apenas 7%, contra 93% correspondentes a Comunicação Não-Verbal e Paraverbal juntas. Muitas vezes nós julgamos, fazemos conjecturas com base em uma simples mensagem, nos esquecendo que ali não existem emoções, somos nós quem criamos; talvez falsas emoções, de acordo com o nosso momento emocional, e normalmente, após um estresse absolutamente desnecessário, chegamos a uma conclusão óbvia, estávamos sinceramente equivocados.

Considero que agora nós podemos avançar um pouco mais. Existe um termo técnico no GPCI chamado Poder de Convencimento. Poder de Convencimento é o Domínio do Conhecimento; vai além do Entendimento. O que isso quer dizer? Perceba que nós só conseguimos convencer alguém, de alguma coisa, se tivermos o domínio absoluto daquilo que nós estivermos predispostos a tratar; caso contrário, nós não temos como argumentar. Perceba que não é suficiente que eu tenha entendido uma explicação. O fato de nós termos entendido uma determinada explicação, não significa que nós estejamos em condições de falar e convencer as pessoas, a respeito daquilo.

Poder de Convencimento é o Domínio do Conhecimento; quando eu tenho o domínio absoluto de alguma coisa, eu tenho mais chances de convencer as pessoas sobre aquilo que eu domino. Isso só se consegue com treinamento, com muita prática, através de muita repetitividade. *Não fique confortável por ter entendido algo, o fato de você ter entendido, não significa nada, você precisa dominar aquele assunto, saber falar bem sobre aquele tema, e isso só se consegue através de muito adestramento, preparo; enfim, treinamento!*

Você precisa adquirir, buscar com todas as forças, o domínio absoluto daquilo que você entendeu; ninguém é bom naquilo que não pratica. Não se preocupe com o tempo, cada um de nós tem o seu próprio tempo. Não se preocupe se aquele seu amigo aprendeu rápido, isso não importa, não tem a menor importância. Talvez até ele desista por ter aprendido com tanta facilidade. Vou repetir, não se preocupe com o tempo, apenas não desista; jamais desista! Se você tiver que desistir de alguma coisa, desista de ser fraco; e isso vale pra tudo! Só assim você vai adquirir o Poder de Convencimento; aí sim terá autoridade sobre aquilo que você se predispôs a tratar. Com essa autoridade, você vai conseguir falar sobre temas complexos e polêmicos, mas não se esqueça de desenvolver, concomitantemente, a elegância necessária para ser ouvido.

Existe uma palavra de origem francesa chamada *Rapport*, que significa *"criar uma relação"* ou ainda "trazer de volta". Este é um termo bastante usado por nós no GPCI. O Rapport acontece quando nós, através da Alteridade, criamos Empatia com o inconveniente, ou com outra pessoa qualquer, com o objetivo de dar mais fluidez na comunicação. Para isso podemos usar a *"Técnica do Espelhamento"*, que consiste em copiar, espelhar os principais elementos da linguagem corporal do inconveniente. É necessário que nós usemos a nossa percepção na análise da postura, expressões faciais, os gestos; enfim, procure imitá-lo, mas sempre usando o bom senso e com o máximo de sensibilidade.

É legal que você sempre se lembre que *"elegância é a arte de não se fazer notar, aliada ao cuidado sutil de se deixar distinguir"*. Não parece, mas tem tudo a ver com humildade; caso contrário, a gente se torna um ser humano desprezível, arrogante e prepotente; e isso não é legal. Tem uma parábola, bem legal por sinal, que pode ajudar a gente a entender esta estratégia com mais simplicidade.

Um dia, a Verdade decidiu visitar os homens, sem roupa e sem adornos, tão nua como seu próprio nome. E todos que a viam lhe viravam as costas de vergonha ou de medo, e ninguém lhe dava as boas-vindas. Assim, a

Verdade percorria os confins da Terra, criticada, rejeitada e desprezada.

Um dia, muito triste e deprimida, encontrou a Parábola, que passeava alegremente, trajando um belo vestido, por sinal muito elegante.

- *Verdade, por que você está tão abatida?* Perguntou a Parábola.
- *Porque devo ser muito feia e antipática, já que os homens me evitam tanto!* Respondeu a amargurada Verdade.
- *Que bobagem! Não é por isso que os homens evitam você.* Sorriu a Parábola.
- *Tome; experimente algumas das minhas roupas e veja o que acontece.*

Então, a Verdade pôs algumas das lindas vestes da Parábola, e, de repente, por onde passava era bem-vinda e festejada.

Nós, seres humanos, nem sempre gostamos de encarar a Verdade sem adornos. Preferimos na maioria das vezes, que ela esteja disfarçada. Quando nós verbalizamos, é fundamental que a Verdade esteja sempre presente, mas sempre com elegância. Uma abordagem diplomática, evita e elimina inúmeros problemas. É sempre bom lembrar que palavras o vento leva. Uma abordagem "eficiente" é sempre recheada de autoridade e verdade, com uma cobertura total de extrema educação, e com as lindas vestes da parábola.

Estamos carecas de saber que a primeira impressão é a que fica, e que nós nunca teremos uma segunda chance de causar uma primeira boa impressão. Assim, é fundamental que nossa abordagem seja impecável, a ponto de não permitir que o inconveniente consiga ponderar, contra-argumentar.

A gente está tratando de "diplomacia"; nosso objetivo é que você tenha total consciência, da importância e relevância deste assunto, para que a gente consiga êxito no gerenciamento de um comportamento inconveniente; seja ele qual for.

Perceba que não prestar atenção às normas e diretrizes, às leis, aos problemas do planeta e às pessoas necessitadas, é uma maneira inconveniente de se comportar; assim, nesses casos, podemos mudar o comportamento das pessoas usando nossa sensibilidade. Em alguns casos, a gente nem precisa emitir sons; bastam sinais, gestos e, até mesmo, textos.

Tem um vídeo no You Tube, que fala de um "velho mendigo cego" sentado sobre um pedaço de papelão, e ao seu lado, uma lata velha que implora silenciosamente algumas míseras moedas. O tintilar do metal torna-se cada vez mais raro. As pessoas passam bem perto, alegres e sorridentes, quase o atropelam, mas não o percebem; tampouco enxergam "aquele que não enxerga", mas que as percebe. Tem também um velho cartaz que diz:

"Sou cego, ajude-me!"

Mas, quase ninguém o ajuda. Finalmente alguém o percebe; uma mulher para, sente compaixão. Faz uma análise e avaliação, um estudo de situação, pega a sua caneta e acrescenta algo naquele velho cartaz. O Velho cego não a viu, mas através da audição e do olfato pode percebê-la, tocando os seus sapatos. A partir do que ela escreveu, tudo mudou. Todos, inexplicavelmente, começaram a enxergá-lo e a ajudá-lo. Intrigado, mas feliz, tinha esperança de reencontrar a responsável pela mudança. No dia seguinte, no mesmo horário, ouviu o "toc toc" dos saltos e sentiu o mesmo perfume e, sem hesitar, tocou nos sapatos e reconheceu a dona daquele perfume.

"Que milagre você fez?" – Perguntou o velho mendigo.
"Apenas acrescentei algo no seu cartaz" – Disse sorrindo.
"E o que foi?" – Perguntou ansioso pela resposta.

"É um lindo dia, mas infelizmente, não posso ver!"

É o poder das palavras, e acredite, através de um bom diálogo, com diplomacia, usando as palavras certas, podemos sensibilizar e conscientizar as pessoas, evitando assim muitos transtornos no nosso dia a dia. Quando, por algum motivo, a gente não conseguir reverter a intenção do indivíduo predisposto a arrumar problemas, ou melhor, quando a nossa Presença Física não for suficientemente, eficiente e eficaz, para inibir aquele comportamento inconveniente, a gente deve iniciar imediatamente a segunda estratégia. Vale enfatizar que a gente, deve ter sempre em mente que a "Diplomacia" precisa estar respaldada e ancorada pela "Presença Física"; você não pode se esquecer que os Níveis de Força não se perdem, mas se acumulam.

Capítulo 25

Levá-lo para o Desconhecido

Neste vigésimo quinto capítulo, temos como objetivo específico, planejar e formular com mais consistência as Frases Técnicas relativas ao 2º Nível de Força, diplomacia.

Nós devemos sempre nos lembrar, que o Uso da Diplomacia se deveu a uma "*falha*"; falha entre aspas, porque não é uma verdade absoluta. Precisamos acreditar que houve uma falha na aplicação da primeira estratégia. Por algum motivo, o inconveniente olhou pra gente e concluiu que teria êxito naquela abordagem insana, maluca... não importa! Didaticamente, nós precisamos acreditar que houve uma falha na nossa Presença Física.

Vale reiterar que a Diplomacia tem relação direta com o nosso Poder de Convencimento, ou seja, a nossa competência de convencer pessoas.

Quando nós lidamos com pessoas inconvenientes, precisamos na abordagem, ser verdadeiros diplomatas, "cavalheiros" e, simultaneamente, através do nosso sentimento, tentar perceber se existe algo que possa fundamentar aquela atitude inconveniente. É bobagem tentar um "diálogo consistente" com uma "pessoa descompensada", é descabido, não é possível; assim, nós devemos tentar sempre um "diálogo técnico", de forma objetiva e extremamente educada. É necessário que durante a abordagem, de alguma forma, nós consigamos tirar o indivíduo com comportamento inconveniente daquele terreno, que ele já conhece e domina, e levá-lo para o desconhecido. A pergunta seria:

"E qual seria o terreno que ele já conhece e domina?"

Nós precisamos desenvolver sensibilidade, para perceber o que o inconveniente espera que nós façamos; o que normalmente as pessoas fariam diante aquela situação? Nós precisamos surpreender o inconveniente, nós precisamos, exercendo autoridade, fazer exatamente o que ele não espera. Nós precisamos "quebrar o cara", tirar a base daquele indivíduo, e não é na violência física! É sendo gentil, educado, mas exercendo autoridade. Reiterando, nós precisamos fazer exatamente "o que ele não espera" que nós façamos.

Sem querer ser chato, mas sendo, a Presença Física precisa estar presente, sustentando a Verbalização. É também necessário que nós estejamos sempre esperando o melhor, contudo, preparados para o pior; se o pior não acontecer, é lucro.

É preciso que aliado ao bom senso e ao discernimento, tenhamos o Domínio do Conhecimento, ou seja, que dominemos por inteiro, o assunto que nos predispomos a tratar com a pessoa que apresenta um comportamento inconveniente.

Exemplo

Um pai desesperado, com uma postura insana, tenta entrar no CTI de um hospital, a qualquer custo. O indivíduo está nitidamente descompensado e estressado, em virtude de um acidente automobilístico envolvendo o seu filho. Neste momento é interpelado por um profissional de segurança "despreparado" que faz uma abordagem arrogante e prepotente.

Você conseguiria projetar o feedback de compensação resultante dessa abordagem sem noção? Dessa atitude infeliz? Imagine as hipóteses desastrosas e suas inevitáveis consequências.

Ao contrário, mesmo diante de um grande problema, se nós fizermos uma boa Abordagem Técnica, nós teremos com certeza, enormes chances de sucesso. Segurança é Prevenção, assim, através da linguagem não verbal, "percebendo" um semblante preocupado, a abordagem aconteceria bem antes, o pai seria surpreendido com uma boa abordagem técnica. Por exemplo:

"bom dia, senhor, perdoe-me, não pude deixar de perceber a sua preocupação, posso ajudá-lo?"
"bom dia, senhor, perdoe-me, mas sua preocupação é facilmente percebida, posso ajudá-lo?"

Uma abordagem com autoridade, porém cautelosa e com extrema educação é sempre bem-vinda. Sabemos que Comportamento gera comportamento, não é verdade? Contudo, mesmo tomando todo esse cuidado, na hipótese de uma resposta impulsiva e grosseira, devido ao estresse, estar preparado para o pior é fundamental. É preciso que estejamos sempre preparados para o pior, nossas chances de êxito aumentam significativamente. Por exemplo:

"Olha aqui seu merda! Meu filho sofreu um acidente e está dentro dessa porqueira! Você pode me ajudar vazando da minha frente e não me torrando o saco!"

Você se lembra que nós falamos que é bobagem tentar um "diálogo consistente" com uma "pessoa descompensada"? Nós vimos, que devemos sempre optar por um diálogo técnico; você se lembra? Pois é! Aqui está um bom exemplo.

"Senhor perdoe-me, este local é reservado. Entendo perfeitamente sua preocupação, mas, o seu filho está recebendo todo o apoio da equipe médica"

Perceba que se nós estivermos preparados para essas respostas agressivas, nossas chances de sucesso no gerenciamento aumentam significativamente. Vamos a mais exemplos?

"Senhor perdoe-me, o senhor ama o seu filho? Esse ambiente é esterilizado; se o senhor entrar desse jeito, o senhor vai contaminá-lo, o senhor pode causar a morte do seu filho. Sabemos que o senhor não quer isso. Preciso que o senhor me compreenda."

"Perdoe-me senhor, este local é reservado. Entendo perfeitamente sua preocupação, mas, o seu filho está recebendo o apoio da melhor equipe médica. Se o senhor entrar desse jeito, o senhor vai prejudicar o seu filho. Deixe-me ajudá-lo!"

"Senhor perdoe-me, este local é restrito a equipe médica. Sei que o senhor é capaz de me compreender. O seu filho está com os melhores médicos. Eu entendo a sua preocupação, mas sei que o senhor é capaz de me compreender".

"Senhor perdoe-me, o ambiente é esterilizado; o senhor precisa preparar-se para não contaminar e prejudicar o seu próprio filho."

Quando nós dominamos um determinado assunto, automaticamente nós adquirimos Poder de Convencimento, ou seja, nós temos mais facilidade para convencer o indivíduo inconveniente; fazer com que ele caia na real. Quando nós estamos treinados e preparados, nós temos mais capacidade de persuasão, temos mais Poder de Argumentação. É necessário que saibamos aplicar com sabedoria, todo o conhecimento técnico adquirido, e isso só se consegue com treinamento.

Somos seres humanos e erramos muito, mas é necessário que aprendamos, pelo menos, com os nossos próprios erros. Por exemplo, você se lembra daquele exemplo que eu dei da casca de banana? Eles parecem infantis, mas devemos projetá-los para coisas muito maiores. Vamos criar alguns casos.

Caso 1: Você está se exercitando, fazendo uma corridinha. (eu vou insistir na casca de banana) aí você vê uma casca de banana; pisa, escorrega e caí. Levanta, sacode a poeira, pega a casca de banana e joga no lixo. No dia seguinte, você está se exercitando, fazendo uma corridinha. Você vê uma casca de banana e pensa: Caramba, ontem eu pisei nesse negócio e me dei mal; caí! Pega a casca de banana e joga no lixo.

Caso 2: Outra pessoa está se exercitando, fazendo uma corridinha, vê uma casca de banana e pensa: Caramba, ontem eu vi um sujeito pisando nesse negócio e caiu feio. Pega a casca de banana e joga no lixo.

Caso 3: Outra pessoa está se exercitando, fazendo uma corridinha. Vê uma casca de banana e pensa: Caramba, ontem eu vi que um sujeito pisou nesse negócio e caiu. Será que, se eu pisar eu caio? Pisa, escorrega e caí. No outro dia vê uma casca de banana e pensa: Hoje eu vou pisar de outra forma. Pisa, escorrega e caí. No outro dia vê outra casca de banana e pensa: Hoje eu não vou cair. Pisa, escorrega e caí. E no outro, Pisa, escorrega e caí; e no outro e no outro, continua caindo.

É incrível, mas existem 'a rodo', todos esses tipos de pessoas, e todas agem exatamente assim, de acordo com o seu perfil. A *primeira é a normal*, caiu e aprendeu com o próprio erro; não cai mais. *A segunda é a inteligente*; aprende com os erros dos outros. Viu o outro caindo e aprendeu. *A terceira é a Anta*, é a toupeira burra; não aprende nem com o próprio erro. Continua cometendo sempre, os mesmos erros.

Vale lembrar, que quando o assunto é "Segurança", nem sempre teremos a oportunidade de aprender com os nossos próprios erros, pois podem ser fatais; assim, é necessário que sejamos inteligentes e aprendamos, principalmente, com os erros, e, também, com os acertos dos outros. A gente insiste no Treinamento e no Preparo. De nada adianta *armas poderosas* se não formos *preparados* para usá-las. Não basta um Kimono com a Faixa Vermelha de Grande Mestre; é necessário que dentro do Kimono tenha alguém preparado. Caso contrário, deixa de ser um uniforme e passa a ser uma *irrelevante fantasia*. Assim, é necessário que nos preparemos dia após dia, para que nossas escolhas superficiais, sejam coerentes com as nossas escolhas mais profundas.

Para nós fecharmos esse capítulo, *"Certa vez li, que nós não fazemos a planta crescer, nós apenas criamos um ambiente favorável para que ela cresça; terra boa, adubada, com água, sem pragas"*. E é verdade! A planta cresce sozinha, nós não precisamos ficar ali fazendo força mental, concentração para ela crescer; ela simplesmente cresce. Só Deus conhece esse segredo, a gente só tem que cuidar e manter aquele ambiente favorável. Da mesma forma, os nossos filhos, os nossos alunos, também crescem sozinhos. Nós apenas precisamos criar um ambiente favorável na nossa casa, na empresa, no nosso escritório, na sala de aula e mantê-lo favorável. Claro que dá trabalho, a gente nunca falou que é fácil! Isso tudo para que eles possam crescer fortes e saudáveis. A conclusão é que cabe a nós a responsabilidade, de manter o nosso ambiente favorável. Não manter, não cuidar para que o nosso ambiente se mantenha favorável, é um comportamento inconveniente.

Perceba que uma planta num ambiente desfavorável, ruim, seco e sem água, se torna uma planta feia, murcha, com folhas amareladas, secas. Se nós quisermos arrancá-la a força para levá-la para um ambiente favorável, nós corremos o perigo de matá-la. Então existe uma técnica, nós jogamos bastante água, e quando a terra estiver macia nós cavamos ao redor para não danificar a raiz e levamos para um ambiente favorável. Aí sim ela ficará bonita, vistosa e exuberante.

Nós temos uma vantagem competitiva sobre as plantas; se nós, através do discernimento, definirmos que aquele ambiente não é legal, basta sairmos daquele ambiente e partirmos para um ambiente favorável ou ainda transformarmos aquele ambiente desfavorável num ambiente favorável. Só que têm um perigo, as vezes um amigo está num ambiente desfavorável e você quer tirá-lo de lá. O problema é que, se você não estiver ***preparado***, você acaba ficando lá também. Vale a pena refletirmos a respeito.

Capítulo 26

Verbalização 2 - Uso da Força da Lei como Ameaça

Neste vigésimo sexto capítulo, temos como objetivo específico, desenvolver, praticar e empregar as Frases Técnicas Criativas do GPCI, Verbalização Criativa, usando a Inteligência Emocional para identificar o momento oportuno do emprego.

Certa vez perguntaram para o filósofo e escritor, Olavo de Carvalho como ele definia *honestidade intelectual*; sem pestanejar ele respondeu:

"É você não fingir que sabe aquilo que não sabe, tampouco que não sabe aquilo que sabe perfeitamente bem. Se sei, sei que sei; se não sei, sei que não sei".

Confúcio dizia que: *"Saber que sabe é saber, mas saber que não sabe, também é saber".* Honestidade intelectual é realmente uma palavrinha chave. Todos nós, de alguma forma, lá no fundo, sabemos se somos ou não capazes de cumprir uma determinada missão, executar uma determinada tarefa ou fazer um trabalho complexo. Você se lembra do Princípio da Conveniência? Ele nos ensina que é essencial que nós tenhamos consciência, das nossas atitudes, mas sobretudo, tenhamos consciência das consequências, dos nossos atos. Portanto, se você tem dúvida em fazer algo, que se der errado as consequências serão desastrosas, piores do que não fazer nada, é conveniente que você "Não Faça" absolutamente nada. Todavia, após ter avaliado, se você concluir que se tudo der errado, ainda assim é melhor do que não fazer nada, é conveniente que você faça. Esse é o Princípio; simples assim!

Reiterando, não basta usar um Kimono com uma faixa vermelha de Grande Mestre na cintura, é preciso que dentro do Kimono tenha alguém de fato preparado. Sabemos que empatia é sentir o que se sentiria caso estivesse no lugar ou circunstância experimentada por outra pessoa, assim, colocando-nos no lugar do "inconveniente", seremos capazes de saber o que falar ou como deveremos proceder para conseguir o que estrategicamente queremos.

Uma abordagem técnica bem-feita é, sem dúvida, capaz de reduzir o nível de estresse e provocar uma mudança nos planos do abordado. Einstein dizia que "*A imaginação é uma visão antecipada das atrações da vida que virá.*" Assim, podemos através da imaginação, provocar mudanças nos planos das pessoas; basta que saibamos usar a nossa imaginação no processo de verbalização, usando a imaginação quando estivermos gerenciando situações difíceis. Diante desse assunto, existe um texto chamado "A desculpa do ano", que certamente nos ajudará a entender melhor esse tema. Então, pra descontrair um pouquinho...

O sujeito finalmente conseguiu realizar o seu sonho de comprar um Audi R8 V10 Plus, automático, conversível e blá, blá, blá ... Então, numa bela tarde, se mandou para uma autoestrada para testar a potência daquela máquina. Quando o ponteiro estava chegando nos 120, ele viu que um carro da PRF o perseguia com a sirene a mil e as luzes piscando. *'Ah, mas não vai mesmo alcançar este Audi; de jeito nenhum!'* Pensou e meteu o pé no acelerador. O ponteiro foi para os 140, 160, 200, 220, 260 ... E a polícia atrás. *'Que loucura!'* Pensou! Então, resolveu encostar. O policial pediu os documentos, examinou o carro e disse:

- Com o seu carro está tudo certo! Cidadão, o meu dia foi insuportável! Um dia muito duro; já levei uma mijada do meu chefe, meu filho adoeceu, minha sogra vai dormir lá em casa, já passou do horário do meu turno e eu quero muito descansar. Então, se você não for prolixo e me der uma boa desculpa; assertiva, curta, precisa e concisa, que eu nunca tenha ouvido, para dirigir desta maneira insana, eu deixo você ir embora.

E o sujeito emendou:
- Sabe o que é Sr. Guarda, na semana passada, minha mulher fugiu com um PRF (Policial Rodoviário Federal), e eu tive muito, mais muito medo, de que fosse ele querendo devolvê-la.

Disse o Guarda.
- Boa noite! Vá com Deus! ... e dirija com mais prudência hein!

Agora, preste atenção! Essa estória pode e deve ser contada também, da seguinte forma: Uma linda mulher, finalmente, conseguiu realizar o seu sonho de comprar um Audi R8 V10 Plus, automático, conversível e blá, blá, blá ... Então, numa bela tarde, se mandou para uma autoestrada para testar a potência daquela máquina... E lá no fechamento... E aquela linda mulher emendou: *Sabe o que é Sr. Guarda na semana passada, meu marido fugiu com uma PRF (policial rodoviária federal) e eu tive muito, mais muito medo de que fosse ELA querendo DEVOLVÊ--LO...* Se não, fica muito machista; não é verdade?

"As pessoas que vencem neste mundo são as que procuram as circunstâncias de que precisam e, quando não as encontram, as criam". Bernard Shaw

Verbalização Criativa

Esse tipo de verbalização, pode e deve ser usada nos três níveis de comunicação. A Verbalização Criativa tem relação com inteligência e talento. Qualquer pessoa pode ser criativa, seres humanos podem e devem desenvolver a sua criatividade. Essa, especificamente, encontra-se na Comunicação Verbal, Não Verbal e Paraverbal. Uma pessoa com esse tipo de inteligência, desenvolve a capacidade de verbalizar de forma diferenciada, com sacadas de expressões criativas recheadas de bom senso. Consegue, além de perceber as emoções do outro, criar um ambiente favorável usando, inclusive, a própria Presença Física aliada as Verbalizações Técnicas Criativas. Todos nós precisamos desenvolver (através da leitura, do estudo e da observação da mídia especializada), expressões criativas no gerenciamento de um comportamento inconveniente, resultado direto de muito treinamento e fruto da nossa autonomia, da nossa liberdade. Vale reiterar que, se o «Bom Senso» não estiver plenamente presente, nossa verbalização criativa pode tornar-se algo ridículo, pode nos levar em direção ao caos; seria um «Tiro no Pé».

Nível 3 – Verbalização 2 ou Uso da Força da Lei como Ameaça

"Na maioria das vezes é inoportuno, mas você até tem o direito de falar o que pensa, todavia não tem o direito de julgar as pessoas; sobretudo, aquelas que você não conhece".

O Nosso assunto é Verbalização 2 - Nível 3 - Uso da Força da Lei como Ameaça. Usamos esse Nível de Força nas "*atitudes submissas ativas*", consequentemente, usamos uma linguagem mais forte, recheada de autoridade. Seria uma espécie de eufemismo para a ameaça, para repressão, para submissão. De acordo com o dicionário, essa figura de linguagem, eufemismo, seria uma acepção, uma interpretação mais agradável; usamos para suavizar ou minimizar, o peso conotador de outra palavra menos agradável ou mais grosseira. Por exemplo:

No lugar de: Ele morreu! Diríamos; passou dessa para melhor!
No lugar de: Ele é Feio! Diríamos; ele é desprovido de beleza!
No lugar de: Mentirosa! Diríamos; ela faltou com a verdade!
No lugar de: Burro! Diríamos; ele tem a inteligência limitada!

E por aí vai... No nosso caso, uma forma sutil de obrigar alguém a fazer algo que esteja de acordo com as normas e diretrizes pré-definidas, de acordo com a lei. Com certeza a consequência, caso a pessoa não corresponda à solicitação, vai subentendida.

Para que nós fechemos os exemplos, vou elaborar uma frase, ironicamente exagerada de propósito:

"Perdoe-me, mas caso insista nessa posição, serei obrigado a promover o seu encontro com Deus. Eu me fiz entender?"

Usar a Força da Lei como Ameaça, não necessariamente é uma ameaça direta. Não se trata de cerrar os punhos, nem se posicionar de forma agressiva, mas sim, usar o conjunto inteligência emocional, psicologia, estratégias e, qualidades de comportamento na Verbalização. O que eu vou falar agora, entenda como um princípio didático; *quando não usamos a Diplomacia com eficiência e eficácia, nos vemos na obrigação de fazer o Uso da Força da Lei como Ameaça.* Vejamos os exemplos:

"Senhor, preciso alertá-lo; caso o senhor tome essa decisão, infelizmente, serei obrigado a acionar a polícia".

"Senhor, seria bastante desagradável para todos nós, perdermos a noite numa delegacia policial".

"Senhor, perdoe-me, mas sua escolha pode levá-lo a um processo criminal; iria nos custar muitas horas com esclarecimentos e depoimentos intermináveis numa delegacia policial".

"Senhora, eu não vou impedi-la de entrar, mas perceba que as imagens estão sendo gravadas; com áudio de altíssima resolução."

"Senhor, perdoe-me, caso tome essa atitude, o resultado é processo criminal; é demissão por justa causa, o senhor realmente quer isso?".

"Sei que o senhor é uma pessoa de bem, não permita que uma atitude impensada, prejudique-o; deixe-me ajudá-lo senhor".

Existem situações que exigem que nós sejamos apenas professores, contudo, existem situações que exigem que nós sejamos e atuemos como educadores. Numa escola pública estava ocorrendo uma situação inusitada; uma turma de meninas que usavam batom, todos os dias beijavam o espelho para remover o excesso de batom. O diretor andava bastante aborrecido, porque o zelador tinha um trabalho enorme para limpar o espelho no final do dia. Mas, como sempre, na tarde seguinte, lá estavam as mesmas marcas de batom.

Um dia o diretor juntou o bando de meninas na sala de aula e explicou pacientemente que era muito complicado limpar o espelho com todas aquelas marcas que elas faziam. Fez uma palestra de uma hora. No dia seguinte as marcas de batom no banheiro reapareceram. No outro dia, a mesma coisa... E no outro, no outro, no outro... e nada de resultado. Um belo dia, o zelador foi até o diretor e disse-lhe que sabia como convencer as meninas. Pediu ao diretor que reunisse as meninas no banheiro, para que ele demonstrasse a dificuldade do trabalho; disse que iria sensibilizá-las. O diretor descrente atendeu ao pedido. O zelador humildemente disse:

"Meninas, todos os dias eu faço exatamente assim. Percebam que é cansativo; assim, espero sensibilizar vocês com essa demonstração."

Em seguida o zelador pegou o seu velho pano de chão, molhou com a água do vaso sanitário, torceu e, cuidadosamente, foi limpando as marcas de batom, no espelho, uma a uma; repetiu o processo algumas vezes e simultaneamente explicava e demonstrava a dificuldade.

Incrível! *Nunca mais apareceram marcas no espelho!*

Moral da história: Há professores e há educadores... Comunicar é sempre um desafio! As vezes nós precisamos usar métodos diferentes, criativos, para alcançar determinados resultados.

Nós estamos estudando a terceira estratégia. Estamos no Nível 3, Verbalização 2, Uso da Força da Lei como Ameaça, certo? Perceba que esse Nível de Força é bastante rico em detalhes. Use de empatia e coloque-se no lugar de um criminoso. O simples fato de, durante uma abordagem, você olhar para as câmeras e fazer um sinal discreto, para que fiquem atentos, ou de que está tudo sob controle, ajuda muito. Usar o rádio ou telefone para informar alto, claro e em bom tom, que a abordagem está sendo realizada, é também uma estratégia bem interessante, demonstra que existem outras pessoas ou profissionais atentos e em condições de reagir. Mesmo que não seja verdade, muito provavelmente vai funcionar; causará dúvidas no inconveniente. As chances do suspeito abortar uma possível intenção ilícita serão enormes.

O tempo é um fator que não pode ser desprezado, e é o nosso principal aliado; assim, fazer com que o inconveniente perceba que o tempo é o seu maior inimigo e que a lei está do nosso lado e será aplicada se houver necessidade, também é uma excelente tática, uma artimanha interessante. Tudo isso são ardis, estratégias de extrema importância para o sucesso do Gerenciamento daquele Comportamento Inconveniente.

Lembro-me de um fato que me foi relatado, onde numa composição do Metrô, um velho metido a "Don Juan"; você conhece alguém assim? Deliciava-se, encostando-se e olhando descaradamente para as pernas de uma jovem. Incomodada com aquela situação, a jovem levantou-se e, com extrema educação, simpatia e gentileza disse:

"Perdoe-me senhor, pela minha falta de educação com os mais velhos. Não havia percebido a sua presença; sente-se por favor".

A vergonha foi tanta que na primeira estação ele desembarcou e sumiu no meio da multidão. Talvez tenha aprendido a lição. Perceba que é necessário fazer com que a pessoa inconveniente, de alguma forma, seja tocada e acorde de uma vez por todas. Isso realmente exige de nós muita habilidade e, como nós estamos vendo, uma verbalização criativa; oportuna para aquele momento singular. Nós estamos finalizando esse capítulo, mas como fechamento, quero que você reflita a respeito.

"Você não só, tem o direito de estabelecer metas, como também tem o dever de lutar, para conquistar os seus sonhos".

Se o seu objetivo é pequeno, você pode ir diretamente ao seu encontro e conquistá-lo, sem maiores problemas; agora, se você tem grandes objetivos, muito provavelmente, você vai precisar estabelecer metas; as vezes muitas metas, para que gradativamente, você vá se aproximando dele, até que um dia, preparado, você o conquiste. Portanto não desista. Apenas aprenda a estabelecer metas. Desistir nunca!

Capítulo 27

Como Atingir os Objetivos?

Neste vigésimo sétimo capítulo, temos como objetivo específico, desenvolver e praticar empatia com as pessoas mais próximas, preferencialmente com os familiares, visando administrar possíveis comportamentos inconvenientes.

No fechamento do capítulo anterior, vimos que nós, não só temos o direito de estabelecer metas, como também temos o dever de lutar, para conquistar os nossos sonhos. Nós vamos avançar um pouco mais neste capítulo. Se o nosso objetivo é medíocre, pequenininho, nós podemos ir diretamente ao seu encontro e conquistá-lo, sem maiores problemas; agora, se nós temos grandes objetivos, muito provavelmente, nós precisaremos estabelecer metas, e as vezes, muitas metas, para que gradativamente nós nos aproximemos dele, do objetivo, até que um dia, preparados, nós o conquistemos.

Vou dar um exemplo aparentemente "nada a ver". Vamos lá, você quer ser Cardiologista, esse é o seu objetivo, é o seu sonho. Bom! para que você seja um cardiologista, você precisará, obrigatoriamente, fazer uma Faculdade de Medicina; não é verdade? Só que, tem um detalhe, você ainda não possui o Ensino Fundamental. Perceba, que se você quiser ir direto para o seu objetivo, você certamente vai desistir, pois seria impossível. Assim, você deve estabelecer a sua 1ª meta, que é concluir, um bom *Ensino Fundamental.*

Tendo concluído essa Primeira Meta, você deverá estabelecer a Segunda Meta: Concluir um bom *Ensino Médio.* Concluída a meta, você estabelece a Terceira Meta: Fazer um bom *Curso Preparatório* para conseguir uma boa pontuação em Medicina. Só que é muito caro, assim você precisa estabelecer uma *submeta.* Vou investir num *Curso Profissionalizante*, depois vou trabalhar e ganhar dinheiro para fazer aquele *Curso Preparatório.* Perceba que assim, gradativamente, você vai se aproximando do seu objetivo.

Parece bobagem, mas acredite, muitas pessoas desistem dos seus objetivos, dos seus sonhos, por não saberem estabelecer metas. Nós temos a obrigação de ensinar "*essa bobagem*", propositalmente entre aspas, aos nossos filhos, alunos ou aqueles que estão próximos da gente. E isso vale para tudo! Sobretudo, no Gerenciamento de um Comportamento Inconveniente.

Existem aqueles que desistem de praticar um determinado esporte, por serem obesos; basta estabelecer metas. Atue na alimentação, compre um bom par de tênis, comece caminhando; enfim, aprenda a estabelecer metas para tudo. Assim reitero: "*Você não só, tem o direito de estabelecer metas, como também tem o dever de lutar, para conquistar os seus objetivos, os seus sonhos*".

Vale lembrar que o assunto que a gente está estudando é Verbalização 2, Nível 3, mais especificamente o "Uso da Força da Lei como ameaça". Perceba que o tema em questão pode e deve ser abordado das mais diversas formas. Eu vou tentar mostrar para você através de uma dessas estórias de internet, uma forma interessante de nós abordarmos esse tema. Dizem os mais antigos que aconteceu no Brasil, numa cidadezinha no interior do Espírito Santo chamada Guaçuí. Na cidade havia um senhor, cujo apelido era Cabeção.

O sujeito nasceu com uma cabeça grande, mas fora esse detalhe, era uma pessoa equilibrada emocionalmente, bonachão e muito paciente. Não gostava, é claro, de ser chamado de Cabeção, mas desde criança, na escola, ainda no primário, tinha um sujeito inconveniente, que não perdoava. Onde quer que o encontrasse, lhe dava um tapa na cabeça e perguntava: '*Tudo bem Cabeção?*' O Cabeção, com cinquenta e poucos anos, e aquele sujeito inconveniente sempre de babaquice. Um dia, depois do milésimo "tapa" na sua cabeça, o Cabeção surtou, deu uma facada no inconveniente e o matou na hora.

A família da vítima era muito rica, e a do Cabeção, muito pobre. Não houve jeito de encontrar um advogado para defendê-lo. O crime tinha muitas testemunhas. Depois da família ter solicitado ajuda de advogados de Minas Gerais, Rio e São Paulo sem sucesso algum, resolveram procurar um tal de 'Zé da Cana', um advogado cria da região, muito bom, mas como o apelido sugere, vivia de porre.

Pois não é que o 'Zé da Cana' aceitou o caso? Comprometido e sensibilizado com o caso, passou a semana anterior ao julgamento sem colocar uma gota de cachaça na boca! No dia do julgamento, na hora de defender o Cabeção, ele começou a sua defesa assim:

Meritíssimo juiz, honrado promotor, dignos membros do júri.

Quando todos pensaram que ele ia continuar a defesa, ele repetiu:

Meritíssimo juiz, honrado promotor, dignos membros do júri.

Repetiu a frase mais duas vezes e foi, severamente, advertido pelo juiz:

Peço ao advogado que, por favor, inicie a defesa.

Zé da Cana, porém, fingiu que não ouviu e seguiu: *Meritíssimo juiz, honrado promotor, dignos membros do júri.*

E o promotor:

A defesa está tentando ridicularizar essa corte!

O juiz interveio:

Advirto ao advogado de defesa que, se não apresentar imediatamente os seus argumentos...

O juiz foi cortado pelo Zé da Cana, que repetiu:

Meritíssimo juiz, honrado promotor, dignos membros do júri.

O juiz não se segurou e disse:

Seu moleque safado, seu bêbado irresponsável, você está querendo desmoralizar essa corte?
Saia daqui agora! Para fora, antes que eu mande prendê-lo.

Foi então que o Zé da Cana disse alto, claro e bom tom: *Senhoras e Senhores jurados, essa Corte chegou no ponto que eu queria chegar.* E continuou: *Vejam que, se apenas por repetir algumas vezes que o juiz é meritíssimo, que o promotor é honrado e que os membros do júri são dignos, todos perderam a paciência comigo, consideraram-se ofendidos e me ameaçaram de prisão. Pensem então na situação deste pobre homem, que durante mais de cinquenta anos, todos os dias da sua vida, foi chamado de Cabeção acompanhado de um tapa na cabeça!*

Cabeção foi absolvido e o Zé voltou a tomar suas cachaças em paz.

Robert Kennedy dizia que *"Somente os que ousam falhar grandemente podem alcançar a grandeza."* Ousadia é uma palavra bastante especial no GPCI. Ser ousado vai além do ser ou fazer diferente. A ousadia é sempre positiva quando está respaldada pelo bom senso criativo e elegante. Um comportamento ousado tem sempre um toque de elegância. Não podemos confundir "*ser ousado*" com "*exposição desnecessária*".

Quando esses aspectos são desprezados, "o ousado" corre o perigo de perder credibilidade e quem sabe cair no ridículo. Seguindo essa linha de raciocínio, no Gerenciamento de um Comportamento Inconveniente, muitas vezes é preciso fugir do óbvio, buscando novas fórmulas, preparando novos caminho e construindo frases capazes de fazer com que o inconveniente saia daquele mundo, daquele ambiente que ele criou, e acorde para a realidade. Mas, sempre com elegância e criatividade, usando aquelas qualidades de comportamento que a gente já conhece, iniciativa, bom senso e discernimento, exatamente como o nosso advogado Zé da Cana nos ensinou.

Essa estória nos leva a uma profunda reflexão. Mais uma vez nós somos obrigados a falar de empatia, ou seja, sentir o que se sentiria caso estivesse no lugar ou circunstância experimentada por outra pessoa. Quando crianças, ouvimos muitas vezes as pessoas falarem que pimenta nos olhos dos outros é refresco. E é uma verdade!

Nós não podemos sair por aí julgando as pessoas sem antes avaliar qual seria a nossa resposta diante aquela situação. Agora, deixa eu fazer uma observação! É importante deixar claro, que nós não estamos fazendo "apologia ao homicídio"; incentivando, tampouco, apoiando àquela atitude extrema do sujeito tirar a vida do outro. Certo?

Devemos sim usar empatia, com todos os "personagens" da estória, ou seja, devemos viver o personagem cabeção, o rico e sacana inconveniente, o Zé da Cana, o Juiz, o honrado promotor e, também, os digníssimos membros do júri. Se fizermos esse exercício, certamente aprenderemos bastante com cada um deles. Tente fazer o exercício! é interessante e todos nós aprendemos muito.

Capítulo 28

Visão do Caminho a Ser Percorrido

Neste vigésimo oitavo capítulo, temos como objetivo específico, desenvolver e praticar com as pessoas mais próximas, preferencialmente com os familiares, a capacidade de ouvir; estando predisposto a acolher as mensagens e a procurar entender as suas razões e os seus sentimentos.

Deixe-me fazer um pedido; usando de empatia, eu quero que você faça uma análise dessa dinâmica de grupo que eu vou relatar agora. A dinâmica é a seguinte: em sala de aula, primeiro eu solicito que os alunos observem o ambiente cuidadosamente; depois eu escolho um dos alunos e peço que ele se levante e, simplesmente, abra a porta.

É claro que a solicitação é cumprida sem qualquer problema, e eu peço ao aluno que retorne ao seu lugar. Agora eu coloco uma venda nos seus olhos e faço a mesma solicitação. Mais uma vez nós observamos que o aluno, com um pouco mais de dificuldade, atinge seu objetivo.

Novamente eu peço que o aluno retorne ao seu lugar. Agora, com os olhos ainda vendados, eu o movimento, giro o aluno várias vezes a fim de desorientá-lo; feito isto, faço a mesma solicitação. Nós podemos observar uma certa dificuldade no início do exercício, mas, em pouco tempo; talvez um pouco mais um pouco menos, em razão da individualidade, o aluno acaba se orientando e atingindo a sua meta.

Em seguida faço a crítica do exercício. Explico que, no primeiro momento, o objetivo foi atingido rapidamente tendo em vista a "*visão do aluno*". O aluno tinha a "*Visão do Caminho a Ser Percorrido*". Bastava desviar-se dos obstáculos que estavam a sua frente, e a missão seria facilmente cumprida.

No segundo momento, o aluno não teve grandes problemas porque, apesar de estar com os olhos vendados, já havia registrado na mente o caminho a ser percorrido; nós chamamos de *Memória Fotográfica*. Bastava que o aluno tivesse calma para que pudesse usar um outro tipo de *Visão*; através da *Inteligência Emocional*, usaria o seu *Sentimento*/feeling.

Num terceiro momento, um complicador foi inserido no contexto do exercício. O aluno foi desorientado. Entretanto, apesar da dificuldade inicial, observamos que de alguma forma, o aluno havia registrado numa área cerebral qualquer, pequenos detalhes do tipo: barulho do ar-condicionado, que estava no lado oposto à porta. Assim, bastou usar a sua *Percepção* para orientar-se e cumprir o objetivo.

Terminado o exercício, eu faço a seguinte pergunta:
"Caso vocês fossem levados, com os olhos vendados, para um outro lugar onde nunca estiveram antes e, nesse lugar, houvesse áreas com agulhas contaminadas com veneno, áreas minadas, áreas com poços profundos com escorpiões, outros com cobras e aranhas venenosas, e com apenas uma saída; seria possível sair? Caso positivo; como sair?"

Você teria uma resposta? Eu não sei com você, mas em sala de aula, a gente sempre observa que a dúvida e o silêncio imperam no ambiente; contudo, de vez em quando tem um que fala o seguinte:

"Professor, é só tirar a venda dos olhos".

E é verdade! basta tirar a venda. Acontece que tirar a venda dos olhos não é tão fácil quanto parece. Perceba que muitas vezes nós observamos amigos, parentes, colegas de trabalho, enfim, pessoas da nossa própria família indo por um caminho sem volta, entrando na maior furada e, na ânsia de querer ajudar, nós falamos:

"Cara, você está cego?";
"Meu irmão, acorda, abre os olhos!";
"Você está entrando na maior furada! Certamente você vai se ferrar."

E a resposta é mais ou menos assim:
"Aí, deixa de papo furado cara; eu tô numa boa! Eu sei muito bem o que eu estou fazendo".

Talvez até quem sabe! Já tenhamos sido os protagonistas de histórias como essa.
Uma outra resposta é também bastante comum:

"Professor, é só pedir ajuda!"

E, também, é verdade! Acontece que, normalmente, quando nós estamos com os olhos vendados, nós pedimos ajuda exatamente para quem nós não deveríamos pedir, ou seja, a outro cego. Cego que pede ajuda a outro cego; a gente sabe o resultado: Os dois caem dentro do buraco. Portanto, vale a pena lembrar, que inteligência emocional é a primeira necessidade estratégica para quem lida com pessoas, com gente. Você se lembra?

É necessário que nós tenhamos visão de futuro, ou seja, que nós consigamos projetar todos os conflitos e problemas que ainda não aconteceram, adotando as medidas e atitudes preventivas necessárias para que eles não aconteçam, ou que, pelo menos sejam reduzidos. Quando o nosso emocional é, por algum motivo abalado, nós perdemos automaticamente aquela capacidade de perceber o que está no ar. Nós perdemos a capacidade de ouvir o que está dentro do coração e da mente das pessoas. Nós perdemos a capacidade de enxergar o invisível; perdemos até mesmo, a capacidade de enxergar o visível, o óbvio, enfim, nós perdemos a capacidade de vigiar.

Algumas pessoas têm muita dificuldade de aceitar as limitações e as imperfeições das outras pessoas, principalmente quando o assunto é a imaturidade que as leva a vaidade, a arrogância, a prepotência. Muitas pessoas são arrogantes e vaidosas por serem imaturas, assim, quando nós percebemos a imaturidade, basta nós mudarmos o foco.

O arrogante com a sua arrogância não pode nos abalar, o prepotente com a sua prepotência não pode nos levar ao desequilíbrio. É necessário que nós sejamos pacientes e tolerantes. Nós não podemos esperar que as pessoas ajam conosco sempre com maturidade. Muitos relutam em aceitar o processo de evolução natural das pessoas, ou seja, umas amadurecem mais cedo outras não.

Sabe aquele sujeito que nos momentos críticos, diante de uma simples atitude imatura, torna-se também imaturo e sai esbravejando:

"Aí meu irmão, baixa a bola, você não vai cantar de galo comigo; fica ligado."

Você conhece alguém assim? Pois é! Na verdade, o indivíduo espera que as pessoas sejam simplesmente perfeitas; o que é utópico. O indivíduo espera das pessoas um tipo de atitude que ele mesmo não possui, espera uma maturidade que ele mesmo não tem. É bastante comum nós ouvirmos, após conflitos absolutamente desnecessários, esses tipos de pessoas exprimirem aos berros o seguinte:

"O cara berrava e queria que eu falasse baixo?"
"Faça o que eu mando, mas não faça o que eu faço."
"É isso mesmo que você disse?"
"Porra, esse sujeito está ali pra que? Arrumar encrenca com os outros?"

Há muitos anos eu fiz uma pós-graduação de Gestão de Pessoas. Neste curso eu aprendi uma estratégia, já citada anteriormente, que vale reiterar.

"O cliente tem sempre razão". Esta é a regra número um, e, caso não tenha razão, a regra de número dois diz o seguinte: *"Caso o cliente não tenha razão, retorne a regra número um"*. Portanto, nas situações acima descritas, quando uma pessoa estiver gritando, com raiva, furiosa, indignada, tente ouvi-la. Use a diplomacia, deixe-a se expressar; use e abuse da empatia, do seu poder de persuasão, de convencimento. Questione, mas com cautela; tente entender os motivos que a levaram àquela indignação. Quanto mais perguntas você fizer de forma equilibrada e com qualidade de comportamento, melhor; certamente você vai observar uma redução no volume de voz.

Nós precisamos estar sempre focados na *"Razão da Indignação"*. *Qual a razão da indignação?* A tendência é nós desprezarmos a razão. A tendência é nós nos esquecermos da razão da indignação e nos concentrarmos na forma como ela está sendo expressa; esse é um erro fatal! Se nós permitirmos que isso aconteça, a chances de "também perdermos o equilíbrio" são enormes. Já aconteceu algo parecido, com você? Portanto, esteja sempre predisposto a acolher a mensagem das pessoas, independentemente da forma como a mensagem tenha sido expressa, ou esteja sendo expressa.

Tenha paciência, jamais esboce um sorriso, mantenha-se sério e, com extrema educação, aguarde o momento oportuno para que você faça a abordagem. Exemplo:

"Senhor; agradeço por ter compartilhado comigo a sua indignação; nem sempre as nossas opiniões são as mesmas, mas procuro sempre entendê-las; sei não sou e não quero ser o dono da verdade".

É fundamental que nós estejamos predispostos a quebrar paradigmas; se a sua linha de ação tem sido sempre a de discutir com as pessoas, talvez seja esse o momento de uma profunda reflexão para uma mudança definitiva. Às vezes, na nossa casa tem alguém implorando que alguém as ouça e, não tem ninguém capaz de perceber isso.

Quando nós demonstramos através das nossas ações, que nós estamos ouvindo, ou seja, que nós estamos predispostos a ouvir, o inconveniente acaba tendo a sensação de que está sendo compreendido; e é exatamente isso que nós queremos.

Talvez as pessoas com comportamento inconveniente não concordem com aquela decisão, no entanto, respeitarão a decisão. Sabem por quê? Porque foram tratadas com respeito, com ética, com dignidade. Acredite, eu vejo isso o tempo todo nas consultorias e nos relatos e mais relatos de alunos que transformam o tempo todo, toda essa teoria em ação.

Recapitulando, quando nós demonstramos através das nossas ações, que estamos de fato ouvindo, o inconveniente acaba tendo a sensação de que está sendo compreendido. Talvez até não concorde com aquela decisão, mas muito provavelmente respeitará a decisão porque foi tratado com respeito, com ética e dignidade.

Nós devemos sempre procurar entender o que a pessoa pensa ser "injusto", ou acredita ser uma "tremenda sacanagem", ou ainda acredita que seja "errado". Ela pode estar sinceramente equivocada, portanto, cabe a você convencê-la. Você não é obrigado a concordar com a pessoa, talvez a pessoa esteja com a visão distorcida, mas o propósito é apenas um; ouvi-la.

Se a pessoa acha que está sendo injustiçada, ou que está sendo enganada, ou ainda que você não quer ouvi-la, a indignação não desaparecerá até que ela perceba que você lhe deu atenção exclusiva, que você a ouviu e entendeu de verdade os seus sentimentos e as suas razões. Naquele momento você tem "autoridade" e "precisa exercê-la"; você terá sempre a última palavra sobre o que deverá ser feito, entretanto, reitero que a pessoa precisa ter certeza de que você entendeu as suas razões e os seus sentimentos.

Capítulo 29

Vivemos o Tempo Todo Experiências de Fé

Neste vigésimo nono capítulo, temos como objetivo específico, desenvolver e praticar o atributo da fé, do acreditar; para enfrentar os desafios que nos são impostos pela vida.

Nós precisamos estar sempre focados na "Razão da Indignação", sempre predispostos a acolher a mensagem das pessoas, independentemente da forma como a mensagem esteja sendo expressa. Nós precisamos desenvolver paciência, isso também é treinamento; portanto jamais esboce um sorriso; mantenha-se sério e, com extrema educação, aguarde o momento oportuno para que você faça a abordagem técnica.

Nós precisamos estar predispostos a quebrar determinados modelos, determinados padrões a serem seguidos; nós precisamos criar paradigmas, precisamos ser pioneiros de novos paradigmas. Se a nossa linha de ação é sempre a de discutir, bater boca, querer ter razão com as pessoas, talvez seja este o momento de mudança; a decisão é sua, sempre sua. Novamente, vamos lá:

"Quando nós demonstramos através das nossas atitudes, que nós estamos ouvindo, ou que nós estamos predispostos a ouvir. O inconveniente acaba tendo a sensação de que está sendo compreendido."

É exatamente assim que funciona em termos emocionais e fisiológicos. Essa é a Técnica para Reduzir o Nível de Adrenalina. O inconveniente pode até não concordar com aquela *Tomada de Decisão*, com a batida do martelo, mas a decisão será respeitada. Sabe por quê? Porque ele foi tratado com respeito, com ética e com dignidade. Jamais despreze isso!

Numa determinada ocasião, eu soube que uma psicóloga ficou bastante estressada com um funcionário inconveniente. O sujeito foi para uma entrevista e avaliação psicológica, de óculos escuros, bermuda, paletó e gravata, bota com meia listrada e um maço de cigarro nas mãos. A psicóloga não se conteve, achou que era deboche e simplesmente surtou; falou umas verdades, os dois se estremeceram e o resultado foi muito ruim; ambos foram demitidos.

Somente alguns anos depois, foi que eu consegui entender, um pouco melhor, a reação descompensada da psicóloga. Entendi, quando recebi uma solicitação de mão de obra, com um piso salarial bem acima do mercado. Tratava-se de uma multinacional com um perfil altamente complexo e exigente. O processo seletivo seria numa segunda-feira, assim, coloquei um anúncio num jornal de grande circulação, para que fosse publicado no jornal de Domingo, na madrugada; acredite, era assim que funcionava, era exatamente assim que nós fazíamos os processos seletivos.

No domingo à tarde, já havia uma grande quantidade de candidatos na frente da empresa, com interesse na vaga, que certamente pernoitariam ali, na porta da empresa, na esperança de uma oportunidade. Ao chegar na segunda-feira de manhã, me reuni com os profissionais envolvidos no processo seletivo (Profissionais de RH, médico e psicólogas, eu e o meu gerente) para darmos início ao trabalho. Como eu disse, havia um número enorme de pessoas, e quando eu chamei o primeiro candidato para a entrevista, o sujeito se apresentou com uma camisa, com a seguinte frase na altura do peito: "*Tem um corno me olhando*". Eu quero chamar a sua atenção para o seguinte, perceba que esse sujeito, certamente, passou a noite inteira no sereno, com sede, talvez com fome, com limitações, inclusive, para fazer suas necessidades fisiológicas; portanto, com toda a certeza, esse sujeito não tinha a intenção de gozar com a minha cara, não é verdade?

No entanto, apesar de ter consciência disso, fiz toda a entrevista olhando para baixo, meio que constrangido, evitando olhar para aquele sujeito. A entrevista até que correu bem, acontece que quando esse candidato saiu, eu fui obrigado a rasgar a sua ficha de entrevista. Estava estampado nas costas do sujeito o seguinte: *"...e continua me olhando"*.

Brincadeiras, ironias e sarcasmos à parte, deu para você entender a falta de bom senso desse candidato? Com essa falta de bom senso, será que ele seria um bom candidato para trabalhar na área de segurança? Se relacionando com o público de uma maneira geral? Você arriscaria contratá-lo, se a empresa fosse sua? É claro que ele poderia ter usado a inteligência emocional e revertido aquele constrangimento a seu favor, da seguinte forma:

"Senhor, antes de iniciarmos, perdoe-me pela minha apresentação; mas como eu necessito bastante dessa oportunidade, sai de casa as pressas e distraidamente coloquei a camisa do meu filho; por favor, desconsidere esse lapso que jamais se repetirá"

Parece bobagem esse tipo de justificativa, mas funciona muito bem; demonstra inclusive que você é capaz de reverter situações mais delicadas, usando a inteligência emocional e de maneira elegante. Ele teria revertido um erro a seu favor. Você precisa entender que, sobretudo naquela época, para cada vaga existente havia "500 candidatos". Quando a oferta é menor do que a procura, geralmente nós conseguimos selecionar com mais qualidade. Havia também outros candidatos sem noção, com "piercing" na ponta da língua, argolas no nariz, na sobrancelha, alargadores de orelha, chinelo de dedo, bermuda, camiseta sem manga, barba por fazer e por aí vai.

Será que o objetivo de todos eles seria o de me sacanear? Justificaria passar a noite no sereno para atingir esse objetivo?

Claro que não, apenas "falta de bom senso". Apenas um comportamento inconveniente culposo; sem dolo, sem a intenção. Você percebeu? Por piores que sejam os comportamentos inconvenientes, se você ouvir equilibradamente essas pessoas, demonstrando calma e serenidade, mas exercendo a sua autoridade, os hormônios que poderiam ser produzidos e que, também poderiam gerar os mais variados tipos de comportamento, não rolam, não são produzidos.

Nós já falamos sobre isso, mas no caso da pessoa estar apresentando um comportamento inconveniente, em resposta a uma indignação qualquer, você deve se concentrar primeiro na indignação, depois no comportamento. Por exemplo:

"Percebo que o senhor está bastante indignado; gostaria de ouvi-lo, mas preciso da sua ajuda para que eu possa compreendê-lo".

Usando a Diplomacia, você demonstra preocupação com o que "ele" está sentindo, demonstra que possui Inteligência Emocional e demonstra, principalmente, que você tem consciência de que "aquele assunto" precisa ser discutido. Agindo assim você faz com que a pessoa inconveniente perceba que você está sendo extremamente educado, mas curto, preciso e conciso; e perceba também que o diálogo será impossível enquanto durar aquele comportamento inconveniente. Não estou falando que é fácil agir assim. Na vida nós vivemos o tempo todo, experiências de fé. Nada na vida é fácil, mas é simples; basta treinar. Nós precisamos treinar; treinar e treinar até a exaustão! E acreditar com todas as forças que vai dar certo. Dá muito trabalho, tem muito sofrimento, mas, nós precisamos acreditar que vai dar certo.

Certo homem estava perdido no deserto, prestes a morrer de sede. Eis que surge, logo adiante, uma casinha velha e abandonada, quase desmoronando, sem janelas, sem teto, destruída pelo tempo. O homem entrou e encontrou uma pequena sombra onde se acomodou, fugindo do calor e do escaldante sol do deserto. Olhando ao redor, percebeu a existência de uma velha e enferrujada bomba d'água. Seus olhos brilharam e com esforço arrastou-se até a intrigante bomba, agarrou a manivela com toda a força, que ainda lhe restava, e bombeou sem parar, porém, nada aconteceu. Desapontado, caiu prostrado para trás, exausto! Ao olhar para a velha bomba, notou que ao lado havia uma garrafa. Olhou-a bem e percebeu que havia algo escrito, limpou-a removendo a sujeira e o pó, somente então conseguiu ler o seguinte recado:

"Você precisa primeiro, preparar a bomba com toda a água dessa garrafa meu amigo! Obs.: Faça o favor de encher a garrafa outra vez, antes de partir".

O homem arrancou a rolha da garrafa e, de fato, lá estava a água. De repente ele se viu num dilema, se bebesse aquela água, talvez suportasse um pouco mais, mas se despejasse toda a água na velha bomba enferrujada, talvez obtivesse água fresca, bem fria, lá do fundo do poço; aí sim sobreviveria. Poderia encher o seu cantil e ainda poderia deixar a garrafa cheia para uma próxima pessoa quem sabe! Mas, talvez não desse certo; o que deveria fazer? Despejar a água na velha bomba e esperar a água fresca e fria ou beber a água velha e morna, e, "talvez" salvar a sua vida? Deveria perder toda a água que tinha, na esperança daquelas instruções pouco confiáveis, escritas não se sabe quando?

Com relutância, o homem despejou toda a água na bomba, em seguida, agarrou a manivela e começou a bombear. E a bomba começou a chiar, e nada acontecia! O homem continuou bombeando e a bomba rangendo e chiando. Depois de muito esforço, então surgiu um fiozinho de água, depois um pequeno fluxo, e finalmente a água jorrou com abundância! A bomba velha e enferrujada fez jorrar muita, mas muita água fresca e cristalina.

Ele encheu o cantil e bebeu até se fartar. Pegou a garrafa, encheu-a, arrolhou-a e acrescentou uma pequena nota ao bilhete que estava preso nela:

"Creia-me, funciona! Você precisa dar toda a água antes de poder obtê-la de volta!".

Se quisermos que o "milagre" aconteça na nossa vida, é necessário que derramemos "todo" o nosso sangue, suor e, muitas vezes, lágrimas. Muitas pessoas em razão da educação que tiveram, ou dos valores que receberam pelos mais diversos motivos, ou pelo desprezo de boas orientações, talvez até por imaturidade, não adquiriram o atributo da fé, do acreditar; como resultado acabaram desequilibradas emocionalmente, despreparadas para enfrentar os desafios que nos são impostos pela vida; daí a maneira desequilibrada e imatura de lidar com a raiva e também com as limitações, com as fraquezas, com as doenças, ou seja, surtam e descompensam facilmente diante dos conflitos e dos problemas do dia a dia. Se algo acontece fora do que foi planejado, a pessoa perde imediatamente o equilíbrio emocional; perde a capacidade de perceber o que está no ar, de enxergar o óbvio, enfim, de discernir.

No nosso caso, estamos no caminho certo! De uma forma ou de outra, fomos e estamos sendo instruídos e educados, tivemos uma boa orientação e, por isso, estamos sempre pedindo, buscando, recebendo e absorvendo as orientações técnicas para amadurecermos; essa busca incessante é fundamental. Se nós ainda não desenvolvemos maturidade suficiente para lidar com a indignação, reitero; é apenas uma questão de tempo, de treinamento, nós estamos no caminho certo. Precisamos ter sempre em mente que "*o pior doente é aquele que considera saúde a sua própria enfermidade*", ou seja, nós precisamos reconhecer as nossas limitações, os nossos erros, falhas, para que através desse reconhecimento, nós possamos sempre buscar e pedir ajuda.

Para nós fecharmos esse capítulo, eu quero que você entenda que Fé não tem conexão exclusiva com religião; cada um de nós é livre para seguir o seu caminho, mas é fundamental que você acredite de verdade que o seu esforço, o seu comprometimento e a sua dedicação, vai fazer com que aquilo que você tanto deseja, aconteça, se concretize, dê certo; isso é Fé!

A pessoa pode ser ateu e ter muita Fé, ou seja, acreditar que vai conseguir, que vai dar certo, acreditar nas suas ideias, posições, convicções. Nós sempre falamos que quem não tem Fé, é naturalmente levado a algum tipo de desequilíbrio emocional. Quando a pessoa não acredita nas próprias ideias, posições ou convicções. Ela desequilibra, ela perde completamente o chão, perde a base. Eu não tenho qualquer preconceito religioso; tenho amigos das mais diversas religiões, inclusive muitos ateus, mas todos têm muita Fé. Alguns dos Ateus, ainda com mais Fé que os religiosos. A Fé precisa ser praticada, treinada e desenvolvida dia após dia, todos os dias, para sempre.

Capítulo 30

Controle de Contato ou Técnicas de Mãos Livres

Neste trigésimo capítulo, temos como objetivo específico, desenvolver e praticar o Controle de Contato ou Técnicas de Mãos Livres, com foco nas Técnicas de Conexão.

Essa é mais uma dessas estórias de internet, de autor desconhecido, que por ser muito legal e pertinente, eu faço questão de compartilhar.

Um monge estava sendo entrevistado e o jornalista perguntou-lhe:
– *Em sua última conferência, o senhor falou sobre o tema "Contato e Conexão"; poderia explicar melhor?* O monge sorriu e respondeu-lhe com uma pergunta:
– *Você é aqui dessa cidade?*
– *Sim.* Respondeu o jornalista.
– *E quem está na sua casa agora?* Perguntou o Monge.

O jornalista sentiu que o monge estava tentando evitar a questão com perguntas pessoais e injustificadas; mesmo assim respondeu:
– *Minha mãe morreu, meu pai está lá sozinho. Tenho três irmãos e uma irmã, todos casados.*

O Monge insistiu:
– *Você fala diariamente com seu pai? Quando falou com ele pela última vez?*

O jornalista, reprimindo seu aborrecimento, disse:
– *Aproximadamente um mês!*

O monge voltou a perguntar:
– *E com seus irmãos, vocês se veem com frequência? Quando você se encontrou pela última vez com um membro da sua família?*

Parecia que o jornalista é quem estava sendo entrevistado.
– *No Natal, há dois anos.* Respondeu o jornalista com um suspiro.
– *E por quantos dias ficaram juntos?*
– *Três dias.*
– E quanto tempo você passou com seu pai, sentado ao lado dele?
O jornalista, confuso e envergonhado, começou a rabiscar algo em um pedaço de papel, e o Monge perguntou:

– *Vocês tomaram café da manhã, almoçaram ou jantaram juntos? Seus irmãos perguntaram como ele estava? Ou como você passou os dias após a morte da sua mãe?* Lágrimas escorriam dos olhos do jornalista.

O monge segurou-lhe a mão e disse:
– *Não fique constrangido, chateado ou triste. Lamento ter magoado você, mas esta é basicamente a resposta para sua pergunta "Contato e conexão". Você tem «contato» com seu pai, mas não tem nenhuma «conexão» com ele; você não está «conectado» a ele. A «conexão» é entre coração e coração: sentar-se juntos, compartilhar refeições, cuidar um do outro, tocar, apertar as mãos, encontrar os olhos um do outro, passar um tempo juntos. Da mesma forma, você, junto com seus irmãos e irmã, tem «contato» com eles, mas nenhuma «conexão».*

O autor faz o fechamento dizendo que esta é uma realidade. Ele afirma que seja em casa ou na sociedade, todos nós temos muitos "contatos", mas pouquíssima "conexão". O autor diz que todos nós estamos muito ocupados no nosso próprio mundo; portanto cuide, compartilhe e passe um tempo com os seus entes queridos, familiares e amigos.

Nível 4 – Controle de Contato ou Técnicas de Mãos Livres
Significa "*atividade de resistência passiva*", o inconveniente resiste passivamente, consequentemente, nós vamos usar "Técnicas de Mãos Livres", podendo chegar às Técnicas de Conexão. Nós estamos falando do uso de habilidades técnicas que envolvem uma "boa Base" e "controle de contato" para domínio de determinadas situações. O Nível 4, Técnicas de Mãos Livres, está enquadrado dentro do Uso Progressivo da Força, e só deve ser usado quando todas as outras possibilidades forem esgotadas; nós estamos falando da Presença Física, da Verbalização 1 e da Verbalização 2.

Nesse nível o nosso "Espaço Privativo" foi invadido, inevitavelmente, haverá o contato físico com o indivíduo predisposto a arrumar problemas. Num primeiro momento nós devemos priorizar o emprego de "Técnicas de Conexão", "Técnicas de Condução com Mãos Livres" e "Desvencilhamento". O que é isso? São habilidades técnicas, que nos proporcionam um "Ganho de Tempo", suficiente, para que nós consigamos Verbalizar. As técnicas em questão serão didaticamente apresentadas pelo Mestre Sylvio Behring, através do site gpci.online. Essas habilidades técnicas podem ser adquiridas em pouco tempo, mas é interessante nós esclarecermos que aplicá-las fora da teoria, ou seja, durante uma situação real, exige a aquisição de determinadas Qualidades Físicas e Condicionamento Reflexivo; isso significa treinamento de alto rendimento, adrenalizado. De fato, as técnicas são simples, mas, pouco tempo, não significa algumas horas; não se adquire uma boa condição reflexa em algumas horas; é necessário que nós estejamos predispostos a treinar para adquirir aquela habilidade.

Assim, nós devemos derramar o nosso sangue, suor e lágrimas num treinamento duro e diário. E mais uma vez nós somos obrigados a citar Aristóteles: "*somos o que repetidamente fazemos; a excelência, portanto não é um feito, mas um hábito*".

Todos nós certamente conhecemos ou já tivemos contato com alguém que se enquadra dentro desse perfil: "Xá comigo!"; "Já entendi, já sei!"; "Isso é molinho, treinar porra nenhuma!"; ou ainda, "Tranquilinho! Entendi tudo!"; "Tá dominado, é nós, moleza!" Esse é um comportamento inconveniente muito comum e que precisa ser combatido e trabalhado.

Reiterando, Controle de Contato ou Técnicas de Mãos Livres, são habilidades técnicas profissionais simples, mas que exigem uma "Condição Reflexa" de alto nível e isso demanda tempo e bastante sacrifício; envolve Vocação, Dedicação Técnica e Constância de Treinamento. A Constância de Treinamento é tudo! Nós ficamos preocupados, como praticantes de Artes Marciais, com o fato de muitos alunos acharem que as técnicas que eles aprenderam durante algumas horas, são mais do que suficientes para que eles possam atuar com eficiência e eficácia, em qualquer situação, a partir daquele aprendizado, e isso é ser muito inocente; acredite, não funciona desse jeito!

Nós vimos no 16º capítulo, a importância de reconhecer e considerar a nossa vulnerabilidade. Nossa posição é vulnerável, portanto, mantenha as mãos sempre em posição de negociação; com humildade, mas sempre exercendo autoridade. As mãos, tecnicamente posicionadas, devem proteger o nosso rosto, mas de forma discreta, sem que o inconveniente perceba que essa é a verdadeira intenção; devemos esperar o melhor, mas preparados para o pior.

Nós jamais devemos demonstrar agressividade, mas não podemos nos esquecer, de jeito nenhum, da Presença Física. Esteja sempre em boa base, conectado, mas preocupe-se em "não transparecer" estar em guarda; reitero, nós não podemos demonstrar agressividade, muito pelo contrário, devemos ser educados e gentis, sempre estimulando a pessoa a se controlar, a se afastar ou até mesmo, se sentar; mas firmes na nossa posição, no nosso posto, com uma postura impecável.

No primeiro semestre de 2017, em Nova Jersey, USA, dois jovens com aproximadamente 15 anos, brigavam na saída da escola; nesse momento um ser humano incrível chamado Ali Miller, um jovem muçulmano de 26 anos, aproximou-se da confusão e, no meio da briga, exercendo autoridade, verbalizou fazendo uso da força da lei:

"Parem com isso agora! Eu estou aqui para ajudar vocês! Olhem bem para essas pessoas! Todos estão se divertindo! Todos estão rindo de vocês! Vocês não podem permitir isso! Apertem as mãos! Olhem para eles! Eles estão filmando e se divertindo às custas de vocês! Vocês estão envergonhando os seus pais! Acabem com isso agora; vamos! Vocês serão amigos! Apertem as mãos! Essa é a única forma de eu ir embora! Vamos, apertem as mãos!"

Parece que Ali Miller recebeu uma super merecida homenagem do Conselho Municipal de New Jersey. Parabéns, Ali Miller! Sua postura e atitude nos emociona e nos enche de orgulho e esperança. Este é o link que mostra todo o fato descrito, vale a pena assistir: https://www.youtube.com/watch?v=ycHW9ufHU8Y

Certa vez li que se você passar um dia inteiro com alguém muito rico nada vai mudar na sua conta bancária, se você passar um dia inteiro com alguém de raríssima beleza, você não ficará mais bonito por isso, mas, se você passar um dia inteiro com alguém entusiasmado, feliz, de riso fácil, alegre e positivo você voltará para sua casa bem mais feliz; e é uma verdade!

Por isso nós acreditamos que a pessoa que nós seremos daqui a 5 anos, depende das pessoas com as quais nós nos relacionamos hoje, dos livros que estamos lendo hoje e, sobretudo, da mídia que alimenta nossa mente hoje. Por esse motivo devemos nos aproximar, colar com pessoas positivas e saudáveis, pessoas que nos levem em direção ao alto, que nos ensinem através dos seus exemplos. É exatamente isso que nós devemos, de uma forma ou de outra, passar e cobrar dos nossos filhos, alunos; enfim aqueles que estão ao nosso redor.

Parece que esse tipo de conselho, não tem nada a ver, mas é um ledo engano achar isso. Muito provavelmente você é admirado por essas pessoas que te cercam. Os seus conselhos certamente serão levados muito a sério. E se você achar que isso é bobagem, que não tem nada a ver, você está perdendo uma grande oportunidade, a oportunidade de fazer a diferença na vida dessas pessoas. Portanto, como anda o relacionamento dos seus filhos, dos seus alunos, das pessoas que estão ao seu lado? É importante sim! Eles estão colados com pessoas do bem? Você precisa querer saber sim! É sempre legal que indiquemos bons livros, bons autores, procuremos saber sobre os livros que eles estão lendo e, sobretudo, da mídia que alimenta diariamente a mente deles; Hemingway dizia que mais importante do que a própria guerra, é quem estará do nosso lado nas trincheiras. Quem está ao seu lado nas trincheiras da vida? É importante demais que você entenda isso, plenamente.

Derramar sangue, suor e lágrimas é preciso; mas nós precisamos entender a afinidade que existe entre a condição intelectual, física, técnica e espiritual. O GPCI exige de todos nós, o desenvolvimento de qualidades físicas e habilidades técnicas; treinar é fundamental! Portanto, nós não podemos procrastinar o início da nossa atividade física diária, tampouco, podemos procrastinar o início do treinamento técnico de GPCI, onde toda essa teoria será transformada em ação. Acredite, não faltarão oportunidades; conflitos e problemas certamente surgirão na nossa família, no nosso ambiente de trabalho, com os nossos amigos; enfim, eles estarão sempre presentes.

Um Profissional nos dias de hoje, qualquer que seja a área de atuação, precisa saber gerenciar pessoas que se comportam indevidamente. Acredite, não faltarão pessoas inconvenientes onde quer que nós estejamos. Certamente, nos quatro cantos do planeta, haverá sempre um "chato de galochas" para testar a nossa tolerância. Sempre aparecerá um "*espírito de porco num momento impróprio*", para falar pra gente, exatamente aquilo que nós não queremos ouvir. Existem pessoas assim em qualquer lugar do mundo, por isso "Se queres a paz prepara-te para a guerra". Nós precisamos esperar sempre o melhor das pessoas, mas nós devemos estar sempre preparados para o pior; se o pior não acontecer é lucro; não seremos surpreendidos.

Lidar com pessoas despreparadas, sem noção, é verdadeiramente uma guerra; se nós não estivermos preparados, nossas chances de perder o equilíbrio aumenta significativamente. Para que nós consigamos lidar com pessoas que têm atitudes impróprias, ou se comportam de maneira inconveniente, é necessário que estejamos preparados para uma guerra. É por isso que o segredo é o treinamento; isso mesmo, "treinamento"; insistência, persistência, exaustão no treinamento.

Numa ocasião, uma amiga psicóloga, me relatou que numa entrevista para uma vaga na área de segurança, ao perguntar para o candidato qual era a sua principal arma, ele respondeu com toda a convicção: "*– Doutora, papel e caneta*".

Por ter achado a forma como respondeu no mínimo curiosa, perguntou: *Por que papel e caneta é a sua principal arma? Você pode me explicar?* Ao que o candidato, após alguns segundos de reflexão, acompanhados de caras e bocas, respondeu:

"– Doutora, quer saber de uma coisa? Nem eu sei! Na verdade, eu acho que é o meu três oitão, mas me falaram ali fora, que se a senhora me fizesse essa pergunta, eu deveria responder que é papel e caneta".

E é verdade! Casos como esse acontecem mesmo! Não basta nós sabermos somente a resposta correta; e como avaliadores, também não podemos aceitar, pura e simplesmente, uma resposta sem a devida justificativa. Seria muita inocência da nossa parte. É necessário que demonstremos possuir base e fundamento. A resposta correta é, realmente, "papel e caneta". Profissionais que tratam diretamente com o público de uma maneira geral, precisam ter consciência que Segurança é Prevenção, e que a sua Missão, ou seja, a razão da sua existência é Administrar Conflitos e Problemas, jamais criá-los.

Assim, através da percepção, do sentimento (feeling), devem projetar, ou melhor, se antecipar aos conflitos e problemas que podem acontecer; em seguida, com o "*papel e a caneta*", devem relacioná-los, evidentemente com suas respectivas medidas e atitudes preventivas; elaborando relatórios diários com ideias e sugestões que certamente contribuirão para o aumento da segurança, para a redução de riscos, de desperdícios, melhoria de qualidade de vida, assim, consequentemente, esse profissional dará lucro para a empresa; não é verdade? Por isso papel e caneta é de fato, a principal arma.

Não é por acaso que devemos incentivar que os nossos filhos, alunos queiram saber o porquê das coisas, que se preocupem com os detalhes técnicos. Sabe aquela estória? O sujeito trabalhou 30 anos na Rede Ferroviária. Sua função era bater com um porrete em todas as rodas de ferro e liberar o maquinista. O sujeito trabalhou 30 longos anos. Faltando 1 dia para a sua tão esperada aposentadoria, conheceu o jovem que iria substitui-lo. Está vendo esse porrete meu jovem? Você deve bater com ele em todas as rodas de ferro. É assim que você deve fazer, blá, blá, blá, blá, blá, blá, não se esqueça de nenhuma. Somente depois, libere o maquinista. Você entendeu meu filho? E o jovem respondeu: Entendi sim senhor, mas, por que eu tenho que fazer isso? E ele respondeu: Sei lá porra! Faço isso há trinta anos. O "porque" não interessa; é irrelevante! Esse é o trabalho! É só bater e liberar. E outra coisa, não seja chato!

Não duvide, tem um monte de gente exatamente assim, só que da mesma forma, existem também, muitos alunos que querem saber o porquê devem fazer assim ou assado. Seria um comportamento bastante inconveniente, se nós, diante de um questionamento, respondêssemos: "Não seja chato porra!" Não é verdade?

Uma vez assisti a palestra de um amigo, João Gouveia, na época diretor de operações da Supervia, onde ele, com base em um artigo do Mario Sérgio Cortella, explicava para os colaboradores operacionais, que vaca não dá leite. Cortella costumava dizer aos filhos, quando crianças, o seguinte: *Quando vocês completarem doze anos, eu vou contar o segredo da vida para vocês.* Quando o mais velho completou doze anos, acordou o pai, ansioso para saber o segredo da vida. O pai disse: *Eu vou te contar, mas é um segredo; você não poderá revelá-lo aos seus irmãos.*

Ok? – Ok prometo e qual é o segredo pai? Presta atenção, o segredo é que "vaca não dá leite"! – Hã? Como é que é? E o pai disse: Vou repetir, vaca não dá leite, você tem que tirar! Você precisa acordar às 04:00h da manhã, ir ao pasto, entrar no curral cheio de bosta, pegar o animal, amarrar o rabo e as pernas da vaca, sentar-se num banquinho, pegar o balde e, detalhe, fazer o movimento certo! Esse é o segredo da vida! Vaca, búfala, cabra não dão leite! Ou você enfrenta tudo isso e tira, ou não tem leite.

É incrível! Mas existe um número bastante significativo de pessoas, que acreditam de verdade, que vaca dá leite; é inacreditável, mas, é a mais pura verdade! O problema é que, por acreditarem que vaca dá leite, tornaram-se pessoas extremamente inconvenientes, totalmente despreparadas para vida.

Por isso, nossa responsabilidade como Especialistas em GPCI, também como pais ou responsáveis, é enorme! Com o objetivo de poupar nossos filhos ou nossos alunos do sofrimento, a gente costuma não contar o segredo da vida: "vaca não dá leite".

Estou convencido de que as crianças, por carência de disciplina, imploram através de comportamentos inconvenientes, que os pais as sensibilizem e as conscientizem. Crianças, de uma forma ou de outra, imploram por disciplina; querem e adoram ser disciplinadas.

A vida é uma guerra, são os sofrimentos e as aflições que nos fazem evoluir, nos fazem alçar voos cada vez mais altos, e nós não temos o direito de poupar nossos filhos e, também, nossos alunos dessa verdade, para que eles não se tornem seres humanos inconvenientes, fracos e despreparados para enfrentar os desafios existentes ao longo dessa caminhada. Vamos avançar um pouco mais?

Capítulo 31

Técnicas de Submissão e Táticas Defensivas Não Letais

Neste trigésimo primeiro capítulo, temos como objetivo específico, desenvolver e praticar as Técnicas de Submissão e as Táticas Defensivas Não Letais, de acordo com o previsto no UPF.

Numa determinada ocasião participei de uma dinâmica de grupo muito interessante. Era um teste com perguntas do tipo; aliás, tente fazer! Ao ler as perguntas, tente respondê-las:

1. *Escreva o nome dos últimos dez ganhadores do Oscar;*
2. *Escreva o nome de dez ganhadores de medalhas de ouro nas olimpíadas;*
3. *Escreva o nome das cinco pessoas mais ricas do mundo;*
4. *Escreva o nome dos cinco últimos ganhadores do Prêmio Nobel da Paz.*

E aí? Como foi com você? Você se lembrou de algum nome? Difícil né? Pois é! Perceba que são pessoas famosas; não são anônimas! Mas os aplausos morrem, os prêmios envelhecem e grandes acontecimentos são simplesmente esquecidos.

Logo após participamos de uma outra dinâmica; dessa vez muito mais fácil; com perguntas do tipo:

1. *Escreva o nome do professor que você mais gostava;*
2. *Escreva o nome de amigos que ajudaram você em momentos difíceis;*
3. *Escreva o nome de cinco pessoas que lhe ensinaram alguma coisa valiosa;*
4. *Escreva o nome de pessoas que fizeram você se sentir amado e especial;*
5. *Escreva o nome de pessoas com quem você gosta de estar.*

Sabe qual a moral da história? As pessoas que fazem a diferença na nossa vida, definitivamente, "não são" as que têm mais credenciais, dinheiro ou prêmios. São as que se importam com a gente! Essa é a razão para que você se importe com o inconveniente; use o GPCI de forma que você faça a diferença na vida do inconveniente.

Nível 5 - Técnicas de Submissão

Nível 5; significa "*atividade de resistência ativa*", seremos forçados a usar técnicas de submissão. Liberdade em filosofia, caracteriza a ausência de "submissão", isso é, ela qualifica a independência do ser humano; liberdade é a autonomia. No nosso caso, as manobras de ataque; de uma maneira abrangente, são normalmente usadas para submeter o oponente, deixá-lo submisso; devemos tirar a liberdade do oponente. Nessa fase, podemos ir além das Técnicas de Conexão e Condução; chegou o momento de usarmos técnicas de combate mais eficientes e eficazes, como: Chaves de Mão, Chaves de Articulação, Técnicas de Projeção como um caminho para a submissão, aliadas às Técnicas de Imobilização e Controle pelo Pescoço, conhecido como "Mata leão".

No contexto "Autodefesa", seria um ataque com potência aceitável, isso é, Força X Velocidade Equilibrada, suficiente para suplantar a resistência do inimigo, ou melhor, desbancar a resistência do inimigo. Submissão tem a ver com Domínio e não com imobilização; a dor, nesse nível de força, é um fato, ela existe; o quadro álgico é alto, mas controlado o suficiente para «superar e ofuscar» a intenção de fuga ou ainda do suspeito contra-atacar; por essa razão o nome submissão.

Essa medida restritiva de liberdade foi necessária para garantir a segurança daquele que foi submetido.

A "medida restritiva de direitos", foi fundamental à preservação do próprio direito, por "ele diminuído, ou "reduzido" a limites mais rígidos, mais rigorosos; para a sua própria segurança. Você se lembra desse princípio?

Nível 6 – Táticas Defensivas Não-Letais
Agora, nós avançaremos para o Nível 6, que significa "*agressiva ameaça física*"; consequentemente, usaremos "táticas defensivas não letais". Significa que o confronto foi inevitável, ou seja, falhamos em todas as estratégias anteriores; fomos fracos na "Presença Física", falhamos na "Diplomacia", não fomos competentes no "Uso da Força da Lei como Ameaça", enfim, não fomos competentes inclusive, no uso das "Técnicas de Mãos Livres" e "Técnicas de Submissão"; assim, somos obrigados a avançar usando a penúltima estratégia, um "ataque" com "técnicas de traumatização".

Sabemos que não é uma verdade absoluta, mas se chegamos ao Nível 6 do Uso Progressivo da Força do GPCI, a existência de falhas na aplicação dos Níveis de Força anteriores, e, também, falhas nas Estratégias de segurança, para nós é algo inquestionável. Assim, conscientes dos erros, adotaremos todas as medidas e atitudes preventivas necessárias para que o problema seja administrado.

Nem sempre nós conseguiremos quebrar a resistência do inimigo sem lutar. Agora, significa que o inimigo partiu para a agressão; portanto, é plenamente justificada linhas de ação mais enérgicas, contudo, adequadas para inibir de imediato a ação inconveniente ou o ato de hostilidade.

Usaremos nessa fase todas as Técnicas de Traumatização Não Letais apropriadas para deter o agressor e submetê-lo. Usaremos técnicas de traumatização musculares, articulares, ligamentares e ósseas. Usaremos técnicas de projeção, controle pelo pescoço e estrangulamentos com domínio e gestão. Cabe ainda neste nível, o uso de armas brancas, se eliminarmos a possibilidade de ataques "em pontos vitais", ou seja, com a "intenção letal".

As decisões do tipo: *Técnicas que devo usar? Onde usar? Como usar? Em quem usar? Quando usar? Por que usar?* São fundamentais e devem estar bem definidas. É bom que a gente tenha sempre em mente que iniciativa, bom senso e discernimento são características imprescindíveis; sem elas é impossível decidir rápido e corretamente, e este tipo de decisão precisa ser sempre impecável.

Vale ainda enfatizar que não devemos ser surpreendidos, estamos no nível 6; caso sejamos, o confronto será inevitável. O risco da reação deve ser sempre planejado e consciente, dentro do "Uso Proporcional da Força". Tendo obtido a submissão, o domínio, usaremos todos os recursos apropriados para manter, com autoridade e poder, a submissão do indivíduo.

Você se lembra? Não é uma verdade absoluta, mas um princípio didático:

"Se formos obrigados a usar Segurança de Alto Impacto num Gerenciamento de Comportamento Inconveniente, é porque falhamos ou fomos incompetentes; entretanto, se não usarmos, permitindo assim o agravamento da situação com o comprometimento da segurança, merecemos severas críticas, mas se formos Especialistas em GPCI, merecemos demissão por justa causa".

Resumindo, se formos obrigados a usar os últimos níveis do UPF, devemos usar sem tartamudear, sem hesitar. Em se tratando de profissionais de segurança, "estrategicamente" é preciso que estejam bem definidos todos os objetivos: "acesso restrito"; "cumprimento de normas e diretrizes"; "separar uma briga"; "impedir uma briga"; "expulsar baderneiros"; "dominar um drogado"; "sensibilizar um agitador"; enfim, são inúmeras as hipóteses e, para cada uma delas, existem linhas de ação bem definidas; existem técnicas simples de defesa pessoal que precisam ser treinadas exaustivamente e que serão didaticamente passadas pelo Mestre Sylvio Behring pelo gpci.online e, também, nos seminários presenciais, tais como: "Técnica do Sanduiche"; "Técnicas de Condução" e "Algemas"; "Técnicas de Imobilização e Domínio"; "Técnicas de Projeção"; "Técnicas de Estrangulamento"; "Técnicas de Chaves de Articulação" e até mesmo de "Técnicas de Traumatização", em situações extremas.

É fundamental que estejamos sempre buscando novos conhecimentos e aprimorando as técnicas já aprendidas. Sabemos que o tempo é "implacável", é verdade, contudo, é necessário que saibamos que o tempo também é "soberano"; quando nos empenhamos de verdade, as coisas acontecem, mas, é fundamental que nos empenhemos.

Às vezes nos perguntamos: "*O que eu fiz pra merecer isso?*", ou "*Por que motivo estou passando por isso?*" Tem uma analogia que eu recebi pela internet, que nos ajuda a entender esse tema com mais clareza.

A filha contava para mãe como tudo estava dando errado. Disse que não se saiu bem na prova de Matemática, que o namorado resolveu terminar com ela e que a sua melhor amiga estava de mudança para outra cidade. Enquanto isso, sua mãe preparava um bolo e perguntou se a filha gostaria de um pedaço, e ela disse:

– É claro mãe; adoro os seus bolos!

– Toma, um pouco de óleo de cozinha filha.

– Credo mãe! Eu não.

– Então, que tal então comer uns ovos crus?

– Ovo cru mãe? Que nojo, você tá pirando?

– Filha, você quer então um pouquinho de farinha de trigo ou bicarbonato de sódio?

– *Qual é Mãe, para com isso! Nada disso puro presta!*

A mãe então respondeu:
– *É verdade filha, todas essas coisas parecem ruins sozinhas, mas quando as colocamos juntas, na medida certa, elas se transformam num bolo delicioso. Não é verdade?*

Acredito que tudo concorre para o nosso bem, nós precisamos acreditar e fazer sempre o nosso melhor. É legal quando nós começamos a perceber que tudo tem uma correlação; tudo o que acontece, tem um porque. Se nós demos o nosso máximo numa determinada coisa e não rolou. Paciência! Não era para ser!

É aquela história, se eu não fiz melhor, foi por incompetência (a minha competência é limitada, ela tem um limite) não por sacanagem; por ter feito corpo mole! Aí não seria legal! Portanto, dê sempre, apenas o seu máximo! “Ele” é suficiente!

Capítulo 32

Triângulo da Força Letal

Neste trigésimo segundo capítulo, temos como objetivo específico, desenvolver e praticar habilidades técnicas e emocionais, para Tomada de Decisão nos Encontros de Força.

Nível 07- Força Letal

Finalmente chegamos ao Nível 07, Força Letal. Nós estamos falando do último recurso para defesa própria; último recurso para proteger nossa incolumidade física, bem como a de terceiros. Assim, acho que é interessante nós começarmos com uma reflexão:

*"A perfeição do que dá ordens é ser pacífico; do que combate, carecer de cólera; do que quer vencer, não lutar; do que se serve dos homens, pôr-se por embaixo deles". **Lao-Tse***

Triângulo da Força Letal

Nível 7 significa que houve o fechamento do "Triângulo da Força Letal". O triângulo é formado por três fatores: Habilidade, Oportunidade e Risco. São fatores que precisam estar presentes para justificar o Uso da Força Letal. O Triângulo da Força Letal é um modelo de Tomada de Decisões para responder a Encontros de Força.

Habilidade

Habilidade é a Capacidade Física do Suspeito, de causar dano a nós ou a outros inocentes. Eu quero chamar a sua atenção para um erro bastante comum, muitos acham que é a nossa capacidade física; não, não é! É a Capacidade Física do Agressor, de causar danos no Agente de Segurança Pública/Privada ou em outras pessoas. Ela pode ser representada pelo agressor que possui uma arma de fogo, uma faca, um gargalo de garrafa... Esse fator pode, ainda, ser representado pela capacidade física, habilidade em artes marciais ou compleição física avantajada que seja significativamente superior.

Oportunidade

Oportunidade é o Potencial do suspeito em usar sua Habilidade, qualidades físicas, para matar ou ferir gravemente. Diz respeito ao potencial latente, ou seja, possível potencial do agressor, em usar sua habilidade para matar ou para ferir gravemente o Agente de Segurança Pública/Privada, ou outra pessoa. Agora, tem sempre um risco! Lembro-me que certa vez eu estava ministrando uma aula e havia um aluno todo malhado, com uma camisa estampada "Jiu-Jitsu" na frente e "Competidor" atrás. Suas orelhas eram estouradas, e como ele estava na frente, chamei-o para uma demonstração de controle pelo pescoço, após uma agressão de socos ou tapas. Assim, pedi que ele me agredisse; e eu esquivei dando aquele tradicional tapinha no braço e parti para o katagatami, e ele simplesmente apagou. Coloquei-o com cuidado no chão e logo em seguida ele acordou. Na busca de informações, perguntei o que houve, e ele me disse que não lutava; aí questionei, e essa camisa e, sobretudo, essa orelha? Ele disse que é porque as meninas gostam! A turma caiu na pele dele.

Risco

Risco é quando o Suspeito toma vantagem da sua Habilidade e Oportunidade, para nos colocar ou colocar outra pessoa inocente, em um Iminente Perigo Físico. Perceba! ou imediato risco de morte ou de lesões graves. Uma situação na qual, uma pessoa suspeita de um crime, se recusa a largar a arma quando acuada após uma perseguição. Essa escolha pode eleger um indicativo de Risco, ela fecha o Triângulo da Força Letal, exatamente onde entra a Legítima Defesa!

Ao lidar com um suspeito não cooperativo que está armado, você deve, em primeiro lugar, buscar um abrigo não uma cobertura, para então lidar com ele. Você deve aumentar a distância entre você e o suspeito, o que dificultará o ataque, imediatamente, solicite cobertura, peça ajuda, envolva quem estiver por perto, não tente resolver a situação isoladamente.

Vamos lá mais uma vez, Sun Tzu nos ensina que: *"Na guerra não existem regras fixas. Ele diz que essas regras que não são fixas, só podem ser talhadas, construídas, de acordo com as circunstâncias. E ele finaliza colocando que: É divino quem altera suas táticas em conformidade com a situação do inimigo".*

É interessante que saibamos "o que diz" o artigo 23 do Código Penal. O artigo diz que, não há crime quando o agente pratica o fato:

- Em Estado de Necessidade;
- Em Legítima Defesa;
- No Estrito Cumprimento de Dever Legal ou no Exercício Regular de Direito.

Estado de Necessidade

Art. 24 CP "*Considera-se em estado de necessidade quem pratica o fato para salvar de perigo atual, que não provocou por sua vontade, nem podia de outro modo evitar, direito próprio ou alheio, cujo sacrifício, nas circunstâncias, não era razoável exigir-se.*"

Há dois bens que precisam ser colocados numa balança, e os dois bens são defendidos pelo nosso ordenamento jurídico. Porém, esses dois bens entram em conflito. Existe uma colisão de bens num determinado momento. Podemos ter no Estado de Necessidade dois bens iguais ou um mais importante, exemplo: uma vida em detrimento de um patrimônio; a vida é óbvio, é mais importante.

Agora, no caso de «duas vidas» em choque, existe aquele exemplo clássico de Estado de Necessidade:

1. Um barco afundando com duas pessoas e apenas um colete, uma das pessoas para não morrer afogada luta por esse colete garantindo sua sobrevivência; ou ainda:
2. Um avião caindo e apenas um paraquedas; você briga pelo paraquedas e consequentemente salva sua vida, mas os outros morrem.

Isso caracteriza o Estado de Necessidade, portanto, trata-se de uma excludente de ilicitude.

Estrito Cumprimento do Dever Legal e Exercício Regular de Direito

É definido da seguinte forma, não há crime quando o agente pratica o fato no "estrito cumprimento de dever legal"; pois, quem cumpre regularmente um dever não pode, ao mesmo tempo, praticar ilícito penal, uma vez que a lei não contém contradições. Um comportamento autorizado como uma luta de MMA ou boxe, por exemplo, respaldado pela lei não pode ser, ao mesmo tempo, legal e típico previsto em norma penal incriminadora, descrito como criminoso.

Legítima Defesa

O estado não pode estar em todos os lugares simultaneamente, assim, ele permite que as pessoas possam, em determinadas situações, agir em sua própria defesa. Agora, perceba que não é algo ilimitado; "Legítima Defesa" é quando, nós empregamos de forma equilibrada todos os recursos necessários, para impedir uma agressão injusta, atual ou próxima, iminente, a direito nosso ou de terceiros. Qualquer bem juridicamente tutelado, protegido, é amparado pela legítima defesa, mas existe exceção: a 1º é quando for possível socorrer-se do estado. Por exemplo você foi ameaçado; não existe um risco iminente; você nesse caso pode socorrer-se do estado. A 2º são os bens jurídicos comunitários, por exemplo, não é legítima defesa agredir o prefeito porque você não concorda com a construção da ponte, do viaduto etc.

Para que haja uma "Legítima Defesa" é necessário que haja um equilíbrio entre o "bem jurídico em risco" e o "bem jurídico ofendido" por quem alega Legítima Defesa. Numa linguagem direta, sem rodeios, matar alguém para proteger sua coleção de "orquídeas ou de selos raros" não é "Legítima Defesa ", porque o "bem jurídico ofendido" (vida) é mais importante do que o "bem jurídico ameaçado" (propriedade). Nesse caso não tem equilíbrio. Mesmo que a vida seja de malfeitores, bandidos.

Existem dois tipos de Legítima Defesa, a autêntica e a putativa. A Autêntica ou real é quando a legítima defesa está, de fato, acontecendo no mundo concreto, no mundo real. Já a Legítima Defesa putativa ou imaginária, a causa de justificação só acontece na mente do agente. O suspeito realiza aquele movimento abrupto, imprevisto, brusco, e era apenas a identidade; eu imaginei que fosse uma arma.

Muitas vezes nós estamos no caminho certo, nós estamos indo superbem e uma palavra descabida, uma colocação indevida, um olhar prepotente ou um sorriso irônico por parte do inconveniente, aciona o "gatilho" que desencadeia um processo de "surto". Por isso a importância do Treinamento; ele impede que esses gatilhos sejam acionados. Nós corremos esse risco; acredite, não despreze jamais essa possibilidade, é necessário que nós tenhamos essa consciência para não respondermos depois pelo chamado "Excesso Punível". Quem tem que ser inteligente e esperto somos nós, não o inconveniente; ele é, o que é.

A "Ação Defensiva" é caracterizada, pelo saque da arma e pelo disparo propriamente dito, que fazem cessar a «Injusta Agressão»; não importando a quantidade de "Ações Necessárias» para tanto. «Ações Necessárias» seria o número de acionamentos da tecla do gatilho. O «excesso» se caracteriza quando, finalizada a "Ação

Defensiva", desnecessariamente, eu prossigo com a ação. Por exemplo: Num bar, alguém vem na minha direção com uma faca ou com um gargalo de garrafa; eu saco o meu revólver, com posse e porte legal, e faço apenas 1(um) disparo; como resultado o indivíduo caí no chão sem reação. Perceba que nesse momento eu fiz cessar a «injusta agressão». Se eu resolver me aproveitar da situação e no «calor da emoção» realizar um outro disparo, o chamado confere, eu vou responder por homicídio doloso devido ao excesso.

Porém, na mesma situação descrita, se eu precisar de 5 disparos para «Fazer Cessar» a injusta agressão, ou seja, cinco ações necessárias, estarei respaldado pela Legítima Defesa. Você consegue perceber a sutil diferença? Portanto, não importa a quantidade de «ações necessárias».

Uma outra questão muito importante, é que nós devemos tomar todo o cuidado para não ofender a integridade corporal e a saúde do inconveniente, durante a aplicação de uma Técnica de Submissão. Todo o cuidado deve ser tomado durante, por exemplo, a aplicação de uma Tática Defensiva Não Letal, para não perdermos a inteligência emocional, tampouco nossas qualidades de comportamento. Se isso acontecer, inevitavelmente nós acabaremos cometendo os excessos.

Muitas vezes, uma intervenção descontrolada, de uma forma mais enérgica, pode resultar numa Incapacidade para Ocupações Habituais, ou numa Incapacidade Permanente para o Trabalho, ou numa enfermidade incurável, numa perda ou inutilização de um membro, sentido ou função, e até mesmo numa deformidade permanente. Nós não queríamos aquele resultado, nós não assumimos o risco de produzir aquele resultado, mas, envolvidos pelas circunstâncias, nós acabamos comprometidos com aquele resultado.

É fato; existe o perigo de nós perdermos a Inteligência Emocional e a Qualidade Comportamental. Pergunta; como nós podemos perder essas necessidades estratégicas? Como está escrito no Código Penal, podemos perder nossa qualidade comportamental impelidos por motivo de relevante valor social ou moral, ou ainda sob o domínio de violenta emoção, isso, logo em seguida a injusta provocação da vítima. Nesses casos é fundamental que nós enfrentemos as consequências dos nossos «atos impensados» e jamais deixemos de prestar imediato socorro à vítima.

O art. 135 do nosso Código Penal diz que é «Omissão de Socorro», entre outras condutas, deixar de prestar socorro a quem está em grave e iminente perigo. Isso não quer dizer que você precisa ser herói e colocar a própria segurança ou a segurança de outra pessoa em risco, para proteger quem precisa de socorro. Não seria lógico colocar uma vida em perigo para proteger outra. Nesses casos, não há crime. Deixe-me fazer um Comentário: "Quem está na chuva é pra se molhar" Você conhece esse ditado? Quando nós fazemos nossas escolhas, devemos assumir todas as consequências resultantes daquela ação. O risco é um fato; nós não podemos negar isso. Por isso reiteramos essa afirmativa tantas vezes ao longo do curso. Ninguém é bom naquilo que não pratica. Nós precisamos ter sempre em mente que quando a cabeça não pensa o corpo padece. Para fecharmos este tema, vamos fazer uma profunda reflexão sobre as Leis, usando mais um desses textos espetaculares de internet, mas infelizmente com autor desconhecido.

No primeiro dia de aula, o professor de *'Introdução ao Direito'* entra em sala, faz uma rápida avaliação visual, dirige-se a um aluno sentado na primeira fila, distraído com o seu celular, e lhe faz a seguinte pergunta:

- *Qual é o seu nome?*
- *Chamo-me Nelson, Senhor.*
- *Saia agora da minha aula, e não volte nunca mais com celular!* Gritou o inconveniente professor.

Nelson ficou desconcertado, mas tentou explicar que estava colocando o celular no modo silencioso, quando, mais uma vez, foi cortado com um sonoro *SAIA AGORA!* Quando voltou a si, levantou-se rapidamente, recolheu suas coisas e saiu da sala.

Todos estavam bastante assustados e indignados, porém o silêncio imperou naquele ambiente, ouvia-se o zumbido de um mosquito.

- *Agora sim! - vamos começar.*
- *Para que servem as leis?* Perguntou o professor. Os alunos ainda não haviam se recuperado do susto, mas pouco a pouco começaram a responder à sua pergunta.
- *Para que haja uma ordem em nossa sociedade.*
- *Não!* Respondeu o professor.
- *Para cumpri-las!*
- *Não!*
- *Para que as pessoas erradas paguem por seus atos...*
- *Não! Será que ninguém sabe responder a esta pergunta?*
- *Para que haja justiça!* Falou timidamente uma garota.
- *Até que enfim! É isso! Para que haja justiça! E, para que serve a justiça?* Berrou o professor.

Todos começaram a ficar muito incomodados com aquela atitude grosseira, arrogante e prepotente do professor, todavia continuavam respondendo.

- *Para salvaguardar os direitos humanos!*
- *Ok; o que mais?* Perguntou o professor.
- *Para que haja diferença entre o certo e o errado; e, também, para premiar aqueles que fazem o bem!*
- *Ok, não está mal, porém respondam a esta pergunta:*

"Agi corretamente ao expulsar o Nelson da sala de aula?"

Todos ficaram calados, ninguém respondeu.
- *Quero uma resposta decidida e unânime! No meu já ok? **Já!***
- ***Não!*** Todos responderam de forma uníssona.
- *Poderíamos dizer que EU cometi uma injustiça?*

- ***Sim!***
- *E por que ninguém fez nada a respeito? Para que servem as leis e as regras, se não dispomos da vontade necessária para praticá-las? Cada um de vocês, tem a obrigação de reclamar, quando presenciarem uma injustiça.* ***Todos!*** *Não voltem a ficar calados, nunca mais!* ***ENTENDERAM?*** Todos responderam: *SIM SENHOR!*

- *Aguardem aqui na sala! Eu vou lá fora buscar o Nelson!* Falou com firmeza, pegando suas coisas e caminhando em direção a porta.

- ***Afinal pessoal, ele é o Professor! Eu sou apenas um aluno do último período!***

Para reflexão: Calar-se! Não brigar pelos seus direitos, é um comportamento bastante inconveniente. Quando não defendemos os nossos direitos, perdemos a dignidade; e dignidade não se negocia. Quem não briga pelos seus direitos, não merece direitos.

Capítulo 33

Não Basta que a Mulher de César Seja Honesta

Neste trigésimo terceiro capítulo, temos como objetivo específico, desenvolver e praticar Estratégias de Segurança com foco no ganho de Força de Presença.

Existe um ditado muito antigo que diz o seguinte: Não basta que a mulher de César seja honesta, ou seja, ela tem que parecer honesta. César era um título dado aos imperadores de Roma. Perceba; não basta que a mulher do imperador de Roma seja honesta, ela precisa *"parecer honesta"*. Ela pode ser honestíssima, mas se tiver um linguajar chulo, essa linguagem pode comprometer a sua imagem. Se ela se veste de forma vulgar, se ela se comporta de uma maneira equivocada, se o sorriso é escandaloso ou malicioso, se ela olha errado para as pessoas; ela e o imperador terão problemas dos mais diversos.

A nossa natureza humana é preconceituosa! Os súditos precisam olhar para a mulher do imperador e enxergar uma verdadeira rainha. Agora, mais uma vez, deixe-me fazer uma observação; não tem nada a ver com machismo, tá? Perceba, não basta que o marido de Cleópatra seja honesto; ele precisa parecer honesto. Se ele for honestíssimo, mas tiver cara, olhar, linguajar, postura de um sujeito "galinha", ele e a Cleópatra, a mais famosa rainha do Egito, terão sérios problemas. O mesmo acontece com um Profissional de Segurança; este pode ser muito bom tecnicamente, mas se o criminoso o olhar, avaliar e "achar" que ele é otário, fraquinho ou despreparado, não importa se ele é muito bom tecnicamente; o criminoso vai prosseguir com a intenção criminosa. Perceba que não importa se o profissional de segurança é faixa preta, atirador, possui cursos de comandos e FE; isso é irrelevante. Se o criminoso olhar e achar que ele é fraco, acredite, tentará a ação criminosa.

Perceba que a decisão é do criminoso; com base no que ele acha e não no que o profissional de segurança acha. Não adianta o sujeito se achar bom, quem precisa achar alguma coisa é o criminoso; e se o criminoso achar que o profissional de segurança é fraquinho, ele vai tentar, ele decidirá pela ação criminosa. Entenda que se houver troca de tiros, mesmo que o criminoso morra, o risco é um fato e NÃO É ISSO QUE NÓS QUEREMOS; tampouco é isso que o cliente quer. O cliente, quando contrata uma empresa de segurança, espera que a empresa coloque alguém treinado, preparado tecnicamente, mas que sobretudo, tenha Força de Presença, transmita Sensação de Segurança. O provável criminoso ao olhar para o Profissional de Segurança, deve pensar imediatamente o seguinte:

"Caramba, esse cara não é bobo... Tá ligado! Se eu tentar alguma coisa eu vou me ferrar..."

Aí sim ele abortará a intenção criminosa; é isso que todos querem, é isso que o cliente quer. O cliente não quer defunto, na frente ou dentro da sua empresa; o cliente não quer manchetes na mídia envolvendo o nome da sua empresa; não quer troca de tiros, delegacia policial, horas perdidas com depoimentos intermináveis, reconhecimento; enfim, o cliente não quer problemas, quer paz.

Sun Tzu nos ensina que *O mérito supremo consiste em quebrar a resistência do inimigo sem lutar.* Ele também nos ensina que, se você quiser que o inimigo venha de boa vontade, é só você apresentar as suas fraquezas e o seu despreparo. É simples, mas muitas pessoas têm extrema dificuldade para entender isso. Nós estamos dando foco em todas essas Estratégias de Segurança, porque o mesmo deve acontecer com você. Você precisa desenvolver a sua Presença Física; as pessoas devem olhar para você e enxergar alguém "inteligente e equilibrado emocionalmente", mas que representa um grande obstáculo nas intenções ilícitas. Por isso, exercer autoridade com elegância, precisa ser desenvolvido no dia a dia, é treinamento diário!

Capítulo 34

Coluna Intelectual (Inteligência Cognitiva)

Neste trigésimo quarto capítulo, temos como objetivo específico, desenvolver e explicar a Coluna Intelectual do GPCI.

Aprendi, na Brigada de Infantaria Paraquedista, uma oração que todo o paraquedista conhece muito bem. Nesta oração nós pedimos insegurança, inquietação, luta e tormenta. Pedimos aquilo que os outros não querem; mas lá no finalzinho pedimos também a coragem, a força e a fé. Durante muitos anos fiz este pedido a Deus sem entender direito o sentido dessa oração. Na verdade, achava meio estranho pedir insegurança, inquietação, luta e tormenta, entretanto, repetia algo que havia se tornado uma "tradição entre os paraquedistas". Somente trinta anos depois de ter passado para a reserva, entendi a essência e a profundidade daquilo que eu apenas repetia.

A primeira coisa que nós aprendemos no GPCI é que Segurança é Prevenção. Nós também aprendemos a pensar em medidas e atitudes preventivas; a gente não pode permitir que os conflitos e os problemas aconteçam para depois vir com soluções geniais; isso seria uma bela desculpa pela incompetência. Aprendemos que a nossa Missão é Administrar Conflitos e Problemas; jamais criar. Aí é que as coisas começam a ficar complicadas; é aquela história, para nós administrarmos os conflitos e os problemas dos outros, é necessário que primeiro saibamos administrar os nossos e, cá entre nós, não são poucos né! Não faltam Conflitos e Problemas na nossa casa, na nossa família, no nosso trabalho, com os nossos amigos, enfim, na nossa vida. Mas, são exatamente eles que nos fazem crescer, evoluir e ficar cada vez mais fortes. Como eu disse, fiquei muito tempo sem entender o sentido dessa oração, hoje entendo.

Há pouco tempo, ainda me pegava, de vez em quando, pensando na hipótese de um dia "chutar o balde", fechar os olhos e, que se dane tudo e todos, que o mundo se "exploda", eu vou aproveitar a minha vida. Certamente meus conflitos e problemas desapareceriam como num passe de mágica, pois eu passaria a não incomodar mais, tampouco seria incomodado por ninguém, nem o maior "inimigo" me incomodaria; uma vez que eu também não faria a menor diferença nesse mundo. Venhamos e convenhamos, seria egoísmo demais! Covardia demais! Eu fui abençoado com muitos amigos, Deus me deu uma linda esposa temente a Deus, comprometida e amiga, três filhos incríveis, o amigo, irmão e Mestre Sylvio Behring como sócio, e uma equipe de profissionais e amigos do mais alto nível; portanto, desafios maiores, sim; desistir, nunca. Apesar da individualidade biológica, das diferenças, todos comungam o mesmo pensamento e a mesma filosofia e, com certeza, essa é a nossa maior vantagem competitiva.

Quando a opção é sossego, o segredo é comprar uma casinha branca, com portas e janelas azuis lá no alto da montanha. Lá, a gente "planta milho e cria galinha", não é assim? Na verdade, isso seria uma "medíocre beleza de imaginação fértil"; sabe por quê? Quando nós optamos por paz, nós sabemos que "não existe paz sem luta sem sacrifícios" e, para isso, é necessário que nós busquemos de forma insistente, Coragem, Força e Fé.

Willian Shakespeare nos ensina que: *"Se os nossos sonhos estão lá nas nuvens, eles estão no lugar certo; cabe a nós construir os alicerces."* São quatro os "Pilares do GPCI" que nós consideramos "necessário construir", para que os nossos sonhos se mantenham firmes, lá no alto. Nós vamos conhecer essas colunas do GPCI detalhadamente. Esses Pilares vão nos dar uma boa base para que nós avancemos nos Conceitos Técnicos e nas Estratégias de Segurança.

O primeiro pilar é o Intelectual – *Inteligência Cognitiva*, é o que nós vamos estudar a partir de agora. Nós precisamos trabalhar a memória, a atenção, a linguagem, a percepção e as funções executivas; é necessário que a gente saiba convencer primeiro no papel, isso vai nos ajudar bastante na Verbalização.

Eu e o Sylvio estamos convencidos de que, as pessoas que têm a habilidade de colocar as suas ideias e sugestões no papel, de forma clara, precisa e concisa, são as que têm o hábito da leitura, gostam de ler, se divertem e se colocam como personagens. Sabem se posicionar quando leem, acionando todas as suas capacidades cognitivas e emocionais, para agir mutuamente com os sentidos dali emergentes.

Caso nós tenhamos consciência de uma possível limitação neste sentido, é fundamental que nós iniciemos imediatamente, um Programa de Treinamento para reversão deste quadro; obviamente, nós estamos falando do "hábito de leitura". Pressupondo que só escreve bem quem é leitor, facilmente nós percebemos que as pessoas mais próximas dos livros, são as que melhor argumentam e, também, as mais eficientes na Arte da Verbalização; inevitavelmente, absorvem as Técnicas de GPCI com mais facilidade e competência. *Se você não tem tempo para ler, é porque ler não é prioridade para você.*

É notório que as pessoas que não têm o hábito de ler, enfrentam mais dificuldade quando precisam verbalizar ou contra-argumentar; portanto, nós devemos desenvolver o hábito da leitura, para que nós consigamos adquirir Poder de Convencimento; já falamos sobre isso. Se nós temos essa limitação, é bem legal que nós reconheçamos e iniciemos um trabalho; não é nada difícil.

Perceba que de uma maneira geral, aqueles que têm essa dificuldade, normalmente são alijados das decisões e, consequentemente, do Poder. Mais do que nunca, o mercado de trabalho necessita de profissionais que, com sabedoria, saibam gerenciar pessoas que se comportam de maneira inconveniente.

O texto abaixo é pertinente e bastante interessante para nossa reflexão. Bill Gates explica por que sua filha não pode se casar com um homem pobre.

Há alguns anos houve uma conferência nos EUA sobre investimento e finanças. Um dos oradores foi Bill Gates e na fase de perguntas e respostas, uma pergunta inusitada foi feita, e todos riram muito. A pergunta foi a seguinte:

Bill, você como o homem mais rico do mundo, aceitaria que sua filha se casasse com um homem pobre ou modesto? - Sua resposta foi realmente incrível; disse ele:

Primeiro, entenda que riqueza não significa ter uma conta bancária bem preenchida; riqueza é primeiramente a capacidade de criar riqueza. Por exemplo: Alguém que ganha na loteria ou em jogos de azar; mesmo ganhando 100 milhões de dólares, não é um homem rico, é um homem pobre com muito dinheiro; é por isso que 90 % dos milionários da loteria voltam a ser pobres depois de 5 anos.

Agora, existem pessoas ricas que não têm dinheiro. Por exemplo, a maioria dos empreendedores; eles já estão no caminho da riqueza, mesmo não tendo dinheiro, porque eles estão desenvolvendo sua inteligência financeira, e isso é riqueza.

Como os ricos e os pobres são diferentes? Para ser simples, o rico pode morrer para ficar rico, enquanto o pobre pode matar para ficar.

Se você vir um jovem que decide se formar, aprender coisas novas, tentando melhorar continuamente, saiba que ele é um homem rico.

Se você vê um jovem que acha que o problema é o estado, e acha que os ricos são todos ladrões e que criticam constantemente, saiba que ele é um homem pobre.

Os ricos estão convencidos de que eles só precisam de informação e treinamento para decolar; os pobres acham que os outros devem dar dinheiro para que eles decolem.

Concluindo, quando eu digo que minha filha não vai se casar com um homem pobre, eu não estou falando de dinheiro; estou falando da capacidade que esse homem tem de criar riqueza.

Desculpe-me pelo que vou dizer, mas a maioria dos criminosos são pessoas pobres. Quando eles estão na frente de dinheiro, eles perdem a cabeça, é por isso que eles roubam, assaltam etc. Para eles, isso é uma graça, porque eles não sabem como eles mesmos poderiam ganhar dinheiro.

Um dia, o vigilante de um banco encontrou um saco cheio de dinheiro, pegou o saco e foi entregar ao gerente do banco. As pessoas chamaram esse senhor de idiota, mas na verdade esse senhor era apenas um homem rico que não tinha dinheiro; 1 ano depois, o banco ofereceu-lhe um cargo de recepcionista, 3 anos depois ele estava encarregado de clientes e 10 anos depois, ele gerencia a direção regional desse banco, ele gerencia centenas de funcionários e seus bônus anuais estão além do valor que ele poderia ter roubado. Riqueza é primeiro um estado de espírito, meu amigo.

Capítulo 35

Coluna Física (Condicionamento Físico)

Neste trigésimo quinto capítulo, temos como objetivo específico, desenvolver e explicar a Coluna Física do GPCI.

Agora nós vamos estudar o 2º Pilar do GPCI, a Coluna Física. Mas esse tema, exige que nós façamos antes uma reflexão, com o objetivo de melhorar a nossa Percepção, com relação as Mudanças no Ambiente.

Certa vez, duas abelhas caíram num copo de leite. A primeira era forte e valente. Assim, logo ao cair, nadou até a borda do copo. Mas como a superfície era muito lisa e ela tinha suas asas molhadas, não conseguiu sair. Acreditando que não havia saída, a abelha desanimou, parou de nadar, parou de se debater e afundou. Sua companheira de tribulação, apesar de não ser tão forte, era obstinada. Continuou a se debater, a se debater e a se debater por tanto tempo que, aos poucos, o leite ao seu redor, com toda aquela agitação, foi se transformando e formou um pequeno nódulo de manteiga, onde a abelha tenaz conseguiu com muito esforço subir e dali alçar voo para um lugar seguro.

Durante anos, eu ouvi esta primeira parte da história como elogio à persistência, que, sem dúvida, é um atributo que nos leva ao sucesso, no entanto, tempos depois a abelha tenaz, por descuido ou acidente, novamente caiu num copo. Como já havia aprendido em sua experiência anterior, começou a se debater, na esperança de que, no devido tempo, se salvasse.

Uma outra abelha, voando por ali e vendo a aflição da companheira de espécie, pousou na beira do copo e gritou: *"Ei, tem um canudo ali, nade até lá e suba por ele."* A abelha obstinada não lhe deu ouvidos. Com base na sua experiência anterior de sucesso, continuou a se debater e a se debater, até que, exausta, afundou no copo "cheio de água". Quantos de nós, com base em experiências anteriores, adotamos esse comportamento inconveniente né! A gente despreza, subestima, deixa de "Perceber as Mudanças no Ambiente" e fica que nem um louco, se esforçando para alcançar os resultados esperados, até que afundamos na própria falta de visão.

Nós fazemos isso, quando não ouvimos; não ouvimos o que aquele que está de fora, tenta nos falar aos berros, mas por algum motivo, nós estamos cegos e surdos. Com essa introdução, nós vamos estudar o Segundo Pilar, a Coluna "Física", Condicionamento Físico.

É necessário que estejamos bem fisicamente para que sejamos competentes no GPCI. Não foi por acaso que antes, nós tratamos da importância de "Perceber as Mudanças no Ambiente". Se o nosso objetivo é gerenciar pessoas que se comportam de maneira inconveniente, nós não temos o direito de negligenciar nossa saúde física e mental.

Sun Tzu começa o seu polêmico, intrigante e famoso livro "A Arte da Guerra" com a seguinte afirmativa:

"A Arte da Guerra é de importância vital para o Estado. É uma questão de vida ou morte, um caminho tanto para a segurança como para a ruína, assim em nenhuma circunstância deve ser negligenciada."

Nós "ousamos" parafrasear a afirmativa, da seguinte forma:

"A Arte da Atividade Física é de importância vital para o Especialista em GPCI. É uma questão de vida ou morte, um caminho tanto para a aquisição de Presença Física e Sensação de Segurança como para o descredito e insegurança, assim em nenhuma circunstância deve ser negligenciada."

Nosso principal objetivo é conscientizar você, é motivar você à "prática constante" da Atividade Física; e é óbvio! Está implícito nessa Coluna Física, uma Alimentação Saudável e Repouso (sono de qualidade); e mais, com a orientação de um Nutricionista, uma suplementação vitamínica. Sabe qual o problema? É que *ninguém muda ninguém; as pessoas mudam!* Se você está satisfeito com a vida que você está levando, fique tranquilo, é só você continuar fazendo exatamente o que você tem feito. Acredite! Nada vai mudar; agora, se você não está satisfeito com a vida que você está levando, mãos à obra! Quem precisa mudar é você! Ninguém muda ninguém, nós mudamos.

É incrível, mas tomando como exemplo os meus amigos e os amigos de infância do Sylvio, aqueles que verdadeiramente entenderam a filosofia e, principalmente, deram continuidade ao aprimoramento físico (alimentação e repouso implícitos), apesar de todas as dificuldades, demonstram possuir mais autoestima, demonstram uma maior capacidade de realizar e, principalmente, são mais proativos. Nós percebemos isso com clareza, eles conseguem fazer com que as coisas de fato aconteçam, eles fazem dar certo; conseguem gerenciar pessoas que se comportam de maneira inconveniente com muito mais eficiência e eficácia. Eles estão bem fisicamente, satisfeitos fisicamente e com uma autoestima incrível, lá em cima.

Muitos, infelizmente, não conseguiram renunciar ao vício do cigarro, ao exagero da bebida e, principalmente, não conseguiram dominar a tão famigerada caveira, "*A caveira quer descanso*", e, consequentemente, caíram no sedentarismo; o que é uma pena. Como consequência, possuem menos inteligência emocional, são intolerantes e o nível de estresse é normalmente muito alto. Portanto, cuide da sua saúde física e mental, com todas as suas forças; só vale a pena!

Capítulo 36

Coluna Técnica (Capacidade Técnica)

Neste trigésimo sexto capítulo, temos como objetivo específico, desenvolver e explicar a Coluna Técnica do GPCI.

Nós estudaremos o 3º Pilar, o "Técnico" (Capacidade Técnica); qualificar-se é plena motivação e consequente sucesso. Se nós não tivermos um fator motivacional para irmos ao encontro da Técnica, nós corremos o perigo de desestimular, aguardando que ela caia do céu; e isso não vai rolar, acredite, não rola desse jeito!

Perceba que apenas ter vocação, não é suficiente; vocação é herança genética. Por exemplo, você pode ser neto e filho dos campeões mundiais de jiu-jitsu e ter muita Vocação para esse esporte, entretanto se você for, por algum motivo, privado do Conhecimento Técnico, ou seja, você nunca treinou jiu-jitsu na vida; caso enfrente um simples desconhecido, sem essa herança genética, mas que treina jiu-jitsu desde pequeno, ou seja, não tem a Vocação, mas possui o Conhecimento Técnico, é obvio que você será finalizado rapidamente, mesmo tendo Vocação. Agora, se você iniciar um programa de treinamento, juntamente com outras pessoas que também nunca treinaram jiu-jitsu, o seu aprendizado será muito mais rápido, muito mais veloz e eficiente em razão da herança genética que você carrega. De uma forma simplória, podemos dizer que a Vocação é na verdade uma espécie de facilitador do aprendizado.

Lembro-me de uma estória que cabe perfeitamente bem, por estar relacionada com o conhecimento técnico e experiência de vida. Numa pequena cidade do interior, havia um velho e experiente lenhador. Havia também um jovem lenhador que ficara impressionado com a eficiência e eficácia do velho lenhador. O velho lenhador era um homem de bom coração, sempre disposto a ajudar, falava pouco e ouvia bastante; era considerado o melhor dos melhores. Caracterizava-se pela humildade e pela forma como se posicionava diante dos conflitos e dos problemas do dia a dia. O jovem lenhador sonhava tornar-se um dia, tão bom ou melhor que o velho lenhador. Um dia decidiu procurá-lo no intuito de aprender com o mestre dos mestres e, quem sabe tornar-se-ia o melhor da região. Quem sabe conseguiria desbancar o melhor dos melhores na arte de cortar madeira. Tendo passado alguns dias, o jovem lenhador já se sentia o tal; achava que já sabia, achava que já havia aprendido tudo, e pensava: *"Aquele velho não é tão bom quanto eu imaginava"*.

Assim o jovem lenhador sonhou em desbancar aquele lenhador ultrapassado. Percebeu a possibilidade de desafiar o velho lenhador; seria sua grande oportunidade. O jovem dirigiu-se ao jornal e a rádio daquela pequena cidade, onde fez o desafio. O velho lenhador quando soube, ficou entristecido num primeiro momento, mas viu a possibilidade de dar uma grande lição naquele jovem arrogante e prepotente. Percebeu a oportunidade de ensinar ao jovem e inexperiente lenhador a importância do conhecimento técnico aliado ao treinamento; assim, aceitou o desafio. O objetivo seria em um dia de trabalho quem cortaria e empilharia mais árvores. A cidade estava dividida, dia e horário, apostas, área delimitada, banda de música, torcida, testemunhas e juízes; enfim, motivo de festa na pequena e pacata cidadezinha de interior.

Chegou o grande dia; o momento de decidir quem seria realmente o melhor. A competição teria início às seis horas da manhã e terminaria às dezoito horas em ponto; na primeira badalada dos sinos da igreja local. De um lado o jovem lenhador, forte, musculoso e incansável; com seu corpo atlético mantinha-se firme cortando as árvores. Do outro lado o velho lenhador, experiente, silencioso, tranquilo, mas firme; sem demonstrar cansaço. Por volta das dez horas, o jovem lenhador cansado, procurava saber como andava o velho lenhador. Procurou-o rapidamente e quando o avistou, ficou surpreso ao vê-lo sentado. O jovem riu e aquela cena renovou sua energia, assim sendo prosseguiu com toda a força que possuía.

Por volta das treze horas, mais uma vez, o jovem lenhador muito cansado, buscou saber como estava o velho lenhador, e qual não foi a sua surpresa quando o viu novamente sentado. O jovem riu e pensou:

"Além de velho e cansado ele deve estar ficando esclerosado; será que ele não percebeu que nós estamos no meio de uma competição?"

Com o moral elevado sua energia foi completamente recuperada e novamente prosseguiu com o trabalho, ainda com mais força. Por volta das dezesseis horas, exausto, novamente procurou pelo velho lenhador, e mais uma vez o viu sentado. O jovem dessa vez achou que a vitória era certa e indiscutível; e trabalhou incansavelmente até o final da competição.

Ao final do tempo estabelecido, a comissão julgadora, juntamente com os dois competidores, foi conferir o resultado da prova e, para a surpresa de todos que apostaram no jovem lenhador, o velho lenhador havia cortado o dobro da quantidade de árvores do jovem desafiante. Espantado, enfurecido e irritado, mas sem a menor condição de contestar o resultado, dirigiu-se até o velho lenhador e perguntou-lhe qual o segredo para ter cortado tantas árvores, se por três vezes que havia parado apenas para observá-lo, o viu sentado, calmo, tranquilo como se nada estivesse acontecendo. O velho lenhador respondeu-lhe:

"Eu estava orando e pedindo ajuda ao meu Anjo da Guarda; e ele me ajudou bastante como você mesmo pode ver."

O jovem arrogante, inconformado, afastou-se furioso e o velho lenhador pensou:

"É meu filho! Todas as vezes que você me viu sentado, eu não estava simplesmente descansando; eu estava amolando o meu machado."

Estamos na era da globalização e vivendo o que muitos chamam de novo normal, portanto buscar especializar-se e aperfeiçoar-se é ter visão de futuro. É fundamental que estejamos sempre preocupados em, constantemente, amolar o nosso machado; assim, com menos golpes e menos desgastes físicos, seremos muito mais eficientes e eficazes.

Nós sempre observamos muitas pessoas, que têm uma Vocação incrível, um Talento Enorme, mas, enterram o Talento; isso é bíblico! Talvez enterrem por vaidade, ou quem sabe por preguiça, ou ainda por falta de um fator motivacional.

Vale lembrar que essa é também uma enorme responsabilidade que nós líderes, especialistas em GPCI, carregamos. É preciso que desenvolvamos a capacidade de motivar os nossos filhos, alunos, colaboradores, enfim aqueles que estão ao nosso redor, ou podemos, de alguma forma, ser responsabilizados pela perda do talento do outro, pelo sepultamento daquele talento; todo o dom precisa ser desenvolvido.

Capítulo 37

Coluna Espiritual (Psíquico)

Neste trigésimo sétimo capítulo, temos como objetivo específico, desenvolver e explicar a Coluna Espiritual do GPCI.

O quarto e último pilar é o "Espiritual" (Psíquico); sem dúvida o mais importante de todos. Se você é ateu, você precisa desenvolver a sua Fé. Fé, não tem nada a ver com religião, Fé é já possuir aquilo que ainda se espera, é saber aquilo que ainda não se vê. É você acreditar em você, no seu potencial, nas suas verdades, nos seus sonhos. É acreditar que vai dar certo; aliás é fazer dar certo! Isso é Fé! Independentemente da sua religião, em quem, ou no que você acredita. Sem essa consciência fica difícil absorver as injúrias, as agressões verbais, as injustiças, as calúnias e intrigas, enfim, todos os ataques que todos nós sofremos no dia a dia.

Agora, com relação a fé cristã, se você é cristão, se você crê em Deus, é necessário que Ele seja prioridade; de verdade, inclusive naqueles momentos em que somos contrariados nas nossas vontades, ou seja, tínhamos fé que aquilo iria acontecer, oramos a Deus para que aquilo acontecesse, mas apesar de desejarmos aquilo com todas as forças, sabemos que a vontade de Deus é soberana, Ele sabe o que é melhor para nós. Mesmo quando nós estivermos passando pelo vale da sombra da morte, e todos passaremos, caminharemos com Ele, e ponto final.

Certa vez, num acampamento da Canção Nova, ouvi uma estória superlegal contada pelo saudoso Padre Léo, da comunidade de Bethânia, onde um menino chamava o seu avô insistentemente. Ao chegar no quintal o avô observou que o seu neto estava desolado, pois a figueira centenária havia tombado em razão de um vendaval ocorrido na noite anterior.

"– Puxa vovô! Olha o que aconteceu com a figueira. O vento conseguiu derrubá-la".

Falava e olhava sem entender direito o que tinha acontecido.
"– Vovô, eram necessários seis homens para abraçar a figueira"

E o avô respondia calmamente.
"– É verdade!"

De repente, a atenção do menino voltou-se para um pezinho de bambu.
"– Olha aqui vovô, como é que pode? O vento derrubou a figueira e não derrubou esse pezinho de bambu fininho?".

O avô pegou-o no colo e disse:
"– Meu neto, observe com bastante atenção!"

Falava num tom de voz manso e apontava para a figueira que jazia sobre o solo.
"– Veja! A figueira foi apodrecendo por dentro e aos pouquinhos ficou oca".

O menino olhava atento e o avô continuou.
"– Foi ficando fraca e não resistiu ao vento".

O menino respondeu:
"– É vovô, mas não parecia!"

E o avô com calma explicava.
"– É a casca! Nós não conseguíamos ver que a figueira estava doente. A casca não permitia que nós enxergássemos o interior da figueira, ou melhor, a doença. Parecia saudável, imponente e prepotente, vaidosa e orgulhosa".

O menino observava com ar de quem ainda não havia se convencido e disse: *"– Vovô, acontece que o bambu também é oco!"*

E o avô, com bastante paciência, explicava.
"– É verdade, você tem razão! Acontece que tem um pequeno detalhe que faz a diferença. Desde pequenininho ele sabe que é oco, aí ele toma uma série de cuidados. Todos nós podemos aprender muito com o pé de bambu".

Colocou o menino no chão e levou-o na direção da touceira de bambu e disse:
"– Nós também somos ocos, iguais ao bambu, portanto é necessário que tenhamos os mesmos cuidados".

O menino o olhava atento.
"– Meu neto! É necessário que esses espaços sejam preenchidos com educação e valores morais, éticos, sociais e espirituais. Somos ocos para que nos completemos, sobretudo, com Entusiasmo. Só assim ficamos fortes".

Os olhos do menino brilhavam, e o avô continuou: *"– Todo o bambu só cresce para o alto. Assim, é necessário que tenha raízes sadias, curadas, fortes e profundas, e para que isso aconteça, é necessário uns cinco ou seis anos. Observe! Todo esse tempo somente enraizando".*

O menino continuava bastante atento e não perdia uma só palavra.
"– Vovô! Como eu faço para ter raízes fortes?"

E o avô lhe respondeu colocando as mãos sobre a sua cabeça:
"– Meu filho, para quem crê em Deus, nossas raízes são alimentadas pela leitura contínua e constante da palavra de Deus; e para aqueles que não creem, através da educação, conselhos, orientações e valores que recebemos dia após dia".

O avô sentou-se numa pedra próxima a touceira e o menino, mais que depressa, pulou no seu colo, e o avô continuou:

"– Veja! O bambu não cria galhos, cresce para cima e, se eu quero ter a graça de 'crescer para cima', é fundamental que eu não crie galhos".

O menino riu muito; certamente não entendeu direito como uma pessoa poderia criar galhos, e em seguida perguntou:
"– Como assim vovô? Criar galhos!"

O avô calmamente respondeu.
"– Criar galhos significa dispersar nossa vocação, nossos dons, nossos talentos em coisas que não nos edificam, é perder tempo precioso com bobagens".

O menino balançou a cabeça confirmando ter entendido.
"– Quantas pessoas se enrolam, outras vivem enroladas, outras se metem em conflitos e problemas por estarem comprometidas com pessoas erradas? Quantas pessoas ficam deprimidas por terem perdido ou quebrado um determinado objeto que pertenceu ao seu tataravô e que ganhou do fulano de tal, há não sei quantos anos? Se nós não nos preocuparmos, vamos criando galhos aqui, galho ali e, quando acordamos, estamos amarrados até o pescoço, ou melhor, com galhos até o pescoço. É uma galhada só!"

O menino sorriu e o avô continuou:
"– Todos nós seremos podados um dia, assim, quanto menos galhos nós tivermos, melhor, porque menos dolorosa será a poda. Determinadas pessoas, quando entram num determinado ambiente, seja festa, trabalho ou reunião de negócios, nem conseguem andar direito. Chegam pra lá, chegam pra cá, é galho batendo em todo mundo, estão comprometidas com um monte de gente. É necessário cortarmos os galhos, é necessário crescermos para o alto".

O menino olhou para o bambu de cima abaixo e disse:
"– Vovô! Se o bambu fosse lisinho, seria bem mais bonito. Não é verdade?"

O avô sorriu e respondeu:
"– É verdade, você tem razão. Acontece que cada nozinho desse representa uma etapa vencida; representa um probleminha resolvido, superado. Se o bambu não tivesse nó, na primeira tempestade, no primeiro vento um pouco mais forte, racharia de cima abaixo. São os nós que fazem o bambu ficar forte, firme e resistente. Da mesma forma, são os conflitos e problemas que nós conseguimos administrar ao longo da nossa vida que nos faz ficar fortes, firmes e resistentes. Entendeu?"

O menino fez que sim com a cabeça e em seguida perguntou ao seu avô:
"– Caramba, vovô! Ainda tem mais alguma coisa pra nós aprendermos com o bambu?".

O avô levantou-se, pegou-o no colo e disse:
"– Tem sim, e muito importante. Olhe bem! Você já viu um pé de bambu isolado? Com certeza, não. O bambu também é forte porque vive em comunidade, formam uma touceira, um se apoiando no outro, um se unindo ao outro. As raízes vão se entrelaçando, os bambus vão se entrelaçando e, assim, ficam cada vez mais fortes".

O menino coçou a cabeça e mais uma vez falou:
"*– Agora acabou! Não acredito que ainda tenha mais alguma coisa*".

O avô, com a calma de sempre, levantou-se, esticou bem os braços, segurou e puxou uma vara de bambu até que tocasse o solo. Nesse momento, olhou fixamente para o seu neto e com a vara de bambu envergada, disse:
"*– Filho, observe bem o que vai acontecer!*"

Nesse momento soltou-a e a vara retomou a sua posição de origem, e o avô disse:
"*– Meu filho aprenda com o bambu a ter a humildade de se curvar na hora da tempestade*".

O orgulho e a vaidade normalmente nos impedem de reconhecer nossas limitações, erros e fraquezas. Muitas vezes, nos escondemos atrás de uma casca, de uma máscara que nos impede de aceitar ajuda externa. Nós, seres humanos, somos normalmente resistentes às mudanças. Quando unimos essa resistência natural à máscara, quando unimos esta resistência natural à casca, dificultamos ainda mais o processo de cura interior, dificultamos o processo de evolução; portanto, é necessário que primeiro tenhamos consciência de que somos ocos, de que somos fracos, pois somos seres humanos. É necessário preenchermos esses espaços vazios com Entusiasmo; entusiasmo significa Deus dentro de nós.

É necessário crescermos para o alto, ou seja, é necessário que não tenhamos galhos. É necessário que não estejamos comprometidos negativamente com pessoas, bens materiais e vícios de uma maneira geral. É necessário que tenhamos raízes fortes, sadias e profundas. É necessário fazer dos "nós" uma amarra, ou seja, entender que não devemos fugir dos conflitos e problemas do dia a dia, mas sim administrá-los da melhor forma possível. É necessário que saibamos viver em comunidade pois, juntos, seremos sempre mais fortes e, finalmente, que tenhamos humildade para conseguirmos nos curvar, nos prostrar, diante daquilo que cada um de nós, verdadeiramente, crê.

Capítulo 38

Eficientes e Eficazes no GPCI

Nesse trigésimo oitavo capítulo, temos como objetivo específico, identificar a dificuldade de transformar a teoria em ação, com relação a eficiência e eficácia no GPCI.

Sabemos que o ideal é que estejamos sempre atentos, ligados, para que consigamos agir preventivamente. Bom! é o ideal, mas caso não seja possível, devemos usar todos os "recursos técnicos" disponíveis. E isso é individual! Aprendemos com Sun Tzu que "*não existem regras fixas; as regras que não são fixas só podem ser construídas, talhadas, criadas em conformidade com a situação do inimigo*". Perceba que nós dependemos da vulnerabilidade do inimigo. O que "eu" vou fazer, talvez não seja o que "você" vai fazer. Talvez a sua condição física e técnica te possibilite fazer algo que eu jamais faria, assim, depende da minha habilidade, da minha visão, mas também da habilidade e da visão do inimigo. Depende da minha tecnologia, mas também da tecnologia do inimigo.

De repente eu não faria algo óbvio para aquelas pessoas, por ter visto ou percebido algo que aquelas pessoas não perceberam; ninguém percebeu, mas eu percebi. Muitas vezes inclusive, algo inexplicável. Eu tenho um amigo, o apelido dele é Barraco, na época ele era um jovem praticante de Karatê. Ele caminhava calmamente em direção ao seu carro que estava estacionado, quando ainda distante, viu a porta do carro aberta e um moleque deitado no banco do carona com os pés para fora, tentando furtar, naquela época, o toca fitas. O Barraco era muito estourado, brigão e adorava uma briga. Foi se aproximando e pensando:

"Eu vou fechar a porta com um chute e vou quebrar as pernas desse moleque".

Ao chegar bem próximo "mudou"; sem saber por que, mas mudou completamente de opinião. Educadamente bateu na perna do moleque e disse:

"*O que você quer aí no meu carro?*" O moleque se sentou calmamente, olhou pra ele e disse: "*Tá legal tio, perdi!*" E saiu andando naturalmente.

O Barraco não sabe explicar, mas simplesmente ficou olhando, meio que sem reação. Foi quando ele percebeu, que havia um sujeito muito grande com um revólver "engatilhado" bem próximo da sua cabeça, que disse:

"Se você tivesse feito algo diferente, você estaria morto! Entra no carro devagar, vai embora e não olha pra trás."

Portanto, não existem regras fixas. Esses sentimentos também acontecem, são inexplicáveis e não podem ser desprezados. Perceba que, o Risco da Reação deve ser sempre Planejado e Consciente, dentro da legalidade – Uso Proporcional da Força. Tendo obtido a submissão, nós usaremos todos os recursos disponíveis, apropriados para manter, com autoridade e poder, o domínio do indivíduo; ou não. A decisão será sempre nossa; não haverá ninguém para intervir na nossa decisão. Muito bem! vamos avançar um pouquinho mais?

Sentados à beira do rio, dois amigos pescavam sossegados. O silêncio era absoluto, ambos esperando que o peixe mordesse a isca. De repente, gritos de crianças quebram o silêncio. Assustados, olham pra frente, olham pra trás e os gritos continuam. Veem então duas crianças sendo trazidas pela correnteza, pedindo socorro. Os dois caem na água e conseguem salvá-las com muito esforço.

Mal saíram da água, viram quatro crianças se debatendo tentando salvar suas vidas. Novamente entram no rio, mas só conseguem resgatar duas crianças. Os dois sentem, além do cansaço, a frustração pela perda. Ainda muito cansados, ofegantes, exaustos, escutam uma gritaria ainda maior. Dessa vez, cinco crianças vêm sendo trazidas pela correnteza. Um pula na água; o outro, corre em direção à estrada que acompanha o rio. O amigo que pulou na água grita: – *Você enlouqueceu, não vai me ajudar?* Correndo respondeu: *–Tente fazer o melhor que puder. Eu vou verificar por que as crianças estão caindo no rio.*

Não cabe aqui analisar se ele agiu certo ou errado; nosso foco é eficiência e eficácia; mas não se esqueça que numa guerra, não existem regras fixas. No GPCI nós precisamos ser eficientes e eficazes. Não basta sermos eficientes, é fundamental que também sejamos eficazes. Existem aqueles que quando percebem a possibilidade de chuva, pegam imediatamente os baldes e as bacias, e os colocam no lugar correto, milimetricamente embaixo de cada goteira; todavia existem aqueles que consertam o telhado. Lembro-me de um caso, onde um policial, no seu dia de folga, fazia compras num supermercado, quando percebeu que um grupo, composto de três mulheres e um homem, também policial, contrariavam uma norma interna. Ao chamar a atenção, acabou criando um clima bastante tenso, momento em que percebeu que haviam ingerido bebida alcoólica. Já do lado de fora, no estacionamento, o clima piorou e o resultado foi bate boca, intimidação, reação e óbito. Percebam que inúmeras eram as medidas e atitudes preventivas, eficientes e eficazes, capazes de resolver aquele conflito, que rapidamente evoluiu para um problema, e em seguida para um escândalo. Combater o efeito é ser eficiente, mas combater a causa é ser eficaz. Marco Aurélio dizia que a causa da raiva, geralmente é menos dolorosa do que as suas consequências.

Agora veremos uma outra visão de eficiência e eficácia; imagine uma estrada com um asfalto do mais alto nível, um verdadeiro tapete, acostamento padrão, curvas com inclinação perfeitas, placas de sinalização. Isso é eficiência! O que seria eficácia? Seria quem abriu a estrada; ela não existia. O eficiente melhorou aquilo que já existia; o eficaz criou, abriu novos caminhos, quebrou paradigmas.

Acreditamos que com comportamentos inconvenientes também seja assim. Por isso precisamos ser eficazes, identificando e atuando rapidamente no fator causal.

Seguindo essa mesma linha de raciocínio, você conhece alguém que pensa que sabe? As pessoas que acham que sabem, normalmente têm um comportamento muito inconveniente; geralmente descobrem que "não sabem" na hora do "vamos ver" ou na hora que "o bicho pega". Por exemplo, eu não entendo nada de eletricidade, assim quando eu tenho um problema na rede elétrica, eu simplesmente chamo um eletricista. Só que existem aqueles que acham que sabem; assim quando têm um problema na rede elétrica, falam: "Xá comigo!" Aí, quando não morrem eletrocutados, destroem ou incendeiam tudo. Não é assim? Já vimos, que saber que sabe é saber, mas saber que não sabe também é saber. Não existe qualquer problema reconhecermos que não sabemos, muito pelo contrário, é um sinal de maturidade e sobretudo, de honestidade intelectual.

Seguindo nessa mesma linha, não basta saber. Bruce Lee dizia que "*Saber não é o bastante, é preciso aplicar; querer não é o bastante, é preciso fazer*". Portanto, tudo o que nós aprendemos é para ser aplicado. Nós precisamos transformar a teoria em ação; é simples, mas, definitivamente, não é fácil; e isso vale para todos os vícios. Por exemplo, todo o fumante sabe que fumar causa câncer, enfisema pulmonar e impotência sexual; não é verdade? Entretanto, mesmo sabedores de tudo isso, continuam fumando. A pergunta é inevitável, por quê? A verdade é que lá no fundo, nós também sabemos a resposta, e ela é simples. Porque o cara não quer sofrer ou não gosta de sofrer; e quem gosta? Para o fumante, parar de fumar significa a renúncia de um "prazer", a renúncia de algo gostoso e envolvente, que nos domina por completo, mas que lá no fundo, nós não aceitamos como "escravidão"; entretanto, todo vício é na verdade uma escravidão. E para nós nos libertarmos, é necessário que tomemos uma decisão: *"Basta; vou parar."*

O vício nos rouba a liberdade, a gente perde o livre arbítrio; perdemos a liberdade de escolha. E para nos libertarmos é necessário que tomemos a decisão de parar. Perceba a simplicidade, para que o fumante corra menos risco de contrair tais patologias, basta parar de fumar. Certo? Perceba como é simples. Contudo, transformar a teoria em ação é o grande desafio, pois sempre haverá sofrimento. Parece loucura, mas é o sofrimento que, de uma forma ou de outra, nos liberta. Se não pararmos por amor (amor à vida), seremos "finalizados" pela dor (câncer, enfisema pulmonar, doenças cardiopulmonares), ou seja, morreremos.

Vimos também que não basta sabermos o segredo do sucesso; como também não adianta sabermos o caminho da vitória. O fato de sabermos não significa que teremos sucesso ou seremos vitoriosos; é preciso vencer a caveira! Aprendemos que a caveira quer descanso, quer a posição horizontal, se vacilarmos, se não vigiarmos, certamente caminharemos em direção a morte. Obviamente fizemos uma analogia com o cigarro, com o vício de uma maneira geral, mas sei que você sabe que o GPCI está implícito nos exemplos. Termos consciência desta natureza humana inclinada ao erro, nos ajuda bastante no Gerenciamento de pessoas com comportamento inconveniente. Oswaldo Cruz dizia que *"Pelos erros dos outros o homem sensato corrige os seus."*

Capítulo 39

Conselhos Fundamentais de GPCI

Neste trigésimo nono capítulo, temos como objetivo específico, desenvolver e treinar a Inteligência Emocional; parecer equilibrado, centrado e calmo, mesmo quando aterrorizado.

Lá no 8º Capítulo, nós vimos a diferença entre Equilíbrio e Inteligência Emocional. Vimos que a inteligência emocional, além de manter a estabilidade e a elegância diante dos conflitos e problemas, reconhece e avalia os próprios sentimentos e os dos outros. A Inteligência Emocional precisa estar sempre presente no GPCI, em razão da dificuldade que nós temos, de lidar com as pessoas. Lidar com seres humanos é simples; mas definitivamente não é fácil. Da mesma forma, gerenciar comportamentos inconvenientes é simples; mas, definitivamente, não é fácil. Sabe por quê? Porque nós somos o problema. Você percebeu? Agora nós vamos avançar um pouco mais, e eu peço que você preste atenção nessa estória tá legal?

Era uma vez um velho samurai que durante as aulas, procurava sempre ensinar "Relações Humanas" aos jovens alunos. Apesar de sua idade avançada, todos o respeitavam, pois havia uma lenda de que ele ainda era capaz de finalizar qualquer adversário. Certo dia, um lutador, conhecido por sua total falta de caráter, desafiou o velho samurai. Além de mau caráter, era famoso por utilizar técnicas de desequilíbrio emocional. Sempre esperava o momento oportuno, aguardava o "surto" do adversário e, no primeiro movimento, na perda da qualidade comportamental, contra-atacava com uma velocidade fulminante, pois era dotado de qualidades físicas impressionantes.

O jovem, vaidoso, arrogante e prepotente lutador, jamais havia perdido uma luta.

Conhecendo a reputação do "velho samurai", estava ali para derrotá-lo perante todos, aumentando assim sua fama. Sem exceção, os alunos do velho samurai se exprimiram contra o desafio, mas, não obtiveram êxito. Assim sendo, todos foram para o local combinado. Imediatamente, o jovem arrogante começou a provocar o velho mestre; xingou, gritou, insultou, ofendeu, inclusive, os seus antepassados.

Durante muito tempo aquele jovem fez de tudo para desequilibrar o velho samurai; este, porém, permaneceu sereno, mantendo a sua inteligência emocional e a sua qualidade comportamental. Sentindo-se um idiota, envergonhado, o tolo lutador arrogante acabou desistindo e partiu.

Sem entender a atitude do velho mestre, os alunos o questionaram:

"Mestre, como o senhor foi capaz de suportar tanta humilhação? Por que não revidou, por que não usou sua espada? Poderia ter aproveitado aquele momento de distração e cortado a sua cabeça. Ao contrário, não reagiu, permaneceu calado, como se nada estivesse acontecendo, diante de tanta humilhação!"

O velho samurai perguntou: - *"Se alguém lhe trás um presente, e você não aceita, a quem pertence o presente?"*

- *"A quem tentou entregá-lo"*. Responderam.

- *"Exatamente, essa é a resposta"*. Disse o Sábio Mestre; e continuou: *"Vale também para a raiva, para as injúrias e, também, para a inveja. Quando não aceitamos, continuam pertencendo a quem as carrega consigo"*.

As pessoas só fazem conosco aquilo que nós permitimos, portanto não permita que o inconveniente consiga te abalar com a sua inconveniência. Diante de uma pessoa inconveniente, não podemos agir na impulsividade e sair falando tudo que nós temos vontade de falar; ao contrário, precisamos avaliar, analisar bem, tudo o que estivermos predispostos a falar ou fazer. A tendência é nós acharmos que não somos capazes de tal proeza; a de calar-se! Ledo engano, é apenas uma questão de treinamento.

Ter sucesso no GPCI é conseguir transformar o comportamento inconveniente em aprendizagem para ambos. O sucesso supremo no GPCI acontece, não quando você administra rápido um comportamento inconveniente, mas quando você é realmente testado durante o gerenciamento, quando você pensa em desistir, mas não desiste; ao contrário insiste, persiste e vence.

Somente passando por gerenciamentos difíceis, complicados e polêmicos, sofridos e dolorosos, você sentirá o verdadeiro gosto da vitória. Não é possível nos esquecermos da Pandemia. Einstein dizia que *a única crise, de fato ameaçadora, é a tragédia de não querer lutar para superar uma crise.* Einstein acreditava que a crise, é a maior benção que pode acontecer com as pessoas e com as empresas. Obriga as pessoas a desenvolver Inteligência Emocional e consequente criatividade. Ele dizia que *assim como o dia nasce da noite escura, a criatividade nasce da angústia.* Deixe-me fazer uma pergunta:

Você consegue perceber pessoas que se tornam inconvenientes quando ficam tentando, insistentemente, encontrar saídas e soluções fáceis?

Pois é! Trabalhar duro nem pensar, buscar criatividade? Isso é coisa de maluco! Então sem crise, realmente não há desafios, sem desafios a vida é uma rotina, uma lenta agonia. Por isso a gente precisa trabalhar duro, treinar duro.

É fundamental que tenhamos em mente que exigir que uma pessoa enfurecida mantenha uma linha de raciocínio e aja com equilíbrio não é possível. Nós sabemos disso, já estudamos; portanto no GPCI, precisamos ter como único objetivo *"reduzir o nível de excitação para que a discussão se torne possível"*. Sabemos que o "sentimento" é incontrolável; nós não escolhemos o momento de sentir raiva, de ficar alegres ou sorumbáticos; dependendo das circunstâncias, ficamos, sentimos e pronto. Não é possível controlá-lo, mas, é perfeitamente possível, através de muito treinamento, controlarmos o nosso "comportamento".

Tem aquela estória do sujeito inconveniente que quando as coisas não aconteciam de acordo com o que ele havia planejado, imediatamente surtava e explodia em acessos de fúria, culpando sempre os que estavam ao seu redor, inevitavelmente, a família e os seus amigos, pois os inimigos não ficam por perto, não é verdade? Você conhece alguém assim?

O sujeito decidiu, então, afastar-se da "causa" entre aspas, de seus problemas e foi para um local deserto, isolando-se numa casa no alto de uma montanha.

Certo dia, na sua nova casa, tropeçou acidentalmente num jarro com água, derramando todo o líquido. Ficou com muita raiva, mas não havia ninguém por perto que pudesse culpar, assim encheu o jarro e o colocou no mesmo lugar.

Pouco tempo depois, tropeçou novamente no jarro e num acesso de cólera, furioso, arremessou o jarro com toda a sua força no chão, fazendo-o em pedaços.

Depois de acalmar-se, constrangido e envergonhado com ele mesmo, não teve outra opção senão refletir; refletiu, deprimiu-se e chegou à *"conclusão óbvia"* de que àquele comportamento inconveniente era problema dele mesmo, e não dos outros. O nível de excitação foi reduzido, pois não tinha com quem discutir; assim, aos poucos ficou curado daquela doença.

Reconhecer e admitir de forma consciente e equilibrada a indignação, é o primeiro passo. Quantas vezes sozinhos, após reflexões óbvias, chegamos a conclusões "também óbvias" e evoluímos; não é assim que funciona? Quando usamos a Inteligência Emocional, além de mantermos a estabilidade e a elegância diante dos conflitos e problemas, reconhecemos e avaliamos os próprios sentimentos e os dos outros.

Diante de uma pessoa enfurecida, precisamos ter muito zelo, muito cuidado na construção dos nossos argumentos, obviamente para que eles não sejam piores do que a nossa boca fechada; é assim que, com muito tato e extrema educação, tendo todo o cuidado do mundo com o que vamos pronunciar, impedimos a produção de hormônios. Lembra-se da adrenalina, da noradrenalina, do cortisol que desestruturam ainda mais a pessoa que se sente injustiçada. Dessa forma, gradativamente, vamos reduzindo o nível de excitação, até surgir a possibilidade de diálogo.

Nós somos por natureza, movidos a lutar, fugir ou congelar quando assustados. Quando isso ocorre, as Glândulas Suprarrenais ou Adrenais, liberam uma quantidade enorme de hormônios, que são lançados na nossa corrente sanguínea. Estamos falando da adrenalina, da noradrenalina, também conhecidos como Epinefrina e Norepinefrina, e do Cortisol. É como se fosse um estímulo para a raiva ou um acelerador para que nos comportemos de maneira inconveniente.

Didaticamente é preciso reiterar que nós, seres humanos, normalmente, temos pouco ou nenhum controle sobre os nossos "Sentimentos". Por isso, precisamos treinar e desenvolver Inteligência Emocional, quando nos deparamos com algo que acreditamos esteja errado, ou também, fatos que nos desagradam profundamente. Se não estivermos treinados, preparados, somos capazes de fazer coisas inimagináveis.

É perfeitamente normal que as nossas atitudes e linhas de ação correspondam aos sentimentos; mas é preciso mudar essa mentalidade, quebrar este paradigma. As técnicas de GPCI fogem ao padrão normal; é isso mesmo, é "anormal". É fundamental parecermos equilibrados, centrados e calmos mesmo quando aterrorizados. É uma questão de treinamento; você precisa desenvolver essa consciência no dia a dia, preventivamente. Comece com pequenas coisas, é individual; você sabe exatamente por onde começar. Essas técnicas devem ser praticadas preventivamente e, acredite, elas serão essenciais e devem se tornar, através de um treinamento diário, nossa "Segunda Natureza Comportamental".

Capítulo 40

Direito a Uma Segunda Oportunidade

Neste quadragésimo capítulo, temos como objetivo específico, desenvolver e treinar o GPCI para que sejamos "incapazes" de ferir o inconveniente; ajudando-o a curar aquela ferida que, por algum motivo, foi aberta.

Nós precisamos, através da criatividade, tirar o inconveniente daquele mundo que ele vive ou, por algum motivo, está vivendo naquele momento, e conduzi-lo para um mundo desconhecido; para um ambiente inusitado, estranho. Só então a gente vai conseguir fazer com que ele nos ouça, que preste atenção naquilo que nós estamos falando. Diz uma lenda que Rui Barbosa, certo dia ao chegar em casa, ouviu um barulho estranho vindo do seu quintal. Ao averiguar, constatou haver um ladrão tentando levar seus patos de criação. Aproximou-se vagarosamente do ladrãozinho, surpreendendo-o, antes que ele pulasse o muro levando os seus patos. Assim, diplomaticamente, disse:

- Oh, bucéfalo anácrono! Não o interpelo pelo valor intrínseco dos bípedes palmípedes, mas sim pelo ato vil e sorrateiro de profanares o recôndito da minha habitação, levando meus ovíparos à sorrelfa e à socapa. Se fazes isso por necessidade, transijo; mas se é para zombares da minha elevada prosopopeia de cidadão digno e honrado, dar-te-ei com minha bengala fosfórica, bem no alto da tua sinagoga, e o farei com tal ímpeto que te reduzirei à quinquagésima potência que o vulgo denomina nada.

E o ladrão, confuso, diz:

- Dotô, resumino; eu levo ô dexo os pato?...

Brincadeiras a parte, a analogia é perfeita! Como vimos lá atrás, nós precisamos desenvolver sensibilidade, para perceber o que o inconveniente espera que nós façamos; o que normalmente as pessoas fariam diante aquela situação? Nós precisamos surpreender o inconveniente; nós precisamos, exercendo autoridade, fazer exatamente o que ele não espera. Essa é uma das maneiras de tirar o indivíduo com comportamento inconveniente, daquele terreno que ele já conhece e domina, e levá-lo para o desconhecido. Nesse novo ambiente, que ele não domina, as nossas chances aumentam muito. São muitas as estratégias, para que nós consigamos levar o inconveniente, para um ambiente que ele não domina; e criatividade é uma palavrinha chave.

Perceba que quando você é levado para um ambiente estranho, você tende a ouvir mais e falar menos; por exemplo, você é Professor de Educação Física e namora uma Dentista. Ela convida você para acompanhá-la num almoço de confraternização da turma de Dentistas da UFRJ 88, que acontecerá após uma reunião, em que será apresentado um determinado Caso Clínico. Acredite, você será levado para um ambiente desconhecido, que você não domina, e certamente falará pouco e ouvirá bastante. Perceba que isso vale para tudo; quando você entra num consultório para ser avaliado, você também é mais facilmente conduzido, envolvido, por encontrar-se num ambiente que você não domina.

Você diante do inconveniente, já num ambiente que ele não domina, relaxe os músculos faciais e olhe confiante. Sua ansiedade pode fazer com que a pessoa com comportamento inconveniente se sinta ameaçada, desconfortável e insegura, e isso pode gerar um comportamento agressivo. Vale lembrar que comportamento gera comportamento. A gente não tem que fazer o que a gente tem vontade, ou o que a gente quer, ou ainda o que dá prazer; é necessário que nós procuremos fazer simplesmente o que é certo; simples assim! Use o bom senso e o discernimento; sempre! Nunca troque o "resultado final" de um bom gerenciamento, por aquilo que você mais quer durante o gerenciamento; sentimentos passam, o resultado permanece. Certo?

Vale sempre lembrar que o mérito supremo no GPCI acontece, não quando nós somos velozes, quando nós administramos num piscar de olhos um comportamento inconveniente, mas quando nós somos realmente testados, quando nós perseveramos e no final vencemos. Somente passando por gerenciamentos complicados, difíceis, polêmicos e sofridos, é que nós sentimos de verdade o gosto da vitória.

O Mestre Sylvio Behring, lá atrás, dizia que nós deveríamos sempre treinar "olhar confiante" e "relaxar os músculos faciais"; e é verdade. Isso deve ser feito diariamente e diante de um espelho. No entanto, para que isso funcione bem, nós precisamos usar o bom senso e a sensibilidade; isso porque a nossa imagem angustiada e atormentada, pode fazer com que a pessoa com comportamento inconveniente se sinta desconfortável, insegura e ameaçada, e isso pode gerar um comportamento agressivo.

Quando sentimos medo, normalmente alteramos nossa voz. É uma tendência natural, assim fale claro e em bom tom; procure usar uma voz constante, estável e um tom de voz inalterável. O que seria isso? Seria você falar num tom de voz uniforme e sem variação.

Comportamento gera comportamento; assim, nós precisamos tomar cuidado para que o inconveniente não se sinta desconfortável, vulnerável ou em risco. Nós, seres humanos, diante sentimentos feridos, diante dos sentimentos abalados, normalmente alteramos nossa voz; é uma tendência natural. Portanto, esteja treinado, preparado para que nada prejudique a sua qualidade comportamental. É necessário que você entenda que nada pode te abalar; nada, absolutamente nada. É claro que é muito difícil nós mantermos o equilíbrio emocional diante das injustiças. Sabemos que determinadas situações, sobretudo as injustiças e crueldades, estimulam em nós a produção de muita adrenalina. Não é verdade?

Sabemos que a nossa autoridade deve ser exercida, mas se eu não conheço a história desde o início, a minha opinião pode estar recheada de equívocos; portanto, todo o cuidado é pouco. A verdade é que as pessoas só fazem conosco aquilo que nós permitimos. É preciso que você tenha consciência de que a escolha é sua, controlar a situação através da verbalização é uma decisão que só cabe a você. Exercer a autoridade que lhe foi delegada, solicitar apoio, reforço, chamar a polícia ou até mesmo controlar a situação através de técnicas de contenção, submissão, ou mesmo traumatização, é uma opção sua; você terá que decidir.

Não gerencie um comportamento inconveniente por motivos complexos, por ideologia ou doutrina; apenas gerencie, com benevolência e sem explicação.

O inconveniente poderá até se esquecer da forma como você o abordou e como verbalizou, mas nunca esquecerá o que sentiu após ter sido gerenciado; amparado e socorrido por você. Você entendeu? Leia isso muitas vezes e reflita a respeito.

Durante toda a minha infância ouvi diversas vezes, uma história contada tanto pela minha avó como pela minha mãe. É a história de um fazendeiro muito rico e muito trabalhador que tinha um único filho; e esse filho não queria nada com o trabalho, tampouco com os estudos. Só queria saber de "curtir a vida" com os amigos, com mulheres, bebidas e carros novos. Seu pai em vão o aconselhava sobre a importância dos estudos e do trabalho. O pai sempre o alertava a respeito dos "falsos amigos". Dizia que eles só estariam ao seu lado enquanto estivesse bancando as festas.

Um dia, o velho pai, triste e decepcionado com o comportamento inconveniente do filho, mandou que os empregados construíssem um pequeno celeiro nos fundos da casa e, dentro dele, uma forca com os seguintes dizeres:

"EU NUNCA OUVI OS CONSELHOS DO MEU PAI".

Depois chamou o filho, levou-o ao celeiro e disse:

"Filho, quando eu morrer você herdará a fazenda com todos os bens; tudo isso será seu. Agora olhe para mim e preste atenção no que eu vou te falar. Se você fracassar e perder tudo, quero que me prometa que vai se enforcar aqui."

O jovem descrente, devido aquela insana proposta, achou graça; considerou a proposição do pai descabida, mas para não aborrecer o pai, fez a promessa convicto de que "jamais faria aquilo". Os anos se passaram, o velho pai morreu e o filho herdou todos os seus bens. Como havia sido previsto pelo pai, esbanjou em festas, mulheres, carros. Perdeu muito dinheiro com maus negócios e começou a ter que se desfazer do patrimônio. Em pouco tempo perdeu tudo. Os amigos sumiram e, desesperado, lembrou-se do pai. Arrependido começou a chorar profusamente, copiosamente. Ainda em soluços, lembrou-se do velho celeiro e da promessa feita a seu pai. Bastante deprimido caminhou até lá e, lendo as palavras escritas na placa, novamente chorou compulsivamente. Assim, decidiu cumprir a promessa, já que havia perdido tudo; em soluços pensou:

"Pelo menos uma vez na vida cumprirei minha palavra"

Subiu num banquinho, envolveu a corda no pescoço e jogou-se no ar. Seu peso foi suficiente para desmontar um fundo falso, onde a corda estava presa, e sobre ele caíram joias, esmeraldas, diamantes e milhares de dólares. Uma grande fortuna que trazia junto um bilhete que dizia:

"Essa é a sua nova chance, eu o amo muito, seu pai".

Todos nós temos direito a uma segunda oportunidade, o GPCI é o resumo de todo o respeito aplicado à inconveniência. É a diferença, que demonstra através da conduta, o melhor do profissional. Quando usamos, tecnicamente, o GPCI, somos incapazes de ferir o inconveniente; ao contrário, ajudamos o inconveniente a curar aquela ferida que, por algum motivo, foi aberta.

Capítulo 41

Reconhecer-se no Inconveniente

Neste quadragésimo primeiro capítulo, temos como objetivo específico, desenvolver e treinar a Presença Física aliada as Técnicas de Conexão, com uma boa postura de negociação, verbalizando e zelando pelo espaço privativo.

Sun Tzu nos ensina que "*A água não tem forma constante. Na guerra, também não há condições constantes; por isso, é divino aquele que obtém uma vitória alterando as suas táticas em conformidade com a situação do inimigo*".

No gerenciamento de um comportamento inconveniente, também não há condições constantes; por isso, é campeão aquele que altera as suas táticas em consonância com o comportamento do inconveniente. Sun Tzu chama de genialidade, a habilidade de alcançar a vitória mudando e adaptando-se de acordo com o inimigo.

Considerando que estratégia é a ação ou o caminho mais conveniente, a ser executado, para atingir um determinado objetivo, qualquer que seja a "tática" ou o "procedimento do gerenciamento" a opção é sua. Qualquer que seja o Nível de Força, é você que decide; e, para que seja a sua melhor opção, não se esqueça dos atributos: *iniciativa* (no sentido de ser proativo - de fazer acontecer, ou ainda melhor, de fazer dar certo), *bom senso* e *discernimento*, que são as principais características de quem lida com pessoas. Você se lembra?

Acredite, não é à toa que nós insistimos em falar que as pessoas só fazem conosco aquilo que permitimos, portanto, seja sempre "extremamente educado", mas exerça autoridade; todavia demonstre sempre respeito, mesmo quando, com firmeza de atitude, estiver definindo limites, solicitando reforço ou pedindo ajuda.

Uma pessoa descompensada não entende o que é respeito; ela está com a sensibilidade à flor da pele e é muito sensível a sentir vergonha. Você precisa entender isso; caso você não entenda, caso não esteja preparado para lidar com um sujeito descompensado, você certamente descompensará junto com ele; nesse caso, teremos dois inconvenientes e um enorme problema.

Portanto, respire fundo e lembre-se de que você é o especialista; e sendo um especialista, depende de você e não do inconveniente. Dessa forma, trate essas pessoas com o máximo de naturalidade, trate com o máximo de "educação, dignidade e respeito". No GPCI precisamos reconhecer o inconveniente como alguém muito importante, e ao mesmo tempo, usando de empatia, reconhecer-se no inconveniente. Ao fazermos isso, ou melhor, somente se fizermos isso conseguiremos entender e aceitar as suas colocações descabidas e insanas.

Existe uma estória, talvez você até conheça, onde um jovem petulante dialoga com um senhor bastante idoso.

- *O que o senhor está plantando?*
- *É uma jabuticabeira* – respondeu o velhinho.
- *E ela demora quanto tempo para dar frutos?*
- *Ah, pelo menos uns quinze anos* – disse o idoso.
- *E o senhor espera viver tanto tempo assim?* – indagou o jovem com ironia.
- *Não, não creio que viva tudo isso, pois já estou no fim da minha caminhada* – disse o sábio ancião.
- *Então, que vantagem o senhor leva plantando jabuticabeira, meu velho?*

E o velhinho respondeu calmamente:
- *Nenhuma vantagem meu filho, mas reflita um pouco; ninguém colheria jabuticabas se todos pensassem como você.*

Acredito que devemos gerenciar comportamentos inconvenientes seguindo essa mesma didática filosófica. Nós, ainda há pouco, vimos que não devemos gerenciar comportamentos inconvenientes por motivos complexos, por ideologia ou doutrina; apenas devemos gerenciar, com benevolência e sem explicação. Didaticamente, nós precisamos ser repetitivos com os nossos alunos.

Então vamos lá! O inconveniente poderá até se esquecer da forma como você o gerenciou; perceba que eu estou falando de abordagem e verbalização, mas nunca esquecerá o que sentiu após ter sido gerenciado; amparado e socorrido por você.

Foi exatamente o que o velhinho fez, socorreu aquele jovem, fez com que a ficha caísse, fez com que ele refletisse, plantou no coração daquele jovem uma semente que servirá de alimento amanhã, no futuro.

Algumas pessoas com comportamento inconveniente fazem comentários repulsivos e irritantes, e esses insultos não podem nos desequilibrar sob nenhuma hipótese. Nós precisamos treinar, nós precisamos pensar e relacionar tudo o que pode nos abalar emocionalmente, que pode mexer com a gente, tirar o nosso equilíbrio.

Nós precisamos acreditar, com todas as forças, que esses insultos não são pra gente; nós precisamos apenas acreditar que é da boca pra fora.

Nós temos a missão de administrar conflitos e problemas, nós precisamos ter consciência que sem "educação, respeito e autoridade", não existe GPCI. Portanto, não tente se defender, esteja completamente despido de vaidade. Uma pessoa descompensada não entende o que é respeito, está com a sensibilidade à flor da pele e é muito sensível a sentir vergonha. Nós devemos tratar essas pessoas com o máximo de naturalidade, dignidade e respeito.

Nós não temos que ficar tentando nos defender, é fundamental que nós estejamos despidos de vaidade. Os comentários e os insultos não podem nos desequilibrar em hipótese alguma. Preste atenção nos 3 exemplos de questionamentos a seguir, perceba que se não forem entubados e bem administrados, podem nos levar a perda do equilíbrio emocional, portanto esteja preparado.

1. *"O que você ganha por mês eu gasto com papel higiênico!"*
2. *"Você sabe quem sou eu?"*
3. *"Você sabe com quem está falando?"*

Diante situações como essa, mantenha a conexão e não perca o foco; o "olho-no-olho" irá ajudá-lo no controle da situação; agora, muito cuidado com o seu olhar, não olhe "errado" para o inconveniente, seria um verdadeiro desastre. Olhar errado seria aquele olhar de desprezo, arrogante, prepotente, ou ainda aquele olhar cínico, petulante; percebeu? Olhe concentrado, com sua "atenção e interesse" voltados para um só objetivo, o inconveniente; mas, sempre de maneira respeitosa.

Apesar de todas as observações é fundamental que você esteja consciente da sua vulnerabilidade. Considere sua vulnerabilidade; sua posição é vulnerável, portanto, mantenha as mãos em posição de negociação, com humildade, mas sempre exercendo autoridade. As mãos, tecnicamente posicionadas, devem proteger o seu rosto, mas de forma discreta, sem que o inconveniente perceba que essa é a verdadeira intenção. Não demonstre agressividade; agora, esteja atento e use a sua Presença Física; esteja em boa base, conectado, mas preocupe-se em "não transparecer" que está em guarda; reitero, não demonstre agressividade. Seja educado, gentil, estimule a pessoa a se controlar, a se afastar ou até mesmo, se sentar; mas mantenha-se firme na sua posição, no seu posto, com uma postura impecável. Por exemplo:

"Senhor, eu entendo a sua indignação; eu quero ajudá-lo, acredite! Não é justo que o senhor seja tão cruel com alguém que está sendo tão gentil com o senhor; por favor deixe-me ajudá-lo."

Para nós fecharmos esse capítulo, nós reforçaremos um pouco mais a Segurança de Baixo Impacto, mostrando a importância do respaldo de uma boa Verbalização Diplomática, quando a Presença Física é confundida com arrogância e prepotência.

Tendo finalizado o seu plantão, bem a vontade, sem a tradicional roupa branca, o médico conversava descontraidamente com o enfermeiro e com o motorista da ambulância, quando uma senhora superalinhada chega e de forma indelicada, pergunta:

- *Vocês sabem onde está o médico do hospital?*

Com calma o médico respondeu:
- *Boa tarde, senhora! Como posso ajudá-la?*

De forma grosseira, disse:
- *O senhor é surdo? Eu estou procurando pelo médico!*

Mantendo-se calmo, falou:
- *Mais uma vez, boa tarde, senhora! Eu sou o médico, em que posso ajudá-la?*

Demonstrando surpresa, respondeu:
Como?!?! O senhor é o médico?!?! Com essa roupa?!?!

Demonstrando possuir inteligência Emocional disse:
- *Desculpe-me! Pensei que a senhora estivesse procurando um médico e não uma roupa bonita!*

Muito desconsertada ela disse:
- *Desculpe-me doutor! Boa tarde! É que vestido assim, o senhor nem parece um médico!*

Exercendo autoridade, mas com uma Verbalização Diplomática respondeu:
- *É verdade, a senhora tem toda a razão! As roupas parecem não dizer muita coisa, pois quando a vi chegando, tão bem-vestida, com uma roupa tão elegante, pensei que a senhora nos cumprimentaria desejando-nos uma boa tarde e com um agradável sorriso, de maneira educada nos fizesse a pergunta. Como se vê, as roupas nem sempre dizem muito.*

E é verdade! Educação, respeito e elegância são palavras-chave. Já estudamos, portanto, sabemos a importância da Presença Física, sabemos que a roupa tem sim a sua importância no contexto Força de Presença, mas arrogância, prepotência, petulância, enfim... um comportamento inconveniente derruba qualquer roupa bonita. A elegância não é representada pela roupa, mas por quem está dentro dela; por quem a usa. Confúcio dizia que *a sinceridade e a honestidade sem as regras do decoro, transformam-se em grosseria*. Regras do decoro seria o acatamento das normas morais; quando eu obedeço a lei, quando eu respeito aquela regra. Seria o mesmo que agir com decência, com pudor, seguindo as normas “morais e éticas” previstas em uma sociedade.

Capítulo 42

Compartilhando Sua Melhor Semente

Neste quadragésimo segundo capítulo, temos como objetivo específico, desenvolver e treinar a capacidade de motivar pessoas a buscar bons relacionamentos, a ler de bons livros e a assistir mídias que contribuam efetivamente para o crescimento profissional, humano e espiritual.

O livro de provérbios nos ensina que quem anda com os sábios será sábio; mas o companheiro dos tolos sofre aflição. É uma questão de atitude! E essa conduta, de colar com pessoas do bem, é fundamental para adquirirmos experiência e ganho de pronta resposta quando estivermos lidando com pessoas indisciplinadas, rebeldes, desobedientes. Essas pessoas, com sabedoria, costumam compartilhar o que têm de melhor, de mais valioso com aqueles que os cercam. Não sei se vocês conhecem, mas tem uma estória que representa superbem esse tema.

É a história de um fazendeiro bem-sucedido, que ano após ano, ganhava o troféu "Melhor Milho". Tratava-se da feira de agricultura da sua cidade. O que mais impressionava era o "Kaizen», ou seja, a melhoria contínua do seu produto, a evolução do seu milho era cada vez melhor. O repórter de um jornal local, o abordou após a premiação. O repórter ficou "bolado" com a informação dada pelo fazendeiro, sobre como funciona a estratégia de cultivo do seu qualificado e considerável produto. O repórter descobriu que o fazendeiro compartilhava a semente do seu valioso milho com todos os seus vizinhos; assim perguntou:

"Como o Senhor se dispõe a distribuir, compartilhar sua melhor semente com seus vizinhos, quando eles são os seus principais concorrentes?"

O fazendeiro, com compaixão, olhou-o dentro dos olhos e respondeu:

"Meu amigo, o vento e muitos insetos se encarregam de levar o pólen do milho maduro, de campo em campo. Se os meus vizinhos cultivam milho inferior, a polinização degradará continuamente a categoria do meu milho. Seria uma degeneração ininterrupta da qualidade do meu milho. Se eu quiser cultivar um milho de qualidade, eu tenho que ajudar meus vizinhos a cultivar milho de qualidade; assim, de alguma forma todos ganham."

Percebam que para tudo existe uma conexão. O fazendeiro da estória estava atento às conectividades. É preciso que estejamos atentos aos vínculos da vida. A qualidade do milho do fazendeiro depende da qualidade do milho dos seus vizinhos. É assim também em outras áreas da nossa vida. Teremos muito mais chances de viver em paz, se aqueles que estão ao nosso redor também estiverem bem. Você se Lembra de Sun Tzu, *"se queres a paz prepara-te para a guerra"*. A nossa guerra do dia a dia é basicamente essa, brigar para que aqueles que nos cercam estejam bem. Isso vale para a nossa família, vale para os nossos amigos, funcionários, alunos, clientes e, também, para o inconveniente quando estivermos gerenciando o seu comportamento descabido.

De alguma forma o bem-estar de cada um está ligado ao bem-estar de todos. Seria muito legal, seria muito legal mesmo! Se os nossos políticos entendessem isso. O filósofo George Santayana nos ensina que "*somente os mortos verão o final da guerra*"; ok, enquanto estivermos vivos, é guerra! A vida é uma guerra, mas é importante que estejamos atentos, de maneira a não permitir que pessoas estressadas consigam nos tirar a paz, consigam nos deprimir.

Jamais considere o uso das técnicas de GPCI como uma obrigação, mas como uma oportunidade invejável de aprender e conhecer as variáveis do comportamento humano, para sua própria evolução pessoal e, também, do inconveniente. Nós seres humanos somos contraditórios e sempre julgamos; é assim mesmo, faz parte da nossa natureza humana. Agora, se as pessoas normalmente julgam e se contradizem, imagine uma pessoa estressada, descompensada. Portanto, nesse caso fale apenas o suficiente; não perca tempo debatendo, discutindo e polemizando, pois é impossível satisfazer e atender plenamente as demandas de uma pessoa desequilibrada emocionalmente. Por isso não dê muita importância ao julgamento dessas pessoas, contudo seja sempre autêntico e verdadeiro, apesar das críticas.

É engraçado, mas quando a gente tem uma ideia ou está focado num novo projeto, tem sempre um monte de gente, pessoas extremamente inconvenientes, remando contra; dizendo para gente esquecer; que é bobagem; é perda de tempo; porque não tem como dar certo. Quando elas percebem que você não deu a mínima para aquelas opiniões contrárias, aí tentam te ensinar a fazer, dão piruada e se metem onde não são chamadas; finalmente quando você conquista o sucesso, dizem com a maior cara de pau que sempre confiaram e acreditaram em você. Não é assim? Não perca tempo discutindo, tentando convencer, tentando mudar a opinião de uma pessoa inconveniente que tenta fazer com que você desista da sua ideia. Simplesmente não desista. Se você tiver que desistir de alguma coisa, desista de ser fraco. Aliás, ter uma grande ideia é até importante, mas, definitivamente, não é necessário.

Você pode muito bem nas suas viagens fora do país, fora do seu estado ou mesmo fora do seu bairro ter uma super sacada observando algo que está sendo feito, algo novo, e simplesmente aperfeiçoar e obter sucesso. Quantas pessoas se deram superbem com ideias de outras pessoas que não acreditaram na sua própria ideia; não é mesmo? Não acreditaram na própria ideia e depois ficam por aí falando: Ihh! Eu já tinha pensado nisso antes! Eu tive essa ideia a um tempão! Estou convencido de que «coragem e perseverança» são palavras-chave.

A gente realmente precisa ter coragem, muita coragem para fazer com que aquela ideia aconteça de verdade; lembrando que coragem não é ausência de medo. Todavia, se não formos perseverantes (perseverança é a palavra-chave), na primeira dificuldade nós acabaremos desistindo daquele negócio, daquela ideia. E acredite, com certeza, as dificuldades virão aos montes; elas sempre aparecem sem convite.

Sabe aquela estória da competição dos sapos? O objetivo era atingir o topo de uma grande árvore. Quem seria o grande vencedor? Havia no local muitos animais assistindo e torcendo por eles. E começou a competição com muita algazarra e gritos das torcidas organizadas.

De repente, não se sabe o motivo, uma onda de negativismo baixou na torcida.
"Acho que nenhum deles vai conseguir; é muito difícil! Não tem como chegar lá em cima!"

E as torcidas gritavam:
"É impossível! É impossível!"

Os sapinhos começaram a desanimar e foram desistindo, um após o outro. Contudo, havia um que persistia, ele era determinado, comprometido e incansável. Sem dar a mínima para o que os outros falavam, continuava subindo em direção ao topo. E assim, apesar dos gritos para que ele desistisse, ele conseguiu chegar lá no alto. Mas como ele conseguiu? Simples: Ele era surdo! Na cabecinha dele só havia um pensamento:

"Todos estão torcendo por mim! Eu não posso parar, preciso chegar lá em cima".

Nossa vida é exatamente assim, estaremos sempre cercados de pessoas negativas; elas simplesmente são assim, culposamente negativas; perceba que não existe o dolo, a intenção de te fazer desistir. Esse tipo de comportamento inconveniente é muito comum.

Acredite: Ninguém muda ninguém; portanto não perca o seu tempo tentando mudar essas pessoas. Acredite mais em você, acredite nos seus sonhos, supere as expectativas, supere os seus próprios limites e jamais desista.

Capítulo 43

Individualismo e Vaidade

Neste quadragésimo terceiro capítulo, temos como objetivo específico, desenvolver e treinar a capacidade de falar apenas o suficiente, com base na inteligência emocional e na qualidade comportamental.

Muito bem, a gente vai avançar um pouco mais, falaremos neste capítulo da eterna incompatibilidade entre individualidade e individualismo. Pois é, nós falaremos um pouquinho sobre isso; esse é um tema da maior relevância, porque *Individualidade* é algo bom. De acordo com o dicionário pode ser definida como "*o conjunto de atributos que constituem a originalidade, a unicidade de uma criatura*". Num bom português, isso quer dizer que seres humanos são únicos, são distintos. Alteridade é uma palavra chave, quando o assunto é individualidade; alteridade é reconhecer que as pessoas são diferentes entre si, a individualidade diferencia uma pessoa da outra.

Todos nós somos diferentes, pensamos de maneira distinta, agimos e raciocinamos de forma divergente das outras pessoas, e isso é muito bom, é algo positivo e, se tivermos pleno entendimento do tema, nos auxiliará a sustentar uma convivência sadia com as pessoas, sem patologias, de modo que aqueles que nos cercam, inclusive as pessoas que se comportam errado, de maneira inadequada, não tenham papel de acessório, mas sim de pessoas que agregam ainda mais valor à nossa vida. A gente sabe que isso é muito difícil, parece utópico, mas estrategicamente é perfeito! Obviamente eu estou falando daqueles que se comportam de maneira inadequada. Vale reiterar, que os vínculos que preservamos com aqueles que estão ao nosso redor, tem influência direta nas escolhas que fazemos. Apesar disso é preciso que estejamos focados, com o máximo de atenção, para que essa linha divisória da individualidade não seja ultrapassada.

A individualidade é o alicerce da nossa personalidade, enquanto o individualismo é uma doença da personalidade. O individualista é egoísta, egocêntrico, só olha para o próprio umbigo; primeiro eu, depois eu, só depois é que... eu novamente! Você conhece alguém assim? Uma família com cinco pessoas; no almoço, cinco bifes, o sujeito mete o garfo em dois bifes e ainda sai rindo, se achando malandro, esperto, não é assim? Os exemplos são infinitos e com variáveis surpreendentes. O individualista não está nem aí para família, não está nem aí para o país, para a sociedade, enfim, não está nem aí para a humanidade; o mundo que se exploda, primeiro eu tenho que me dar bem.

Administrar o comportamento inconveniente de um camarada individualista não é uma tarefa fácil. A pessoa individualista, sem noção, não está preocupada com a sua imagem, não está preocupada com as pessoas, nem com a própria reputação, tampouco com os nossos sábios conselhos, apenas com seus próprios interesses. O individualista tem propensão, vocação, tendência para se desobrigar de toda a obrigação de companheirismo, de toda a obrigação de auxílio, de assistência, só para pensar nele mesmo. Por isso nós nos ressentimos, nós temos "vontade de dizer" um monte de verdade; não é assim? Como vontade é coisa que dá e passa, nós devemos falar apenas o suficiente.

Do ponto de vista prático, você não ganhará absolutamente nada com esse procedimento, com essa postura de não ter papas na língua. Você sabe aquela história do mestre com o seu discípulo:

"*Mestre, qual a maior das sabedorias?*"
"*Jamais discuta com um idiota!*" – Disse o mestre.
"*Mestre, eu não concordo que essa seja a maior das sabedorias!*" – Retrucou o discípulo.
"*Você tem razão*" – Disse o Mestre.

Acredito que a nossa postura, nesses casos, deva ser por aí. Deve seguir essa mesma linha de ação, deixa o sujeito; nós não temos que discutir com essas pessoas, deixe-os ter razão. Um outro tipo de pessoa inconveniente é o vaidoso; gosta de falar alto, tudo dele é melhor, adora ser engraçado e gosta de aparecer em cima dos outros. É o pavão! Quando está reunido num grupo, só dá ele, as pessoas não conseguem falar e quando conseguem, ele não presta atenção porque já está ansioso para contar sua nova história. No início, quando as pessoas ainda não o conhecem, acham o sujeito até engraçado, que o cara é legal, mas depois de alguns encontros a vaidade doentia fica bem visível, as estórias são sempre as mesmas e começa a incomodar sobremaneira; você conseguiu identificar alguém com esse perfil?

Cuidado para não confundir "vaidade" com "autoestima". Outro dia eu recebi uma definição que eu achei o máximo, era mais ou menos assim, *autoestima não é a gente acreditar que vai ser aplaudido, mas não precisar dos aplausos; não se iludir com eles*. Vamos analisar a estória abaixo, ela vai nos ajudar a entender um pouco melhor, tudo isso que nós acabamos de falar.

Um mecânico muito vaidoso estava desmontando o cabeçote de uma motocicleta, quando viu na oficina um cirurgião cardiologista muito conhecido. O cirurgião observava atentamente o trabalho do mecânico. Então o mecânico parou o que estava fazendo e falou bem alto:

- *Ei, doutor, eu tenho uma grande dúvida, acho que o senhor pode me ajudar a compreendê-la.*

O cirurgião um tanto surpreso, com diplomacia, dirigiu-se até o mecânico. Eis que o mecânico se levanta e começa:

- *Doutor, olhe bem esse motor. Dá uma olhadinha! Eu abro o seu coração, tiro as válvulas, conserto, coloco de volta e novamente fecho e, quando eu finalizo todo o procedimento, ele volta a trabalhar como se fosse novo; agora vai a pergunta doutor: Como é então, que eu ganho tão pouco e o senhor tanto, uma vez que o nosso trabalho é praticamente o mesmo?*

O cirurgião deu um simpático sorriso. Aproximou-se mantendo a sua presença física, inclinou-se e verbalizou bem baixinho para o mecânico:

- *O senhor já tentou fazer como eu faço, com o motor funcionando?*

Em seguida afastou-se de forma agradável e elegante enquanto o mecânico, com aquela cara de pizza, refletia sobre a resposta do cirurgião. Essa é uma forma bem legal de nós administrarmos esse tipo de comportamento. Não permitir que o inconveniente irrite você é a melhor linha de ação. Responder no calor da emoção, alto claro e em bom tom para um camarada vaidoso e mal-intencionado, é dar munição para a inconveniência.

Quem desenvolve esse perfil não está nem aí para o que você está sentindo, apenas vai "usar e distorcer" o que você falar para depois se fazer de vítima na frente dos outros. Você precisa saber que, distorcer as coisas que você fala, para depois manipular você, usando aquilo que você falou, é uma estratégia; é uma estratégia do mal, ok! Mas não deixa de ser uma estratégia. Quando alguém fizer insinuações a seu respeito, mantenha a calma, não reaja na impulsividade com agressões verbais, falando bobagens. lembre-se sempre das necessidades estratégicas, inteligência emocional e qualidade comportamental. Portanto continue falando apenas o suficiente, caso contrário, você alimentará grandes encrencas e mexericos a seu próprio respeito.

Sinceridade é um dos atributos de um líder; claro que devemos ser sinceros, mas estrategicamente devemos deixar a nossa sinceridade para aqueles que merecem que sejamos sinceros. Não estou fazendo apologia a hipocrisia, apenas reiterando que basta falar o suficiente. Perceba que nós é que precisamos ser espertos. Não podemos permitir que o inconveniente tenha o controle da situação. Quem tem que ter o controle da situação somos nós. Portanto, não desvie o seu olhar, olhe o inconveniente com autoridade, mas com gentileza e naturalidade; não o deixe desconfortável. Agora, jamais demonstre medo; mesmo que você esteja morrendo de medo, não demonstre. Vou reiterar, não desvie o seu olhar. As pessoas demonstram medo desviando o olhar. Se o inconveniente achar que você está com medo, ficará insuportável, vai ultrapassar os limites e certamente vai crescer em cima de você. Quando você perceber que o inconveniente está tentando distorcer algo na frente dos outros, obrigue-o a se explicar, revelando os despropósitos, os disparates com frases técnicas do tipo: Eu estou predisposto a resolver essa situação, e não a complicar; portanto...

Você pode ser mais assertivo? Eu não estou entendendo você.
Você pode ser mais claro com relação a sua intenção?
Onde você quer chegar com essa colocação?
O que você quer dizer com isso? Seja claro.

Dessa forma você assume o controle da situação, obrigando-o a se explicar.

Linhas de Ação específicas no comportamento vaidoso e individualista

1. Mantenha um afastamento emocional estratégico

Essas pessoas têm uma personalidade individualista, assim é importante manter, estrategicamente, um certo afastamento emocional. Segurança é Prevenção, e essa é uma medida e uma atitude preventiva necessária, para evitar problemas.

2. *Jamais compartilhe algo de fórum íntimo com essas pessoas*

Nossa natureza humana é inclinada ao erro, todos nós temos nossas fraquezas e limitações, no entanto, compartilhá-las com essas pessoas, num português bem claro, é "tiro no pé".

3. *Seja assertivo e procure falar de forma clara e em bom tom*

Ao tratar com essas pessoas, você precisa ser assertivo. Assertividade é você falar o que você quer falar e a pessoa entender perfeitamente bem aquilo que você falou, portanto seja sempre claro, preciso e conciso.

4. *Procure verbalizar usando a inteligência emocional*

Ninguém muda ninguém, nós mudamos. Não queira mudar essas pessoas, apenas use as estratégias de segurança e tenha paciência. O tempo é implacável, mas também é soberano.

5. *Aprenda a dizer "não"*

As pessoas só fazem conosco aquilo que nós permitimos. Seja corajoso, coragem não é ausência de medo, mas um atributo que nos faz vencer o medo; apesar do medo, eu avanço. Enfrente o seu medo e não permita que essas pessoas tenham qualquer tipo de controle sobre você.

Capítulo 44

O Poder das Palavras

Neste quadragésimo quarto capítulo, temos como objetivo específico, desenvolver e treinar a capacidade de falar com as mãos nas Verbalizações, conectado e preparado para um nível superior de resposta.

É claro que Raiva, Estresse e Agitação, na maioria das vezes, preenchem o espaço entre você e a pessoa com comportamento inconveniente, portanto permita, crie um "espaço estratégico" entre vocês. Dependendo do tipo de situação, use a sua sensibilidade, o seu sentimento; avalie e desenvolva a melhor tática. A gente já aprendeu que não existem regras fixas, mas existe uma estratégia de Sun Tzu que diz o seguinte:

"A desordem chega da ordem; a covardia surge do valor, e a debilidade brota da força".

Então, se você quer fingir desordem para confundir o seu adversário e distrai-lo, primeiro você tem que se organizar, ser exigente. Você precisa de muita, muita ordem; só então, segundo Sun Tzu, você será capaz de criar uma desordem artificial. Se você quiser fingir covardia para conhecer a estratégia do adversário, primeiro você precisa desenvolver extrema coragem, valentia. Só então você poderá atuar como alguém tímido, como um "covarde" entre aspas, de maneira artificial. Se você quer fingir debilidade, fraqueza para induzir arrogância nos seus inimigos, primeiro você precisa tornar-se extremadamente forte. Só então você poderá conseguir tal proeza; essa de parecer débil, de parecer debilitado.

Ainda com relação a esse espaço criado por você, mantenha-se sempre de frente para a pessoa com atitude inconveniente; nunca dê as costas, esteja sempre atento, mantenha o foco. Pessoas descompensadas são iguais a uma caixinha de surpresa, tudo é possível; a gente não pode duvidar de nada. Você sabe o que tem dentro da Caixa de Pandora? Pois é! "tudo é possível". Antes de Pandora ser enviada à Terra, Zeus entregou-lhe uma caixa. Essa caixa continha todas as desgraças do mundo, mas também a esperança. Pandora não conseguiu resistir a curiosidade e, abrindo a caixa, libertou todos os males. Arrependida, tornou a fechá-la, mantendo presa a esperança.

Deve ser incômodo e desagradável demais, conviver com pessoas que estão sempre esperando o pior, não é verdade? Agora; é agradável, saudável e faz superbem que estejamos sempre esperando o melhor das pessoas; contudo, devemos estar sempre "preparados" para o pior; se o pior não acontecer, é lucro. Perceba que eu sempre espero o melhor, mas estou sempre preparado para o pior. Firmeza de atitude é fundamental, portanto, mantenha-se inabalável na sua posição. Estabeleça o seu limite com a pessoa inconveniente. Adote uma posição decidida, a de um profissional resoluto, alguém obstinado; se você perceber que a pessoa está com a intenção de se afastar para agredi-lo, acompanhe a pessoa estrategicamente, inibindo assim a possibilidade de chutes, socos, cabeçadas.

Faça um "Estudo de Situação" e, estrategicamente, posicione-se buscando sempre um "Angulo de Sombra". Você já percebeu que muitas pessoas falam movimentando bruscamente os braços e apontando o dedo? Jamais aponte o dedo para o inconveniente. Você concorda que é desagradável demais quando alguém aponta o dedo para gente? Agora imagine apontar o dedo para uma pessoa estressada, descompensada. Só iríamos agravar a situação, dificultando ainda mais as chances de êxito no gerenciamento daquele comportamento; não é verdade?

Nós já falamos sobre isso, mas quando nós gerenciamos um comportamento inconveniente, além de nos preocuparmos com os dedos, não devemos sorrir em hipótese alguma; sorrir nessas circunstâncias demonstra que você é uma pessoa sem noção, não é uma atitude aconselhável. Na verdade, funciona como uma afronta, é uma espécie de roleta russa, é caminhar em direção à morte. Sorrir nestes momentos demonstra ironia, sarcasmo e, para um sujeito descompensado, num processo de surto, significa a própria "morte". Evite tocar numa pessoa estressada que esteja se comportando de maneira inconveniente; perceba que "evitar" é diferente de "não tocar". Em determinados casos será inevitável, assim devemos manter nossa posição inabalável com um limite pré-estabelecido.

Todas essas questões que nós estamos tratando: o olhar, o apontar o dedo, o tocar na pessoa, o sorrir; podem facilmente ser mal interpretadas pelo inconveniente. Distorções cognitivas levam as pessoas descompensadas a interpretar um simples contato físico como algo hostil e ameaçador. Distorções Cognitivas são pensamentos exagerados e irracionais. A pessoa interpreta as coisas de forma equivocada e como consequência reage de maneira inconveniente. E isso pode acontecer em vários níveis. Tendo consciência, reconhecendo esse transtorno, nós até conseguimos trabalhar isso no início.

Todas as técnicas e estratégias que estão sendo apresentadas são ótimas! São realmente eficientes e eficazes; só que nós não podemos nos esquecer dos Níveis de Força, sobretudo, o Nível 2, Verbalização. Você se lembra do Poder das Palavras?

Um professor, num auditório superlotado de um tradicional colégio de Ensino Médio, falava sobre "O Poder das Palavras" e o "Poder do Pensamento Positivo". Um aluno levantou a mão e disse:

- Professor, não é porque eu falo amor! Felicidade! Alegria! Satisfação! Que eu vou me sentir melhor; e não é porque eu falo desgraça! Azar! Ódio! Infelicidade! Que eu vou me sentir mal! Não são nada mais nada menos que palavras. Na minha opinião professor, palavras são palavras; só isso! O Poder é zero!

O professor olhou-o dentro dos olhos e disse:

- Cale-se seu idiota; você é incapaz de compreender algo tão sublime e de tamanha profundidade!

O auditório ficou em polvorosa, o aluno ficou paralisado, mudou de cor, produziu tanta adrenalina que parecia que ia explodir e imediatamente respondeu:

- Idiota é a tua mãe seu filho da p...

O professor, imediatamente, interveio levantando a mão e disse:

- Peço milhões de desculpas; perdoe-me! Eu não quero magoá-lo! Peço por favor que aceite as minhas sinceras desculpas.

O aluno acalmou-se e o auditório entrou num profundo silêncio.

- Peço a atenção de todos e mais uma vez peço desculpas a todos vocês; mas essa é a resposta a questão que foi colocada. Percebam que algumas palavras desencadeiam raiva e cólera; outras acalmam. Esse é o poder das palavras!

Perceba que todas as técnicas e estratégias que estão sendo apresentadas são realmente ótimas, são eficientes e eficazes, mas como eu disse não podemos nos esquecer dos Níveis de Força, sobretudo, o Nível 2, Verbalização, que no nosso caso subdividimos em dois níveis; você se lembra? A Verbalização 1 ou Diplomacia e a Verbalização 2 ou Uso da Força da Lei como Ameaça. Assim, todas as Técnicas e Estratégias que você está aprendendo, devem ser empregadas concomitantemente com uma boa Verbalização.

Outra coisa muito importante; mostre sempre ao inconveniente suas mãos livres. Estrategicamente, é um excelente aliado "Não Verbal". Demonstre sua intenção de "Não Violência", mas mantenha suas mãos disponíveis para proteger-se. É fundamental que você mantenha suas mãos em "Guarda Alta", mas faça o movimento de forma suave e discreta. É necessário que você treine exaustivamente, o falar com as mãos, para que "não pareça" uma posição agressiva, violenta; acredite, não é nada fácil fazer isso, exige treinamento, mas é uma estratégia extremamente eficiente e eficaz. Perceba que não é só as mãos; temos que conciliá-la com a Presença Física, com o olhar, tom de voz.

No GPCI, certamente enfrentaremos muitos momentos críticos; mas devemos esperar sempre o melhor resultado, contudo, como já foi dito, sempre preparados para o pior; se o pior não acontecer, é lucro! Certo?

Capítulo 45

A Tradicional Rota de Fuga

Neste quadragésimo quinto capítulo, temos como objetivo específico, desenvolver e treinar Técnicas de Comunicação Não Verbal nos conflitos e problemas do dia a dia.

Como o Grande Mestre de Jiu-Jitsu, João Alberto Barreto sempre fala, o melhor que a gente pode fazer num confronto, numa discórdia ou num simples desentendimento é evitá-los! Muitas vezes se faz necessário fazer «ouvidos de mercador» para evitar conflitos e problemas. Sun Tzu nos ensina, na Arte da Guerra, que nunca devemos atacar o inimigo onde ele é mais forte e que devemos surpreendê-lo onde ele é mais fraco ou não espera. Fica subentendido que tem aí uma *análise e uma avaliação* implícita certo? Sem ela é impossível atingirmos os objetivos. A gente tem uma dificuldade enorme de avaliar/analisar, de separar as coisas, separar o importante do necessário; e para atingirmos o nosso objetivo, qualquer que seja, é preciso que priorizemos sempre aquilo que é necessário.

Sun Tzu diz que quando nós demonstramos ser fracos, o inimigo nos subestima e quando demonstramos força, mesmo quando não estamos numa boa posição, faz o inimigo temer uma emboscada ou ainda achar que temos cartas na manga; que na verdade são apenas fantasmas, coisas da imaginação. É surreal, mas o ser humano é o único animal que sofre por antecipação, sofre por ações e hipóteses inexistentes. Todas essas informações estratégicas são fundamentais no gerenciamento de um comportamento inconveniente.

Perceba que, da mesma forma que quando você encurrala um simples ratinho no canto de uma parede ele o ataca, quando você faz uma abordagem errada, sem a possibilidade de negociação, o inconveniente o atacará. A gente precisa ter certeza do seguinte: *ele lutará sem medo, por instinto e por ser a única saída existente; mas perceba, ele lutará sem medo!* Sun Tzu nos aconselha a deixar sempre uma rota de fuga, ele explica que quando o inimigo é encurralado, só lhe resta o contra-ataque, e ele o faz, usando todas as forças que ainda lhe resta. É exatamente onde consegue êxitos, conquistas que pareciam impossíveis aos seus olhos. Quando encurralamos um simples ratinho no canto de uma parede, é necessário finalizarmos a situação com atitude e velocidade. Sun Tzu diz que se não definirmos, como um relâmpago, aquela a situação, ele partirá para o ataque. Portanto, se você não deseja o confronto, deixe-o optar pela liberdade, permita, mostre para ele o caminho da liberdade, deixe-o evadir-se; essa é a tradicional Rota de Fuga.

Sun Tzu também nos ensina que: "*O mérito supremo consiste em quebrar a resistência do inimigo sem lutar*". Porém, se houver a necessidade de uma intervenção física, encurralá-lo será útil para levá-lo mais rapidamente para o chão. Perceba que para sermos bons especialistas em GPCI, não podemos ser previsíveis, não podemos permitir que o inconveniente saiba o que estamos pensando ou articulando.

Permitir que o inconveniente descubra a sua estratégia, a sua "tática previsível", fará com que os seus planos sejam facilmente frustrados. Se você não estiver devidamente treinado, preparado para o gerenciamento, o inconveniente o deixará confuso, vai encher você de perguntas, vai fazer você perder muito tempo respondendo a essas perguntas. Perceba que você correrá o risco de ser influenciado. Sun Tzu pregava que a única coisa que jamais se recupera é o Tempo Perdido e a Morte. Portanto, *a velocidade, o rigor e a exatidão dos nossos planos e objetivos são essenciais;* o quanto antes iniciarmos o gerenciamento, a possibilidade de explorarmos os caminhos e as linhas de ação que devemos seguir, é mais consistente, bem mais rica e produtiva.

É muito importante que nós não tentemos julgar o comportamento da pessoa inconveniente, tampouco as suas atitudes; apenas devemos orientá-la quanto às opções que ela tem. Faça com que a pessoa enxergue o lado ruim daquele procedimento, daquele modo inconveniente; é fundamental que a pessoa perceba que aquela postura inconveniente pode levá-la ao encontro da dor e de muito sofrimento. Exemplo:

"Senhor, eu não tenho o menor interesse de ir para uma delegacia policial; imagine o senhor: depoimentos, acareações, chá de cadeira, processo criminal. Isso tudo é muito ruim e constrangedor! Creio que o senhor também não queira; assim, acho que podemos chegar a um acordo".

Lembre-se sempre de que você é o "especialista". O gerenciamento é responsabilidade única e exclusivamente sua; portanto, é você que, de forma equilibrada, deve trazer o nível de excitação para baixo, para um nível mais seguro. Use sua inteligência emocional. É bobagem gritar ou tentar falar mais alto que a pessoa descompensada. Tenha paciência, seja tolerante e aguarde o momento oportuno. A pessoa precisará respirar; neste momento fale com calma e em bom tom. Fale de maneira clara, precisa e concisa; fale de forma agradável. Seja agradável, gentil!

GPCI é um conjunto de Técnicas de Comunicação Verbal e Não Verbal, lembra? Perceba que as vezes nem é necessário verbalizar; apenas com inteligência fazer com que a pessoa reflita. Há pouco tempo recebi o texto a seguir, de um autor desconhecido, que retrata bem esse tema: Um Faixa Preta, representante de um grande grupo, comparecia assiduamente às reuniões promovidas pelo seu Mestre e, sem comunicar a ninguém, deixou de participar das atividades. Depois de um determinado tempo, o Mestre decidiu visitá-lo.

Era uma noite muito fria! O Mestre encontrou-o na sua casa, sozinho, sentado diante da lareira, onde o fogo estava brilhante e acolhedor. Tendo percebido o motivo da visita do seu Mestre, cumprimentou-o e, aproximando-se da lareira lhe ofereceu uma cadeira confortável, em frente à chaminé e ficou quieto, esperando. Nos minutos seguintes, houve um grande silêncio, pois os dois, aluno e mestre, somente admiravam a dança das chamas em volta dos troncos de lenha que queimavam.

Depois de alguns minutos, o Mestre examinou as brasas que se formaram e cuidadosamente escolheu uma delas, a maior e mais incandescente de todas, e empurrou-a para fora do fogo. Sentando-se novamente, permaneceu silencioso e imóvel. O aluno e anfitrião prestava atenção a tudo, fascinado e quieto. Dentro de pouco tempo, a chama da brasa solitária diminuiu, até que após um brilho discreto e momentâneo, seu fogo se apagou num piscar de olhos. Dentro de pouco tempo, o que antes era uma festa de calor e luz, agora não passava de um frio, morto e desprezível pedaço de carvão, recoberto por uma camada de cinza espessa.

Nenhuma palavra tinha sido pronunciada desde o tradicional "OSU" entre aluno e Mestre. Antes de preparar-se para ir embora, o Mestre empurrou novamente o pedaço de carvão já apagado, frio e descartável, colocando-o novamente no meio do fogo. Quase que imediatamente o carvão voltou a resplandecer em uma nova chama, alimentado pela luz e pelo calor das labaredas dos outros carvões radiantes ao redor dele. Quando o Mestre se aproximou da porta para despedir-se, seu aluno lhe disse:

- *MESTRE, MUITO OBRIGADO PELA SUA VISITA E PELO SÁBIO CONSELHO...*

Retornarei imediatamente ao Nosso Grupo que sempre me fortaleceu.

Capítulo 46

Foco na Solução do Problema

Neste quadragésimo sexto capítulo, temos como objetivo específico, desenvolver e treinar Técnicas de Submissão, Técnicas de Submissão, para que, ao perceber que a "Verbalização", já no "Controle de Contato", não está surtindo o efeito desejado, você a use com eficiência e eficácia.

É fundamental que tenhamos consciência de que a nossa autoridade é limitada; contudo, ela deve ser sempre exercida. Eu sempre gosto de frisar que exercer autoridade, não é ser arrogante, prepotente. A autoridade deve ser exercida sempre com firmeza e elegância. Quando não exercemos a autoridade que temos o resultado é sempre muito ruim; o desenlace é confusão, desordem, bagunça e indisciplina, assim, é necessário que, com autoridade e diplomacia usemos o nosso "Poder de Convencimento". Vamos aos exemplos?

"Senhor, eu o compreendo, acredite, nós estamos juntos; mas, necessito da sua ajuda! Seria possível? Preciso que o senhor também me compreenda".

"Senhora, perdoe-me pelo transtorno; peço gentilmente a sua compreensão. Sei que a senhora é capaz de me compreender."

"Senhor, perdoe-me, mas não é certo que o senhor passe por cima das normas, das diretrizes desse estabelecimento. Sei que o senhor é capaz de me compreender."

"Senhora, perdoe-me, estou aqui para ajudá-la, perceba que eu estou sendo gentil com a senhora, por gentileza tente me ajudar."

A pessoa estressada, de alguma forma, precisa entender os limites e as regras, a ela impostos. Nosso foco é fazê-la entender esses limites; para isso, é necessário que sejamos competentes, que tenhamos "Poder de Convencimento", "Poder de Persuasão", "Poder de Argumentação". É simples, mas só se consegue através do treinamento. São estratégias de comunicação, onde através do uso de recursos emocionais estimulamos o inconveniente a aceitar nossa sugestão, aceitar a nossa proposta. Lembre-se de Sun Tzu: "Se queres a paz, prepara-te para a guerra"; a missão definitivamente não é fácil, mas é nossa; portanto, explique ao inconveniente os "limites e as regras" com autoridade, com firmeza de atitude, mas sempre de forma respeitosa. Sempre que for possível procure dar opções. Você já aprendeu, lembra-se? Chama-se tecnicamente de "Uso da Força da Lei como Ameaça". Por exemplo:

"Senhor, desculpe-me; sei que nós dois podemos resolver essa questão. Devemos dialogar ou chamar a polícia?".

"Senhor, deixe-me ajudá-lo; sei que podemos chegar a um acordo. Por favor não me obrigue a chamar a autoridade policial. Isso não é necessário!"

"Perdoe-me, mas o senhor deseja continuar de forma calma ou devemos chamar a polícia para se juntar a nós?".

"Senhor, a exposição da sua imagem na mídia não seria uma boa escolha; ajude-me, por favor. Perceba que existem câmeras com altíssima resolução e som de qualidade."

Use sua inteligência emocional; use empatia, coloque-se no lugar da pessoa inconveniente, assim você saberá o que fazer; o que falar; como falar; enfim, perceba e enfatize os sentimentos. Por exemplo:

"Desculpe-me senhor, eu lhe entendo, mas, não é justo me prejudicar. Perceba que o senhor está sendo cruel comigo."

"Eu entendo que a senhora tem todo o direito de sentir raiva, mas não é justo que a senhora prejudique as pessoas. Eu estou tratando a senhora com toda a gentileza."

"Senhor, eu lhe entendo perfeitamente bem, mas não é legal ameaçar-me, estou apenas cumprindo ordens".

"Eu entendo a sua indignação, mas sei que o senhor é capaz de entender, que eu estou apenas cumprindo normas e diretrizes."

Não julgue, não dê sermão, não dê conselhos filosóficos; enfim, esses momentos não são propícios para nós ficarmos dilucidando as interpretações da realidade. Definitivamente não é momento de filosofar; certo? Use empatia e fale apenas o suficiente. Agora, caso a pessoa esteja muito estressada, não discuta. É descabido nós ficarmos tentando convencer uma pessoa enfurecida, com alto nível de estresse. Dê opções de comportamento, obviamente usando toda a sensibilidade e educação para convencê-lo. Por exemplo:

"Senhor, perdoe-me; deseja fazer uma pausa para um cafezinho? Posso lhe servir uma água?"

"Senhor, desculpe-me; posso oferecer-lhe um copo com água?".

Mostre à pessoa estressada as consequências de um comportamento impróprio, ou seja, projete para ela o resultado futuro daquela escolha; mostre pra ela, usando um tom de voz uníssono, as consequências daquele comportamento insano, descabido. Um tom de voz incorreto pode mudar completamente a mensagem que você deseja transmitir. Vale enfatizar que o *tom de voz* depende da sua sensibilidade, você é quem vai decidir, mas deve ser claro, sem ameaças ou demonstração de raiva. O tom de voz tem uma influência enorme na Comunicação. A *Linguagem Corporal na Comunicação Não Verbal (55%)*, e o *Tom de Voz* na *Comunicação Paraverbal (38%)*, representa muito mais, 93%, do que as *Frases Técnicas na Comunicação Verbal (7%)* que construímos e usamos durante o gerenciamento. Na verdade, você vai adquirindo essa expertise, vai adquirindo a competência de unir todos esses fatores para que o gerenciamento seja impecável. Portanto, confie no seu instinto, use o seu sentimento, o seu "feeling". Vamos aos exemplos:

"Senhor, perdoe-me, mas caso tome essa atitude, nós vamos perder muitas horas numa delegacia policial com depoimentos intermináveis; o senhor realmente quer isso? Perceba que eu estou sendo gentil com o senhor."

"Perdoe-me senhor, não tenho a intenção de prejudicá-lo, mas caso siga nessa direção, o resultado será processo criminal; sei que o senhor não quer isso. Deixe-me ajudar."

"Senhor perdoe-me, seria bastante desagradável para todos nós, passarmos a noite numa delegacia policial. Sei que nós podemos resolver da melhor forma."

Esteja sempre focado na *Solução* daquele comportamento inconveniente, e não no *Problema* que ele representa; isso é importante demais. Use sempre o seu sentimento, confie no seu feeling. Durante o gerenciamento você vai perceber as chances de um final feliz. Você precisa projetar a possibilidade de um final promissor ou não. Há de fato uma grande diferença entre foco no problema e foco na solução. Concentre-se na solução ao invés de ficar pensando no problema! Sabe aquela estória! O sujeito diz ao psiquiatra:

- *Todas as vezes que eu estou na minha cama, eu acho que tem alguém embaixo. Aí eu vou pra baixo da cama; aí eu acho que tem alguém em cima. Pra baixo, pra cima, pra baixo, pra cima; doutor, eu estou ficando maluco!*

- *Deixe-me tratar de você durante dois anos. Venha três vezes por semana e eu vou curá-lo desse problema.*

- *E quanto o senhor cobra doutor?*
- *R$350,00 por sessão.*
- *Bom, eu vou pensar!*

Passados seis meses, por acaso eles se encontram na rua.
- *Olá tudo bem? Por que você não me procurou mais?* Pergunta o psiquiatra.

- *Doutor, é que eu fiz os cálculos; a R$ 350,00 a sessão, 3 vezes por semana, durante 2 anos corresponde a R$ 109.200,00. Ficaria caro demais doutor! Aí um sujeito me curou por 10 reais.*

- *Ah é? Como foi?* Pergunta o psiquiatra.

- Por 10 reais doutor, ele cortou os pés da minha cama!

Então, para nossa reflexão, muitas vezes o problema é seríssimo, mas a solução pode ser muitíssimo simples. Trazendo tudo isso para nossa realidade, se você perceber que a "Verbalização", já no "Controle de Contato" não está surtindo o efeito desejado, lembre-se de que "Segurança é Prevenção, daí para a "Submissão", é o próximo Nível de Força. É fundamental que você esteja bem treinado, preparado para isso.

Quando trabalhamos o GPCI com profissionais de segurança, obviamente nós analisamos, avaliamos, fazemos um estudo de situação dos riscos existentes, do cliente, do posto de serviço, das características e peculiaridades daquele ambiente, depois de tudo isso, ensinamos e treinamos estratégias eficientes e eficazes como: uso de "senha" e "contrassenha", definidas antecipadamente no "Plano de Ação", para receber ajuda no caso de uma "provável contenção física". Por exemplo: Se eu precisar de ajuda numa contenção, o meu ou os meus parceiros, precisam saber o momento exato daquela "ação fulminante". O comando não deve ser direto, é prudente que o inconveniente seja surpreendido. Em razão disso é que criamos e treinamos as senhas, por exemplo:

Amigo, por favor "Pare Agora!"

No *"amigo"* eu chamo a atenção; no *"por favor"* eles estarão prontos, no aguardo; e no *"Agora!"* é o ataque relâmpago. Nesse momento, com potência, força X velocidade, fazemos a contenção, ou ainda através de gestos, olhar para a câmera, são medidas estratégicas que precisam ser superbem treinadas.

Capítulo 47

Cuidado Com as Conclusões Precipitadas

Neste quadragésimo sétimo capítulo, temos como objetivo específico, identificar e buscar sempre através da Verbalização o Apoio da Opinião Pública ou da maioria das pessoas, no gerenciamento de um comportamento inconveniente.

É claro que didaticamente a gente vai insistindo, orientando e sutilmente estimulando você a enriquecer cada vez mais sua Presença Física, sua Verbalização, suas Frases Técnicas, suas Abordagens e quem sabe, o seu Treinamento Técnico de GPCI. Isso é o que nós esperamos que aconteça após a leitura deste livro. Nós queremos que você use «com criatividade», todos os conceitos técnicos que foram insistentemente aqui tratados. Um dos Princípios Essenciais para nós usarmos a Força, é o Princípio da Legalidade. Você se lembra do conceito? É um princípio jurídico básico, fundamental, que estabelece não existir delito fora da definição da norma escrita na lei, ou seja, vale o que está escrito.

"Ninguém é obrigado a fazer ou deixar de fazer alguma coisa senão em virtude de lei. Não há crime sem lei anterior que o defina, nem pena sem prévia cominação legal."

Ou seja, sem prévia *determinação* legal. Portanto, nós devemos sempre buscar um fundamento legal para todas as nossas decisões, atitudes e linhas de ação. Dessa forma, conhecer a Lei e as Normas e Diretrizes do ambiente que nos encontramos, são fatores fundamentais para que nós tenhamos respaldo, credibilidade e, principalmente, o apoio da opinião pública que é o nosso foco.

Lembro-me de dois Profissionais de Segurança, com especialização em GPCI, que passaram por uma experiência bastante interessante. Os dois trabalhavam no transporte ferroviário, e foram acionados para gerenciar o comportamento inconveniente de um sujeito que estava impedindo o fechamento das portas de uma composição. Ao chegarem no local, perceberam que um sujeito estava impedindo o fechamento das portas; a composição estava superlotada e os passageiros estavam bastante indignados com o calor, em razão de uma pane elétrica, que gerou um problema de ordem técnica na refrigeração. Após uma rápida análise e avaliação do ambiente, um deles dirigiu-se ao sujeito que estava impedindo o fechamento das portas, com extrema educação e elegância, mas exercendo autoridade:

"Senhor, entendo a sua indignação e a de todos os passageiros, mas trata-se de um problema técnico que será resolvido na primeira oportunidade. Para a segurança de todos, peço por gentileza que o senhor libere a porta".

Ao que o sujeito respondeu: *"Eu não vou ficar nesse calor; essa porra vai continuar aberta!"*

Todos o apoiaram integralmente. Mais uma vez o profissional de segurança falou alto, claro e em bom tom, para que todos pudessem ouvir:

"Senhor, infelizmente, por questões de segurança, a viagem será interrompida até que a porta seja liberada. Senhor, perceba que existem muitas pessoas idosas, mulheres e crianças que precisam usar o banheiro; muitos chegarão atrasados nos seus trabalhos, poderão perder o dia, e a responsabilidade é do senhor. Por gentileza senhor, ajude-nos por favor!"

Nesse momento, um aqui, um outro ali começaram a se posicionar.

"Libera logo essa porta!" "O cara é educado!" "Estou atrasado!"

Rapidamente, a grande maioria ficou do lado dos profissionais de segurança, pressionando para que aquele sujeito liberasse a porta; contudo, ele insistia em mantê-la aberta. Ao perceberem que já tinham o apoio maciço da opinião pública, rapidamente submeteram o sujeito, a porta fechou, e o inconveniente foi conduzido para a delegacia Policial.

Um dos motivos de nós retomarmos esse tema, é fazer com que você perceba que através da insistência, da persistência, nós acabamos percebendo detalhes que ainda não tínhamos percebido. Assim, nos seus estudos, retome sempre os temas que já foram vistos por você, mesmo que seja algo exaustivo, até que você adquira o Poder de Convencimento; até que você consiga explicar com detalhes todos esses conceitos técnicos que foram apresentados.

Perceba que mesmo que você esteja cumprindo ordens, cumprindo normas e diretrizes, mesmo que você esteja dentro da Legalidade, cumprindo a própria Lei, se você não tiver sensibilidade para perceber primeiro a Vontade do Povo, a vontade da maioria, você pode estar cometendo um grande erro; pode estar prestes a dar um "tiro no próprio pé". Primeiro você precisa perceber a maioria, primeiro você precisa conquistar o povo, trazer o povo para o seu lado; aí sim, depois disso você poderá fazer o que tiver que ser feito. Esteja sempre atento, focado no inconveniente, preparado para o pior.

A gente sabe que não existem regras fixas, mas essas regras que não são fixas, só podem ser talhadas, construídas, em conformidade com a movimentação do inimigo. Jamais, em hipótese alguma tente gerenciar uma pessoa descompensada com uma faca, um gargalo de garrafa ou arma de fogo. Acione a polícia imediatamente e tente ganhar tempo. Use todas as técnicas de negociação e, simultaneamente, identifique todos os *Meios de Fortuna* – são todos os *Recursos Improvisados*; eu disse "todos", disponíveis ao seu alcance, naturais ou não; vale tudo! Todavia, deixe-me fazer um adendo, se as normas e diretrizes, por algum motivo, impedem você de usar um bastão retrátil, ou uma tonfa, enfim, bastões de uma maneira geral, caso você, tenha necessidade de se defender, por exemplo, de alguém com uma faca, você não pode alegar como meio de fortuna, um bastão de baseball, ou um bastão eletromagnético... Certo? Isso caracterizaria uma ação premeditada e você ficaria em maus lençóis; certamente responderia criminalmente por isso.

Um amigo Fisioterapeuta, Nenguiru, casca grossíssima, Faixa Preta de Jiu-Jitsu, aluno do Mestre Sylvio Behring, aliás, sempre enviando artigos, matérias, novidades que fortaleceram o conteúdo desta obra, relatou que ao abrir o portão da sua casa para um cliente, não percebeu que o seu cliente já havia sido rendido por um criminoso. Assim, no aproveitamento do êxito, o criminoso entrou no seu consultório/casa e o rendeu também. Mantendo o equilíbrio, usando a Inteligência Emocional, procurava acalmar o criminoso; disse-lhe que tinha um determinado valor ali na gaveta e que o entregaria, mas que ele não subisse a escada pois sua mãe estava descansando e era idosa. Por ser um lutador, estrategicamente havia armas brancas e objetos espalhados por toda a casa, em locais estratégicos, eram os seus meios de fortuna, e assim ele estabeleceu os limites para uma inevitável reação. Por sorte o criminoso resolveu acatar a sua solicitação. Foi uma boa negociação e medidas e atitudes preventivas foram adotadas a partir daquele momento, cujo prejuízo e falhas de procedimento, serviram como um MBA em Segurança; valeu o investimento.

É uma questão de treinamento, não se trata de neurose/psicose, mas a sua capacidade de projetar possíveis "atos e ações insanas" do inconveniente e uma eficiente e eficaz "pronta resposta" da sua parte, usando tudo o que estiver ao seu alcance, já avaliado anteriormente, para sua defesa ou de terceiros. Seria legal que você fizesse uma revisão dos artigos 23 e 25 do Código Penal que trata da Legítima Defesa.

Da mesma forma, no caso de um grupo de pessoas descompensadas, é bobagem o enfrentamento contundente; nesses casos, informe e peça ajuda imediatamente, não perca tempo, é imediatamente! Depois com toda a educação, tente ganhar tempo; faça uma análise e avaliação do grupo, use o feeling para identificar o líder. Tente negociar com o «principal chefe», mas, com todo o cuidado; para não dar a impressão de afrontamento direto. A melhor estratégia é, sem dúvida, fazer o *Uso da Força da Lei como Ameaça*. Tão logo você perceba a redução do nível de estresse, suavize aquele *desenho de demarcação*, aquele *ajuste de limite* estabelecido por você. Quando você estiver avaliando um comportamento inconveniente, tenha cuidado para não fazer um parecer precipitado. Todos nós corremos o perigo de, envolvidos pela vaidade, atropelar nas conclusões. Tenha cuidado! Mesmo que você seja experiente, aguarde para fazer sua crítica. Aprenda a ouvir, aprenda a morder a língua também, as vezes ficar calado é muito difícil, mais normalmente é a melhor estratégia, dê a oportunidade dos outros se explicarem, mesmo que num primeiro momento pareça algo muito estranho, errado. Tem uma estória curtinha que resume bem esse tópico.

Uma menininha segurava em suas mãos duas maças. Sua mãe a chamou e com uma voz doce e um belo sorriso lhe pediu uma das maças:

– Filha, você poderia dar uma de suas maçãs para mamãe?

A menina olha para sua mãe durante alguns segundos, e morde inesperadamente uma das maças e logo em seguida a outra. A mãe fica desconcertada, perde o sorriso, mas tenta não demonstrar sua decepção quando sua filha lhe dá uma de suas maçãs mordidas. A menina olha para sua mãe com um sorriso angelical e diz:

– Essa é a mais doce mamãe!

Portanto, muito cuidado com as conclusões precipitadas. Retomando o assunto, tendo percebido a redução do nível de estresse suavize aquela *configuração de limite* estabelecido por você, nesse caso procure usar palavras ao invés de ações; se puder optar, opte sempre por palavras, gerenciando passo a passo aquele comportamento inconveniente. O GPCI deve ser sempre um caminho para a paz. A gente não pode permitir que palavras erradas, simplesmente, saiam da nossa boca; podemos por tudo a perder se não tivermos essa consciência. Nossas palavras estabelecem de imediato, uma relação positiva ou negativa; não é verdade? Talvez a arma mais perigosa que carregamos seja uma língua afiada; não é por acaso que essa colocação se encontra nos livros sagrados. Nós sabemos que "*Palavras convencem pessoas, mas os exemplos arrastam multidões.*" É necessário que as nossas atitudes sejam coerentes com as nossas solicitações, com os nossos pedidos e exigências.

Capítulo 48

Quantas Vezes Julgamos Errado?

Nesse quadragésimo oitavo capítulo, temos como objetivo específico, identificar e e xplicar o que é Adrenal Dump e treinar o exercício respiratório como auxiliar no processo de volta a calma.

No capítulo passado vimos que as vezes ficar calado é muito difícil, mas normalmente é a melhor estratégia. Nós precisamos treinar ouvir e, sobretudo, dar oportunidade para que os outros se expliquem ou que as coisas se esclareçam, mesmo que num primeiro momento pareça algo muito estranho, muito errado. E isso vale para tudo! Tem uma estória, que nos faz entender esse tema com mais clareza. É a estória de um casal, que morava num sítio, e que tinha um pitbull super fiel. A mulher grávida, acabou morrendo durante o parto, mas a criança sobreviveu. O pai, sozinho, tinha o costume de deixar o bebê com o pitbull para fazer compras. Um vizinho havia chamado sua atenção; você confia no seu cão? Totalmente; disse ele. E sempre que retornava encontrava a criança dormindo, com o cão ao lado vigiando.

Um dia algo terrível aconteceu! Como de costume, ele deixou o bebê sob a guarda do cão e foi às compras. Quando retornou viu uma cena de terror; o berço estava destruído, fraldas e roupas com manchas de sangue espalhadas pelo quarto. Imediatamente pegou o machado e, desequilibrado, descompensado e completamente surtado, viu o pitbull saindo de debaixo da cama. Ele estava coberto de sangue e lambendo sua boca, como se tivesse acabado de se alimentar. A conclusão era óbvia, o pitbull havia devorado o bebê. Com o machado na mão, e sem pensar muito, desferiu-lhe um golpe no meio da cabeça; por sorte, com agilidade o cão saltou para debaixo da cama e o golpe amputou o seu rabo. Desesperado, tentando encontrar os restos mortais da criança, viu uma outra cena. Perto da cama estava o bebê são e salvo e, embaixo da cama, uma sucuri em pedaços. Deve ter sido uma batalha terrível entre a cobra e o cão, que agora estava ferido, e sem entender o que havia feito de errado. Perceba que na sua ausência, o pitbull lutou para proteger o bebê, da cobra faminta. Complicado não é verdade?

A grande produção de hormônios o havia cegado. Naquele processo de surto, com base apenas no Sentimento, se Comportou de maneira insana e feriu seu fiel amigo; e por um milagre não o matou. Quantas vezes julgamos errado? Diante momentos como esse, de alto estresse, "toda" a nossa resposta fisiológica e emocional se altera; os nossos Sentimentos levam ao cérebro a informação de Risco Iminente! Perigo! Fisiologicamente, acontece "vaso constrição" no córtex e quem entra no comando é o sistema límbico (sistema de autopreservação e auto-preservação da espécie). O sistema límbico, é quem comanda as reações do corpo diante do caos; ele é o responsável pelas emoções e comportamentos sociais. Devido o estresse, ocorre um estímulo taquicárdico, acontecem mudanças fisiológicas, emocionais e psicológicas, para lidar com aquela "nova situação". Quando a frequência cardíaca ultrapassa os 145/150bpm, o Sistema Límbico aciona as Glândulas Suprarrenais que através da sua medula produz e libera um grande jato de Adrenalina. É o chamado "Adrenal Dump", que pode ser bom ou não! Depende do nosso treinamento.

O Treinamento no Alto Rendimento, na Alta Performance, é exatamente esse. Através da criatividade, desenvolvemos casos e criamos situações de estresse, com o intuito de provocar esses jatos de adrenalina; treinamentos com essa descarga de adrenalina são muito interessantes! O grande problema é que, se eu não tenho esse tipo de treinamento, se no meu arquivo mental essa informação não existe, se eu não recebi esse conhecimento nos meus treinos, do meu professor, sabe o que acontece? Nós confundimos esse "Adrenal Dump", essa carga de adrenalina, com medo, com injustiça, com traição, com covardia. Quando o sistema límbico é acionado, três coisas podem acontecer: ou você luta/reage, ou você foge ou você congela.

Neste nosso caso, através desta nossa estória, por falta de treinamento, a reação foi descabida, insana, e quase que o cachorro morreu injustamente. Por julgamento precipitado; surto! Certo? Quando nós não estamos preparados, esse excesso de hormônio nos leva a julgar na impulsividade, de forma equivocada, e assim nós destruímos pessoas através dos pensamentos, ou com palavras duras, e as vezes com ações descabidas, por não termos analisado e avaliado bem a situação. É o grande equívoco de julgar, e todos nós, se não vigiarmos, estaremos sujeitos a isso.

É fundamental que como seres humanos que somos, nós tenhamos consciência das nossas atitudes, mas, como seres humanos que somos, sobretudo, é necessário que nós tenhamos consciência das consequências das nossas ações. Nossas respostas precisam ser treinadas, trata-se de treinamento; portanto, procure usar a seguinte técnica, que eu aprendi com um antigo comandante, professor e amigo chamado José Aurélio Valporto de Sá:

Inspire e expire profundamente, mas rápido, por 5 vezes consecutivas; após, inspire profundamente, prenda o ar por quatro segundos e solte devagar; faça isso 3 vezes de forma consecutiva. Espere alguns segundos e, se ainda precisar, repita o processo...

Perceba que isso deve ser feito no estresse, durante aquele momento crítico, na busca da melhor opção de ação para aquele momento. Você percebeu? Portanto é uma técnica que deve ser treinada! Você vai perceber que as coisas se acalmam, se equilibram, voltam a normalidade. Faça o teste quando você estiver muito estressado. Sem o estresse, sem a adrenalina, você pode inclusive, ficar com tonteira; as vistas podem escurecer, mas é fundamental que você tenha isso como uma carta na manga – *An Ace up his sleeve* (Um Às na manga)

Nós citamos o tempo todo Aristóteles; ele diz que "*O homem é um animal político por natureza*". Nós tendemos a formar ou tomar parte de grupos; quer na escola, nas redes sociais, no esporte. O fato é que nós estamos sempre buscando grupos com os quais nós nos identificamos; seja pelo aspecto físico ou mesmo ideológico. Thomas Hobbes é um filósofo que dizia que "*Se não houvesse as leis, que inibem as ações naturais humanas, o homem viveria em constante guerra*". Hobbes afirma que o homem é mau por natureza. Essa ideia está na máxima de que "*O homem é lobo do próprio homem*". Já Paulo de Tarso fundamenta *a necessidade da graça de Deus, já que a natureza humana é inclinada ao erro.* Com essa base, acreditamos que o primeiro degrau a ser galgado para evoluirmos no gerenciamento com pessoas inconvenientes é reconhecer que, se não vigiarmos, se não nos prepararmos, se não estivermos atentos, podemos facilmente nos envolver e nos tornar igualmente inconvenientes.

Vimos ao longo do curso que não é fácil reconhecer, mas é imprescindível que nós consigamos reconhecer essa natureza humana inclinada ao erro. Nós estamos falando das nossas doenças, das nossas fraquezas e limitações; assim, conscientes dessa nossa *miséria humana*, seremos capazes de iniciar um processo de treinamento, um processo de transformação, de morte do "*homem velho*" que existe em nós. De repente a ficha cai! Nós não conseguimos explicar direito; inexplicavelmente, a ficha caiu e eu mudei. O pior doente é o cara que considera saúde a sua própria doença; não é verdade? Imagina, o sujeito é grosso, arrogante, deselegante e se orgulha de ser assim; esse é o pior doente. Vamos recordar Lao Tsé? *Um homem que vence outro homem é forte, mas um homem que vence a si próprio é poderoso.* Nós somos o nosso maior inimigo.

Eu recebi um texto desses de internet e eu vou tentar, de alguma forma, reproduzi-lo de forma neutra. É uma sátira, aparentemente desconexa com o tema que nós estamos tratando, mas eu vou tentar, com certo esforço, trazer para o nosso contexto e analisar tecnicamente. OK?

É uma mensagem da Manú da Barra para o Psicólogo e Psicanalista, Dr. Souza Da Matta. Olá, doutor, espero que o senhor possa me ajudar. Como sempre, peguei meu carro e saí para trabalhar, deixando meu marido em casa vendo televisão. Rodei pouco mais de 1 km quando o motor morreu e o carro parou.

Voltei a pé para casa, para pedir ajuda ao meu marido. Quando cheguei, nem pude acreditar, ele estava no quarto, com a filha da vizinha! Eu tenho 32 anos, meu marido 34, e a garota 22. Estamos casados há 10 anos; ele confessou que estavam tendo um caso há 6 meses. Eu o amo muito e estou desesperada. O senhor pode me ajudar? Antecipadamente, agradeço sua orientação.

Cara Manú, quando um carro "para" depois de haver percorrido uma pequena distância, isso pode ocorrer devido a uma série de fatores. Comece por verificar se tem gasolina no tanque. Depois veja se o filtro de gasolina não está entupido. Verifique também se tem algum problema com a injeção eletrônica. Se nada disso resolver o problema, pode ser que a própria bomba de gasolina esteja com defeito, não proporcionando quantidade ou pressão suficiente nos injetores. A pessoa ideal para ajudá-la seria um mecânico. Você jamais deveria ter retornado para sua casa para chamar o seu marido. Ele não é mecânico; você está errada! Não repita mais isso. Espero ter ajudado. Dr. Souza Da Matta.

Se você está rindo? Ok! Só não se esqueça que, também, pode ser com o marido dirigindo e a esposa com o vizinho. Como eu disse é uma sátira, mas o que deve prevalecer aqui é a Inteligência Emocional; acontece que muitas vezes observamos comportamentos inconvenientes, gerados pelo retorno inopinado de um ou de outro, à "cena do crime". Nós podemos retornar à cena do crime das mais diversas formas; até por pensamentos, por palavras, atos e omissões. Perceba que nós não estamos falando apenas de traição numa relação conjugal. Traição, qualquer que seja, é sempre algo muito complicado. Os mais diversos cenários, como esse que foi descrito, onde os ânimos estão exaltados, não são raros, e nós que lidamos com gente que lida com pessoas, precisamos saber como lidar e conduzir da melhor forma, esse tipo de comportamento. O segredo é tolerância, paciência, muita empatia, mas, sobretudo, respeito.

Todo o cuidado é pouco quando nós lidamos com esse tipo de sentimento. A quantidade de adrenalina, que é lançada na corrente sanguínea de quem se sente traído, não importando as circunstâncias e, em que situação, é enorme. Assim, usando sensibilidade, usando empatia, procure dar opções de comportamento. Precisamos ter como único objetivo "reduzir o nível de excitação" para que o diálogo se torne possível.

Nós somos levados a acreditar, e eu não acho que seja errado pensar assim, que o casamento é a garantia da eterna união; Ok, mas nós sabemos que existem desgastes e armadilhas nos relacionamentos de uma maneira geral. A dissolução de uma sociedade, nesses termos, é um bom exemplo. *Não existe vacina que deixe alguém imune aos efeitos danosos da traição, mas também, nós não podemos permitir que ela seja convertida num permanente trauma.* Isso seria horrível! Retornar a cena do crime, seria nós insistirmos no erro, qualquer que seja ele. Nós sabemos ou pelo menos já ouvimos alguém falar que *pior do que errar é insistir no erro.* Perceba que o inconveniente sempre procura uma justificativa para explicar o erro; nossa natureza humana é inclinada ao erro, nós já falamos sobre isso; lá no fundo, nós gostamos disso. Achar uma bela justificativa é sempre mais fácil. Mudar, dá muito trabalho! Tem sofrimento e normalmente, isso não nos interessa. Não é por acaso que a 1ª Linha de Ação do GPCI é: *Reconheça; admita de forma consciente e equilibrada o seu erro, a sua fraqueza...* Quando nós reconhecemos, e ainda evoluímos para o arrependimento, automaticamente, nós paramos de querer justificar os erros, nós paramos de ficar arrumando desculpas. Sabe aquela história? Todos percebem a desculpa esfarrapada do sujeito, mas o inconveniente acha que ninguém desconfia de nada, não é assim? Quando nós reconhecemos, nós evoluímos; nós avançamos um pouquinho mais.

Capítulo 49

Moral, Ética e Disciplina

Neste quadragésimo nono capítulo, temos como objetivo específico, identificar e reconhecer os principais erros, as principais fraquezas e as principais limitações, que estão impedindo a melhora da conduta social;

Vimos no capítulo anterior que existem desgastes e armadilhas nos relacionamentos de uma maneira geral, a dissolução de uma sociedade é um bom exemplo. Não existe vacina que deixe alguém imune aos efeitos danosos da traição, mas também, nós não podemos permitir que ela seja convertida num permanente trauma. Com relação ao sinal que determina a traição não dá para ser muito preciso, varia de pessoa para pessoa, de casal para casal, depende da época, do país, da cultura, do negócio, da empresa, do governo. Mas é possível afirmar que o sentimento de traição existe e é muito difícil lidar com ele.

"Empatia é sentir o que se sentiria caso estivesse no lugar ou circunstância experimentada por outra pessoa"; então seja empático: Quando a ficha cai e a gente percebe que aquela pessoa com quem a gente gerou uma vida, com quem a gente desenhou um bom negócio, criou uma filosofia ou confiou e convidou para participar da nossa equipe, ultrapassa os limites! Fisiologicamente, o peito aperta, o sangue pulsa nas veias, a boca seca, as pupilas dilatam e hormônios são produzidos em grande quantidade e lançados violentamente na corrente sanguínea; as lembranças acabam surgindo aos montes e você tem a sensação de que perdeu tempo; enfim, que foi traído. Especificamente nesses casos a dor geralmente é enorme.

Assim reitero, precisamos ter como único objetivo "*reduzir o nível de excitação para que o diálogo se torne possível*". Você conhece aquele papo que tudo pode melhorar? Pois é, o problema é que tudo também pode piorar. A pessoa com esse sentimento precisa ter muito cuidado, sobretudo com as ideias de vingança, de partir para agressão física, de expor determinados casos aos outros, expor determinados "cenários e contextos" na mídia, para o mercado. Vale enfatizar que não são condutas saudáveis, dignas e algumas são criminosas, inclusive passíveis de processo criminal. Se não houver o devido cuidado, o resultado pode um verdadeiro desastre. Num cenário como esse, tudo é provável e possível de acontecer; é necessário que estejamos bem atentos, focados de verdade. Tudo pode acontecer em razão da nossa individualidade biológica. Nós não devemos, jamais, desprezar as hipóteses de conflitos, tampouco subestimar, todas as possibilidades de problemas, crises e escândalos. Ao contrário, nós devemos projetar os resultados futuros e, se nessa projeção, houver a possibilidade de conflitos e problemas, nós devemos adotar medidas e atitudes preventivas para que eles não aconteçam ou pelo menos sejam minimizados. Qualquer deslize da nossa parte pode comprometer toda a segurança e todo o trabalho desenvolvido. Todas as técnicas que foram insistentemente comentadas devem ser usadas com generosidade nesses casos.

Nosso tema agora é Ética e Disciplina, mas antes nós vamos refletir em cima de uma frase de Maquiavel:

"Não se pode chamar de valor assassinar seus cidadãos, trair seus amigos, faltar à palavra dada, ser desapiedado e não ter Fé. Essas cinco atitudes podem levar à conquista de um império, mas não à glória".

Veja a importância da educação com todos os valores éticos, morais e espirituais. Perceba que dar conhecimento a uma pessoa sem ética e indisciplinada é algo extremamente perigoso; uma coisa independe da outra. Na base, na educação é que se adquire esses valores morais que orientam o comportamento humano em sociedade; eles jamais devem ser esquecidos. Acredito de verdade que uma pessoa sem ética, deva permanecer sem determinados conhecimentos; acho que é mais prudente que ela permaneça na ignorância. Muitos dos nossos políticos ajudam a confirmar essa tese e, também na história mundial, são inúmeros os exemplos; o conhecimento nas mãos de Adolf Hitler, foi um desastre, uma completa desordem; um caos.

Ética e Disciplina

São 2 palavrinhas chave. É fundamental que nós sejamos éticos e tenhamos disciplina, para que nós consigamos êxito nos nossos projetos e sucesso ao estabelecer as metas necessárias para conquista dos nossos objetivos.

Ética vem do grego Ethos – que significa modo de ser ou caráter. Certa vez ouvi uma definição interessante, que dizia que ética é obediência ao que não é obrigatório, mas é bom, é justo e coloca o coletivo sobre o individual. Em se tratando de ética, ou "é" ou "não é"; ou você é ético em qualquer lugar do mundo, ou não é ético em nenhum lugar. A pergunta para a ética seria: É bom ou mau?

Já a Moral, vem do latim Morales – que é relativo aos costumes. Em se tratando de Moral, ela pode ser certa num determinado lugar e errado em outro; trata-se de uma questão cultural, ou seja, depende da cultura daquele lugar. Portanto, moral tem a ver com os costumes. A pergunta para a moral seria: É certo ou errado?

Ética está associada ao estudo fundamentado dos Valores Morais, que orientam o Comportamento Humano em sociedade, enquanto a Moral são os costumes, são as regras, os tabus e as convenções estabelecidas por cada sociedade. Percebeu? Têm origem etimológica distintas. Etimologia é o estudo da origem e da evolução das palavras.

Agora que nós entendemos Moral e Ética, vamos avançar para a *Disciplina, que é a obediência ao conjunto de regras e normas que são estabelecidos por um determinado grupo.* É aquela conduta que assegura o bem-estar das pessoas ou o bom funcionamento. Disciplina é uma palavrinha chave; ser disciplinado é fundamental, nos mais diversos aspectos da vida. Sem disciplina as pessoas não seriam capazes de estabelecer metas para atingir os seus objetivos, ou transformar a teoria em ação.

Lembrando Thomas Hobbes, *«Se não houvesse as leis, que inibem as ações naturais humanas, o homem viveria em constante guerra"*. Nós podemos citar a *autodisciplina, que seria um conjunto de obrigações, incumbências e deveres que a própria pessoa se obriga naturalmente.* Seria a arte de criar maneiras para alcançar os objetivos, como por exemplo ganho de força muscular, a perda de peso, eliminar um vício ou ainda escrever um livro.

Nós vimos que a nossa natureza humana é inclinada ao erro. Nós até gostaríamos de fazer o que é certo, mas, quando nós percebemos, estamos fazendo tudo errado, metendo os pés pelas mãos. Talvez, reconhecer o erro, as fraquezas e as limitações, seja o início para nós melhorarmos nossa conduta social; a partir daí, com base no arrependimento, através da Fé, o nosso caráter e a nossa personalidade vão sendo trabalhados.

Na sua essência, o ser humano é egoísta, não é verdade? Nós sabemos que bem lá no fundo as pessoas estão mais interessadas nelas mesmas do que nos outros. Nós estamos mais interessados em nós mesmos do que em qualquer outra pessoa no mundo; assim, mais uma vez, se tivermos essa consciência, melhoraremos continuamente, ou seja, um pouquinho todos os dias. É necessário que nós reconheçamos que todos nós somos egoístas. Só assim nós conseguiremos melhorar nosso relacionamento com as pessoas, no nosso ambiente de trabalho, com os amigos e, principalmente, com a nossa família. Aliás, se nós não conseguimos administrar os nossos próprios conflitos e as crises que enfrentamos na nossa família, seria muita "cara de pau" querer administrar os conflitos e os problemas dos outros.

A gente sabe que palavras convencem pessoas, mas os exemplos arrastam multidões. Eu estou convencido que nós, seres humanos, gostamos da filosofia do "me engana que eu gosto". Todos nós gostamos de ouvir elogios, palavras gentis, mesmo que, lá no fundo, nós saibamos que não é verdade, que não é bem aquilo. Claro que você já percebeu que para conquistar alguém, basta dizer coisas agradáveis, gentis, amáveis, muitas vezes até mentirosas. Tem um pensador francês, François de La Rochefoucauld que fala o seguinte:

"Há falsidades disfarçadas que simulam tão bem a verdade, que seria um erro pensar que nunca seremos enganados por elas".

Certa vez eu li uma estória, de um autor desconhecido, que complementa de maneira impecável, essa verdade que, diga-se de passagem, não é absoluta. Eram dois vizinhos. Um deles comprou um coelho para os filhos. Os filhos do outro vizinho também quiseram um animal de estimação. E os pais compraram um filhote de pastor alemão. Então o vizinho dono do coelho, faz a seguinte projeção:

– Esse cachorro vai matar o meu coelho!
– De jeito nenhum. O meu pastor ainda é filhote. Vão crescer juntos e serão amigos!

Tudo indicava que o dono do cão tinha razão. Juntos cresceram e se tornaram amigos. Era normal ver o coelho no quintal do cachorro e vice-versa. As crianças, felizes com os dois animais. Num domingo o dono do coelho foi passear com a família. No domingo, à tarde, o dono do cachorro e a família faziam um lanche tranquilamente, quando, de repente, entra o pastor alemão com o coelho entre os dentes, imundo, sujo de terra e morto. O cão levou uma tremenda surra! Quase mataram o cachorro de tanto agredi-lo. O dono do cão enfurecido berrava:

– O vizinho estava certo. Só podia dar nisso!

Mais algumas horas e os vizinhos chegariam. E agora?!

Todos se entreolhavam. O pobre do cachorro, coitado, chorando lá fora, lambendo os seus ferimentos.

– Já pensaram como vão ficar as crianças?

Não se sabe exatamente quem teve a ideia, mas parecia infalível:

– Vamos lavar o coelho, deixá-lo limpinho, depois a gente seca com o secador e o colocamos na sua casinha.

E assim fizeram. Até perfume colocaram no animalzinho, ficou lindo, parecia vivo, diziam as crianças. Logo depois ouvem os vizinhos chegarem. Em seguida escutam os gritos das crianças.

– Descobriram!

Não passaram cinco minutos e o dono do coelho bateu à porta, assustado. Parecia que tinha visto um fantasma.

– O que foi?! Que cara é essa?
– O coelho, o coelho...
– O que tem o coelho?
– Morreu!
– Morreu? Hoje à tarde parecia tão bem!
– Hoje à tarde? Você está enganado, ele morreu no sábado!
– No sábado?!
– Foi! Antes de sairmos; as crianças o enterraram no fundo do quintal, e agora ele está lá na casinha, morto, limpinho e perfumado! ***Como pode?***

Bom! Seguindo a mesma linha de ação do autor desse texto, a gente termina aqui essa estória. O desfecho fica por conta da nossa imaginação fértil. No entanto, o autor nos chama a atenção para o grande personagem dessa história, o cachorro. Imaginem a cena: O dia inteiro procurando pelo seu amigo. Depois de muito esforço, descobre através do faro, o seu amigo coelho morto e enterrado. Sem a menor noção do que havia acontecido, desenterra o amigo e vai mostrar para os seus donos, imaginando que eles saberiam o que fazer para que ele "acordasse". Foi julgado de forma impulsiva, equivocada e apanhou muito por isso.

Nós podemos aprender muito com essa estória. Pense no exemplo de "mau-caratismo" que esses pais estão dando para os filhos. E o problema é que nós, se não vigiarmos, corremos esse perigo. E a vergonha e o constrangimento perante os vizinhos? Você já ouviu falar que quem conta um conto aumenta um ponto; pois é! Projete essa estória sendo contada depois, por cada integrante da família dona do coelho. Enfim, a reflexão é altamente válida para que nos livremos, de uma vez por todas, desses tipos de "Comportamento Inconveniente".

Capítulo 50

O Futuro é Hoje!

Neste quinquagésimo capítulo, temos como objetivo específico, explicar, treinar e desenvolver a virtude do "ouvir e escutar", e aplicar o conceito para uma maior eficiência e eficácia no gerenciamento de um comportamento inconveniente.

Quando eu tinha 18 anos eu trabalhei numa empresa chamada Círculo do Livro; eu vendia livros. Normalmente nós não conseguimos vender aquilo que nós não conhecemos, então, eu era obrigado a ler os livros para poder vende-los e, obviamente para mim foi ótimo! Sem a menor pressa, eu estou relendo um livro daquela época, do Dale Carnegie, "*Como Evitar Preocupações e Começar a Viver*", livro com mais de 15 milhões de exemplares vendidos. Dale Carnegie, foi um escritor que graças ao sucesso alcançado, foi conselheiro de líderes mundiais. Logo no início do livro ele enumera dez coisas que o livro pode fazer por você. Na primeira parte do livro ele fala a respeito das preocupações e dá nove sugestões para que nós aproveitemos ao máximo a leitura. A primeira sugestão é que você precisa "*querer aprender com todas as suas forças*" e ser determinado ao ponto de "*deixar as preocupações de lado*". Ele dá uma aula de como nós devemos ler um livro.

O que de fato nos interessa é eliminar um comportamento inconveniente causado pelas nossas preocupações; assim, nós vamos aprender com Dale Carnegie, a viver em compartimentos hermeticamente fechados. O autor conta no livro que um jovem estudante de medicina, chamado William Osler, leu em algum lugar, 24 palavras que impactaram sua vida. Esse jovem estudante de medicina ficou famoso, foi condecorado e recebeu a maior distinção da universidade; parece que foi feito, inclusive, cavaleiro pelo Rei da Inglaterra. As 24 palavras eram de Thomas Carlyle, e foram:

"O nosso principal objetivo não é ver o que se encontra vagamente a distância, mas fazer o que se acha claramente ao nosso alcance." Thomas Carlyle

Sir William Osler, 42 anos depois de fazer tanto sucesso, durante uma grande homenagem, fez um discurso afirmando que tudo aquilo não era verdade. Disse que os seus amigos mais íntimos sabiam que o seu cérebro era um dos mais medíocres. Então, perguntaram qual o segredo do sucesso? E ele disse que era o que ele chamava "*viver em compartimentos diários, hermeticamente fechados*". E ele explicou que uma vez atravessou o Atlântico num navio enorme. E que o capitão acionava um botão e imediatamente várias partes do navio eram isoladas uma das outras, em compartimentos hermeticamente fechados. Ele diz que nós precisamos aprender a controlar o nosso "maquinismo" de modo que nos permita viver em compartimentos hermeticamente fechados, como meio mais certo de fazermos uma viagem segura. Apertar um botão para ver se tá tudo em ordem, apertar outro para ouvir em todos os níveis da nossa vida. Apertar outro para isolar o passado, afastando os ontens. Apertar outro isolando o futuro, os amanhãs que ainda não nasceram. Ele nos aconselha a isolar o futuro tão hermeticamente quanto o passado. Ele diz que o futuro é hoje, não amanhã. Ele afirma que o dia da salvação é hoje.

Todo o desperdício de energia, angústia, depressão, ansiedade seguem os passos daquele que se sente angustiado quanto ao futuro. Nós precisamos aprender a viver em ambientes, compartimentos diários hermeticamente fechados. Talvez caiba aquela pergunta! *Isso quer dizer que se dane o futuro?* Não; ele explica que a melhor maneira de nós nos prepararmos para o futuro é focarmos usando a área cognitiva, a inteligência, sobretudo, a inteligência emocional. E isso, com todas as forças no trabalho, no esporte, no desenvolvimento de uma técnica, na missão que estivermos realizando hoje, para que seja o mais espetacular, o mais epopeico possível. Só assim nós nos preparamos para o futuro. Não é à toa que a oração nos ensina: "O pão nosso de cada dia, nos daí hoje." Em tempos de abundância ou de escassez, o que determina se a linha de raciocínio é certa ou errada é a seguinte:

A inteligência Emocional procura analisar as causas e os efeitos; o que vai nos direcionar a planos lógicos e construtivos; certo? Já a estupidez, nos conduz frequentemente ao estresse, ao desequilíbrio emocional e perda das qualidades de comportamento.

São comportamentos extremamente inconvenientes de alguns, que promovem uma onda de comportamentos inconvenientes de muitos. A Pandemia, O Covid 19, é um excelente exemplo. Parece que nós temos grandes exemplos o tempo todo; não é verdade? É pertinente reiterar que nós devemos elogiar a ação e não a pessoa; assim, evitamos ciumeiras, favoritismos e constrangimentos. Também é importante não exagerarmos nos elogios; nós devemos ser elegantes ao elogiar alguém, nem mais nem menos, apenas o suficiente; bom senso é uma palavra-chave. Todas estas observações enriquecem a nossa abordagem, deixando-nos mais preparados em termos estratégicos.

Devemos olhar com atenção para quem está falando; devemos evitar ouvir olhando para outras pessoas ou distraído com outras coisas; por exemplo lendo mensagens e assistindo vídeos no WhatsApp; não é verdade? Muitas pessoas agem assim, inconscientemente, e só percebem o erro quando algo que deveria ter sido administrado com tranquilidade acaba se transformando na terceira grande guerra mundial. Vocês se lembram da diferença entre ouvir e escutar? Na verdade, não importa a palavra, o que importa é o conceito; você saber que existe uma diferença entre uma e outra. OK? Didaticamente eu vou definir que escutar é quando a mensagem entra por um ouvido e sai pelo outro; você não é surdo, escuta, mas não presta muita atenção ao que está sendo transmitido. É bíblico: Quem tem ouvidos para ouvi, ouça! Já ouvir é quando você está atento, focado no emissor da mensagem; é quando você analisa e avalia o que está sendo falado, presta, de fato, atenção aquilo que está sendo transmitido.

Estamos carecas de saber que nascemos com uma boca e dois ouvidos. Isso é um sinal para falarmos menos e ouvirmos mais, entretanto parece que nossa língua não aceita muito bem essa verdade né! É importante sabermos que quanto mais nós ouvimos alguém, mais nos tornamos interessante para essa pessoa. Ouvir é uma virtude e, para nós sermos mais eficientes no gerenciamento de um comportamento inconveniente, é necessário que nós desenvolvamos essa virtude através de um treinamento diário. A verdade é que na maioria das vezes, a gente «se acha" e reconhecer essa verdade, definitivamente, não é fácil. É preciso crescer, amadurecer, evoluir para que nós tenhamos coragem de admitir determinadas verdades. Certa vez ouvi que um bom ouvinte permite ao outro escutar a pessoa mais importante do mundo: ela mesma.

O mau, sempre tenta afastar. Você percebe isso? O mal sempre tenta separar; contudo, Deus, ou o que você acredita; o bem, sempre une. Portanto, nós não devemos discutir o que nos afasta, mas sim aquilo que nos une. O ideal é que concordemos com as pessoas; perceba que é o ideal, agora, caso não seja possível, caso não haja sintonia, nós devemos tentar extrair desse assunto algo que seja comum a ambos.

Há muitos anos, na minha juventude, havia uma propaganda de cigarro que passava a seguinte mensagem: "Pelo menos temos alguma coisa em comum!". Eram várias propagandas; do tipo: Um sujeito muito rico e um outro muito pobre; uma pessoa muito bonita e uma outra desprovida de beleza; um sujeito super bem-sucedido e um outro se arrastando; sempre pessoas completamente opostas; aí no final, o chavão: "Pelo menos temos alguma coisa em comum!", com aquele olhar invejoso e simultaneamente resignado, consolado! Afagado por fumar a mesma marca de cigarro do sujeito bem-sucedido, rico e bonito. O segredo do sucesso eu não sei, mas o do fracasso é tentar agradar todo mundo. Nós sabemos que nem Jesus Cristo conseguiu agradar todo mundo, portanto, seria muita pretensão da nossa parte querer fazer aquilo que nem Jesus Cristo conseguiu fazer. O problema é que quando nós somos contrariados, parece que nós nos esquecemos de muitas verdades. Você concorda?

Nós sabemos que Verbalização 1 ou Diplomacia é o 2º Nível de Força. Estrategicamente, para que não sejamos antipáticos com as nossas opiniões contrárias, nós devemos expor as opiniões contrárias de autoridades no assunto, mesmo que nós tenhamos certeza de que a autoridade máxima somos nós. Deu para entender? Vou repetir, mesmo que nos achemos a autoridade máxima. Não se trata de falta de personalidade, mas sim de diplomacia (Inteligência emocional). Por exemplo: São Tomás de Aquino dizia que a honra é o prêmio da virtude, por isso devemos fazer o que é certo e não o que gostaríamos de fazer.

Da mesma forma nós devemos sempre evitar discussões desnecessárias. É só perda de tempo e de pontos, o importante é que sejamos diplomatas, que saibamos verbalizar, argumentar e convencer através do Domínio do Conhecimento. Nós devemos nos colocar sempre no lugar do outro, empatia certo? No lugar do inconveniente. Quando nós sabemos o que o outro quer, fica muito mais fácil conquistá-lo. Não é verdade? Uma pessoa indignada, precisa de alguém capaz de ajudá-la, e não fazer com que ela fique ainda mais estressada.

Nesse caso é fundamental que nós sejamos curtos e extremamente educados. Quem deseja sucesso no GPCI, deve procurar entender com simplicidade essa afirmativa. Nós não «temos que falar», além do que nós «devemos falar»; já que o nosso objetivo é ajudar, nós devemos falar apenas o suficiente. Seja curto, mas sendo curto, para que haja equilíbrio, é necessário que você seja extremamente educado.

Equilíbrio é o máximo de tensão nas extremidades. Se você for simplesmente educado, não haverá equilíbrio e você terá grandes chances de se meter numa tremenda encrenca. Seja curto, exerça a sua autoridade, mas exagere na educação; demonstre para a pessoa, que você está preocupado com ela; ela precisa perceber isso, enxergar isso. Portanto, faça com que isso aconteça, você deve fazer isso com simplicidade, através da sua postura, do seu olhar, das expressões e gestos. Se você quer ajudá-la, fale apenas o suficiente e vigie o seu comportamento. Existe uma história que talvez nos ajude a entender melhor esse tema.

Um mestre encarregou o seu discípulo de cuidar do campo de arroz. No primeiro ano, o discípulo vigiava para que nunca faltasse a água necessária. O arroz cresceu forte, e a colheita foi boa. No segundo ano, ele teve a ideia de acrescentar um pouco de fertilizante. O arroz cresceu rápido, e a colheita foi maior. No terceiro ano, ele colocou mais fertilizante. A colheita foi maior ainda, mas o arroz nasceu pequeno e sem brilho. Então o mestre o advertiu!

– Se continuar aumentando a quantidade de adubo, não terá nada de valor no ano que vem.

Perceba que você "fortalece alguém" quando "ajuda um pouco". Mas se você ajuda muito, se você exagerar na ajuda, certamente irá enfraquecê-lo e poderá até estragá-lo, destruí-lo. Eça de Queiroz dizia que nós somos livres para fazer as nossas escolhas, mas inevitavelmente seremos prisioneiros das suas consequências. Assim nós não temos que ter medo de pensar diferente dos outros. Nós temos que ter medo é de pensar igual e depois descobrir que todos estavam errados. Certo?

Capítulo 51

A Deficiência Pode Ser Nossa

Neste quinquagésimo primeiro capítulo, temos como objetivo específico, identificar e explicar o sentimento de compaixão no gerenciamento de um comportamento inconveniente.

Segundo Sun Tzu, Humanidade é o terceiro atributo de um líder. Um Padre Brasileiro superentusiasmado chamado Léo Tarcísio Gonçalves Pereira, o saudoso padre Léo, dizia que não devemos querer ser melhores do que os outros, mas sim ser o melhor para os outros. Imagine-se gerenciando uma pessoa aos berros, completamente surtada. É claro que não é nada fácil e sem entusiasmo é impossível. Quando uma pessoa com comportamento inconveniente estiver gritando, alterada, falando alto, nós não devemos falar simultaneamente, é como jogar lenha na fogueira; aliás, é tentar apagar o incêndio com um balde de gasolina, não vai rolar; ao contrário, deixe-a esvaziar, deixe-a falar e demonstre que está ouvindo. Quanto mais ela falar melhor, é como se você fosse eliminando o combustível gradativamente, até o fogo apagar. Dessa forma, agindo assim, você se torna o melhor para essa pessoa. Pessoas assim precisam de alguém que as entendam; alguém que as ouçam e compreendam a sua indignação sem jamais desistir.

Churchill dizia que *o sucesso, é ir de fracasso em fracasso sem perder o entusiasmo.* Quando eu era criança eu assistia um desenho animado que tinha uma "hiena ranzinza", pessimista e lamuriosa. O entusiasmo da hiena era zero; vivia infeliz com a vida. Você com certeza já se lembrou de alguém assim, e tomara que não seja você, mas se for, você precisa querer mudar, tome a decisão e mude. Entusiasmo é uma palavra de origem grega, significa Deus dentro de nós. É o entusiasmo que nos conduz ao sucesso e não o contrário. Existem pessoas que ficam esperando o sucesso para depois se entusiasmarem, e como resultado nada acontece. Como nós dissemos, é o entusiasmo que nos conduz ao sucesso. Apesar dos pesares, nós devemos demonstrar que estamos entusiasmados. Ninguém gosta, ninguém se sente bem com pessoas do tipo "zero à esquerda", estressadas, angustiadas e de mal com a vida; iguais a tal hiena do desenho animado.

Vigiar é se relacionar, relacionar-se é um dom e todo dom precisa ser desenvolvido. No GPCI é básico, é fundamental que nós nos relacionemos e desenvolvamos cada vez mais esse dom, mas é imperioso que estejamos atentos e tomemos alguns cuidados. Perceba que quem não se relaciona se isola e quando nós nos isolamos ficamos vulneráveis. Em razão de algumas dúvidas, eu vou destrinchar um pouco mais esse assunto. As pessoas vulneráveis são aquelas suscetíveis de serem magoadas, ofendidas, ou seja, qualquer coisinha fora do politicamente correto, sendo contrariada, imediatamente descompensa: "*Não quero mais falar contigo*; *estou de mal com você; estou magoada*". Você conhece alguém assim? Por exemplo, eu estou me relacionando com o fulano, aí o fulano falou algo que eu não gostei; por esse motivo eu falo: "*Não quero mais papo contigo, você é muito babaca!*" Em razão disso, eu construo um muro para me proteger do fulano. Logo em seguida eu começo a me relacionar com o ciclano, papo vai papo vem, o ciclano disse algo que eu não concordo; por esse motivo eu falo: "*Não quero mais papo contigo, você é um idiota!*" Em razão disso, eu construo um muro para me proteger do ciclano. Em seguida, eu começo a me relacionar com o beltrano, e assim vai... Você está percebendo o que acontece? Eu fico isolado, deprimido, sozinho e vulnerável pelos muros que eu mesmo construí. É fundamental que nós aprendamos a construir pontes, ao invés de muros. O sujeito falou algo que eu não concordo, eu falo: "*Cara, eu vou pensar a respeito! Talvez você tenha razão!*" E, se for o caso, aguardo o momento oportuno para retomar aquele diálogo; o tempo passa, eu reflito, talvez agora eu tenha adquirido mais base, mais fundamento para convencê-lo ou realmente chegar à conclusão, que ele tinha razão.

Normalmente, faz parte da nossa natureza humana, nós pensarmos que as deficiências são dos outros e não nossas. Nós gostamos sempre de puxar a sardinha para o nosso lado. Sabedores disso, é necessário refletirmos; avaliarmos e analisarmos com bastante cuidado antes de julgar, sabe por quê? A deficiência pode ser nossa; veja o exemplo abaixo:

Um senhor, pelo WhatsApp, marca uma consulta para a sua esposa.
A secretária pacientemente digita:

- *Qual o problema da sua esposa?*
- *Surdez; não ouve quase nada!*

- *Então o senhor vai fazer o seguinte, antes de trazê-la, faça um teste para facilitar o diagnóstico do médico. Sem que ela perceba, faça uma pergunta clara e em bom tom. Aproxime-se de sua esposa, gradativamente, fazendo a mesma pergunta até que ela lhe responda; anote a que distância ela conseguiu ouvi-lo. Quando vier, diga ao médico a que distância o senhor estava quando ela o ouviu. Certo?*

E o senhor digitou:
- *Está certo! Muito obrigado!*

À noite, quando a mulher preparava o jantar, o simpático senhor decidiu fazer o teste. Mediu a distância que estava em relação à mulher, e pensou:

Estou aproximadamente a 15 metros. Vai ser agora.
- *Minha velha, o que temos para jantar?* Silêncio!

Agora estou a 10 metros de distância.
- *Meu amor! O que temos para jantar?* Silêncio!

Agora estou a 5 metros de distância.
- *Querida! O que temos para jantar?* Silêncio total!

Por fim, encosta-se às costas da mulher e volta a perguntar:
- *Maria! O que temos para jantar?*

- ***Frango! Frango! Frango! Frango!*** *É a quarta vez que eu respondo homem de Deus!*

Portanto vou reiterar; normalmente, faz parte da nossa natureza humana, nós pensarmos que as deficiências são dos outros e não nossas. Nós gostamos sempre de puxar a sardinha para o nosso lado. É necessário nós refletirmos antes de julgar, antes de criticar uma vez que nós podemos estar equivocados; aliás, sinceramente equivocados, não é verdade? Perceba que a deficiência pode ser nossa. Realmente nós somos complicados! Conscientes disso, é necessário que nós saibamos reconhecer as nossas limitações, os nossos erros, as nossas fraquezas, enfim, as nossas deficiências.

Quando nós estivermos gerenciando um comportamento inconveniente, não importa de quem seja, nós precisamos refletir se aquele comportamento foi provocado pelas nossas atitudes ou pela nossa postura. Comportamento Gera Comportamento! Agora; existem comportamentos inconvenientes que precisam ser gerenciados ainda com mais sensibilidade e inteligência. Muitas vezes, por falta de visão, sobretudo por falta de sensibilidade, perdemos grandes oportunidades, desmotivamos pessoas e destruímos grandes talentos. É preciso que nós consigamos analisar e avaliar, além da questão da ajuda e da cooperação; nós precisamos ir além da empatia, é preciso que nós desenvolvamos o sentimento de compaixão pelo outro. Compaixão significa "sofrer com", que acarreta como consequência: analisar, avaliar, observar e perceber de verdade, o outro.

Com relação a não enxergar o óbvio, trata-se de um comportamento inconveniente mais comum do que nós podemos imaginar. Por mais absurdo que possa parecer, sobretudo os jovens, têm muita dificuldade de enxergar o óbvio; cabe a nós, pais, professores, responsáveis, retirar a venda dos seus olhos com certo cuidado. Meus pais me amavam muito; tenho certeza disso, mas me criticavam quando percebiam que eu não estava enxergando o óbvio e, de certa forma estava sendo ingrato. Eu amo os meus filhos, por isso também faço minhas críticas quando é necessário. As críticas são fundamentais para nossa evolução. Nós apenas, precisamos aprender a "ouvir críticas" para "evoluir como pessoa" e, também, a "emitir críticas" para não "destruir pessoas". Isso precisa ser entendido por inteiro. Eu conheço muitas pessoas excelentes tecnicamente, mas que pecam nesse aspecto. Eu sempre opto pelas histórias, em razão dos exemplos; eles nos ajudam a enxergar com mais clareza, muitas vezes o óbvio.

Um Jovem se candidatou a um cargo bacana numa grande empresa, passou pelas entrevistas iniciais e agora só precisava conhecer o Diretor da empresa para a entrevista final.

O Diretor analisou seu currículo, viu que era excelente e fez algumas perguntas:
– *Você recebeu bolsa para financiar seus estudos?*
– *Não senhor.*
– *Foi seu pai que pagou pela sua educação?*
– *Foi sim, foi o meu pai.*
– *Onde seu pai trabalha?*
– *Meu pai é ferreiro.*

O diretor pediu ao jovem para mostrar suas mãos. O jovem mostrou um par de mãos suaves e perfeitas.
– Você, alguma vez já ajudou seu pai no seu trabalho?

– Nunca. Meus pais sempre me incentivaram a estudar e a ler muitos livros. Além disso, meu pai faz esse trabalho muito melhor do que eu, senhor.

O Diretor lhe disse:
– Eu vou lhe fazer um pedido e preciso que você me atenda na íntegra. Ao chegar em casa hoje, lave e observe as mãos do seu pai e limpe a sua oficina; amanhã de manhã venha me ver.

O jovem sentiu que a sua chance de conseguir o trabalho era alta! Ao chegar em casa, foi ao encontro do seu pai e pediu para que ele o deixasse lavar suas mãos. Seu pai achou estranho, mas com uma mistura de sentimentos permitiu. O rapaz lavou as mãos do seu pai lentamente. Foi a primeira vez que notou como as mãos do pai eram fortes, calejadas e tinha algumas cicatrizes. E, também, foi a primeira vez que o rapaz se deu conta do significado daqueles calos e marcas. Seu pai trabalhou anos, para pagar seus estudos. Esse foi o preço que o seu pai pagou por sua educação, suas atividades escolares, seu futuro. Depois de limpar as mãos do seu pai, o jovem ficou em silêncio; refletindo. organizando e limpando a oficina. Naquela noite, pai e filho conversaram por um longo tempo.

Na manhã seguinte, o jovem foi ao encontro do Diretor. O diretor logo percebeu que a ficha havia caído:
– Você pode me contar o que você aprendeu ontem na sua casa?

O rapaz respondeu:
– Ao lavar as mãos do meu pai e, também, ao ajudá-lo a limpar sua oficina, reconheci que sem ele eu não seria quem eu sou hoje; agora percebo o duro que ele deu para que eu pudesse estudar e vencer. Aprendi a importância e o valor de uma família.

O diretor disse:
– Isso é o que eu procuro na minha equipe. Líderes! Quero contratar alguém que consiga valorizar e ajudar os outros. Alguém que reconheça o trabalho e o sofrimento dos outros, que faça o que é certo e que não coloque o dinheiro como seu único objetivo na vida. Você está contratado!

Capítulo 52

Não Estamos no Mesmo Barco

Neste quinquagésimo segundo capítulo, temos como objetivo específico, identificar e dar pelo menos dois exemplos de comportamentos inconvenientes que podem nos confundir e nos envolver durante as análises e avaliações de riscos.

Não sei se procede, mas outro dia eu li uma reportagem onde um jovem na Índia, jogou a sua BMW num rio em protesto ao pai que recusou trocá-la por uma Ferrari. Uma criança que não foi devidamente educada, que foi superprotegida na infância e na adolescência, geralmente torna-se um adulto individualista, e como nós sabemos, individualismo é uma doença da personalidade; torna-se, portanto, um ser humano despreparado e extremamente inconveniente. São pessoas que ignoram, naturalmente, os esforços dispendidos pelos pais para que eles tenham sucesso. Na verdade, é um comportamento inconveniente dos pais que culposamente, ou seja, sem intenção acabam destruindo os próprios filhos.

Esse tipo de comportamento inconveniente é facilmente evitado, quando os pais desde cedo ensinam as crianças o valor do trabalho, através de pequenas tarefas do dia a dia. Eu me lembro bem da minha infância, nós estudávamos e brincávamos sem qualquer problema, mas todos nós tínhamos as nossas obrigações, as nossas tarefas. Eu me lembro que a vassoura era enorme, nós varríamos a casa, lavávamos o banheiro, lavávamos as louças, nós aguávamos as plantas, varríamos o quintal. Eu me lembro ainda que nós cuidávamos das nossas pequenas hortas de batata, amendoim, tomate, salsa e cebolinha; enfim, essas "atividadezinhas" do dia a dia que muitos desprezam, consideram bobagem. Eu estou convencido de que a criança precisa ser sensibilizada e conscientizada de que as coisas não são fáceis, que dinheiro não cai do céu, que vaca não dá leite; lembra do Cortella? É preciso derramar sangue, suor e as vezes lágrimas, se não, nada feito, nada acontece. Nós já abordamos em capítulos anteriores, aquela postura, aquele comportamento inconveniente, de nós julgarmos os outros. Cada um de nós sabe da sua vida, cada um de nós conhece a sua própria situação. Recentemente eu li e refleti muito sobre um texto, bastante pertinente ao nosso tema; infelizmente de um autor desconhecido. O autor dizia no texto que ficava muito irritado quando alguém estufava o peito e bradava, "*estamos todos no mesmo barco*".

Imagino que para muitos, inclusive para mim, sempre soou como uma verdade absoluta, mas, aprendi que não! Não mesmo! Definitivamente "*Não estamos no mesmo barco*". E eu confesso que, eu Helder Andrade me senti meio que ridículo. Aprendi que nós estamos na mesma tempestade, mas não no mesmo barco. O meu barco pode afundar e o seu não, e vice-versa. Pegando como exemplo a quarentena, o *lockdown*, para os que têm o salário garantido pelo governo, foi ótimo! Espetacular! Como nós recebemos mensagens aos montes, foi um verdadeiro Momento de Transformação! Apenas um Conflito, nós não desistimos e vencemos mais uma tribulação!

O problema é que para muitos, talvez a grande maioria, essa foi uma crise enorme, um verdadeiro escândalo! Enquanto para outros um paraíso, tempo de descanso, férias ilimitadas. Alguns viveram e outros continuam vivendo tempos de tortura: "*Como é que eu vou pagar as minhas contas?*" Enquanto outros estavam preocupados com a ração importada do gato persa que vem da Grécia. Muitos estavam preocupados se teria canjiquinha para comer até o final da semana; se conseguiriam comprar pão, arroz e feijão. Outros estavam no *home office* na cobertura de milhões de dólares, enquanto outros estavam no lixão; de máscara para não serem presos, com medo do governador e do prefeito, catando e comendo restos na lixeira, para sobreviver. Muitos queriam voltar a trabalhar porque a "grana" tinha acabado, enquanto outros queriam matar aqueles que queriam voltar a trabalhar, porque talvez ainda tivessem uma boa reserva de dólares. Alguns bastante otimistas, tinham Fé em Deus e acreditavam que muitos milagres ainda iriam acontecer durante o caos. Outros afirmavam categoricamente que o pior ainda nem havia chegado, e que estaria a caminho uma tragédia ainda mais obscura.

Pois é! Depois de muita reflexão, com essa base, com todo esse fundamento, eu fui obrigado a admitir que realmente nós não estávamos no mesmo barco. Nós estávamos na mesma tempestade, passando pelo mesmo momento, mas com discernimento, compreensão, carências e necessidades COMPLETAMENTE distintas, e saímos cada um de um jeito, de toda essa loucura.

Talvez, após uma profunda reflexão, seja mais do que nunca o momento de nós desenvolvermos aquela visão diferenciada; a de enxergar o invisível e ouvir o inaudível, ou seja, o que está dentro da mente e do coração das pessoas. Momento de nós enxergarmos além do que se vê, além da política, além da religião.

Não podemos ser individualistas, nós não podemos menosprezar a dor do outro, tampouco julgar a «vida boa» do outro, porque nós não sabemos o que o sujeito passou para chegar lá. Assim, não rola nós ficarmos julgando a pessoa que não tem nada; muito menos julgar a pessoa que tem de sobra. Não rola julgar o que quer voltar a trabalhar, tampouco o quer ficar em casa. Como o autor do texto disse, estamos em barcos diferentes! Na mesma tempestade, está certo! Mas, eu posso afundar e você não; e vice-versa. É claro que nós devemos «demonstrar» ao inconveniente que, apesar de tudo, estamos entusiasmados. O inconveniente precisa perceber o nosso entusiasmo; agora cuidado! Não confunda Entusiasmo com Euforia; entusiasmo tem mais a ver com uma «certeza equilibrada» de que vai dar certo! Nós, de verdade, esperamos que este livro ajude você também profissionalmente, mas, sobretudo, ajude você como pessoa, na sua família, com os seus alunos, com os seus amigos.

Certa vez eu li que quando tocamos em algo, deixamos as nossas impressões digitais; mas quando tocamos na vida das pessoas, deixamos nossa identidade. A vida é boa! A vida é bem legal quando nós estamos felizes; mas, é muito melhor quando os outros estão felizes por nossa causa. Conscientes disso, nós devemos trabalhar para que nós sejamos «fonte de inspiração» ao tocarmos no coração das pessoas; sobretudo, no coração dos nossos alunos. Nós, Sylvio e eu, acreditamos que devemos nos esforçar para fazer com que aqueles que nos cercam, sobretudo os nossos alunos, melhorem em todos os sentidos.

Um amigo me disse que fazer o bem é um dom de Deus, e eu não tenho a menor dúvida disso. Nós, gradativamente, estamos evoluindo; aula a aula nós estamos estudando os mais variados tipos de comportamentos inconvenientes e, sobretudo, as «formas» mais eficientes e eficazes para administrá-los. No entanto existem comportamentos inconvenientes extremamente difíceis de serem gerenciados que, se nós não estivermos atentos, eles nos envolvem facilmente e, aqueles que são envolvidos, adquirem o mesmo comportamento inconveniente e, da mesma forma, muito difícil de ser gerenciado. Há algum tempo eu ouvi e guardei comigo uma metáfora, uma comparação bastante didática, que eu achei bem legal.

O sujeito se separa da esposa! Aí conhece uma nova mulher e se casa com ela. Essa «nova mulher» entra para família. Essa "nova mulher" é vaidosa e esbanjadora; vende todos os bens sem que o marido saiba e torra todo o dinheiro «com ele» e «com as crianças». Um dia a "grana" acaba e ela vai embora.

A mãe das crianças retorna para casa e começa a recolocar tudo em ordem, mas com o pulso firme e uma nova realidade no controle de gastos. A molecada, imediatamente, sente falta da madrasta:

– *"No tempo dela é que era legal, a gente se divertia, viajava muito e comprava tudo que a gente queria. Dinheiro não era problema".*

Quanto tempo levará, para que essas crianças cresçam, amadureçam e, quem sabe um dia, olhando para trás, entendam que na verdade a madrasta não trouxe felicidade e sim destruiu a estabilidade da família? Percebam que essas crianças estão sinceramente equivocadas, estão com saudade da madrasta que vendeu a casa e levou todo mundo para se divertir na Disney. Complicado né! Pois é, como eu disse, se nós não estivermos atentos, se não formos meticulosos, rigorosos durante nossas análises e avaliações, nós somos facilmente envolvidos, e uma vez "envolvidos", nós adquirimos o mesmo comportamento inconveniente, extremamente difícil de ser gerenciado.

Nós tínhamos um Curso chamado Formação Especial, o tradicional FE, era um curso caro, com normas rígidas, com duração aproximada de três meses, oito horas por dia, três formaturas por dia (manhã, após o almoço e final do dia) com preleção em todas elas, cobrança o tempo todo, cabelo cortado, barba feita, bigode nem pensar, avaliações diárias, o "caveirinha"– que era um bloquinho com anotações positivas e negativas; vacilou pagava flexão.

No final o aluno era brevetado com o símbolo do FE e, praticamente, já saia empregado. Tínhamos convênio com grandes empresas nacionais e multinacionais, que tinham total interesse no aluno, por conhecer o rigor do curso. O aluno, «todo orgulhoso», tinha vantagem competitiva no mercado. Só determinados instrutores com a Especialização FE, ministravam esse curso. Só que todos os instrutores com o FE estavam comprometidos, e o curso tinha uma data para iniciar. Eu estava num outro projeto; decisão: iniciaríamos com um instrutor "amigo do amigo" e duas semanas depois o instrutor FE assumiria. O instrutor que assumiu, era inexperiente neste curso, mas era legal demais, divertido e bastante político. Sempre liberava os alunos para que pudessem resolver os seus probleminhas diários. Acabou com a Formatura Matinal; convenceu o diretor que era uma perda de tempo. Liberava os alunos para que eles tomassem cafezinho durante as aulas, liberou água e banheiro a qualquer momento, aboliu a flexão de braço que era cobrada em virtude dos erros cometidos pelos alunos, liberou o uso de cabelo grande, barba e bigode. Vocês podem projetar qual foi o resultado? Quando o instrutor FE assumiu duas semanas depois, a reclamação foi geral. Formatura no sol? Em pé? Não mesmo! Cantar o Hino Nacional? Nem pensar! Isso é coisa de milico! (queriam ir direto para o ar-condicionado) Cortar cabelo? Fazer a barba todos os dias? Para que? Ficar em pé, imóvel e com os pés paralelos? Esse instrutor é maluco! Pagar flexão? Isso aqui é quartel? O outro instrutor é que era bom! Enfim! Foi um verdadeiro desastre...

Como eu disse, se na nossa tomada de decisão, não estivermos atentos, se não formos meticulosos, rigorosos durante nossas análises e avaliações, seremos facilmente envolvidos; e uma vez «envolvido», nós adquirimos o mesmo comportamento inconveniente, extremamente difícil de ser gerenciado.

Capítulo 53

Ou Você Congela, Luta ou Foge

Neste quinquagésimo terceiro capítulo, temos como objetivo específico, identificar, projetar e treinar, preventivamente, o seu comportamento para os mais diversos sentimentos, sobretudo, a raiva.

Reiterando, nós temos pouco ou nenhum controle sobre os nossos sentimentos. Quando nós "batemos de frente", quando nós somos confrontados com algo que nós acreditamos que esteja errado, ou fatos que nos desagradam profundamente, ficamos indignados, com raiva. A raiva é um dos sentimentos mais verdadeiros e sem controle que temos, acredite, se você não estiver preparado, se nós não estivermos bem treinados, é muito melhor nós interrompermos, cancelarmos uma atividade, uma reunião, um encontro; enfim, qualquer atividade que nos deixe expostos, com mais intensidade, a esse sentimento.

Nós já vimos que o sentimento de indignação, de raiva ou ódio, é inevitável em razão de uma resposta fisiológica; lembra da produção daqueles hormônios? (adrenalina, noradrenalina, cortisol). Nós não temos qualquer controle sobre os nossos Sentimentos. Nós precisamos entender que são as emoções que nos mobilizam, nos estimulam para a ação. O problema é que elas podem despertar o nosso melhor ou o nosso pior. A inteligência Emocional nada mais é do que a habilidade de nós lidarmos com os nossos feedbacks emocionais e fisiológicos. Se nós não tivermos bem treinados, o nosso comportamento muda; passa a ser outro.

Existe uma região no nosso cérebro, região mesolímbica, às vezes chamada de Via de Recompensa, considerada uma das Vias Dopaminérgicas do cérebro; tem a ver com a Dopamina – hormônio associado a felicidade. Foi comprovado por estudos, que essa região mesolímbica se destaca, se ilumina quando nós vemos uma pessoa "*que nós não gostamos*", se dando mal. Parece algo insano, mas é exatamente assim que funciona; obviamente tem níveis normais e patológicos. Nós somos recompensados! – *com a produção de dopamina* – somos recompensados com aquele estímulo de ver o "*sofrimento alheio*". Complicado né! Mas, nós realmente sentimos felicidade; claro que uma felicidade numa camada mais profunda, mas sentimos! Esse Comportamento da Felicidade tem um nome alemão – Schadenfreude – significa alegria maliciosa. Como nós falamos, trata-se de uma camada da felicidade mais profunda, é aquela sensação de bem-estar quando você vê um "Inimigo" seu se dar mal, se ferrar; inimigo entre aspas.

No UFC, muitas vezes você torce muito por um, geralmente o brasileiro ou aquele que pertence a sua equipe; você torce para que o outro apanhe muito. O "outro" seria seu "inimigo". O interessante é que, realmente, existe uma energia social potencialmente negativa. Assim, por falta de empatia, por falta de conexão emocional com a outra pessoa, algumas pessoas irritam outras, profundamente, para sentirem essa sensação de bem-estar; irritam porque existe uma recompensa! Elas são recompensadas! Parece loucura! Não é verdade?

Na psicologia, temos o BEHAVIORISMO Clássico Metodológico de John Watson e o BEHAVIORISMO Radical de Frederic Skinner. Para Watson o Comportamento é um fenômeno observável, passível de mensuração e concordância entre todos os observadores. Para o behaviorismo clássico, os estímulos ambientais são as causas dos comportamentos. Já Skinner baseia suas pesquisas nas respostas que o indivíduo analisado apresenta. O behaviorismo radical se interessa pela influência que o comportamento exerce na experiência de um determinado sujeito.

O behaviorismo metodológico, é uma área da psicologia que tem o "Comportamento" como "Objeto de Estudo". Apesar de um Clássico e o outro Radical, eles dois (Skinner e Watson) afirmam que "*Nenhum Comportamento é Continuado se não tiver Reforço.*" Se aquele comportamento não tem recompensa ele não continua. A conclusão é que as pessoas "inconvenientemente irritantes" nos irritam porque nós, de uma forma ou de outra, as recompensamos com dopamina, devido uma postura que elas projetam, esperam.

Assim, nós devemos fazer exatamente o contrário daquilo que elas esperam que nós façamos. Certo? Tem uma "terapia" chamada GESTALT que diz o seguinte: A única pessoa capaz de te deixar irritado é você mesmo. Essa terapia procura, de uma forma ou de outra, mostrar a pessoa, ao paciente, que de repente ele está se autossabotando, obviamente isso acaba influenciando o sujeito em tudo o que ele está vivendo. Ao tomar consciência disso, ele retoma o controle da sua vida. As pessoas só fazem conosco aquilo que nós permitimos.

Você se lembra? Nós não temos controle dos nossos sentimentos, mas, podemos treinar o nosso comportamento. O legal é que é possível, através do treinamento, nós nos prepararmos para a raiva (aquela preliminar). Se nós sabemos que vamos nos encontrar com aquela pessoa, sabe aquela pessoa que te irrita profundamente? Ela é dopaminizada quando te irrita. Lembra do Schadenfreude? Nós temos que nos preparar! Congestionamento? Prepare-se! É uma questão de Condicionamento. Se aquela possibilidade existe, 'Prepara-te para a Guerra!' Gradativamente nós vamos fazendo as conexões com tudo que nós vimos até agora.

As Cinco linhas de ação devem ser praticadas, treinadas; é fundamental que você saiba, que você tenha consciência de que nada, absolutamente nada vai eliminar aquele seu sentimento. Nós não temos controle! São efeitos hormonais! O único remédio é o tempo; portanto aguarde! Use aquela técnica da respiração/oxigenação lembra? Como um meio auxiliar para voltar a calma.

Inspire e expire profundamente, mas rápido, por 5 vezes consecutivas; após, inspire profundamente, prenda o ar por quatro segundos e solte devagar; faça isso 3 vezes de forma consecutiva. Espere alguns segundos e, se ainda precisar, repita o processo...

E tudo isso deve ser feito no estresse, na busca da melhor opção de ação para aquele momento. Portanto, Reconheça; não reaja pelo impulso, conte até 1 milhão, devagar, mas, concomitantemente com a Técnica da Oxigenação. Nós já falamos inúmeras vezes da HOMEOSTASE. A homeostase ocorre em todo o organismo, todos os mecanismos vitais, por mais variados, por mais complexos que sejam, existem e trabalham para a ‹manutenção da estabilidade› das Condições do Meio Interno. É exatamente o que o organismo necessita para realizar suas funções adequadamente, para o Equilíbrio do Corpo.

Assim, se o nosso corpo, por algum motivo, está repleto de hormônios que nos deixam profundamente irritados, com ódio, com raiva, esse mesmo corpo, já, já! irá providenciar a liberação de hormônios que irão contrabalançar, equilibrá-lo. Ele precisa apenas de tempo. Se você tem consciência disso, é claro que fica muito mais fácil administrar aquela situação «insana» da melhor forma. Seja paciente e acredite que é apenas uma questão de tempo! Você se lembra do sistema nervoso simpático e parassimpático (um excita o outro relaxa). O Sistema Nervoso Simpático é responsável pelas alterações no organismo em situações de estresse ou emergência, deixa o sujeito em estado de alerta, preparado para lutar ou fugir. O Sistema Nervoso Parassimpático faz o organismo retornar ao estado de calma, inclusive controla a respiração, reduz: a frequência cardíaca, a adrenalina, o açúcar no sangue, reduz a pressão arterial.

Vamos relembrar Gandhi? "*A Não Violência nunca deve ser usada como um escudo para a covardia; é uma arma para os bravos.*" O nosso comportamento precisa ser condicionado. Esteja sempre preparado para o pior; espere o melhor, mas preparado. Faça daquele limão uma limonada. Nós sabemos que o primeiro passo é reconhecer, admitir, aceitar as diferenças e aprender a conviver com elas. Quando o comportamento inconveniente é a calúnia, quando nós lidamos com pessoas que tentam nos caluniar, é claro que a resposta fisiológica é imediata, o nosso sentimento não é legal. Quando nós estamos lidando com um sujeito inconveniente que nos conhece, nós nunca podemos nos esquecer de "quem nós somos". Todos sabem quem nós somos, inclusive o inconveniente. Então simplesmente não aceite as calúnias; ele, o inconveniente, não pode usar uma calúnia contra você, a não ser que você permita. Essa sua "armadura" ninguém pode tirar de você; só você mesmo. Nós precisamos treinar o tempo todo, desenvolver a todo o momento, sem pressa, o nosso Poder de Persuasão.

Perceber as emoções das pessoas é uma questão de treinamento. A comunicação Não Verbal, ou seja, a nossa linguagem corporal e as expressões faciais, precisam ser trabalhadas o tempo todo. Nós precisamos demonstrar confiança; portanto, demonstre confiança, sempre! A tendência é nós falarmos muito rápido e atropelarmos quando nos sentimos ansiosos e, em razão desse detalhe, nós acabamos comprometendo, além da confiança, a Presença Física que está respaldando a Verbalização. Assim, no gerenciamento, procure falar mais devagar; as chances de ser assertivo aumentam bastante.

Nós estamos falando de Gerenciamento de Comportamentos Inconvenientes, mas, de repente, o gerenciamento envolve mais pessoas e, num ambiente, talvez mais elitizado! Não necessariamente será no trem, no metrô; não é verdade? Nesse caso, falando pausadamente, teremos inclusive, muito menos riscos de cometer erros gramaticais, de concordância, de verbalização. Nós já estudamos a comunicação Paraverbal; você se lembra? Assim, uma observação também muito importante é, sabermos usar o silêncio; usar essas pausas é uma excelente estratégia de comunicação para transmitir confiança. Quando essas pausas são bem aplicadas, elas valorizam sobremaneira, o que está sendo dito. Podem inclusive agregar emoção, se for o seu objetivo.

Como você pode perceber, o GPCI é o que existe de mais moderno em Autodefesa; uma autodefesa diferente, recheada de Sabedoria e Elegância, com foco na Inteligência Emocional e Segurança Pessoal. Um conjunto de Técnicas de Comunicação Verbal, Não Verbal e Paraverbal, aliadas as Estratégias de Segurança e a Autodefesa do Jiu-Jitsu Brasileiro, que de fato fundamentam a capacidade de nos relacionarmos com o público de uma maneira geral, com gente. As nossas expressões faciais, a forma como nós olhamos para as pessoas, os nossos gestos respaldados pela nossa postura, pelas nossas atitudes, é que consolidam a Comunicação Não Verbal aliada a Presença Física – Cabeça elevada, peito para fora, barriga para dentro, pés paralelos, abdômen contraído, reto, obliquo e transverso do abdômen bem trabalhados, não cruze os braços, evite a mão na cintura, não fique encostado.

Se nós não temos esses hábitos, nós precisamos mudar! Se os nossos alunos não têm esses hábitos, eles precisam mudar. Nós até podemos colaborar, é verdade, mas, nós só vamos conseguir dar uma "forcinha"; porque ninguém muda ninguém, nós mudamos. Quando nós chamamos a atenção dos nossos alunos por isso, normalmente eles ficam incomodados; é assim com todo mundo. Perceba o seguinte: As pessoas tendem a não confiar nas pessoas que não passam segurança, que não transmitem segurança. Os nossos alunos precisam ser conscientizados sobre isso. Com relação a Verbalização, as palavras precisam ser bem pronunciadas, bem articuladas – Alto, claro e em bom tom! Isso gera confiança.

Mesmo que nós estejamos com medo, nós precisamos mascarar o medo; de que forma? Com a nossa condição técnica e física. As pessoas não precisam saber que você está com medo, e elas só saberão se você contar; também é treinamento! Uma vez eu chamei um soldado, muito bom técnica e fisicamente, que estava entrando em pânico na véspera do seu 1º salto; e eu falei detalhadamente, expliquei exatamente isso a ele. A mudança de comportamento foi incrível!

Algum tempo depois, por acaso, lembrei-me daquele soldado. Chamei-o e perguntei se o medo havia desaparecido; ele disse que não, mas acreditou no que eu disse e estava seguindo meu conselho. Com certeza ele acreditou mais no eu falei, do que eu mesmo! Eu quero que você perceba que até eu havia me esquecido. Quando meu filho pela primeira vez, sozinho, precisou andar de metro, eu disse: *"Você é inteligente e esperto, vá tranquilo!"* Eu falei, ele acreditou e foi, mas confesso que depois que ele saiu, não passava nem agulha! Não que nós não acreditemos no que nós falamos, mas é preciso que os nossos filhos, os nossos alunos, acreditem mais naquilo que nós falamos, do que nós mesmos.

Por pior que seja a situação, avalie o emocional das pessoas e controle a situação. O medo sempre promove três situações devido a grande quantidade de adrenalina e noradrenalina lançadas na corrente sanguínea: ou você congela, ou você luta ou você foge. E essas três situações não colocam você em consonância (harmonia) com as Necessidades Estratégicas, no modo equilibrado, racional. Você vai agir de acordo com a sua condição reflexa, vai agir de acordo com o que você treinou. Em determinadas situações nós devemos usar da Verbalização Criativa. Você se lembra qual o objetivo da Verbalização Criativa? O objetivo é liberar as "emoções positivas" de uma boa piada (seria liberar a dopamina, a endorfina), de uma boa risada, isso vai deixar ambos, um pouco mais relaxados, menos destrambelhados para que você crie empatia, e consiga raciocinar e agir com competência naquele momento crítico, difícil.

A dopamina é um neurotransmissor do Sistema Nervoso Central. O que é isso? Atua como um mensageiro químico regulando funções como a memória, o sono, o estado de humor, a frequência cardíaca, a atividade motora, mas sobretudo, a *cognição e a conduta.* A endorfina também é um hormônio (bem-estar), assim como a noradrenalina, a acetilcolina. Fazendo um resumo, quando nós liberamos dopamina, esses hormônios neurotransmissores do Sistema Nervoso Central, você racionaliza melhor e, obviamente, vai poder tomar a melhor decisão.

Vale ressaltar que durante o GPCI, o inconveniente vai sempre tentar nos testar emocionalmente e, se por falta de empatia, sua/nossa, nós não respondermos emocionalmente como ele espera, ele sentirá que precisa nos colocar no Estado Emocional; consequentemente, ele perde o Emocional e entra no Racional. E não é isso que nós queremos; nós não queremos que ele saia do Emocional e entre no Racional. Quando nós colocamos uma pessoa no Estado Emocional, quanto mais emotiva ela ficar, mais as regiões do Sistema Límbico, amígdala e giro do cíngulo contribuirão fisiologicamente, para redução da Razão. Enquanto o Córtex tem um controle mais racional, o Sistema Límbico é responsável pelas Emoções e Comportamentos Sociais. O Sistema Límbico é o sistema de autopreservação e autopreservação da espécie. Como eu disse, acontece uma Vaso Constrição no Córtex, e o Sistema Límbico entra em ação e vai orientar o foco daquela pessoa apenas pela Emoção. Significa que nós reduzimos a Razão dela, assim fica muito mais fácil induzi-la, para que ela consiga acatar a nossa solicitação.

Saber "O que" o inconveniente quer, perceber "O que" o inconveniente está sentindo, e se adaptar a sua linguagem corporal – obviamente consciente da nossa linguagem corporal – e, também, "saber se adaptar" ao estilo verbal do inconveniente, é importante demais para que nós tenhamos êxito no GPCI – É preciso o envolvimento emocional.

Se adaptar ao "Estilo Verbal" do inconveniente, não é nada fácil. Nós precisamos perceber o momento exato, tem um "Time"; nós precisamos perceber "se é o caso" falar àquela linguagem. EMPATIA purinha! Perceber e falar o que o inconveniente quer ouvir, é tudo de bom!

Capítulo 54

Risco de Morte Iminente - OODA

Neste quinquagésimo quarto capítulo, temos como objetivo específico, identificar, estudar e explicar como devemos nos capacitar, em termos de Autodefesa, para uma situação real.

A nossa Habilidade aliada ao Conhecimento Anatômico e Fisiológico, determinam a Eficiência e a Eficácia da Técnica, ou seja, nós somos mais eficientes e eficazes, alinhando o nosso Conhecimento de Anatomia Humana e Fisiologia, a um Treinamento Técnico e Físico de Autodefesa, o mais próximo possível da realidade. Isto posto, cabem duas perguntas: *Como nos capacitar? Como capacitar os nossos alunos para uma situação real?*

O conceito de OODA Loop foi criado nos Estados Unidos da América, pelo coronel Jonh Boyd, que pertencia a tripulação de caças da Força Aérea dos USA, como fator preponderante quando se trata de *tomada de decisão* e *sobrevivência*; observar e se antecipar ao "inimigo" é fundamental para que tenhamos êxito na "guerra". O OODA – Observar, Orientar, Decidir e Agir, é passado de forma insistente, persistente, e na exaustão do treinamento para Profissionais de Segurança Pública e Privada.

- *Observe atentamente! Faça uma Análise e Avaliação;*
- *Oriente-se! Faça o Giro do Horizonte;*
- *Decida-se! Tome a Melhor Decisão;*
- *Aja! Parta para a Ação.*

Nas Forças Armadas, na Polícia, na Segurança Privada, obviamente respeitando as suas particularidades, nós usamos e falamos sobre a importância do *Ciclo de OODA* (Observar, Orientar, Decidir e Agir); no entanto, esse *Protocolo de Segurança* serve para a nossa vida, serve para tudo. Precisamos treinar nossa mente para aprender a identificar com velocidade uma possível ameaça, e sobretudo, aprender a reagir e a responder prontamente, através das nossas habilidades. Não estamos falando de nenhum bicho de sete cabeças, mas de algo que nós já fazemos no nosso dia a dia, mas sem a preocupação de ganho de qualidade, de velocidade, de qualidades físicas, enfim, de melhorar em todos os sentidos. Esse protocolo de segurança, já que está no sangue, deve ser desenvolvido no dia a dia, para ser feito num piscar de olhos; cada segundo importa, e muito! Você precisa, através do treinamento diário, fazer com que ele se torne a sua *Segunda Natureza de Comportamento.*

No próximo capítulo falaremos detalhadamente de *consciência situacional*, mas como primeiro passo aprenda e treine *observar*, use a sua inteligência para analisar e avaliar o seu ambiente. Procure observar o que está acontecendo ao seu redor, não se trata de nenhum Transtorno de Personalidade Paranoide, não despreze o significado e o significante das coisas, não se distraia quando estiver num ambiente estranho, o treinamento diário levará você, inclusive a se divertir como qualquer outra pessoa, mas de forma diferenciada; o inconsciente estará engatilhado, caso haja necessidade de reação. É exatamente por esse motivo, e nós estamos falando de treinamento, que nós devemos sempre nos posicionar estrategicamente, para que sejamos capazes de aproveitar melhor aquele campo visual privilegiado, e não por estarmos devendo algo, ou por termos sido ameaçados, ou ainda por estarmos com medo; trata-se de treinamento, e ninguém é bom naquilo que não pratica.

Nenhum de nós está livre de viver uma "inesperada tragédia", seja no interior de um restaurante, ou numa casa de show, ou em qualquer outro ambiente, assim, é aconselhável que adotemos medidas e atitudes preventivas, tais como posicionar-se estrategicamente ao identificar as entradas e saídas de emergência, os extintores de incêndio, a segurança existente. É, também, fundamental que observemos o comportamento das pessoas, sobretudo os anormais, aqueles que não são coerentes com o ambiente ou com a situação. Estamos falando do olhar, da vestimenta, da face, das expressões; estamos falando da leitura do ambiente.

Ao longo de todos os anos de experiência com Autodefesa e Segurança Privada, é uma característica nossa; minha e do Sylvio, Observar, Orientar, Decidir e Agir nas mais diversas situações. Foram dezenas de centenas de alunos, ao longo dos anos, contando suas experiências e suas histórias incríveis; e nós, sempre ouvíamos e ouvimos até hoje, com toda a atenção possível essas histórias enriquecedoras; às vezes gravando, filmando, outras vezes anotando, outras memorizando, sobretudo, o *Modus Operandi de Criminosos*, relatados pelos nossos alunos, nas mais diversas situações. Histórias envolvendo criminosos e crimes de todos os tipos e, acredite, não foram poucos os casos relatados. Nós ouvíamos, e ouvimos ainda com toda a atenção, as malandragens, as inconveniências, mas sobretudo, a maneira como agiam e agem, como pensavam e pensam; como raciocinavam e como raciocinam atualmente.

A dica é a seguinte: *Jamais despreze as histórias que te contam; procure registrá-las sempre. Analise e avalie cada uma delas; elas são preciosas demais. Tente sempre aprender com elas; use-as a seu favor e faça isso tecnicamente.*

O legal é que tudo isso era relatado com detalhes durante as aulas, e nas incontáveis dinâmicas de grupo, que eram transformadas em Trabalho de Conclusão de Curso, que eles "apresentavam" e "representavam", fazendo no final do trabalho, o desfecho com suas próprias conclusões. É por isso que nós usamos toda essa experiência, para colocar você o mais próximo possível da realidade. É interessante que você saiba que o nosso Inconsciente não difere a "Fantasia" da "Realidade". Segundo Freud, o *Inconsciente* é um conceito essencial na *Psicologia* e na *Psicanálise*, mas é difícil demais definir. Os nossos instintos mais primitivos, estão superbem guardados na nossa mente. Estão quietinhos; sabe por quê? Porque a família, a religião, a sociedade, talvez a escola (pelo menos deveria) contribuem, de uma forma ou de outra, para que esses instintos fiquem adormecidos; numa espécie de hibernação.

Assim, o *Consciente* assume o comando da nossa agressividade, dos nossos medos e dos nossos impulsos; mas, ELES (os instintos mais primitivos) estão ali no *Inconsciente*, aguardando apenas o alarme, o acionamento do gatilho. E o acionamento desse gatilho, pode ser algo muito bom, eficiente e eficaz, capaz de salvar a sua vida, ou um verdadeiro desastre; podendo inclusive destruir a sua vida. Para que esse acionamento não aconteça errado, de forma destrambelhada, nós precisamos treinar no Alto Rendimento, Adrenalizado. Nós já vimos que, quando nós treinamos, nós precisamos criar situações bem próximas a realidade, para que o nosso Sistema de Autopreservação, Sistema Límbico, interprete e entenda que "Aquilo é Real".

No treinamento, nós precisamos ter a certeza de que aquela técnica funciona de verdade. É por isso que nós precisamos entender o Conceito da Técnica. O Mestre Sylvio Behring sempre fala sobre isso. Não basta eu executar a técnica, fazer o movimento; eu preciso entender por que ela funcionou e, porque ela não funcionou. Onde e porque eu acertei e, onde e porque eu errei. Parece bobagem, mas é um Grande Segredo! Você também precisa ter consciência de que os movimentos técnicos, não funcionam 100% com todo mundo, isso devido a inúmeros fatores, sejam eles orgânicos, estrutura óssea, estrutura ligamentar, muscular, fisiológica; assim, você precisa treinar sempre um plano B, C, D, quem sabe E; para situações inusitadas.

Outra coisa muito importante é que o seu parceiro de treino precisa estar alinhado com você; ele não deve facilitar, tampouco impedir que você descubra "porque funcionou" e "porque não funcionou". Não basta saber fazer o movimento técnico, você deve sempre tentar descobrir o conceito daquela técnica. Se o seu Parceiro de Treino é fraco, você precisa ser ainda mais perspicaz; você precisa suprir a deficiência dele e ajudá-lo. Você precisa ser Muito Melhor! Não muito melhor do que ele, mas muito melhor para ele; aí sim, você aprenderá de verdade! *Só quando nós ensinamos, é que nós aprendemos de verdade!* Quer um conselho? Não subestime essa dica.

Como nós já vimos, já estudamos, nós, gradativamente, precisamos ir nos acostumando com aquela carga energética de adrenalina. É legal que nós saibamos que, no Estresse ou no Medo, um estímulo é enviado ao Hipotálamo, que libera CRH (O CRH é o Hormônio Liberador de Corticotrofina). Acredite, nada disso é complicado, é apenas uma questão de intimidade com os nomes. Esse Hormônio o CRH, lançado na corrente sanguínea, vai até a Adeno-Hipófise, e estimula a produção do Hormônio ACTH, chamado Corticotrofina, que por sua vez cai na corrente sanguínea e chega até as Glândulas Adrenais, também chamadas de Suprarrenais (a gente sabe que são duas) uma em cada rim, certo? Estimulando a produção do Cortisol e Adrenalina.

A luz solar é um fator estimulante, mas o Estresse e o Medo, talvez sejam os estímulos mais conhecidos para a secreção hormonal. Esse treinamento no Estresse ou no Medo, é fundamental para que nós sejamos eficientes e eficazes nesses momentos críticos. A verdade é que nesses momentos, o que prevalece é a Condição Reflexa que nós adquirimos nos Treinos de Alto Rendimento, nos treinos de alta performance. Muitos policiais linhas de frente, mas também criminosos, lutadores de rua, TÊM esse treinamento. O treinamento deles é sempre real, eles desenvolveram e desenvolvem essa Expertise Emocional, esse treinamento no "Adrenal Dump"; treinamento com essa carga energética de Adrenalina.

É legal que você também tenha consciência, que muitos lutadores de rua, saem, vão para rua para brigar. Mas, não brigam com qualquer um; eles analisam e avaliam uma possível vítima. Eles fazem uma análise e avaliação dos riscos daquela ação inconveniente. A abordagem só acontece quando eles acham que têm grandes chances de se dar bem; eles avaliam o seu estereótipo, a sua fragilidade. Se eles perceberem que as «chances de êxito» são poucas, eles simplesmente abortam aquela intenção. É exatamente por isso que nós trabalhamos tanto a Presença Física; a Sensação de Segurança que nós transmitimos.

Agora, se você já estiver vivendo a situação, sem chances de verbalizar, com "*risco iminente*", é você que precisa e que vai definir, se o risco é grave o suficiente, para que o gatilho emocional seja ativado. Isso se adquire com treinamento!

É fundamental que nós estejamos sempre focados, ligados, atentos. Como nós já falamos, criminosos sempre avaliam o risco. As pessoas mais vulneráveis, são as mais desatentas, aquelas que estão completamente desligadas, no mundo da lua e, sobretudo, com uma Presença Física frágil, vulnerável. Se você tem uma postura frágil, reconheça de forma consciente e equilibrada essa deficiência e, mãos a obra. Trabalhe essa sua postura, usando todos os meios necessários; seja com correção e conscientização postural, através da musculação, da suplementação alimentar ou dieta; no caso de obesidade. Mas, não procrastine o que precisa ser feito, aquilo que é necessário. Afinal de contas, nós estamos falando da sua Segurança e consequente Saúde Física e Mental. Nós precisamos sempre, através da empatia, buscar entender como os Inconvenientes, os Agressores, os Criminosos pensam; só assim, nós vamos conseguir treinar o mais próximo possível da realidade, de acordo com o perfil que nós tivermos que gerenciar.

Se eu estiver correndo *Risco de Morte*, não importa se eu vou levar um soco, uma paulada, uma facada ou mesmo um tiro. O fato é que, já que eu corro *Risco de Morte*, eu preciso tentar *sobreviver*. Eu preciso agir o quanto antes, no menor tempo possível, eu preciso agir na minha Condição Reflexa; adquirida no treinamento de Alta Performance. Percebeu?

Para fechar esse assunto, nós precisamos entender que, especificamente nesses casos, a cada segundo perdido, de acordo com especialistas, as nossas chances de êxito são reduzidas drasticamente; tipo 30% por segundo. Por isso o tempo é realmente precioso!

Capítulo 55

Consciência e Equilíbrio Situacional

Neste quinquagésimo quinto capítulo, temos como objetivo específico, identificar e explicar o que seria negligenciar a ética e ensinar técnicas de autodefesa, sem se preocupar com a base.

Nós vamos tratar de um tema muito interessante e extremamente importante. Nós vamos falar do treinamento de uma habilidade que todos nós temos, mas normalmente nós não desenvolvemos e, tampouco damos a atenção que ela merece; nós estamos falando da Consciência Situacional. Como vimos no capítulo anterior ao estudarmos o OODA, ser observador é ponto facultativo para desenvolvermos a nossa Consciência Situacional. Certamente você está focado na leitura deste capítulo, mas você é capaz de descrever, com precisão, o ambiente que você está? E ainda, o que está acontecendo e pode acontecer, atrás de você? Ou do seu lado direito ou esquerdo? Para melhorar a nossa Consciência Situacional, nós podemos e devemos trabalhar a nossa visão periférica, que é a habilidade da visão de perceber o que está fora do foco principal de visão. A nossa Consciência Situacional, precisa ser desenvolvida no dia a dia. Nós podemos desenvolver Consciência Situacional, nas atividades do dia a dia, dirigindo, a pé, no metrô, no restaurante, no esporte, mas é necessário que nós estejamos conscientes de que é um treinamento; a habilidade, nós adquirimos naturalmente.

Perceba que uma pessoa destrambelhada, sobretudo num ambiente desconhecido, bate em tudo, derruba as coisas, tropeça. Nós percebemos rapidamente, através da postura, do olhar, das atitudes, do comportamento, que ela não está com a sua Consciência Situacional Conectada, ela não tem, por algum motivo, noção plena do que há de relevante naquele ambiente. Perceba que nós precisamos desenvolver essa habilidade no nosso dia a dia, nós precisamos treinar, sobretudo, ao entrar num ambiente desconhecido. Num lugar estranho, observe os obstáculos, as escadas, os acessos e, sobretudo, *onde*, *como* e *por onde eu vou*. Perceba que o interessante para gente é que, além de nós desenvolvermos Consciência Situacional, é que nós desenvolvamos, também, a habilidade de perceber a Consciência Situacional das Pessoas.

Como profissionais, ao longo da caminhada, a gente vai entendendo como é fundamental estarmos atentos, conscientes, inclusive para nossa própria sobrevivência. É aquela história, você se lembra daquelas seis perguntinhas básicas de segurança? *O que; Onde; Quando; Quem; Como e Por quê?*

- *O que eu devo fazer*, se acontecer o que eu estou achando que pode acontecer?
- *Para onde eu devo correr*, caso aconteça o que eu estou prevendo que pode acontecer?
- *Quando, em que momento eu deverei agir*, caso aconteça o que eu estou achando que vai acontecer?
- *Quem eu devo acionar*, caso aconteça o que eu estou achando que pode acontecer?
- *Como eu devo me posicionar*, caso aconteça o que eu estou achando que pode acontecer?
- Porque eu devo agir dessa forma, caso aconteça o que eu estou achando que pode acontecer?

Fazer-se essas perguntas naquele momento crítico, controlando a respiração, é uma técnica que não pode ser desprezada, subestimada. Você precisa estar comprometido, por inteiro, com o inconsciente da mente, sobretudo, com aquilo que você articulou com o consciente da sua mente. Nós sabemos que é algo fisiológico, uma explosão de adrenalina; hormônios foram lançados na corrente sanguínea. Em razão deste jato de adrenalina produzido e lançado na corrente sanguínea, precisamos de tempo para que o próprio organismo produza hormônios capazes de equilibrar o corpo; isso é a *homeostase*! Homeostase, é um termo criado por Walter Cannon, pode ser definida como a *habilidade de manter o meio interno em um equilíbrio quase constante, independentemente das alterações que ocorram no ambiente externo.* O meio interno, por sua vez, é definido como os fluidos que circulam pelas nossas células, o chamado líquido intersticial.

É assim que nós desenvolvemos linhas de ação diferenciadas, e nos tornamos capazes de decidir como devemos nos comportar diante situações críticas. Essa tomada de decisão acontece numa fração de segundos, mas acontece em razão de um treinamento diário, ao longo dos meses, ou quem sabe dos anos. Esse treinamento nos permite agir com naturalidade, qualidade e velocidade, quando vivenciamos, quando experimentamos um *momento crítico real.*

Durante o treinamento, é importante entender que não basta ter uma experiência próxima a realidade, nós precisamos aprender a *sentir a situação real* durante o treinamento. A consciência situacional é uma herança genética, uma vocação que precisa ser aperfeiçoada durante as nossas atividades do dia a dia; um pouquinho todos os dias, insistentemente em doses homeopáticas.

Agora que você entendeu o que é *Consciência Situacional*, nós vamos falar de *Equilíbrio Situacional*, pois os dois precisam andar juntos. Imagine a seguinte cena: Uma família: pai, mãe e três filhos adolescentes dentro de um carro, saindo de férias; viajando. A esposa ao lado, está com um fone de ouvido ouvindo música, olhos fechados, sorrindo, ombros soltos movimentando-se ao ritmo da música, feliz da vida. Os três filhos atrás, distraídos, rindo; um sacaneando o outro. O pai (motorista) também no clima, gargalhando dos três que brincavam com a mãe. Cena descrita, eu quero que você avalie o Equilíbrio Situacional dessa família.

Então vamos lá? A mãe e os três filhos estão equilibrados naquela situação; todavia o pai está em *Desequilíbrio Situacional.* O pai, na função de motorista, precisa *"estar e demonstrar"* total atenção na direção do automóvel. É claro que ele pode sorrir, mas o Bom Senso deve sempre prevalecer. Nós precisamos perceber a diferença de um sorriso *"sem perda de foco"*, e de um sorriso *"com perda de foco"*. Perceba que, também não haveria *Equilíbrio Situacional*, se todos estivessem sérios, emburrados, sorumbáticos; SAINDO DE FÉRIAS! Não bate, é contraditório! Neste caso, ao avaliarmos, perceberíamos o *Desequilíbrio Situacional. - Opa! tem algo errado! Não está batendo!* Você percebeu?

Lembro-me do caso de um vigilante, que trabalhava numa agência bancária. Na época, eram muitos os assaltos que aconteciam, sobretudo envolvendo o sequestro do gerente, ou do tesoureiro da agência. Era um dia comum, como qualquer outro. O gerente da agência chegou, passou pelos vigilantes e foi para sua mesa, sob o olhar atento daquele profissional de segurança.

O vigilante fez a leitura e comentou com o seu colega de trabalho:
- *Estranho né!*

E o colega respondeu:
- *O que é estranho pra você cara?*
- *O gerente passou direto e não sacaneou a gente.*
- *Porra! Isso é estranho? A mulher dele deve ter dormido de Calça Jeans pôoooo...*
- *É! Mas não é só isso não...*

O vigilante não perdeu tempo, saiu dali e ligou para a sua empresa. Claro que houve um questionamento num primeiro momento, mas o vigilante foi enfático; teve Poder de Convencimento. O argumento foi o seguinte:

- *Esse gerente jamais usa o mesmo terno, a mesma camisa, a mesma gravata. Sempre anda com o cabelo penteado, barba feita, perfumado; o cara anda impecável! E hoje chegou todo largado, estranho, angustiado e com o mesmo terno, camisa e gravata de ontem. Além do mais, sempre sacaneia a gente quando chega... Acreditem, tem algo errado!*

O bom da história é que acreditaram no vigilante. Os diretores da empresa eram policiais experientes, o que facilitou bastante o entendimento e o desenrolar da história. Resumindo, a família do gerente tinha sido feita de refém e todos os criminosos foram presos. Tudo terminou bem graças a percepção do vigilante. O vigilante fez a leitura do ambiente e percebeu o Desequilíbrio Situacional do Gerente da agência. Enfim, nós precisamos *Treinar Perceber o Equilíbrio e o Desequilíbrio Situacional*, nas mais diversas situações.

Nós seres humanos temos uma necessidade, uma curiosidade incrível, de conhecer como as coisas funcionam. As crianças, numa determinada fase, perguntam e querem saber de tudo. É a fase dos "porquês". Infelizmente, muitos, com o tempo, acham que isso é coisa de criança e perdem essa curiosidade, perdem essa capacidade incrível de aprender e, é bem legal nós querermos saber como os fatos ocorreram, como é composto um determinado objeto, como aquilo funciona, como surgiu aquele movimento, aquela alavanca, o porquê daquela pegada, daquela mão no quadril, mas também o porquê daquela pergunta, daquela resposta, daquele comportamento. Portanto, é da natureza humana o questionamento. Como diz o GM João Alberto Barreto, refutar é preciso; caso contrário, nós não evoluímos. Além de aprender a refutar, nós precisamos estar sempre, estimulando os nossos filhos, os nossos alunos a se questionar, e não aceitar nada sem as devidas respostas. Isso muitas vezes causa bastante desconforto para o pai, professor, mas nos obriga a buscar mais informações, mais Conhecimento.

E por falar em busca de conhecimento, o reconhecimento de um "fato qualquer" como científico, se baseia em observações e experimentações que dão autenticidade ou falsidade a uma determinada teoria, mas nós devemos tomar cuidado para discernir o "conhecimento científico" da "crendice popular". O conhecimento científico exige um fundamento, exige uma base teórica e a consequente comprovação ou não! A partir de experimentações. Já as Crendices Populares, seriam Superstições. Um é técnico e o outro não.

No **115º capítulo**, nós estudaremos os ***Pontos Vitais do Corpo Humano*** e esse tema, merece Atenção Especial. Pontos Vitais são áreas vulneráveis do nosso corpo; são áreas frágeis também conhecidas como Pontos de Pressão. O conhecimento mais profundo desses Pontos Anatômicos serve sobretudo, para que nós nos protejamos e protejamos o inconveniente. Esse conhecimento vai nos proporcionar mais confiança e segurança na aplicação das Técnicas de Autodefesa. Quando nós usamos como protocolo, 3, 4, 5 profissionais especialistas em GPCI contra 1 inconveniente, não se trata de covardia, mas de "*Máximo Respeito*" ao inconveniente. O objetivo é preservar ao máximo, a integridade física do inconveniente. Esse é o conceito! E para que nós consigamos isso, quanto mais pessoas estiverem envolvidas naquela ocorrência, melhor para o inconveniente, uma vez que o grande número tem por objetivo protegê-lo; única e exclusivamente protegê-lo.

O artigo 25 do Código Penal Brasileiro, trata da Legítima Defesa. Nós já estudamos, mas vale reiterar que, se nós formos obrigados a usar a Segurança de Alto Impacto, é porque nós falhamos na Segurança de Baixo Impacto; isso nos parece óbvio; certo? Nós falhamos em todos os Níveis de Força anteriores, agora, só nos resta lutar com todas as nossas forças, para salvar nossas vidas ou a vida de terceiros e, como nós aprendemos "*ninguém é bom naquilo que não pratica*".

Eu estou mais do que convencido que nós só aprendemos aquilo que nós queremos aprender; por exemplo, aprender que a segurança pessoal é responsabilidade, única e exclusivamente nossa. Vejamos, tem alguém armado arrombando a porta da sua casa; o que você faz? Nós não podemos terceirizar aquilo que nós mais amamos, o bem maior, a vida, nosso maior patrimônio; nossa família é sagrada. A segurança pública não tem o dom da onipresença, o estado não pode estar em todos os lugares simultaneamente, é impossível; por isso a legítima defesa. Algumas pessoas falam que armar as pessoas é desnecessário porque existe a segurança pública, só que a segurança pública não é para a nossa proteção pessoal 24 horas por dia, isso é impossível, beira a insanidade. A segurança pública é para manter o equilíbrio, a paz, fazer cumprir a lei, manter a normalidade na sociedade. Infelizmente, tem muita gente, e muitos por ignorância, negando o direito de legítima defesa a outros seres humanos. A insanidade é tanta que elas acreditam que, para parar o leão, basta cortar os chifres do búfalo, e quem sabe as suas patas. O que, de verdade, todos nós queremos, é eliminar a violência, as mortes e a insanidade, mas, não ousamos falar sobre esse tema, porque lá no fundo, sabemos que a violência, as mortes e as loucuras fazem parte dessa nossa natureza humana inclinada ao erro, e sempre estarão presentes; daí a necessidade da Legítima Defesa.

Vale reiterar que quem está na chuva é para se molhar; e nós estamos na chuva. Talvez até estejamos na mesma chuva, mas, muito provavelmente, uns mais, outros menos preparados para enfrentá-la. O Risco existe de verdade! Ao chegar nas "Táticas Defensivas Não Letais", você chegou no "limiar da Força Letal". Você está correndo o perigo de responder aos mais diversos Processos Criminais, inclusive o risco de ser algemado e preso, além das pressões emocionais e traumáticas que certamente existirão. E acredite, irão te acompanhar pelo resto da sua vida. O tempo, estrategicamente, tem uma maneira incrível e constrangedora de nos mostrar o que realmente é fundamental.

Capítulo 56

O Individualismo Patológico

Nesse quinquagésimo sexto capítulo, temos como objetivo específico, identificar, estudar e explicar as medidas e atitudes preventivas necessárias para gerenciarmos, com eficiência e eficácia, pessoas individualistas.

"Tratava-se de uma comemoração. O volume excessivo de um equipamento de som, na noite quente de um domingo, incomodava sobremaneira os vizinhos. Não bastasse o som estridente, muitos dos convidados nitidamente sob efeito de bebidas alcoólicas, gritavam e pronunciavam palavras de baixo calão. Incomodados com o barulho, alguns vizinhos se reuniram para decidir o que fazer diante àquela situação. Ao contatarem com o responsável Sr. Carlos, um empresário de 42 anos, casado e pai de duas crianças, puderam perceber que este estava aparentemente alterado. O empresário negou-se a reduzir o volume e ainda ameaçou agredi-los fisicamente, momento em que um dos vizinhos, Sr. Renato, encolerizado, aos berros disse que resolveria de uma outra forma e partiu para a sua residência dando a entender que buscaria uma arma".

Como você utilizaria o GPCI nessa situação? Analise e avalie bem todas as possibilidades; como você gerenciaria esse comportamento inconveniente? As opções continuam sendo inúmeras, mas qual seria a melhor opção? Levando em consideração que:

a. O empresário estava sob efeito de bebida alcoólica;
b. Tratava-se de um domingo à noite;
c. Haveria desgastes físicos e emocionais desnecessários;
d. Haveria risco de homicídio;
e. Muitos convidados estavam alterados.

Evidentemente você já deve ter percebido que o empresário deixou de ser o foco principal do gerenciamento. O ponto de convergência passou a ser o vizinho que enraivecido, está prestes a fazer uma grande bobagem. Assim, vamos analisar alguns exemplos de abordagem para o gerenciamento do comportamento inconveniente desse indivíduo.

"Renato, preste atenção! Você não é o problema; você é a solução! Caso insista nessa loucura você se tornará um criminoso. E não é isso que nós queremos; certo?"

"Renato, você tem valores morais, éticos e, sobretudo, espirituais; não insista nessa atitude insana. Você se destruirá e, também, aqueles que te querem bem; você não quer isso e sabe que não vale à pena."

"Renato, essa sua atitude impulsiva poderá deixá-lo muitos e muitos anos atrás das grades de uma prisão; você quer isso para você?"

Somente após esse gerenciamento é que retomaríamos o foco inicial e, novamente, colocaríamos o empresário como cerne do gerenciamento. Sabemos que é bobagem tentar argumentar com uma pessoa sob efeito de bebida alcoólica ou qualquer outra droga; seria pura perda de tempo. Assim, estrategicamente, é aconselhável identificarmos alguém que tenha alguma liderança sobre o inconveniente. Muitas vezes essa pessoa é apontada por alguém de fora, um vizinho mais próximo, um parente ou um amigo mais íntimo. Acredite, se usarmos nossa sensibilidade, nossa percepção, sempre identificaremos alguém pré-disposto a interceder a favor do que é certo.

Este exemplo é fundamental para que, caso enfrentemos situações parecidas num futuro, nossas chances de erro sejam mínimas. Saiba que sempre existirá alguém capaz de exercer autoridade sobre outra pessoa; assim, os riscos são reduzidos de forma inteligente.

Sabemos que segurança é prevenção, portanto, devemos projetar os conflitos, os problemas, enfim, os comportamentos inconvenientes que poderão surgir. Perceba que estamos falando de comportamentos inconvenientes que ainda não aconteceram, mas em razão de uma visão mais técnica, mais previsível, enxergamos a possibilidade deles acontecerem. Dessa forma ficaria mais descomplicado o gerenciamento. Vejamos:

"Boa noite Sr. Carlos, desculpe-me importuná-lo. Gostaria de lhe fazer um pequeno pedido. Ajude-me, não aumentando muito o som; estou com minha mãe doente."

"Olá Sr. Carlos, sei que o senhor é capaz de me compreender. Estou com uma pessoa idosa em casa, por gentileza, diminua só um pouquinho o som".

"Boa noite Sr. Carlos, fico muito constrangido com o pedido que vou lhe fazer, mas tenho crianças em casa; por favor ajude-me com o volume do som."

Lidar com as pessoas não é uma tarefa fácil. Devemos ser cautelosos e jamais demonstrar intolerância; empatia é a palavra-chave. Sabemos que são infinitas as formas de abordagem assim, cabe a nós fazer a melhor escolha. Todavia, o nível de força pode ser aumentado se houver necessidade. O nível de força que nós devemos aplicar, será sempre proporcional ao nível de resistência oferecida. Suponhamos que o vizinho, apesar da diplomacia utilizada, seja resistente ao pedido e diga que não reduzirá o volume do som. Neste caso o nível de força deverá ser elevado. Vejamos:

"Sr. Carlos, não quero lhe causar qualquer problema, contudo, caso insista nessa posição, perderemos muitas horas numa delegacia policial e o seu equipamento pode ser apreendido; você realmente quer isso?"

"Sr. Carlos, vim aqui humildemente pedir sua ajuda; contudo, caso não seja possível serei obrigado a pedir ajuda à polícia. Peço apenas que reflita e reveja a possibilidade de atender ao meu pedido."

"Sr. Carlos, de acordo com a Lei das Contravenções Penais, qualquer cidadão está sujeito a multa, ou reclusão de até três meses, ao perturbar o sossego alheio. Você quer que eu prossiga com isso?".

De acordo com o artigo 42 da Lei Federal nº 3.688, das Contravenções Penais, qualquer cidadão brasileiro está sujeito a multa, ou reclusão de quinze dias a três meses, ao perturbar o sossego alheio com gritaria e algazarra, por exercer profissão incômoda ou ruidosa, abusar de instrumentos sonoros e provocar o barulho produzido por animal de que tem a guarda.

Isto posto, todo cidadão pode denunciar barulho excessivo em qualquer delegacia policial, onde será feito um boletim de ocorrência. Também é possível solicitar para o Ministério Público, todavia, é interessante pesquisar se na sua cidade existe uma "Lei do Silêncio" que pode ser estadual ou municipal. Especificamente no Rio de Janeiro, existe a Lei estadual nº 126 de 10 de maio de 1977 e vale para estabelecimentos comerciais e residenciais.

Vivemos num mundo bastante violento onde o individualismo é apontado como responsável por uma parcela significativa dos comportamentos inconvenientes. Nossa natureza humana é inclinada ao erro e, dentro de nós, existem inúmeras doenças espirituais, tais como: o orgulho, a vaidade, a inveja, o preconceito e, também o individualismo. Precisamos reconhecê-las em nós e, reconhecendo, temos o dever de vigiar para que não sejamos dominados por elas; nós devemos dominá-las. Sabemos da eterna incompatibilidade entre individualidade e individualismo. A individualidade é a base, é o alicerce da nossa personalidade; somos diferentes, não existem dois indivíduos exatamente iguais, pensamos e agimos diferente e isso é muito bom; devemos respeitar a individualidade. Já o individualismo é uma doença da personalidade; o individualista é egocêntrico, só olha para o próprio umbigo, quer ser sempre o centro das atenções; não está nem aí para a família, para os problemas do bairro, da sociedade, do país, tampouco, do planeta.

Portanto, devido a nossa natureza humana, todos somos individualistas; alguns conseguem dominar essa "doença espiritual", outros não. Aqueles que dominam esses "problemas" normalmente seguem os seguintes passos:

1º- reconhecem o problema;
2º- reconhecendo, não reagem de forma impulsiva;
3º- assim, de forma equilibrada procuram sempre entender o foco, ou melhor, origem do problema;
4º- por tudo isso analisam com muita cautela e projetam com todo o cuidado o resultado futuro das suas possíveis escolhas;
5º- assim, finalmente, conseguem fazer a escolha certa.

Capítulo 57

Repasse dos Cinco Passos Essenciais

Neste quinquagésimo sétimo capítulo, temos como objetivo específico, identificar, estudar e explicar os cinco passos essenciais para lidarmos com pessoas inconvenientes.

"Um vigilante chamado Roberto Carlos, que trabalhava num estabelecimento financeiro há muitos anos, ultimamente vinha demonstrando profunda irritação e total impaciência com as pessoas. Seu comportamento inconveniente estava incomodando e preocupando todos os funcionários e clientes. Nitidamente revoltado, não se importava mais com a sua apresentação pessoal, tampouco com a iminente possibilidade de demissão. Ao ser chamado pelo gerente da agência, foi extremamente descortês e agressivo. Sua postura indisciplinada era devido a promoção de um vigilante recém-admitido, bem mais novo e que havia sido treinado por ele durante o período de experiência; agora era o seu mais novo coordenador".

Como usaríamos o GPCI numa situação como essa? Vamos lá, pense um pouco; como você gerenciaria esse comportamento? É óbvio que também existem inúmeras opções, mas como se trata de um caso real, vamos analisar como realmente foi administrado. Levando em consideração que:

a. *O vigilante trabalhava há mais de quinze anos naquela mesma empresa;*
b. *Possuía uma excelente ficha disciplinar;*
c. *Não tinha faltas, tampouco, atrasos sem a devida justificativa;*
d. *Tinha férias acumuladas.*

Como um bom administrador você facilmente já percebeu que uma demissão não seria o melhor negócio. Não é verdade? Isto posto, seria no mínimo interessante procurar saber o motivo que o levou àquela transformação. Assim, após uma rápida avaliação do seu histórico o vigilante foi chamado para uma conversa particular e, rapidamente o motivo da revolta veio à tona. Segundo o vigilante era injustiça, falta de consideração e desrespeito para com ele. Na verdade, são apelidos que normalmente, damos àquela doença espiritual chamada inveja. Sabe aquele veneno que a pessoa bebe e torce para que o outro morra? Pois é, muitas pessoas fazem isso porque não sabem que a inveja que mata não é a que vem de fora para dentro, mas a que sai de dentro para fora.

De fato, quando gerenciamos comportamentos inconvenientes, tudo deve ser analisado com equilíbrio e cautela; não podemos ser impulsivos. Compreenda que as opções são muitas, consequentemente, cabe a nós fazer a melhor escolha; tendo como base os níveis de força, sobretudo, a presença física aliada a uma verbalização inteligente.

Considerando também o "exercício da autoridade" com aquele toque de extrema educação, chegamos a um resultado bastante satisfatório. Vejamos:

"Senhor Roberto, compreendo perfeitamente a sua indignação, contudo, o senhor não tem o direito de ser cruel com as pessoas com base na sua indignação."

"O senhor percebe que a sua atitude está comprometendo a sua imagem, construída com o seu sangue, suor e lágrimas ao longo de todos esses anos?"

"Senhor Roberto, um coordenador elabora relatórios diários; assim, gostaria de avaliar o seu potencial para esta função. Faça por gentileza, uma análise e avaliação dos riscos iminentes deste posto de serviço, adotando as medidas e as atitudes preventivas."

É óbvio que tudo foi resolvido e o vigilante Roberto nunca mais deu qualquer tipo de alteração. A parábola abaixo foi entregue ao vigilante Roberto, logo após ter reconhecido que não estava dentro do perfil que o cargo de coordenador exigia. Vale ressaltar que o vigilante Roberto retomou os estudos e passou a cuidar com mais afinco da sua saúde física e mental.

Parábola do sapo cozido

Não sei se procede, mas dizem que estudos com animais provaram que se colocarmos um sapo numa panela com a mesma água de sua lagoa, o sapo ficará imóvel durante todo o tempo em que a água estiver sendo aquecida, até a fervura. O sapo não esboçará qualquer reação ao gradativo aumento da temperatura da água e morrerá cozido, inchado e feliz. Por outro lado, se outro sapo for jogado nessa panela com a água fervendo, saltará imediatamente para fora. Obviamente queimado, todavia vivo.

Se fizermos uma análise mais apurada, podemos afirmar que muitas pessoas têm esse mesmo comportamento inusitado do sapo cozido. Ficam lá na zona de conforto e não percebem as mudanças, acham que está tudo bem, que as coisas são assim mesmo, vão levando a vida como acham que Deus quer, e quebram, ou são demitidas, acabam com a própria família, destroem amizades antigas e morrem sem se dar conta que as coisas mudaram. Contudo, existem aqueles que diante das transformações, conseguem fazer com que as coisas aconteçam, fazem dar certo, saltam e aterram em terrenos acidentados, mas estão preparados para aquele ambiente novo e hostil. É uma pena que existam tantos sapos que permanecem dentro da panela até a morte, felizes e satisfeitos. Vários são os sapos que serão cozidos mais cedo ou mais tarde, contudo, estão felizes apesar da morte iminente.

Repasse dos cinco passos essenciais

Como vimos nos capítulos 16 a 20, existem cinco passos essenciais para lidarmos com pessoas que, por algum motivo, estejam se comportando de forma inconveniente:

No 1º passo, "***Reconhecer***", seria admitir de forma consciente e equilibrada o problema em questão, para isso precisamos trabalhar duro, treinar muito forte no dia a dia com o objetivo de desenvolver nossos sentidos, sobretudo a visão e a audição (enxergar o invisível e ouvir o inaudível).

Devemos avaliar, analisar e observar o que de fato está acontecendo, usando "toda" a sensibilidade; tentando perceber os fatos, tentando ouvir o que está sendo falado. É fundamental que estejamos totalmente despidos de vaidade, orgulho, enfim, despidos de qualquer "doença espiritual" que possa impedir-nos de discernir, de avaliar bem, de distinguir, de concluir se é certo ou errado, se procede ou não, se agrada ou não, se compromete ou aumenta a segurança, se causa riscos.

No livro "A Arte da Guerra", adaptação e prefácio de James Clavell; capítulo VI – Táticas, Sun Tzu nos ensina que: *"Ver a vitória apenas quando ela está ao alcance da vista da ralé não é o máximo da superioridade. Como não o é se alguém luta e vence e todo o império diz: "Muito bem!". O verdadeiro mérito é planejar secretamente, deslocar-se sub-repticiamente, frustrar as intenções do inimigo e impedir seus planos, de maneira que, finalmente, o dia possa ser ganho sem o derramamento de uma gota de sangue. Afinal, erguer um fio de cabelo grisalho não é sinal de grande força; ver o sol e a lua não é sinal de olhar acurado; ouvir o ruído do trovão não é sinal de ouvido apurado".*

No 2º passo, ***"Não reagir de forma impulsiva"***, seria não seguir os sentimentos feridos para que tenhamos sucesso naquele propósito. Sentimentos feridos sempre nos levam em direção à morte, assim precisamos desenvolver muita sensibilidade e firmeza de atitude para que consigamos perceber rapidamente que agir por impulso é normalmente uma conduta negativa. Nessa etapa precisamos identificar os nossos sentimentos, ou seja, como estamos nos sentindo.

Cabe nesse momento as seguintes perguntas: Por termos reconhecido algo, qual ou quais os sentimentos que prevaleceram? Quais os sentimentos que de fato estão nos incomodando? Qual ou quais os sentimentos que podem estar influenciando na minha decisão de não reagir?

No 3º passo, ***"Procurar entender"***, seria tentar localizar o foco daquela limitação, doença, fraqueza, indignação; nessa etapa procuramos entender o foco, a origem daquilo que reconhecemos. A partir daí precisamos identificar o que é necessário para administrarmos, da melhor forma, aquele ou aqueles sentimentos.

No 4º passo, ***"Analisar suas opções"***, seria projetar o resultado futuro das suas possíveis escolhas; nessa etapa precisamos entender que sempre temos muitas escolhas e, cada escolha tem o seu feedback de compensação. Usar a empatia para alcançar o seu objetivo é fundamental.

No 5º passo, ***"Transformar a teoria em ação"***, seria fazer a escolha certa. Nessa etapa pró-atividade é uma palavra-chave; é preciso fazer acontecer, ou melhor, fazer com que as coisas deem certo.

Em razão da individualidade reagimos de forma e de maneira diferente diante de uma mesma situação. Existem situações que se estivermos preparados e equilibrados emocionalmente, é só alegria; elas nos proporcionam momentos de prazer e felicidade, mas se não estivermos preparados e equilibrados emocionalmente, a mesma situação pode nos tirar a paz. Na verdade, não são as situações que nos roubam a paz, mas a nossa forma de reagir às situações, devido ao nosso despreparo interno, devido ao desequilíbrio emocional. Percebam que determinadas pessoas agradecem àquela situação, outras reclamam daquela mesma situação. Por que será que isso acontece?

Precisamos entender que não temos qualquer controle sobre os nossos sentimentos, tampouco o controle da sua intensidade, mas se treinarmos podemos controlar o nosso comportamento; se nos dedicarmos ao treinamento diário podemos controlar as nossas ações, os nossos atos. Não temos qualquer controle sobre muitas coisas; não temos controle sobre muitas situações que acontecem conosco, mas podemos treinar a forma de como reagir diante das coisas que acontecem conosco. Reflita sobre isso.

Podemos treinar, preventivamente, o nosso comportamento para as mais diversas situações que podem acontecer conosco; precisamos sempre treinar a forma correta de reagir quando estivermos diante daquilo que imaginávamos que pudesse acontecer conosco. O comportamento é o resultado daquela causa; o comportamento é visível, mas a causa é invisível. Para mudarmos o visível precisamos atuar no invisível, e isso vale para tudo.

Capítulo 58

É Preciso Agir na Raiz do Problema

Neste quinquagésimo oitavo capítulo, temos como objetivo específico, identificar, estudar e explicar o que é agir na raiz do problema.

"Três jovens foram visitar um amigo que se encontrava internado em um hospital. Os jovens resolveram usar droga, maconha, na companhia do paciente e amigo internado. Uma enfermeira percebeu algo estranho no ar e acionou a segurança que flagrou os jovens consumindo a droga".

Como usaríamos o GPCI diante desse fato? Pense um pouco; como você procederia?

É muito importante que você saiba exatamente o que fazer. Se a nossa consciência não for muito bem trabalhada ou se a nossa mente não estiver bem treinada, o nosso subconsciente sempre nos conduzirá em direção aos sentimentos feridos. Normalmente somos dominados por eles, assim entre fazer o que é certo ou seguir as emoções, muito provavelmente seguiremos nossos sentimentos, mesmo que a outra opção seja a correta.

Primeiro você precisa entender que no Brasil, ainda não há lei que preveja a prisão por fumar maconha dentro de um hospital; sobretudo, se considerarmos que a quantidade era apenas para consumo pessoal.

De acordo com o *artigo 28 da Lei de Tóxicos* (número 11.343, de 23 de agosto de 2006), quem adquirir, guardar, tiver em depósito, transportar ou trouxer consigo, para consumo pessoal, drogas sem autorização ou em desacordo com determinação legal ou regulamentar será submetido às seguintes penas:

I- Advertência sobre os efeitos das drogas;
II- Prestação de serviços à comunidade;
III- Medida educativa de comparecimento à programa ou curso educativo.

O *parágrafo primeiro* diz que as mesmas medidas serão aplicadas a quem semeia, cultiva ou colhe plantas destinadas à preparação de pequena quantidade de substância ou produto capaz de causar dependência física ou psíquica para seu consumo pessoal.

Para determinar se a droga se destinava a consumo pessoal, prossegue o parágrafo segundo o juiz atenderá à natureza e à quantidade da substância apreendida, ao local e às condições em que se desenvolveu a ação, às circunstâncias sociais e pessoais, bem como à conduta e aos antecedentes do agente.

Os parágrafos terceiro e quarto do artigo 28, preveem que as penas de prestação de serviços à comunidade e medida educativa serão aplicadas pelo prazo máximo de cinco meses e, em caso de reincidência, pelo prazo máximo de dez meses.

Perceba que diante dos fatos expostos, conduzi-los para uma delegacia policial seria talvez a última opção pois, certamente haveria:

a. *Comprometimento da imagem do estabelecimento;*
b. *Desgastes físicos e emocionais desnecessários;*
c. *Perda de mão de obra qualificada;*
d. *Comprometimento da segurança;*
e. *Desgastes com o cliente;*
f. *Provável prejuízo financeiro.*

Tudo deve ser feito com o máximo de equilíbrio e bastante cautela, cuidando para não agir na impulsividade. Perceba que sempre temos muitas opções, por isso mesmo é que devemos analisar todas elas, projetando o resultado futuro das nossas possíveis escolhas.

Assim, tendo como base os níveis de força, usando a *Presença Física* aliada a uma abordagem impecável e com uma verbalização inteligente, curta, precisa e concisa; fazendo direto o *Uso da Força da Lei como Ameaça* e exercendo simultaneamente uma autoridade recheada de extrema educação. Me parece que essa seja uma boa opção. Vejamos:

"Senhores, por gentileza apaguem imediatamente os cigarros e retirem-se deste ambiente, agora!".

"Com base no artigo 28 da Lei de Tóxicos, vocês podem ser conduzidos a uma delegacia policial onde perderão horas com depoimentos intermináveis; além de uma multa a ser definida".

"A polícia não demorará para chegar; a escolha é de vocês!"

Certa vez li um texto de Içami Tiba que dizia mais ou menos o seguinte: "*a maioria das pessoas morre estagnada diante da monotonia monocromática da primeira porta*". O autor faz uma analogia das portas que precisamos abrir ao longo da vida e das oportunidades que surgem após a escolha e abertura de cada porta. Abrir a primeira porta é sempre a escolha mais difícil. Trata-se da primeira porta, com uma única cor; precisamos entrar, mas nos falta coragem para abri-la, por isso o autor relata a monotonia monocromática da primeira porta. O que nos dá coragem para abri-la é o conhecimento, assim buscamos sabedoria através dos estudos, até que um dia, adquirimos coragem suficiente para abri-la. Ao abrir, entramos num ambiente um pouco maior, não existe mais monotonia monocromática, agora estamos diante de 2 portas, com cores distintas. Neste momento surge um medo diferente, agora precisamos optar, são 2 portas, qual a melhor opção? Precisamos de coragem para optar, assim buscamos mais conhecimento, até que um dia, adquirimos coragem suficiente para optar. Agora entramos num ambiente um pouco maior, são 4 portas, com cores distintas. Na opção anterior eram apenas 2 portas, tínhamos 50% de chance, agora são 4 portas, o medo aumenta, precisamos de coragem, assim buscamos mais conhecimento; até que adquirimos coragem suficiente para optar. Agora entramos num ambiente um pouco maior, são 8 portas, o medo aumenta, precisamos de coragem, assim buscamos mais conhecimento; até que um dia, adquirimos coragem para optar. Optamos e entramos num ambiente ainda maior, agora com 16 portas, o medo aumenta, precisamos de coragem, assim buscamos mais conhecimento; até que um dia adquirimos coragem para optar. Enfim, optamos e entramos, agora são 32 portas, depois 64, 128, 256 e assim sucessivamente, é diretamente proporcional. A cada porta aberta, nossas oportunidades aumentam significativamente. A realidade é que a maior parte das pessoas não desenvolve essa sensibilidade, por um motivo bastante simples: preguiça; ou quem sabe o medo do desconhecido, o medo da escolha, o medo do que pode estar por trás das portas.

Existe uma passagem bíblica que diz o seguinte: *"se o grão de trigo não morrer ele não produz"*. Traduzindo para um português claro, para que o grão dê frutos, é necessário abrirmos uma cova e enterrarmos a semente; é a morte da semente, se ela não morrer, se não for enterrada não produzirá. Uma semente guardada no bolso de uma calça é apenas uma semente, mas com potencial enorme para ser uma floresta, apenas isso.

Entretanto, para que a semente possa crescer saudável, possa produzir, é fundamental prepararmos a terra, é imprescindível criarmos um ambiente favorável, e isso dá um trabalho enorme, pois, precisamos oxigenar, revolver a terra para que ela possa respirar, é preciso adubar, eliminar as pragas e as ervas daninhas, é preciso verificar a acidez da terra e equilibrá-la, é preciso aguar; somente depois de muito trabalho é que "enterramos a semente".

Compreenda que após o plantio é necessário que continuemos cuidando, continuemos dedicados, comprometidos com o resultado, pacientes, tolerantes, perseverantes, ufa! De fato, dá muito trabalho.

A bíblia também nos ensina que somos um terreno fértil e que nossas escolhas são sementes que plantamos em nós mesmos. Como somos livres, podemos escolher o que vamos plantar, mas obrigatoriamente teremos que colher os frutos daquilo que nós plantamos. Perceba que o fruto é o resultado; se plantarmos boas sementes, colheremos frutos agradáveis aos nossos olhos, mas caso contrário, colheremos frutos que não serão agradáveis aos nossos olhos.

Reitero que o "resultado" são os frutos, contudo, ao percebermos que não são bons, de nada adianta revolver e adubar a terra, eliminar as pragas, as ervas daninhas, e aguar na esperança de que fiquem diferentes, suculentos e saborosos.

A verdade é que a grande maioria das pessoas fazem exatamente isso. É uma bobagem, é perda de tempo, pois as sementes é que eram ruins e deram origem às raízes que produziram frutos ruins. As raízes são invisíveis, ficam escondidas embaixo da terra, contudo, geram frutos (resultados) que poderão ser bons ou ruins. Exemplo: Se uma pessoa detesta figos, não adianta revolver a terra, adubar e aguar na esperança de que os frutos mudem; aquela árvore continuará produzindo figos e, devido ao cuidado, produzirá figos ainda maiores e em maior quantidade.

Nós vemos os resultados, mas normalmente não enxergamos a origem; o invisível que produz o visível. Isso quer dizer que para mudar o resultado, ou seja, os frutos, primeiro precisamos de novas e boas sementes. É preciso agir na raiz do problema, para isso precisamos modificar o que está invisível, semeando novas sementes que vão gerar novas raízes.

Capítulo 59

A Verdadeira Mudança É de Dentro para Fora

Neste quinquagésimo nono capítulo, temos como objetivo específico, identificar, estudar e explicar por que ninguém consegue enxergar a causa dos efeitos.

"Numa noite de sexta-feira, um motorista se achou no direito de parar seu automóvel na frente de uma garagem. Apesar das placas indicando a proibição de estacionamento e o insistente pedido do proprietário daquele imóvel, o mesmo se negou a retirar o carro".

Sabemos que aborrecimentos e contrariedades triviais não podem ser considerados como fatores geradores de danos morais. George Santayana dizia que somente os mortos verão o final da guerra; a vida é uma guerra e, essa "guerrinha" do dia a dia, aliada a toda essa situação estressante do cotidiano são apenas resultados peculiares do jogo da vida, jogo este em que todos nós somos craques; não é mesmo? Contudo, se aquela guerrinha não for bem administrada, pode evoluir sim para problemas muito maiores com consequências imprevisíveis e, também pode, inclusive, tornar-se um fator gerador de danos morais. Portanto, considerando o fato que foi exposto:

"Como usaríamos o GPCI diante dessa situação?

"Como você procederia?"

Novamente reiteramos sobre a importância do "estar bem treinado" pois, caso você não esteja preparado o seu subconsciente certamente vai te conduzir em direção aos sentimentos feridos. Vale sempre frisar que estamos sujeitos a ser dominados por eles, assim entre fazer o que é certo ou seguir as emoções, evidentemente, só para contrariar seguiremos nossos sentimentos, mesmo que a outra opção seja politicamente perfeita.

Perceba que diante dos fatos expostos, inteligência, equilíbrio emocional e qualidade comportamental são fatores importantes; conduzi-lo para uma delegacia policial seria talvez a última opção, pois, certamente haveria:

a. *Desgastes físicos e emocionais;*
b. *Perda de tempo;*
c. *Exposição desnecessária.*

O gerenciamento desse comportamento inconveniente deve ser feito de forma equilibrada e com bastante cautela, cuidando para que os sentimentos feridos não estraguem tudo. Sabemos que é muito difícil, mas, se esse tipo de situação é recorrente, se tem acontecido com frequência, está mais do que na hora de você reconhecer que a sensação de segurança está "deixando a desejar"; não é verdade?

Perceba que sempre temos muitas opções, por isso mesmo é que devemos analisar todas elas, projetando sempre o resultado futuro das nossas possíveis escolhas. Assim, tomando como base os "Níveis de Força", devemos usar a *Presença Física* reforçada por uma abordagem impecável, com uma *Verbalização* inteligente, fazendo num primeiro momento o uso da diplomacia; contudo, caso não seja suficiente, faremos *Uso da força da lei como Ameaça*, exercendo autoridade, mas com um recheio de extrema educação; assim, usando o 2º Nível de Força, *a Diplomacia*, essas parecem ser uma boa opção de abordagem. Vejamos:

"Senhor, perdoe-me o transtorno, mas como o senhor mesmo pode ver trata-se de uma garagem; peço por gentileza que não coloque o seu veículo aqui."

"Senhor, desculpe-me importuná-lo, mas como o senhor pode ver, aqui é uma garagem."

"Senhor, peço por favor que estacione em outro local; aqui é local de entrada e saída de automóveis."

Caso precisemos fazer *Uso da Força da Lei como Ameaça*, essas parecem ser uma boa opção de abordagem. Vejamos:

"Senhor, de acordo com o Código de Trânsito, estacionar o veículo em local destinado à entrada ou saída de veículos, é infração média, com multa e a remoção do veículo, e nós não queremos isso."

"Senhor, entendo a sua indignação, contudo preciso ajudá-lo para que o seu carro não seja multado nem rebocado."

"Senhor, estou tentando evitar todos os transtornos decorrentes do reboque, além do pagamento de multa e perda de pontos na sua carteira."

Com base no artigo 181 do Código de Trânsito, estacionar o veículo onde houver guia de calçada (meio-fio) rebaixada destinada à entrada ou saída de veículos, é infração média, com penalidade de multa, cuja medida administrativa é a remoção do veículo. Lembro-me que numa cidade de São Paulo, uma Juíza de Direito condenou uma empresa a indenizar um homem por danos morais, em razão de um funcionário ter estacionado na frente da garagem, obstruindo a passagem, impedindo assim que o proprietário do imóvel buscasse o seu filho na escola. Isto posto, salvo melhor juízo, acreditamos que o comportamento inconveniente desse motorista que se achou no direito de obstruir uma garagem particular, se encaixa perfeitamente no caso de indenização por danos morais tendo em vista todo o feedback de compensação, ou seja, todas as consequências advindas daquele ato premeditado, deliberado por ele mesmo; você entende a gravidade? Perceba que uma ação como essa, impedir um cidadão de entrar na sua própria residência, dirigindo o seu próprio automóvel e, as vezes de forma repetitiva, acaba se transformando numa espécie de bullying; portanto, fica muito difícil tratarmos deste tema como se fosse apenas uma simples contrariedade trivial.

A verdadeira mudança acontece de dentro para fora; assim, é fundamental que as nossas atitudes e linhas de ação, ou seja, aquilo que as pessoas veem, sejam coerentes com o que de fato somos (consciência/coração); caso contrário é pura hipocrisia. Nossa mudança, de fato, acontece de dentro para fora; ninguém consegue enxergar a causa dos efeitos simplesmente porque a causa é invisível, ou seja, está dentro de nós, entretanto os efeitos são visíveis, todos percebem e enxergam.

Certa vez recebi um texto bastante interessante que falava sobre o nascimento de uma pérola; este assunto encontra-se no livro Segurança é Prevenção da Editora Ciência Moderna. Não me recordo na íntegra, mas o texto explicava que a pérola é o resultado de uma lesão causada por um incômodo grão de areia ou algo parecido cravado no corpo da ostra e, como mecanismo de defesa, o organismo do molusco libera uma substância que, lentamente e silenciosamente, vai envolvendo aquele corpo estranho; a substância, então, se solidifica dando origem à tão cobiçada "pedra". Percebemos então que, sem sofrimento, a ostra não produz a preciosa pérola. Poderíamos até afirmar que sem sofrimento, teríamos apenas uma simples e medíocre ostra. Parece engraçado, mas podemos até dizer que uma ostra que não sofre, é uma ostra medíocre, sem valor. Pense a respeito!

Capítulo 60

Melhor Escolha na Tomada de Decisão

Neste sexagésimo capítulo, temos como objetivo específico, identificar, estudar e explicar esse potencial que existe dentro de todos nós para que consigamos fazer a melhor escolha, numa tomada de decisão.

Tratava-se de um estabelecimento bancário, mas exclusivo para clientes especiais; o vigilante encontrava-se atento e com uma postura impecável. Tudo corria bem até que um senhor, aparentemente irritado e impaciente, foi impedido de entrar pelo travamento automático da porta detectora de metais.

O vigilante aproximou-se:
"Bom dia, senhor! O senhor está portando algum objeto de metal?"

Provável cliente:
"Abre essa porra dessa porta seu macaco escroto".

Vigilante: *"Perdoe-me senhor, sou eu que peço perdão pelo transtorno. Por favor afaste-se até a linha amarela; o senhor é cliente dessa agência?"*

Provável cliente: *"Acho que o teu pai é corno e a tua mãe é uma vagabunda; abra a porra da porta e chama o babaca do gerente."*

Vigilante: *"Senhor, entendo a sua indignação, mas permita que essas pessoas entrem; eu vou chamar o gerente para atendê-lo."*

Provável cliente: *"Ninguém entra, ninguém sai dessa merda de agência até esse babacão aparecer."*

O Vigilante, dirigindo-se aos clientes que aguardavam o desfecho do caso, disse: Perdoem-me o transtorno; resolveremos o impasse com a maior brevidade possível.

Assim que o gerente visualizou quem estava preso na porta giratória, num tom ríspido, ordenou que o vigilante o liberasse imediatamente. Tratava-se de um cliente bilionário, amigo do dono do banco. Suas contas deviam ser altíssimas naquela agência. O gerente providenciou água, cafezinho, suco de laranja, biscoitos finos; era "o cliente". As pessoas ficaram revoltadas com o que presenciaram e, queriam porque queriam ir até o gerente para defender o vigilante, contudo, não foi necessário; aquele bilionário, logo que voltou à calma mandou chamar o vigilante, pediu-lhe desculpas, disse que não sabia o que tinha feito. Explicou que estava passando por um momento delicado com sua esposa, disse que estava fazendo uso de medicamento controlado e tratamento psiquiátrico; enfim, convidou o vigilante para trabalhar com ele, ficaram amigos e tudo terminou bem. O vigilante ficou irrepreensível em todos os sentidos."

Perceba que diante dos fatos expostos, inteligência, equilíbrio emocional e qualidade comportamental são fatores fundamentais; conduzi-lo para uma delegacia policial talvez não fosse melhor opção, pois, certamente haveria:

1. *Desgastes físicos e emocionais;*
2. *Perda de tempo;*
3. *Exposição desnecessária;*
4. *Prejuízo para o cliente;*
5. *Prejuízo para o banco;*
6. *Prejuízo para a empresa de segurança;*
7. *Prejuízo para o vigilante.*

"Você é capaz de projetar o que teria acontecido, caso, no lugar desse vigilante, tivesse uma espécie de 'puliça'?"

Perceba que no mínimo o caso iria para uma delegacia policial. Neste caso, é óbvio que mesmo com todo o dinheiro e prestígio o bilionário poderia ser processado. Também me parece óbvio que a sua conta poderia ser encerrada; e o banco também teria perdido. Certamente, nesse caso, o gerente também perderia; pois, seria sumariamente demitido. Acontece que a empresa de segurança também perderia; pois, o serviço seria cancelado. Nesse caso o vigilante também perderia; pois, seria demitido. Também me parece óbvio que os vigilantes que trabalhavam nas inúmeras agencias daquele banco também perderiam os seus empregos. Também estariam comprometidos os supervisores e os fiscais e, talvez, no caso de um disparo de arma de fogo, um cliente inocente; neste caso a sociedade também perderia. Você percebeu a bola de neve? É necessário que estejamos sempre projetando os chamados *feedbacks de compensação.* Perceba que o vigilante usou corretamente as estratégias de segurança e uso progressivo da força, através da:

1. *Presença Física;*
2. *Verbalização Nível I – Diplomacia;*
3. *Aplicação da filosofia básica de segurança "O mérito supremo consiste em quebrar a resistência do inimigo sem lutar";*
4. *Aplicação das Necessidades Estratégicas, equilíbrio emocional e qualidade comportamental.*

Existem protocolos que não devem ser quebrados, portanto, se existem procedimentos para lidarmos com pessoas que estejam se comportando de forma inconveniente, há também procedimentos para lidarmos com nós mesmos. Quando lidamos com seres humanos, existem alguns cuidados especiais como, usar a empatia, ser assertivo, ser educado, ser respeitoso, falar claro e em bom tom, ter compaixão, ser atencioso; mas, não menos fundamental é o preparo para lidarmos com nós mesmos.

Vamos fazer uma analogia com um policial e o seu armamento. Ter o armamento mais moderno, de última geração, eficiente e eficaz é muito importante, todavia, ser um policial preparado, com habilidade e bem treinado é ainda mais importante. Assim, cabe algumas perguntas:

Quem é você? Você está preparado? Você treina diariamente? Você pratica alguma atividade física? Você pratica defesa pessoal? Você tem o hábito de ler e escrever? Você consegue colocar no papel as suas ideias e sugestões de forma clara, precisa e concisa? Como é o seu relacionamento com as pessoas?

Não procrastinar, treinar, treinar e treinar com o objetivo de se preparar para o pior é o que vai determinar o seu nível de sucesso no gerenciamento de comportamentos inconvenientes. Ninguém é bom naquilo que não pratica, portanto, o segredo do sucesso é despertar essa energia, esse potencial que existe dentro de todos nós para que consigamos vencer a mania de procrastinar. Se não estivermos entusiasmados fica difícil dedicar nosso precioso tempo às atividades de treinamento; entusiasmados, tudo fica mais simples. Já vimos que é o entusiasmo que nos conduz ao sucesso e não o contrário. Existem muitas pessoas que ficam esperando o sucesso para depois se entusiasmarem, definitivamente, isso não vai acontecer.

As pessoas só fazem conosco aquilo que nós permitimos. Quando elegemos os nossos políticos, nós nos tornamos cúmplices, temos responsabilidades, somos coniventes, nós permitimos. No início de dezembro de 2020, no estado de São Paulo, mais especificamente naquela região conhecida como Cracolândia, uma série de ataques a carros e pedestres foram registrados em vídeos, e as imagens chocantes viralizaram nas redes sociais. Muitos carros foram destruídos, muitos tiveram suas janelas e para-brisas quebrados, enquanto os motoristas atônitos não sabiam, não tinham a menor ideia do que fazer. Aprendemos que nos momentos de estresse, em razão dos hormônios que são produzidos e lançados na nossa corrente sanguínea, três coisas podem acontecer: lutar, fugir ou congelar. Assim, apavorados, alguns motoristas tentavam fugir dos ataques, das tentativas de assalto, outros simplesmente congelaram e alguns tentavam se defender. Os ataques eram com paus, pedras e todos os meios de fortuna que tinham em mãos.

Numa ocasião eu tive o desprazer de conhecer a cracolândia, que fica no centro da cidade de São Paulo. É aquela velha estória, todos os Prefeitos, sobretudo nos momentos de campanha, acreditam ter a solução para aquele *The Walking Dead*. A cena é terrível, são centenas, talvez milhares de pessoas no meio das ruas, embrulhados em panos imundos, cobertores fedorentos, fumando crack a céu aberto. Alguns deambulam sorumbáticos, com o olhar desorientado, na busca de algo indefinido, ou quem sabe uma guimba de cigarro; talvez latinhas de alumínio, uma caixa de papelão, sei lá... parecem zumbis com aquele rosto sofrido, por muitos e muitos anos de envolvimento com drogas pesadas. O lixo está por toda parte, o cheiro que paira no ar é horroroso, insuportável; ali ninguém toma banho.

Pesquisando na internet, descobri que essa terra do crack, tem uma população de rua estimada em 1600 indivíduos, composta na sua grande maioria por dependentes químicos e traficantes. A polícia até patrulha o perímetro, vigia, mas não tem como intervir; naquele local a questão é puramente política. A polícia na verdade está com os pés e as mãos atadas, não tem como proceder, fica ali apenas para inglês ver, enxugando gelo. A presença física da polícia é para minimizar outros crimes como roubos, furtos e agressões. Diante do caos instaurado, a Secretaria de Segurança Pública acionou um plano de contingência, e tropas da força tática reforçaram o policiamento local; a situação foi controlada e a ordem foi restabelecida, mas a pergunta que não quer calar é:

Até quando? O que você faria se estivesse dentro do seu carro com a sua família, seus filhos, esposa e pais idosos?

Aprendemos que no GPCI nós usamos sete Níveis de Força, o primeiro é a Presença Física, o segundo é a Verbalização Diplomática o terceiro é a Verbalização fazendo Uso da Força da Lei como Ameaça, o quarto é o Controle de Contato, o quinto são as Técnicas de Submissão, o sexto as Táticas Defensivas Não Letais, e sétimo nível, como último recurso para proteger a nossa incolumidade física ou de terceiros, a Força Letal. No entanto, diante desta situação inusitada, os níveis 1, 2, 3, 4, e 5 seriam absolutamente irrelevantes e, como agravante, no caso de Legítima Defesa, até usar o próprio carro como meio de Fortuna para se defender, seria uma inviável loucura, por não haver uma Rota de Fuga; o que resultaria em uma atitude suicida.

Portanto, tratava-se de uma arapuca, uma sinuca de bico, e nesses casos o ideal é manter a calma, o equilíbrio e, usando a inteligência emocional, orientar e proteger os mais vulneráveis, disponibilizando sem resistência os bens materiais. O ideal é que estejamos sempre atentos, ligados, para que consigamos agir dentro do possível, preventivamente. Bom! é o ideal, mas caso não seja possível, devemos usar todos os "recursos técnicos" disponíveis. E isso é individual! Aprendemos com Sun Tzu que não existem regras fixas; as regras que não são fixas só podem ser construídas, talhadas, criadas em conformidade com a situação do inimigo.

Perceba que nós dependemos da vulnerabilidade do inimigo. O que "eu" vou fazer, talvez não seja o que "você" vai fazer. Talvez a sua condição física e técnica te possibilite fazer algo que eu jamais faria, assim, depende da minha habilidade, da minha visão, mas também da habilidade e da visão do inimigo. Depende da minha tecnologia, mas também da tecnologia do inimigo. De repente eu não faria algo óbvio, por ter visto ou percebido algo que você não percebeu; ninguém percebeu, mas eu percebi. *"O mérito supremo, ou seja, o maior de todos os méritos, consiste em quebrar a resistência do inimigo sem lutar"*; sem estresse, sem tiro, sem brigas, sem agressões, sem bate boca.

Capítulo 61

O Preparo e o Despreparo Interno

Neste sexagésimo primeiro capítulo, temos como objetivo específico, identificar, estudar e explicar o preparo e o despreparo interno.

Era o prenúncio de um dia difícil. Logo ao acordar soube por um vizinho, que um dos pneus do carro estava bastante vazio; muito provavelmente furado. Por sorte, com cuidado e bem devagar, consegui chegar até o borracheiro. Enquanto o pneu estava sendo reparado, fiz contato com o coordenador informando meu inevitável atraso. Concluído o reparo, parti em direção a empresa, todavia, como já era esperado, o trânsito estava caótico; assim, com o horário já comprometido, foquei minha atenção nos comentários políticos. Ao chegar na empresa, não havia vaga, assim, depois de duas voltas no quarteirão, fui obrigado a estacionar um pouco mais distante; nada que uma passada firme alternada com uma leve corridinha não pudesse resolver. Enfim, cheguei! Era o dia da formatura da turma Delta; todos já estavam posicionados, apenas aguardando o início da cerimônia. Conforme ia me aproximando, percebi que o gerente, o coordenador e a recepcionista caminhavam na minha direção.

"Bom dia! Podemos tratar de um importante tema antes de começarmos?" – Falou o gerente.

"Bom dia! Tenho um assunto urgente para lhe falar." – Falou o coordenador.

"Bom dia, Sr. Helder! Tem um cliente na recepção lhe aguardando e aqui estão dois telefones para contato urgente; disse que o senhor retornaria à ligação assim que chegasse" – Falou a recepcionista.

Achei a situação no mínimo inusitada; apesar disso, antes que eu pronunciasse uma só palavra, simultaneamente, percebi um ex-aluno que sempre me deu muito trabalho, indisciplinado, revoltado e insubordinado, acenando com a mão, também querendo falar comigo. Pude perceber naquele ínterim que ele estava acompanhado de um outro indivíduo, muito alto e bem forte que certamente praticava musculação.

Confesso que naquele momento, quase entrando num processo de surto, tive vontade de explodir; minha vontade era cortar qualquer possibilidade de diálogo com aquele aluno problema, contudo, respirei, comecei a contar até um milhão bem devagar, procurando administrar a produção de adrenalina e cortisol que meu organismo produzia; simultaneamente, buscava forças para manter um semblante sereno e equilibrado. Assim, após uma breve pausa respiratória, fiz uma única pergunta ao gerente e ao coordenador:

"Bom dia! Como vocês podem ver o dia está agitado; assim, se não for nada muito grave, é possível deixarmos esses assuntos para depois da cerimônia?"

Ao que responderam positivamente. Em seguida dirigi-me a recepcionista e disse-lhe:

"Bom dia! Por favor sirva água e café para o cliente e diga-lhe que eu já vou buscá-lo para que ele assista e participe da cerimônia de formatura comigo; com relação aos telefones, deixe-os comigo que eu mesmo darei feedback."

"Já providenciei água e café" – respondeu a recepcionista;

Agradeci e, dirigi-me ao ex-aluno: *"Bom dia! Como vai tudo bem? Em que posso ajudá-lo?*

"Bom dia, diretor! Sabe quem é esse aqui? – Falou o ex-aluno indisciplinado.

Ao que respondi: *"Não sei, mas, tomara que não seja ninguém que você trouxe para me bater, porque ele é muito forte!"*

Sorrindo ele respondeu: *"Diretor, esse é meu filho! Cismou que quer ser um profissional de segurança privada e, eu disse que só permitiria se fosse formado aqui, pelo senhor."*

Naquele momento agradeci a Deus por ter me dado sabedoria para fazer o que é certo e não o que eu tenho vontade. Muitas vezes por agirmos na impulsividade, envolvidos pelas circunstâncias, acabamos metendo os pés pelas mãos e, culposamente, destruímos uma imagem que levou anos para ser construída, destruímos pessoas, destruímos sonhos. Acredite, não é uma questão de sorte; aliás, a sorte acompanha aqueles que treinam, tudo isso é uma questão de treinamento. É fundamental que nós acreditemos que o segredo é o treinamento; insistência, persistência e exaustão no treinamento. Precisamos estar predispostos a fazer o que é certo; precisamos treinar muito para adquirir essa habilidade.

A sua habilidade melhora, ou melhor, você se torna mais eficiente e eficaz na mesma medida em que você treina! Você já ouviu falar de pessoas carismáticas, comunicativas e que se relacionam bem com outras pessoas? Já notou que algumas pessoas que se expressam bem, sob pressão perdem completamente a linha de raciocínio? Outras são cultas, inteligentes, têm o dom da palavra, mas, quando são contrariadas, simplesmente surtam, se descontrolam emocionalmente. *Agora, você sabe qual é a verdadeira causa desse problema?*

Quando olhamos o estereótipo enxergamos outra coisa; por fora, parece tratar-se de um problema pessoal, um problema financeiro, quem sabe uma doença, ou seja, lá o que for. Quando olhamos o que está dentro da mente e do coração, ou seja, quando olhamos por dentro, a questão é outra; percebemos rapidamente o despreparo interno. É por esse motivo que, se uma pessoa estiver sofrendo pressões físicas ou psicológicas, sem estar interiormente preparada para isso, o mais provável é a perda do equilíbrio emocional e da qualidade comportamental; ou ainda, uma pessoa que tenta gerenciar o comportamento inconveniente de uma outra pessoa sem estar interiormente preparada para isso, certamente, também se comportará de maneira inconveniente.

A maioria das pessoas simplesmente não tem esse preparo interno para gerenciar os comportamentos inconvenientes, seus e dos outros; sobretudo, por não quererem enfrentar os sofrimentos causados pela renúncia de muitos "prazeres" em detrimento de muito treinamento, ou também, simplesmente, por não ser a sua expertise ou área de atuação específica. É, sobretudo, por causa disso que elas não adquirem a habilidade necessária. Assim, é fundamental um trabalho de conscientização e sensibilização para ampliar a área de atuação.

Vejamos um bom exemplo: tente imaginar o perfil desses atletas que vamos descrever; lutadores renomados de MMA e, também, atiradores experientes de tiro esportivo, mas, que "não são policiais". Perceba que se forem colocados numa "situação real de criminalidade", o despreparo interno desses atletas, irá evidenciar uma ingenuidade e uma inexperiência que será facilmente percebida. Por não serem policiais, não têm o conhecimento e o preparo técnico profissional, assim, os seus sentimentos vão gerar os mais variados tipos de comportamento, inadequado ou inconveniente, com relação àquela situação. Perceba que devido ao despreparo interno, fisiologicamente o problema é real e não pode ser desprezado; existe uma produção desordenada de adrenalina e noradrenalina. Esses hormônios são produzidos pelas glândulas suprarrenais e lançados na corrente sanguínea desses experientes e renomados atletas, mas internamente despreparados para àquela situação específica; por isso simplesmente congelam.

Esses experientes atletas "colam as placas" devido ao despreparo interno, pois reiterando, nossos sentimentos geram os mais variados tipos de comportamento. Perceba que dentro do seu terreno de atuação conseguem lidar com mais facilidade, todavia, quando são colocados num terreno desconhecido, tudo muda, a conversa passa a ser outra. Gostaria de chamar sua atenção para o seguinte fato, caso a situação seja invertida, ou seja, se colocarmos os policiais num "octógono de luta" ou numa "Pista de Tiro Prático" observaremos também ingenuidade e inexperiência por parte dos policiais, pois, estes estarão num ambiente desconhecido e desconfortável para eles. É óbvio que não é uma verdade absoluta pois, existem policiais que também são lutadores e atiradores de alto nível.

Contudo, vale enfatizar que em razão de um "lastro" adquirido naquela atividade similar, quando esses lutadores e atiradores experientes, mas inexperientes diante "situações reais de criminalidade", ou vice-versa, são submetidos a um treinamento específico para àquele terreno desconhecido, o tempo de treinamento necessário para a aquisição da habilidade específica é muito menor.

Capítulo 62

O Aprendizado pela Dor

Nesse sexagésimo segundo capítulo, temos como objetivo específico, identificar, estudar e explicar a capacidade de sentir o que se sentiria, caso estivesse no lugar ou circunstância experimentada por outra pessoa.

Num voo internacional, uma mulher viu que estava ao lado de um senhor religioso vestido a caráter. Indignada, chamou a comissária de bordo.

"bom dia, senhora, em que posso ajudá-la?" – Perguntou a comissária.

"Você não enxerga bem?" – Esbravejou a senhora, e disse:

"Vocês me colocaram ao lado de alguém que se veste esquisito; não posso viajar assim!" - Falou e olhou de forma arrogante para o lado.

"Entendi sua reclamação" – Disse a aeromoça; e continuou:
"Infelizmente, todos os lugares estão ocupados; mas levarei sua reclamação ao comandante." – A comissária se afasta e volta pouco tempo depois.

"Senhora, como lhe disse todas as cadeiras estão ocupadas. Temos apenas um lugar na primeira classe". – E antes que a mulher fizesse algum comentário, a comissária continuou:

"Nossa companhia normalmente não permite que um passageiro da classe econômica seja transferido para a primeira classe. Porém, tendo em vista as circunstâncias, o comandante concorda que seria deprimente obrigar um passageiro a viajar ao lado de uma pessoa tão inconveniente". – E, dirigindo-se àquele senhor, a comissária prosseguiu:

"Primeiramente, perdoe-nos por todo esse transtorno;" – Falou gentilmente e continuou.

"Senhor, caso queira, por favor, pegue a sua bagagem de mão, pois reservamos para o senhor um lugar na primeiríssima classe".

E todos os passageiros que, estupefatos assistiam à cena, aplaudiram! Alguns, inclusive, de pé!

Avançando um pouco mais, algumas pessoas adquirem um bom preparo interno devido ao aprendizado conseguido através da compaixão, ou seja, "sofrer com"; o aprendizado aconteceu na dor, em virtude de todo um sofrimento resultante das análises, avaliações e observações da dor do outro; dos erros que foram cometidos por outras pessoas, e que causaram dor no outro. Repare que, quando um indivíduo com esse perfil gerencia comportamentos inconvenientes, a autoridade exercida é diferenciada. Percebe-se com clareza um "algo mais" na abordagem e na condução do fato; a autoridade é exercida na sua essência, de forma eficiente e eficaz.

Como se explica esse gerenciamento? É simples. Pessoas que aprendem com os próprios erros, normalmente desenvolvem empatia, uma grande sensibilidade para aprender também com os erros e com os acertos dos outros; consequentemente evoluem e adquirem compaixão. Apesar de todo o sofrimento, ou melhor, em razão de todo o sofrimento ganham o ingrediente mais importante do seu sucesso: a "compaixão", que é um sentimento característico dos seres humanos, que se retrata pela ajuda e empatia em relação a tristeza e sofrimento alheio. Quando eu tenho plena consciência do impacto que as minhas atitudes têm sobre o outro; eu consigo administrar melhor o meu comportamento, perceba:

"Será que eu gostaria de ser tratado da mesma forma que aquela pessoa está sendo tratada?"

Preciso pensar, de verdade, nos efeitos que o meu comportamento tem sobre o outro. O meu comportamento será extremamente inconveniente, a partir do momento que, aquilo que eu faço, a forma como eu me comporto, gera no outro: desconforto, raiva, indignação, medo, insegurança ou qualquer outro sentimento ruim.

Perceba que, se eu tenho a habilidade de me colocar no lugar do outro e sentir o que o outro está sentindo, desenvolvo empatia/compaixão, assim fica muito mais fácil falar o que aquela pessoa precisa ouvir para reduzir a produção daquele hormônio que está dificultando, sobremaneira, aquela negociação.

Isso acontece porque a sensibilidade dessas pessoas está regulada, calibrada, para perceber aquilo que é invisível aos olhos da maioria. Algumas pessoas desenvolvem uma sensibilidade capaz de perceber o que está dentro do coração e da mente das pessoas, outras têm uma sensibilidade menos apurada, mas suficiente para gerenciar com sucesso um determinado comportamento inconveniente. Contudo, existem aquelas cuja sensibilidade é praticamente nula; simplesmente não conseguem enxergar o óbvio, o que está diante do seu nariz, tampouco, se esforçam para melhorar essa deficiência.

Temos observado muitos pais que brincam de ser pais, o que resulta num grave comportamento inconveniente desses pais, que por sua vez geram comportamentos inconvenientes nos seus filhos; que decorrem, dessa falta de sensibilidade. Perceba que muitos pais querem ser "amiguinhos" dos seus filhos e se esquecem do que de fato são; pais. Ser amiguinho do filho não é uma tarefa difícil. O amiguinho concorda com tudo, ri de tudo, acha tudo muito engraçado, bate palmas para tudo, fala sim para tudo, vai para a farra, para a praia, para a boate, para o barzinho, assiste televisão, vê filme de sacanagem e é "legal para cacete". Pais, falam "não", supervisionam, fiscalizam, são uns chatos de galocha, torram o saco, castigam quando é necessário, proíbem, cobram e educam. Você consegue perceber a diferença? Você entende que ser pai, ser mãe não é nada fácil? Agora, ser amiguinho é mole; não é verdade? Isso não quer dizer que não devemos ser amigos; claro que podemos, mas antes precisamos ser pais de verdade.

Capítulo 63

Enxergar Com os Olhos da Fé

Neste sexagésimo terceiro capítulo, temos como objetivo específico, identificar, estudar e explicar o enxergar com os olhos da Fé.

Na véspera de uma prova final, três alunos alterados e indisciplinados resolveram ir para a gandaia; como a farra estava boa e não haviam estudado para a prova, combinaram entre si uma desculpa capaz de sensibilizar o professor. Decidiram também que, caso o professor encrencasse com eles, fariam o maior estardalhaço capaz, inclusive, de provocar a sua demissão. Numa sexta-feira, um dia após a prova, apresentaram-se ao professor e explicaram o motivo da falta. Assim disseram:

"Professor, tivemos que viajar, fomos a um casamento e na volta o pneu furou; não conseguimos trocá-lo de jeito nenhum. Depois de muito tempo um caminhoneiro, por sorte, parou e nos ajudou".

Atentamente e de maneira muito educada o professor ouvia as explicações; e continuaram:

"Professor, gostaríamos de fazer a prova; afinal de contas é um direito nosso".

O professor bastante compreensivo disse:

"Claro que sim, vocês podem fazer a prova na segunda feira, logo no primeiro horário".

Durante todo o final de semana se mataram de tanto estudar. Na segunda feira estavam afiadíssimos, pois, tiveram todo o tempo livre para os estudos. Assim que chegaram, o professor colocou-os em salas separadas, sendo: um na sala do diretor, o outro na sala do coordenador e o outro na sala da orientadora pedagógica e distribuiu as provas com apenas três questões:

1. *Qual o nome dos noivos?*
2. *Onde foi o casamento?*
3. *Qual dos quatro pneus furou?*

No final da prova havia uma observação:

"Se responderem de forma idêntica estão aprovados".

Você percebeu o gerenciamento? O professor usou as estratégias de segurança, usou a diplomacia e quebrou a resistência do inimigo sem lutar. Sem estresse, sem brigas, sem qualquer aborrecimento administrou o comportamento inconveniente daqueles três alunos.

Quando com convicção, decidimos gerenciar um determinado comportamento inconveniente, é fundamental que no momento da decisão, ao tomarmos aquela atitude, acreditemos piamente no sucesso daquele gerenciamento; caso contrário, nossas chances de sucesso serão drasticamente reduzidas. Sabemos que fé é já possuir aquilo que ainda se espera, é saber aquilo que ainda não se vê. Faça o seguinte exercício, pense em tudo que você tem, em tudo que você construiu, conseguiu. Perceba que tudo o que você tem, mesmo que não tenha um grande valor financeiro, muito provavelmente, primeiro você conseguiu pela fé, depois é que conseguiu de fato.

Precisamos aprender a enxergar com os olhos da fé, pois, a vida é uma experiência de fé, nós vivemos experiências de fé; acreditamos que aquele avião não cairá sobre nossas cabeças, acreditamos que não seremos atingidos por um projetil de arma de fogo perdido, acreditamos que aquele prédio não vai desabar e que o nosso time de futebol será campeão, e assim vamos tocando a vida, vivendo no dia a dia as experiências da fé.

Precisamos crer, não temos como mudar aqueles frutos que já estão maduros, visíveis e exuberantes nos galhos, mas, podemos agir na raiz mexendo no invisível para mudar aquilo que é visível. Contudo é fundamental que você compreenda a necessidade de acreditar de verdade na mudança. Use toda a sua sensibilidade, todo o seu conhecimento e preparo técnico, descubra, cave e atue na raiz do problema, mas, não deixe de acreditar que o resultado será positivo, creia, tenha fé!

Capítulo 64

Repasse dos 4 Pilares Fundamentais do GPCI

Neste sexagésimo quarto capítulo, temos como objetivo específico, i dentificar, estudar e explicar os 4 pilares fundamentais do GPCI.

Com resultados surpreendentes, há quarenta anos incentivamos nossos alunos na busca pelo conhecimento e a não desistirem jamais de concluir o ensino superior. Certa vez, após ter batido nessa tecla insistentemente, um aluno me procurou e disse:

"Professor, posso te dar um toque?" – O aluno era do tipo malandro, gesticulava bastante e, enquanto falava, exagerava nas caras e bocas. Olhei para o aluno, obviamente preocupado com o toque e disse:

"Claro que sim, por favor, sou todo ouvido." – O aluno prosseguiu:
"Professor, o senhor não ganha dinheiro com a gente?" – E emendou:
"Quanto maior o número de alunos mais dinheiro o senhor vai ganhar; não é mesmo?" – Olhei bem para ele e disse:
"É verdade! Você tem razão, mas confesso que ainda não entendi aonde você quer chegar!" – Respondi-lhe.

Imediatamente fui admoestado: "Pooo *professor! Presta atenção; se o senhor ficar incentivando as pessoas a estudar, num futuro eles irão para outro segmento e o senhor vai perder grana; tá ligado?"*

Olhei durante alguns instantes para o aluno, esperando quem sabe um sorriso ou talvez algo do tipo: *"Foi brincadeirinha professor"*, mas, ele continuava me olhando de forma compadecida e, nitidamente aguardava que eu o agradecesse pelo toque; eu não estava sonhando, o toque tinha sido real.

Confesso que naquele momento lembrei-me daquele diálogo do Mestre com o Discípulo.

"Mestre, qual a maior das sabedorias?" – Perguntou o discípulo.
"Jamais discuta com um idiota; eis a maior das sabedorias." – Respondeu o mestre.
"Mestre, não acho que esta seja a maior das sabedorias!" – Retrucou o discípulo.
"Você tem razão." – Respondeu o mestre de forma de forma curta, precisa e concisa.

Assim, com base nessa estória, olhei para o aluno e, constatando que não se tratava de uma brincadeira, abracei--o e agradeci o toque; disse que iria refletir sobre o assunto. O aluno, feliz da vida, seguiu seu destino e eu o meu; certamente deve contar nas rodas de amigos que me deu um grande conselho pois, eu não sabia ganhar dinheiro; talvez ele até tenha uma parte da razão.

William Shakespeare dizia que se os nossos sonhos estão lá nas nuvens, não devemos nos preocupar, pois, eles estão no lugar certo. Contudo, cabe a nós construir os alicerces para que eles se mantenham lá no alto. Na verdade, estamos falando de quatro alicerces, quatro colunas fundamentais: a coluna intelectual, a coluna física, a coluna técnica e a coluna espiritual. Cuidar dessas quatro colunas é fundamental para o nosso preparo interno e extremamente importante para desenvolvermos sensibilidade suficiente para percebermos no inconveniente a raiz do problema. Há pouco tratamos deste tema, nós vemos os resultados, mas normalmente, não enxergamos a origem; o invisível que produz o visível. É preciso agir na raiz do problema.

A ***coluna intelectual***, área cognitiva, deve ser trabalhada através da retomada dos estudos, da leitura diária de bons livros, dos relacionamentos saudáveis, através de novos cursos de especialização, qualificação e aperfeiçoamento profissional. Para isso, precisamos de bons aliados, pessoas que nos incentivam a retomada dos estudos, a especialização e qualificação profissional, contudo, muito cuidado pois, um aliado estúpido será o maior inimigo que você terá; um inimigo estúpido é o maior aliado que você tem.

Segundo um dado estatístico, a pessoa que você será, ou melhor, tornar-se-á em cinco anos é definida pelos aliados, pelas pessoas com as quais você se relaciona hoje e, sobretudo, pelos livros que você escolher para ler hoje; aqueles com quem nos aliamos, com quem dedicamos o nosso precioso tempo, irão definir de alguma forma o que ficará registrado no nosso cérebro, ou seja, aquilo que nós absorveremos.

Certa vez ouvi e concordo plenamente que o nosso aprendizado é bastante prejudicado devido a mania de "nos acharmos"; a velha e ultrapassada síndrome do "papai sabe tudo". Todos nós tendemos a acreditar que "já sabemos tudo" e que já temos "todas as respostas"; e isso é muito ruim. Quando humildemente nos predispomos a aprender com aqueles que estão perto de nós, percebemos rapidamente que é esse sentimento de "já saber", que nos faz criticar a opinião dos outros, faz com que vivamos a "síndrome do avestruz", ou seja, enterramos nossa cabeça num buraco para não ouvirmos, tampouco sejamos vistos pelos outros; limitamo-nos na nossa própria opinião, o que nos impede de alçar voos mais altos, nos impede de aprender cada vez mais. O hábito de julgar, a mania de criticar o tempo todo não nos traz qualquer benefício, muito pelo contrário, acaba embotando a nossa inteligência; em outras palavras, nos emburrece, nos bestifica. Observar sim; tentar aprender com os erros e, também, com os acertos dos outros, sempre nos traz muito aprendizado, desenvolve nossa inteligência.

Quando não sabemos e temos consciência de que não sabemos, ótimo! Basta pedir ajuda. Não saber não é o problema, o problema é quando nós pensamos que sabemos. É incrível, mas, são muitos os que pensam que sabem e só percebem que não sabem, na hora que o "bicho pega". Nesse momento se desesperam e colam as placas. É muito importante reconhecer a limitação, sobretudo, é necessário que você queira saber como aprender, pois, inevitavelmente acabará virando um hábito. Inevitavelmente, você começará a querer aprender com todas as pessoas e com todas as situações. Todas as pessoas podem, de alguma forma, nos ensinar alguma coisa sobre a sociedade, sobre o nosso planeta ou sobre nós mesmos. Assim desenvolveremos a coluna intelectual.

A ***coluna física***, saúde física e mental, deve ser trabalhada através da retomada da atividade física, da prática de esportes, de uma alimentação saudável, da eliminação dos vícios, do sedentarismo, da procrastinação, valorizando sempre um bom repouso do corpo, pois, na verdade somos o templo do Espírito Santo de Deus. Mais à frente trataremos deste importante tema com todo o "cuidado e atenção" que ele merece.

A ***coluna técnica***, profissional, deve ser trabalhada através dos conceitos básicos que foram exaustivamente tratados no primeiro livro de GPCI e reiterados num nível mais avançado neste livro, onde aprendemos que ninguém é bom naquilo que não pratica, assim, com base nessa filosofia é necessário que busquemos o domínio absoluto do conhecimento para que tenhamos condições de convencer as pessoas das coisas que acreditamos. Aristóteles dizia que somos o que repetidamente fazemos, a excelência, portanto não é um feito, mas, um hábito. Se quisermos atingir a excelência técnica, precisamos aprender a ensinar com assertividade. Assertividade não tem nada a ver com acertar, mas falar o que você quer falar e as pessoas entenderem perfeitamente bem aquilo que você falou.

A ***coluna espiritual***, sem dúvida a mais importante e deve ser trabalhada dia após dia, trata do nosso aprimoramento espiritual, e para quem crê, da nossa intimidade com Deus. Vimos a importância de sermos disciplinados, obedientes aos preceitos, às regras, assim é importante sabermos que a oração é fruto da disciplina. Quando meditamos, quando oramos, buscamos uma atitude interior, essa atitude vai sendo aprimorada na medida que dividimos com Ele, ou no que você acredita, todas as nossas alegrias e tristezas. Precisamos que Ele esteja sempre bem pertinho, bem próximo da gente; assim acabamos descobrindo que orar é o tempo todo e quando oramos, buscamos intimidade com Deus. Definitivamente não somos, mas precisamos buscar ser o melhor possível para os outros e não, buscar ser melhor do que os outros. Precisamos aprender a unir as pessoas, aprender a aproximar, a estabelecer vínculo com as pessoas, aí sim buscaremos intimidade com Deus. Certa vez o Padre Fábio de Melo disse o seguinte: *"Continuo amando e acreditando em Deus mesmo quando os milagres que imploro não acontecem... Pois os milagres que imploro e os pedidos que faço, se baseiam na minha vontade e Deus não está aqui para me dar o que eu desejo. Deus está aqui para me dar o que eu preciso!"*

Perceba que são essas colunas que sustentam os nossos sonhos, os nossos objetivos. Cuidar dessas quatro colunas é fundamental para o nosso preparo interno. Uma depende da outra, é como se fosse apenas uma, pois, existem questões que só podem ser resolvidas na plenitude dessas colunas para que o nosso objetivo seja alcançado com eficiência e eficácia.

Capítulo 65

Toda Ação Produz uma Reação

Neste sexagésimo quinto capítulo, temos como objetivo específico, identificar, estudar e explicar que nós enxergamos a inconveniência, mas, não vemos o que causou àquele comportamento inconveniente.

Tratava-se de uma empresa familiar de cosméticos, apesar de todas as dificuldades, tentava de todas as formas manter o seu quadro de funcionários antigos. Apesar da resistência natural e, principalmente, da dificuldade na quebra de paradigmas, aqueles velhos guerreiros eram comprometidos e foram os primeiros funcionários da empresa. Um dia o Sr. Joaquim, um dos funcionários mais antigos, dirigiu-se à sala do Sr. José, diretor da empresa, para fazer a sua primeira reclamação.

"Bom dia, Dr. José, o senhor poderia me ouvir?" – Falou cordialmente, mas, deixando claro que algo o incomodava.

"Claro, Sr. Joaquim, sente-se, por favor." – Notando sua ansiedade, o diretor continuou.

"Está tudo bem com o senhor?" – Perguntou, olhando-o nos olhos.

"Não está nada bem, não senhor". – Respondeu, meio cabisbaixo, demonstrando certa indignação.

"Diga-me Sr. Joaquim, o que o deixou tão indignado?" – Sem saber direito como começar, disse:

"Sabe o que é Dr. José, sou seu funcionário mais antigo, trabalho para o senhor há mais de dezoito anos e nunca faltei." – O diretor olhava-o com atenção, demonstrando concordar plenamente com todas as observações.

"É verdade Sr. Joaquim; é verdade! E lhe digo mais, o senhor nunca chegou atrasado em todos esses anos." – Assim, seu Joaquim continuou.

"Nunca faltei, nunca cheguei atrasado, sempre tratei todos com muito respeito, sempre fiquei depois do horário e nunca reclamei por isso." – E o diretor confirmava com gestos e palavras.

"É verdade, Sr. Joaquim, o senhor é realmente um exemplo." – Após todo esse preâmbulo, começou a reclamação propriamente dita.

"Dr. José, fiquei sabendo que o Carvalho, um funcionário novinho, recém-chegado, que ainda não completou um ano, será promovido!" – Neste momento, seu Joaquim foi interrompido pelo Sr. José que disse:

"Sr. Joaquim, desculpe-me, mas não estou conseguindo prestar atenção no que o senhor está falando. Sabe o que é? Estou com uma enorme preocupação; preciso que o senhor me faça um pequeno favor.

"Quero que os funcionários tenham hoje, uma sobremesa diferente; pensei numa fruta! O senhor poderia verificar na barraca de frutas, ali na esquina, se eles têm abacaxi?"

Depois nós continuamos a conversa. Pode ser?" – Seu Joaquim, sem entender direito o pedido, respondeu:

"Claro Dr. José!" – Levantou-se e saiu para cumprir a missão. No caminho murmurava:

"É uma sacanagem! É muita falta de respeito! Eu falando de algo extremamente importante e o cara preocupado com abacaxi! Só pode estar de sacanagem!" – Todavia, em cinco minutos, retornou.

"Dr. José, fui lá rapidinho; tem abacaxi, sim senhor." – O diretor olhou-o, como se esperasse algo mais, e o Sr. Joaquim continuou.

"Dr. José, podemos continuar nossa conversa?" – Educadamente o diretor respondeu:

"Claro Sr. Joaquim, sente-se, por favor." – Quando seu Joaquim começou a falar, foi novamente interrompido.

"Por gentileza Sr. Joaquim, antes de começarmos, quero lhe fazer mais uma pergunta. Qual o valor unitário do abacaxi?" – Seu Joaquim meio sem graça respondeu:

"Isso eu não vi, não senhor!" – Mantendo a linha de ação, fez mais uma pergunta.

"Sr. Joaquim, por favor, me responda. Tem quantidade suficiente para todos os funcionários?" – Seu Joaquim ainda mais sem graça, respondeu:

"Não verifiquei, não senhor." – Sem qualquer demonstração de insatisfação e de forma serena disse:

"Sr. Joaquim, aguarde aqui mesmo; não esqueça o que o senhor vai me falar. Desculpe-me, mas preciso resolver este 'probleminha'. Em seguida continuaremos." – Imediatamente pegou o telefone e disse:

"Carvalho, estou pensando em dar uma sobremesa diferente aos funcionários; pensei numa fruta. O senhor poderia verificar na barraca de frutas, ali na esquina, se eles têm abacaxi?" – Seu Joaquim aguardava, angustiado. Vinte minutos após a solicitação...

"Com licença Dr. José; bom dia Sr. Joaquim! Como vai o senhor?" – Seu Joaquim cumprimentou-o meio desconcertado e o Carvalho prosseguiu.

"Dr. José, eles têm abacaxi sim e estão ótimos para o consumo! O valor unitário é de R$3,50.

Quando falei da quantidade, consegui um desconto de 15% no pagamento à vista. Podemos também pagar no cartão com um desconto de 10% ou ainda, com cheques para 30, 60 e 90 dias.

Também verifiquei outras possibilidades como: mamão, melão, melancia, manga, pera e laranja seleta que, inclusive, vem descascada. Os valores se equivalem.

Qualquer que seja o pedido, eles entregarão vinte minutos antes do horário do almoço, higienizado e pronto para o consumo.

Caso o senhor concorde, retorno imediatamente e confirmo o pedido."

Satisfeito, o diretor pediu ao Carvalho que aguardasse para que pudesse pensar a respeito. Assim que o Carvalho saiu, o diretor dirigiu-se ao seu Joaquim e disse:

"Muito bem seu Joaquim, agora estou despreocupado; Ufa! Podemos continuar! O que o senhor estava falando mesmo?" – Seu Joaquim, totalmente desconcertado, respondeu:

"Nada não, nada não! Dr. José, desculpe-me incomodá-lo com bobagem. Não é nada importante, desculpe-me mesmo!" – Retirou-se e foi refletir sobre aquele seu comportamento inconveniente.

Perceba que também no caso do seu Joaquim, os níveis de força que foram utilizados correspondem a uma segurança de "baixo impacto", ou seja, através da utilização de estratégias, inteligência e equilíbrio emocional permanecemos no nível II, numa verbalização diplomática, quebrando a resistência do inimigo sem lutar. Muitas vezes, coisas simples de se resolver, são administradas na impulsividade e, acabamos perdendo um funcionário que está sinceramente indignado, mas totalmente equivocado. Usando o nível de força adequado, de acordo com o nível de resistência oferecido e obedecendo aquelas cinco linhas de ação, o resultado é sempre satisfatório.

A terceira lei de Newton diz que toda ação provoca sempre uma reação oposta e de igual intensidade. Na prática isso significa que todo corpo que aplica força sobre o outro corpo, recebe outra força com a mesma intensidade, mesma direção e sentido oposto. Trata-se da lei da ação e reação; isto posto, você se lembra que o fruto é o resultado? Se descuidarmos da nossa saúde, o resultado é a doença, se ingerirmos alimentos hipercalóricos, o resultado é a obesidade, se não treinarmos a nossa mente, o resultado é a demência, enfim, ação e reação. Se não desenvolvermos a nossa inteligência, o resultado são as neuroses, psicoses e mutilações da nossa psique humana.

Você certamente já viu e ouviu inúmeros comentários, fofocas mesmo, sobre pessoas problemáticas, que se comportam inconvenientemente devido ao desequilíbrio emocional e a falta de qualidade comportamental, certo? Na verdade, o que observamos é o resultado, sinais e sintomas do que de fato está escondido; é algo invisível. A única forma de corrigirmos àquele comportamento é agindo na raiz do problema, ou seja, agir naquilo que não estamos vendo. Quando nos confrontamos com algo que acreditamos estar errado ou também fatos que nos desagradam profundamente ficamos indignados, com raiva e esse sentimento pode nos levar a um comportamento inconveniente. Perceba que enxergamos a inconveniência, mas, não vemos o que causou àquele comportamento inconveniente.

Gostaria de chamar a sua atenção para o seguinte fato, qualquer que seja o resultado, bom ou mau, satisfatório ou não, positivo ou negativo, conveniente ou inconveniente é e sempre será o efeito, o reflexo, a consequência daquilo que não vemos. Se as coisas não estão indo bem, se o resultado não está dentro dos padrões estabelecidos é preciso que atuemos diretamente na raiz do problema. Perceba que realmente é simples, mas, acredite, não é nada fácil; existe uma grande e complexa batalha que precisa ser cuidadosamente analisada, avaliada e estudada para que consigamos vencê-la.

Capítulo 66

Passo a Passo para o GPCI

Neste sexagésimo sexto capítulo, temos como objetivo específico, identificar, estudar e explicar o passo a passo para o gerenciamento de um comportamento inconveniente.

A Bíblia nos ensina em Provérbios que o tolo pensa que sempre está certo, mas os sábios aceitam conselhos. Quando o tolo é ofendido, logo todos ficam sabendo, mas quem é prudente faz de conta que não foi insultado. A pessoa prudente esconde a sua sabedoria, mas os tolos anunciam a sua própria ignorância.

Um comportamento extremamente inconveniente, e, sobretudo, uma enorme perda de tempo, é argumentar e debater com o tolo. O tolo na verdade, é um energúmeno, um doente que não está nem aí para os fatos. O tolo se importa apenas com a conquista das suas confusões mentais e certezas insanas. Em razão de tudo isso, nós não devemos desperdiçar o nosso tempo argumentando com aquilo que não faz o menor sentido. É uma espécie de analfabetismo funcional, uma incapacidade de compreender textos e de organizar as próprias ideias para poder argumentar. Existem pessoas que, apesar das provas e dos fatos que são apresentados, não conseguem, por alguma razão, entendê-los; têm uma espécie de cegueira, e tudo o que elas mais querem é ter razão, mesmo que não tenham. Um pensador chamado Murilo Lacerda diz que *o melhor remédio contra a ignorância é o silêncio, pois é a única coisa impossível de se revidar.* Em razão de tudo o que foi dito, nós vamos refletir com base em mais uma dessas estórias de internet, por sinal muito interessante, mas de autor desconhecido, que com uma habilidade didática incrível, conseguiu resumir com muita simplicidade, essas questões polêmicas que, vira e mexe, nos deixam estressados.

O jumento disse ao leopardo:
- *A grama é azul.*

O leopardo respondeu:
- *Não, a grama é verde.*

A discussão aqueceu, e os dois decidiram levar a questão ao Rei, e por isto foram diante do leão, o Rei da Selva. Antes mesmo de chegar à clareira da floresta, onde o leão estava sentado em seu trono, o jumento começou a gritar:

- *Sua Alteza, a grama é azul, não é verdade?*

O leão respondeu:
- *Verdade, a grama é azul.*

O jumento se apressou e continuou:
- *O leopardo discorda, me contradiz e aborrece-me, por favor puna-o.*

O rei então declarou:
- *O leopardo será punido com 5 anos de silêncio.*

O jumento saltou alegremente e seguiu seu caminho, contente e repetindo:
- *A grama é azul...*

O leopardo aceitou seu castigo, mas antes perguntou ao leão:
- *Sua Majestade, por que me castigou? Afinal, a grama é verde!*

O leão respondeu:
- *Na verdade, a grama é verde.*

O leopardo perguntou:
- *Então por que é que me castigou?*

O leão respondeu:
- *Isso não tem nada a ver com a grama; se a grama é azul ou verde* não importa.
O castigo é porque não é possível que uma criatura corajosa e inteligente como você, perca tempo discutindo com um jumento, e ainda por cima venha me incomodar com essa questão. Leopardo, quando a ignorância grita, a inteligência fica em silêncio.

No capítulo 14, nós falamos sobre Sentimento e Comportamento. Vimos que 10% da vida estão de alguma forma, relacionados com o que se passa conosco, estão relacionados com os nossos sentimentos; nós não temos qualquer controle sobre 10% do que nos sucede. Não podemos evitar as pessoas chatas, como o jumento da estória, não podemos evitar que o pneu fure ou que o trânsito fique congestionado, não podemos evitar que o sinal fique vermelho, evitar o menino com a flanelinha, aquele malabarista jogando facas para o alto, o garoto jogando água no para-brisas limpo ou mesmo que um maluco qualquer resolva estragar, de alguma forma, o nosso dia. Já os outros 90% estão relacionados com a forma como nós reagimos ao que passamos. Reiterando, nosso "Gerenciamento", nossa "Reação", enfim, o nosso "Comportamento" determinará os outros 90%, ou seja, 90% dos conflitos, problemas, crises e escândalos que vivenciamos no nosso dia a dia, têm relação direta com a forma como nós nos Comportamos devido aos Sentimentos. A maneira como nós gerenciamos, a forma como nós reagimos, enfim, o nosso "comportamento" determinará os outros 90%.

Perceba o passo a passo de um bom gerenciamento:

O **primeiro passo** seria reconhecer, ou seja, admitir de forma consciente e equilibrada a sua indignação, reconhecer a sua raiva devido a teimosia, devido a "ignorância do Jumento". O processo de cura de uma doença, tem início, quando reconhecemos a doença em nós. Gente, o pior doente é aquele que considera saúde a sua própria enfermidade. Se você considera imprescindível, ir até o fim para provar algo, fica muito difícil! Se nós não reconhecermos a vaidade de querer ter razão, de querer que as pessoas confirmem que nós estamos com a razão, é porque estamos, de fato, doentes. Quando você perceber a "intransigência insana" do jumento, deixe-o ter razão!

O **segundo passo** seria não reagir pelo impulso, não seguir os sentimentos feridos, pois eles sempre nos levam em direção a morte. Deixar-se levar pela impulsividade é querer, é fazer questão que o rei leão te dê razão; isso é perder a noção das coisas. Portanto, respire bem fundo e comece a contar até um milhão, e bem devagar. Nossas decisões precisam ser tomadas sempre com inteligência emocional e qualidade comportamental;

O **terceiro passo** seria procurar entender, tentar localizar o foco da indignação. Muitas vezes estamos com um problema no trabalho e acabamos descontando na família; outras vezes estamos com um problema em casa e acabamos perdendo o emprego; uma coisa é uma coisa, outra coisa é outra coisa. Assim, procurando entender, tentando localizar o foco da sua indignação, ao perceber que o jumento é apenas um energúmeno; um doente aflito e ansioso em ter razão, sem qualquer preocupação com os fatos, o Leopardo faria uso da empatia, ou quem sabe até teria compaixão do jumento.

"Amigo jumento, não se preocupe, está tudo bem; talvez você esteja certo. Vou avaliar melhor a sua colocação; conversaremos melhor numa outra oportunidade. Não precisamos incomodar o Rei Leão com algo tão pequeno e sem importância; ***não é verdade?****"*

O **quarto passo** seria fazer uma análise de todas as opções, projetando o resultado futuro das possíveis escolhas; assim, em seguida, adotaria as medidas e atitudes preventivas cabíveis. Por exemplo, através dessa reflexão equilibrada do Leopardo:

"Essa discussão com o Jumento é tão descabida, que o Rei Leão ficaria muito aborrecido comigo; quem sabe eu até eu fosse punido por incomodá-lo com tamanha bobagem. Foi ótimo desistir dessa ideia maluca; deixando o jumento achar que ele tem razão."

O **quinto e último passo** seria transformar toda essa teoria em ação; fazendo a escolha certa. Assim, tudo terminaria bem; o jumento, sinceramente equivocado e sem saber os limites da sua própria ignorância, continuaria feliz e convicto de que a grama é azul. E o Rei Leão por sua vez, não se decepcionaria com o Leopardo, tampouco teria que puni-lo por ter se rebaixado tanto, ao discutir com um jumento.

Você percebeu? Duas situações iguais, que terminam muito diferentes. Por quê? Porque os outros 90% são determinados pelo nosso comportamento. Precisamos aprender a escolher bem os nossos "Comportamentos" diante dos nossos "Sentimentos", para não sofrermos de forma absolutamente desnecessária.

Reiterando, na Glândula Suprarrenal ou adrenal encontramos a Córtex e a Medula. A Medula produz a Adrenalina e a Noradrenalina também chamada Epinefrina e Norepinefrina. Quando esses hormônios são lançados na nossa corrente sanguínea, se nós não estivermos bem treinados, preparados internamente, o nosso comportamento tenderá para a inconveniência, algo inusitado, você certamente ficará furioso! Já a Córtex, produz dezenas de hormônios. Quando você assume aquela posição de derrotado, de revoltado, quando você começa a murmurar, a reclamar de tudo e de todos, você produz vários hormônios que lançados na sua corrente sanguínea causarão sérios problemas a sua saúde. Um dos mais importantes é o Cortisol; é o hormônio mais abundante da glândula adrenal. Ele é conhecido como o "hormônio do estresse", e é essencial para a nossa sobrevivência, mas, se estiver equilibrado. A falta desse e de outros hormônios adrenais, é conhecida como "insuficiência adrenal". A hiperprodução do cortisol é chamada de síndrome de Cushing. O excesso de produção de cortisol, tem como resultados mais comuns, a hipertensão, a obesidade, o diabetes, as estrias vermelhas na região abdominal e o rosto arredondado com bochechas vermelhas. Já a falta de produção de cortisol tem como resultados mais comuns a pressão baixa, dificuldade de se manter em pé, escurecimento da pele em dobras, escurecimento da pele na face e hipoglicemias. Portanto, vale como reflexão: *Para que reclamar tanto?*

Capítulo 67

Os 4 Estágios do Desenvolvimento de Competências

Nesse sexagésimo sétimo capítulo, temos como objetivo específico, identificar, estudar e explicar os 4 Estágios do Desenvolvimento de Competências no Processo de Aprendizagem.

No final de um Curso de Especialização em Segurança Privada, perguntei para a turma:

"Qual o valor das suas vidas?"

Pedi que escrevessem numa folha de papel e justificassem a resposta. Todos, praticamente, responderam que a vida não tem preço e, como justificativa, disseram que o dinheiro não teria o menor valor diante da morte.

"Muito bem!" – Disse-lhes sorrindo, fazendo-lhes uma outra pergunta:

"Vocês se recordam do juramento feito no final do curso?" – Assim lembrei-lhes do juramento e da cerimônia de formatura.

"Vocês começam jurando perante Deus e perante os homens que trabalharão com honestidade e dignidade... Não é isso?" E complementam:

"Pela proteção e segurança dos valores e do patrimônio que estão sob suas responsabilidades, e terminam dizendo 'expondo-me' aos grandes riscos da profissão." – Fiz o fechamento pedindo que eles refletissem a respeito, assim, continuei:

"Portanto, considerando todos os fatos expostos, a vida de vocês vale exatamente o piso salarial do segmento. Nem um centavo a mais do que isso. Afinal, vocês colocam ou não a vida de vocês em risco? Não é verdade?" – Talvez a ficha tenha caído naquele momento.

Muitas vezes apresentamos um determinado padrão de comportamento por acreditar, equivocadamente, numa filosofia sem fundamento, sem uma base.

De forma resumida, o padrão de comportamento de uma pessoa traduz-se num ajuste dos seus relacionamentos, dos livros que leu e da sua educação básica. Assim, cabe a seguinte pergunta: *Como é que se forma um Padrão Comportamental?*

Acreditamos que o padrão comportamental de uma determinada pessoa se organiza e se forma com base na educação que a pessoa recebeu na infância, nas informações recebidas na adolescência e nos envolvimentos de todos os tipos, incluindo aquelas experiências que deixaram marcas na alma, as experiências traumáticas. Estamos falando da educação recebida pelos pais ou responsáveis diretos, pelos parentes mais próximos, pelos professores e líderes religiosos, pelas amizades que foram construídas, sobretudo, na infância e adolescência, pelas influências e orientações de líderes de atividades esportivas, pelos livros que foram lidos, pelo que foi absorvido pela mídia, pela internet e através da cultura de uma maneira geral.

Sabemos que algumas famílias têm formas próprias de educar os seus filhos, algumas acreditam que palavras convencem pessoas, mas os exemplos arrastam multidões, outras que os valores morais, éticos, sociais e espirituais são fundamentais na formação daquele indivíduo, enquanto outras famílias fazem isso de um modo completamente diferente e inusitado.

Você realmente acredita que uma criança já nasce com vocação para desenvolver determinados padrões de comportamento?

Se a sua resposta foi sim, você acertou; é a chamada herança genética. Todos nós nascemos com vocação para muitas coisas e sem vocação para muitas coisas também. Todos nós passamos sempre por quatro fases de aprendizado distintas.

Estágios do Desenvolvimento de Competências no Processo de Aprendizagem

Alguns estudiosos dizem que essa teoria foi desenvolvida nos anos 70 pelo crítico de cinema Noel Burch, outros afirmam que foi desenvolvida pelo psicólogo americano Abraham Maslow. Feita a devida observação, o primeiro é o estágio da ***inconsciência e falta de habilidade***, também chamado de ***"incompetência inconsciente"***. Nesse estágio, não temos consciência da existência "daquilo", não importa o que seja, tampouco temos habilidade para "aquilo". Num determinado momento da nossa vida, não sabíamos da existência de papel e caneta, tampouco tínhamos habilidade para elaborar relatórios, pois, ainda não sabíamos ler nem escrever. Também não sabíamos da existência do cigarro, tampouco, tínhamos habilidade para tragar ou simplesmente acendê-lo. Enfim, vale para tudo! Coisas boas ou não.

O segundo é o estágio da ***consciência e falta de habilidade***, também chamado de ***"incompetência consciente"***. Nesse estágio, temos consciência da existência "daquilo", não importa o que seja, contudo não temos habilidade para "aquilo". Num determinado momento da nossa vida, passamos a ter consciência da existência de papel e caneta, contudo não tínhamos habilidade para elaborar relatórios, pois, ainda não sabíamos ler nem escrever. Também passamos a ter consciência da existência do cigarro, contudo, não tínhamos habilidade para tragar ou simplesmente acendê-lo. Enfim, vale para tudo! Coisas boas ou não.

O terceiro é o estágio da *consciência e habilidade,* também chamado de ***"competência consciente"***. Nesse estágio, temos consciência da existência "daquilo", não importa o que seja, e, também, temos habilidade para "aquilo". Num determinado momento da nossa vida, passamos a ter consciência da existência de papel e caneta, e habilidade para elaborar relatórios, pois, fomos devidamente alfabetizados. Também passamos a ter consciência da existência do cigarro e, devido a prática, adquirimos habilidade para tragar e fazer círculos de fumaça. Enfim, vale para tudo! Coisas boas ou não.

O quarto é o estágio da inconsciência e habilidade, também chamado de ***"competência inconsciente"***. Nesse estágio, por inúmeros fatores, entre eles a herança genética, o domínio da técnica e a constância de treinamento, fazemos "aquilo" de forma condicionada, instintiva, mas, com bastante habilidade; é a aquisição do condicionamento reflexivo.

Capítulo 68

Condicionamento Reflexivo

Neste sexagésimo oitavo capítulo, temos como objetivo específico, identificar, estudar e explicar a aquisição de Condicionamento Reflexivo.

Ninguém nasce com vocação para tudo e ninguém nasce sem vocação para nada. Todos nós nascemos com vocação para muitas coisas e sem vocação para muitas coisas também. Entretanto a vocação, herança genética, é um facilitador para nós adquirirmos, com menos tempo, uma boa condição reflexa. Vejamos, se você tem vocação para ser um campeão mundial de jiu-jitsu e desde pequeno é colocado naquele meio para treinar; você terá grandes chances de se tornar um campeão. Agora, se você tem vocação, herança genética, para ser um campeão mundial de jiu-jitsu, mas por algum motivo, jamais treinou àquela arte, caso seja colocado para lutar com alguém que não tem vocação, mas possui o conhecimento técnico; você certamente será, rapidamente, finalizado. Ainda dentro do mesmo contexto, se você tem vocação, herança genética, para ser um campeão mundial de jiu-jitsu, mas, por algum motivo, jamais treinou àquela arte; caso seja matriculado numa academia de jiu-jitsu, junto com outras pessoas que também não conhecem àquela arte, você certamente vai se destacar perante os demais alunos, devido a sua vocação, devido a sua herança genética.

Perceba que se trata de uma faca de dois gumes; vale para coisas boas e coisas ruins. Assim, se uma criança possui uma herança genética, uma predisposição para o alcoolismo, caso seja devidamente acompanhada, sensibilizada, orientada e conscientizada dentro dos padrões mais rígidos de educação, apesar da vocação, não terá nenhum problema com relação àquela herança genética; contudo, se essa mesma criança não for devidamente acompanhada, sensibilizada, orientada e conscientizada, sendo envolvida pelas circunstancias, influenciada pelos amigos, sofrerá as trágicas consequências daquela herança. É claro que qualquer criança poderá sofrer as mesmas influências, entretanto, a que possui a herança genética, por questões óbvias terá muito mais facilidade para entrar naquela situação e muito mais dificuldade para sair daquela situação, o sofrimento será muito maior.

Por tudo isso acreditamos que a criança nasce com vocação para desenvolver determinados padrões de comportamento, entretanto, isso não é uma verdade absoluta, ou melhor, não podemos afirmar que aquele padrão de comportamento prevalecerá, pois, dependerá de todos aqueles fatores já mencionados (educação, livros, relacionamentos, mídia, cultura...).

Todos nós nascemos com vocação para muitas coisas e, certamente, morreremos sem conhecer todos os talentos, todos os dons que possuímos. Com base em tudo isso acreditamos que a criança é, de alguma forma, envolvida pelas circunstâncias e levada a pensar e agir de acordo com aquele universo, o que determinará a forma como irá se comportar. Vale ressaltar que isso vale para todos nós.

Fomos moldados de forma e maneiras diferentes, para pensar e agir de acordo com àquelas normas e diretrizes, seguindo àquela cultura e conforme àquelas linhas de ação pré-definidas, o que resultou num determinado padrão comportamental.

Consequentemente adquirimos um condicionamento reflexivo bastante positivo para muitas coisas, mas também, um condicionamento reflexivo bastante negativo que se faz presente: nas nossas atitudes impulsivas, nos atos reflexos e nas respostas automáticas, que nos constrangem, comprometem e nos acompanham ao longo da vida.

Assim, ao reconhecermos através do discernimento um comportamento inadequado, em nós mesmos, é fundamental trabalharmos uma reprogramação mental para que sejamos capazes de intervir, rever e alterar os arquivos daquele padrão comportamental "não conforme", que foi implantado na nossa cabeça indevidamente. É exatamente isso que, juntos, vamos trabalhar com você no decorrer da leitura deste livro.

Capítulo 69

Cabeça Vazia é Oficina do Diabo

Nesse sexagésimo nono capítulo, temos como objetivo específico, estudar e explicar que pensamentos conduzem a sentimentos, sentimentos conduzem a ações e ações conduzem a resultados.

Essa é a história de um mestre japonês que recebeu um desses políticos espaçosos e faladores que queria adquirir conhecimento sobre o Zen. Ansioso, o político deu início a um longo discurso, obviamente político, cheio de demagogia e hipocrisia.

Enquanto o político tagarelava sem parar, o mestre equilibradamente levantou-se, pegou a chaleira e lentamente começou a despejar o chá em sua xícara, enchendo-a proporcionalmente a fala desenfreada, até que o líquido começou a derramar sobre o pires. O político não parava de falar, mas, observava impacientemente o chá que transbordava pela borda da xícara. Nervoso com a situação, o político decidiu intervir, uma vez que o mestre estava derramando todo o chá. Todavia, com equilíbrio emocional e qualidade comportamental o mestre lhe disse:

"Olhe bem para essa xícara, veja o pires! Você está exatamente assim, cheio de opiniões e especulações; primeiro esvazie-se, só depois eu poderei lhe apresentar o Zen".

Essa é a parábola da xícara de chá, ela nos ensina que precisamos de uma condição mental especialmente livre, para que possamos absorver novos conhecimentos. É preciso que nos livremos dos pré-julgamentos e estejamos despidos do orgulho e da vaidade. É impossível passar conhecimento para alguém que tem certeza de que já sabe tudo. Contudo, é muito importante entendermos que tudo depende do ponto de vista, vejamos; lembro-me que minha avó sempre falava que cabeça vazia é oficina do diabo. Quando eu era criança achava muito inusitada essa colocação, mas, não dava muita "bola" para o que ela dizia, não prestava muita atenção no que de fato ela estava insinuando. Quando li o livro *"Os segredos da Mente Milionária"*, de T. Harv Eker, puder perceber que aquele chavão ocultava algo surpreendente. Harv Eker diz que *pensamentos conduzem a sentimentos, sentimentos conduzem a ações e ações conduzem a resultados.* Minha avó com sua simplória sabedoria sabia que *uma criança, ainda despreparada nos seus pensamentos, seria conduzida a sentimentos infantis que por sua vez a levaria a ações inconvenientes que, certamente, resultaria em algo não muito agradável aos nossos olhos.* Perceba que da mesma forma uma pessoa, por algum motivo, despreparada nos seus pensamentos, é facilmente conduzida a sentimentos equivocados, que por sua vez a levaria a ações inconvenientes que, certamente, resultaria em algo desagradável aos nossos olhos.

Vimos que todos nós temos uma individualidade biológica, somos diferentes; não existem dois indivíduos exatamente iguais, pensamos e agimos diferente. Vimos também que o padrão comportamental de uma determinada pessoa se organiza e se forma com base na educação que a pessoa recebeu na infância, nas informações recebidas na adolescência e nos envolvimentos de todos os tipos, incluindo as experiências traumáticas. Vimos ainda que a herança genética aliada ao conhecimento técnico e a constância de treinamento nos presenteia com o chamado "condicionamento reflexivo", assim, com base em todas essas afirmativas, podemos concluir que se nos predispusermos a um treinamento forte, com objetivos bem definidos, com uma disciplina técnica rígida e, sobretudo, com perseverança, somos capazes de reverter qualquer padrão comportamental "não conforme", qualquer que seja o comportamento inconveniente, pois dessa forma, podemos reprogramar nossa mente.

Como T. Harv Eker nos ensina no seu livro, o condicionamento determinará todos os pensamentos que surgirem na mente. Se eu me condiciono a algo bom, saudável e positivo, meus pensamentos também serão bons, saudáveis e positivos, consequentemente me conduzirão a sentimentos bons, saudáveis e positivos que finalmente me conduzirão a um bom, saudável e positivo padrão comportamental.

Perceba que isso vale para tudo. Vejamos, primeiro precisamos reconhecer que o nosso programa mental não está funcionando, assim precisamos mudar nossa programação mental que nos conduzirá aos pensamentos que precisamos; é necessário desenvolver bons pensamentos. Você não pode mudar em você aquilo que você não reconhece que existe em você. Assim reitero que o pior doente é aquele que considera saúde sua própria enfermidade. Você consegue perceber a necessidade de bons pensamentos?

Capítulo 70

Bons Pensamentos, Bons Sentimentos e Vice-Versa

Neste septuagésimo capítulo, temos como objetivo específico, estudar e explicar por que os nossos pensamentos geram os mais variados tipos de sentimentos, que por sua vez geram os mais variados tipos de comportamento.

No livro "Vencendo o Pânico" dos professores *Bernard Rangé e Angélica Borba*, publicado pela Editora Cognitiva, os autores explicam que *"A síndrome do pânico é um transtorno de ansiedade que se caracteriza obrigatoriamente pela presença de ataques súbitos e recorrentes de pânico. Contudo, pode ser também que alguns desses ataques ocorram em lugares ou situações em que já aconteceram anteriormente, ou até mesmo que sejam disparados a partir de alguma situação específica, o que é muito comum nos quadros de fobia. É certo que esses ataques espontâneos, reúnem sempre um conjunto de sensações de ansiedade crescente e de pensamentos catastróficos relacionados a eles que são muito assustadores"*.

Mais à frente, os autores falam sobre "os pensamentos", e explicam que "Antes de tudo, é preciso entender que o modo de pensar afeta, isto é, influencia o que sentimos. Qualquer situação com a qual deparemos nos faz pensar, automaticamente, em coisas boas ou ruins sobre ela. Se penso que estou em perigo, sinto medo; e se penso que algo muito bom vai acontecer, fico alegre. Assim, qualquer sentimento é geralmente causado por um pensamento específico. Ao mudarmos nossos pensamentos, também modificamos nossos sentimentos, ou seja, seguindo o exemplo anterior, as duas avaliações contidas naqueles pensamentos podem estar erradas: de repente, descubro que não estou em perigo, e o medo passa; e o que pensei que iria acontecer de bom era um engano, e não fico mais alegre. É assim que, muitas vezes, as coisas se passam na nossa cabeça e na nossa vida. Então onde reside o problema? O problema está no fato de não considerarmos que uma parte dos pensamentos automáticos que surgem em nossa mente pode estar distorcida e precisa ser questionada. Nós embarcamos na onda do primeiro pensamento que emerge, principalmente se ele for de alerta para algum 'perigo' supostamente potencial".

Vimos, portanto, que os nossos pensamentos têm uma relação direta com os nossos sentimentos; se você tem bons pensamentos consequentemente terá bons sentimentos e vice-versa. Se você estiver dirigindo à noite num local deserto e pensar que está em apuros, obviamente sentirá medo. Exemplo: Se você levar uma fechada no trânsito e devido a uma prévia programação mental, pensar:

"Essa pessoa deve estar com sérios problemas; certamente recebeu uma notícia muito ruim e está desesperada para chegar em casa".

Consequentemente, você vai gerar empatia e terá compaixão ao invés de raiva. Não é verdade? Se você mudar o seu pensamento por algum motivo, automaticamente mudará também o seu sentimento. Perceba que os nossos pensamentos geram os mais variados tipos de sentimentos, que por sua vez geram os mais variados tipos de comportamento. As variáveis são muitas e isso tudo acontece automaticamente; a aquisição dessa condição reflexa pode e deve ser treinada e, também reprogramada. Criar um programa de treinamento muito bem elaborado, com metas cuidadosamente estabelecidas para atingirmos os nossos objetivos, é um bom caminho para ficarmos entusiasmados. Lembre-se que é o entusiasmo que nos conduz ao sucesso.

Capítulo 71

Tudo Acontece na Nossa Cabeça

Neste septuagésimo primeiro capítulo, temos como objetivo específico, estudar e explicar os três fatores fundamentais para adquirirmos um bom condicionamento reflexivo.

Dizem que em uma de suas reuniões, Hitler pediu que lhe trouxessem uma galinha. Agarrou-a forte com uma das mãos enquanto a depenava com a outra. A galinha, desesperada pela dor quis fugir, mas não pôde. Assim, Hitler tirou muitas de suas penas, dizendo aos seus colaboradores:

"Agora, observem o que vai acontecer". – Soltou a galinha no chão e afastou-se um pouco dela.

Hitler pegou um punhado de grãos de trigo, começou a caminhar pela sala e a atirar os grãos de trigo ao chão, enquanto seus colaboradores viam assombrados, como a galinha, assustada, dolorida e sangrando, corria atrás de Hitler e tentava agarrar algumas migalhas, dando voltas pela sala. A galinha o seguia fielmente por todos os lados. Então, Hitler olhou para seus ajudantes, que estavam totalmente surpreendidos, e lhes disse:

"Assim, facilmente, se governa os estúpidos. Viram como a galinha me seguiu, apesar da dor que lhe causei?" – E continuou.

"Tirei-lhe tudo! As penas e a dignidade, mas, ainda assim ela me segue em busca de farelos."

"Assim é a maioria das pessoas, seguem seus governantes e políticos, apesar da dor que estes lhes causam e, mesmo lhe tirando a saúde a educação e a dignidade, pelo simples gesto de receber um benefício barato ou algo para se alimentar por um ou dois dias, o povo segue aquele que lhe dá as migalhas do dia".
(Autor Desconhecido)

Muitas pessoas, pelos mais variados motivos, vivem essa realidade. É preciso acordar urgentemente e mudar esse comportamento extremamente inconveniente.

Arun Gandhi, 5º neto de Mahatma Gandhi, Fundador e presidente do Gandhi Institute for Nonviolence, diz que:

"O mundo em que vivemos é aquilo que fazemos dele. Se hoje é impiedoso, foi porque nossas atitudes o tornaram assim".

Arun Gandhi, diz ainda que se mudarmos a nós mesmos, poderemos mudar o mundo, e essa mudança começará por nossa linguagem e nossos métodos de comunicação. Mudando nossa comunicação, criamos um mundo mais compassivo.

Já tratamos desse tema, mas reiteramos que segundo um dado estatístico, a pessoa que você será, ou melhor, tornar-se-á em cinco anos é definida pelas pessoas com as quais você se relaciona hoje e, sobretudo, pelos livros que você escolher para ler hoje; é por isso que aqueles com quem nos relacionamos, que gastamos o nosso tempo, é que vão definir o que fica na nossa cabeça, ou seja, aquilo que nós estamos absorvendo.

Perceba que pensamentos conduzem aos sentimentos. Entusiasmados e comprometidos com as metas que foram estabelecidas, "arregaçamos as mangas" e com alegria, derramamos nosso sangue, suor e lágrimas, fazendo com que as coisas aconteçam, fazendo dar certo.

Perceba que sentimentos conduzem às ações. Com perseverança, coragem e determinação, gradativamente avançamos em direção ao nosso objetivo até que pela insistência, pela persistência o alcançamos.

Perceba que ações conduzem a resultados. Reconhecendo que existe um problema com a sua programação mental, você quebra o primeiro paradigma e dá o primeiro passo para que os resultados sejam positivos. Você começa a caminhar em direção ao sucesso.

Lembra-se de como ocorre o condicionamento reflexivo? Como vimos, no capítulo anterior, tudo acontece na nossa cabeça, dentro da calota craniana e esses três fatores são fundamentais para adquirirmos um bom condicionamento:

Vocação: É a herança genética; como vimos é um facilitador, ou seja, reduz significativamente o tempo de aprendizagem. Quando temos vocação para alguma coisa, aprendemos essa "coisa" num tempo bem menor do que aqueles que não têm vocação para aquilo.

Aprendizado Técnico: É a dedicação ao aprendizado técnico; como vimos não basta ter vocação para alguma coisa. Se não aprendemos e dominamos a técnica, de nada adianta a vocação. Se não nos dedicamos ao aprendizado técnico, nos tornamos medíocres naquilo que fazemos.

Constância de Treinamento: É a ação após o domínio da técnica, é o derramamento de sangue, suor e lágrimas para ganharmos as qualidades físicas pertinentes àquilo que treinamos. Na constância de treinamento, consolidamos a nossa vocação e competência técnica.

Capítulo72

Você Adquire Excelência Quando Ensina O Que Faz!

Neste septuagésimo segundo capítulo, temos como objetivo específico, estudar e explicar por que você adquire a "excelência" quando ensina aquilo que faz.

Imagine-se num edifício com escritórios e salas comerciais de aproximadamente, quarenta andares, exatamente igual aos que existem nos grandes centros. Agora tente imaginar quantas salas existem em cada andar e, no aproveitamento do êxito, calcule também o número total de salas do edifício. Você, amigo leitor, acabou de ser promovido a gerente de segurança deste condomínio, tudo estava indo maravilhosamente bem, até que, ao atender uma chamada telefônica, você foi informado da existência de uma bomba numa das salas do edifício. E agora? O que fazer? As pernas estão tremendo? Será um blefe? Talvez seja, mas, e se não for? Você já pensou na sua responsabilidade? "Estou com dor de cabeça!" "Acho que vou mais cedo para casa!" Você se perdoaria, caso fosse omisso, por não ter tentado evitar uma tragédia? Dezenas, centenas, talvez, milhares de mortos? É claro que a situação não é fácil! Assim, como você se comportaria? Antes de continuar a leitura, pegue papel e caneta e projete o resultado futuro das suas possíveis escolhas. Relacione todas as medidas e atitudes preventivas que você adotaria como gerente de segurança deste prédio.

Graças a Deus, apesar dos grandes problemas que enfrentamos, estamos no Brasil. Não enfrentamos, tampouco estamos preparados para enfrentar, os discípulos de Osama Bin Laden, não deixe de fazer esse exercício; ele vai ajudá-lo a entender a importância do "conhecimento técnico". Perceba que você precisa manter o equilíbrio emocional e a qualidade comportamental; lembre-se que são necessidades estratégicas para quem lida com seres humanos. Você não tem o direito de se comportar de maneira inconveniente, pois, certamente levaria as pessoas a um comportamento inconveniente; efeito cascata, o que geraria o caos. Portanto, se ainda não fez o exercício, não deixe de fazer. Nossos inimigos são outros e pensam diferente. De alguma forma, talvez por estarmos no Brasil, algumas atitudes erradas acabam dando certo, do tipo: "Evacuem o prédio!". Para que entremos no clima, aí vão algumas perguntas: Para que existem os Planos de Segurança? E os planos de Emergência e Evacuação?

Você já imaginou a situação dos profissionais do Esquadrão Antibomba para encontrar uma mala do tipo 007, ou um embrulho, talvez uma caixa de presente ou, quem sabe, um pequeno baú fechado, mas com explosivos de alto poder de destruição, num prédio de vinte, trinta ou quarenta andares? É claro que num país onde situações como estas são constantes, o planejamento existe e os "Planos" funcionam.

Observe que as pessoas mais indicadas, ou melhor, mais competentes para identificar objetos suspeitos (caixas, baús, embrulhos) são, exatamente, as que trabalham naquele escritório, naquela sala, as que têm intimidade com aquele ambiente; não é verdade? Só quem vive naquele ambiente, só quem trabalha naquela sala é capaz de afirmar, com mais convicção, se aquele objeto é suspeito ou não, se pertence ou não pertence àquele ambiente. Portanto, os condôminos têm importância extrema para o sucesso do plano de evacuação. É claro que é complexo e exige muito treinamento para que não haja pânico. Esta observação detalhada das salas aconteceria com naturalidade, sem qualquer prejuízo de tempo.

Aprendemos que, nos Planos de Emergência e Evacuação, todos têm atribuições específicas. O trabalho da Polícia Especializada seria direcionado às salas com objetos suspeitos e, certamente, com muito mais chances de sucesso, pois ganharíamos um tempo precioso, não é verdade? Observe que, na hipótese criada, até a chegada da autoridade policial competente, os profissionais de segurança teriam, em conjunto com os próprios condôminos, dado um apoio importantíssimo para o êxito da missão.

Como T. Harv Eker nos ensina no seu livro "Os segredos da Mente Milionária", "*Você se esquece daquilo que escuta; você se lembra daquilo que vê; você entende aquilo que faz.*" E, com muita humildade e respeito, eu ouso acrescentar que *você adquire a "excelência" quando ensina aquilo que faz*. E é verdade, nos esquecemos rapidamente daquilo que apenas escutamos; mesmo quando prestamos bastante atenção. Como minha mãe dizia: *"entra por um ouvido e sai pelo outro"*.

Também é certo que nós nos lembramos mais facilmente daquilo que olhamos, observamos e analisamos. Quando escrevemos, estamos de alguma forma vendo através da escrita aquilo que estamos ouvindo; levamos aquela imagem para uma determinada área cerebral. Por exemplo: quando usamos palavras-chave, frases chave, observações chave, gráficos e desenhos chave, absorvemos melhor aquele assunto pois, levamos aquela imagem escrita (memória fotográfica) para uma determinada área cerebral.

Da mesma forma nós entendemos mais facilmente aquilo que fazemos, praticamos, manuseamos. Entretanto, aprendemos ao longo dos anos que só alcançamos a excelência quando ensinamos. Ensinar é fundamental; quando ensinamos dividimos com as pessoas aquilo que sabemos. No mundo espiritual, quando dividimos, multiplicamos aquilo que sabemos. Quando eu divido aquilo que eu sei com uma turma de alunos, eu multiplico aquilo que eu sei; não é verdade? Assim, é fundamental que nos tornemos multiplicadores de resultados.

Acredito que vale a pena reiterar que se nós não trabalharmos duro na reprogramação mental, por melhores que sejamos, por mais bem preparados que estejamos, nada vai acontecer. Entretanto, para que isso aconteça, é necessário que entendamos a importância de reconhecermos a falha na programação mental, pois você não pode mudar em você aquilo que você "não reconhece" que existe em você. Certo?

Capítulo 73

O Fator Motivacional no Poder de Convencimento

Neste septuagésimo terceiro capítulo, temos como objetivo específico, estudar e aprender a criar fatores motivacionais.

O "compliance" rigoroso, significava o esforço corporativo para permanecer em conformidade com as regras e regulamentos da empresa. Tratava-se de uma multinacional com rígidas normas de segurança. Carlos, um dos gerentes, estava entrando de férias e, na manhã do dia seguinte, embarcaria para os Estados Unidos com a família. Às 17:00 horas em ponto, despediu-se dos colegas de trabalho que lhe desejaram um bom descanso e uma ótima viagem. Após às *18:00 horas, conforme normas e diretrizes pré-definidas, a segurança deveria impedir o acesso de qualquer pessoa e nenhum funcionário poderia ingressar na empresa após ter sido registrado no sistema sua saída. Às 18:05 horas, bastante ofegante e nitidamente indignado, seu Carlos retorna e avança em direção a roleta de acesso, momento em que é abordado pelo vigilante.*

"Boa noite, senhor! Desculpe-me, mas infelizmente não posso permitir o seu acesso." – Falou de forma respeitosa, usando sua presença física e autoridade.

"Meu filho, você sabe com quem você está falando? Saia da minha frente imediatamente." – Falou num tom áspero e avançando em direção ao vigilante.

"Senhor, mais uma vez eu lhe peço perdão. Eu sei quem o senhor é, e sei que é capaz de me compreender. Entendo a sua indignação, mas, estou apenas cumprindo normas e diretrizes da empresa." – Verbalizou com autoridade, usando a presença física, com o corpo bem conectado e com as mãos bem-posicionadas.

"Meu filho, eu deixei meus documentos sobre a minha mesa, sem eles eu não consigo sair do país; você é capaz de entender isso? Assim, não torre o meu saco e saia da minha frente." – Falou aos berros e a ponto de agredir o vigilante.

"Senhor, tenho bom senso e não vou impedi-lo de entrar; contudo, perceba que nós estamos sendo gravados e filmados por câmeras com altíssima resolução." – Falou com firmeza e prosseguiu.

"Senhor, minha preocupação é com o resultado futuro dessa sua escolha; perceba que pode lhe custar o emprego! O senhor não quer isso." – Nesse momento parece que a adrenalina baixou e o vigilante prosseguiu.

"Senhor, deixe-me ajudá-lo! Vou fazer contato com o diretor de segurança, e solicitar autorização para que o senhor possa resgatar os seus documentos." – Com a situação praticamente administrada, o vigilante prosseguiu.

"Trata-se de uma quebra de protocolo; é necessário que o diretor autorize. Está bem assim?" – Feito o contato, autorização concedida e devidamente registrada, o vigilante acompanhou o gerente até sua sala.

"Desculpe-me, não sei onde eu estava com a cabeça. Perdoe esse meu comportamento inconveniente." – Falou reconhecendo que agiu na impulsividade.

"Não há de quê, senhor. Estou aqui para ajudar." – Respondeu o vigilante.

Perceba que o vigilante criou um fator motivacional capaz de fazer com que o Sr. Carlos desistisse daquela sua intenção. Precisamos criar argumentos capazes de motivar o inconveniente a fazer aquilo que estamos propondo. Portanto, o conhecimento técnico aliado a uma boa presença de espírito sempre nos auxilia bastante. Na pós-graduação de Gestão de Recursos humanos, por questões óbvias, esse tema foi tratado com atenção especial. É óbvio que quando você toma uma decisão, quando você decide mudar um determinado padrão de comportamento, a decisão é tomada com base em alguma coisa; a decisão é tomada com base em algo muito forte, algo capaz de fazer você querer mudar; não é verdade? Por exemplo: Estou exagerando na comida, preciso emagrecer. Mas, por que motivo? Preciso emagrecer por questões de saúde; ou para não perder aquela calça que eu gosto; no caso do Sr. Carlos para não perder o emprego. Assim, torna-se necessário entender, a "importância do argumento" que foi usado para a mudança, ou o real motivo que fez você querer mudar; seria o "fator motivacional".

É preciso que você aprenda a criar fatores motivacionais; estes por sua vez devem agir na raiz do problema, pois, servirão como base, como fundamento para a sua mudança; acredite, também é uma questão de treinamento. Cabe uma pergunta: Qual o "argumento" que foi usado, para que você tomasse a decisão? Se você tomou a decisão de mudar, o argumento foi muito forte! O fator motivacional funcionou; não é verdade? Perceba que essa "mudança hipotética" pode ser para melhor, mas também pode ser para pior. Por exemplo: Se a pessoa resolve emagrecer por conta própria, sem a orientação de um especialista, acaba adoecendo; ou ainda, aquela calça que você tanto gostava, rasgou; e agora? Por que continuar com essa ideia maluca? Perceba que a origem do fator motivacional pode ser positiva ou negativa. Você pode querer mudar um determinado padrão de comportamento pelos mais variados motivos, tais como: para tornar-se um modelo exemplar, por vergonha, por rebeldia, para conquistar alguém, para agredir a sociedade, por medo, por temor a Deus etc. De qualquer forma, algo motivou você a tomar aquela decisão. Alguma coisa motivou-o a querer mudar.

É preciso ter cuidado para que o fator motivacional não seja negativo e nos conduza ao contra azimute, ou seja, na direção oposta a que deveríamos seguir. Lembre-se de que devemos atuar sempre na raiz do problema. Se o meu padrão de comportamento é inconveniente devido a rebeldia, ou devido ao medo, ou ainda para agredir a sociedade, preciso trabalhar a raiz do problema. O visível é o resultado, é o comportamento; mas, a causa daquele resultado é invisível, é a raiz do problema, não vemos, mas é o que de fato precisa ser mudado. Não adianta perder tempo adubando, jogando água, eliminando pragas e ervas daninhas, pois o fruto (resultado) continuará sendo o mesmo. É claro que como pessoas inteligentes, pessoas que sabem discernir, quando decidimos mudar, mudamos sempre para melhor, assim, precisamos através de muito treinamento, aprender a fazer o que é certo; não o que a gente gosta, não o que a gente quer, não o que dá prazer; apenas o que é certo. Simples assim, mas acredite, não é nada fácil!

Capítulo 74

Mudança Comportamental - Linhas de Ação

Neste septuagésimo quarto capítulo, temos como objetivo específic,o estudar e aprender as 4 linhas de ação básicas para uma mudança comportamental.

Certa vez, um jovem Cervo conversava com seu pai:

"Pai você é maior que um Lobo. É também mais veloz pois possui pernas fortes e ágeis, possui ainda chifres poderosos para se defender, por que então você tem tanto medo deles?"

O pai amargamente sorriu e disse:

"Tudo que você falou é a mais pura verdade meu filho, mesmo assim, quando eu escuto um simples ganido de Lobo e percebo sua aproximação, me sinto fraco e só penso em correr o mais rápido que puder..."
Contos de Ésopo.

Perceba que não é o medo que faz o covarde, mas o covarde que faz o medo. Muitas pessoas vivem na sua zona de conforto, largados e acomodados com todos os seus medos e fraquezas. O mais incrível é que, lá no fundo, sabem que são plenamente capazes superar cada um desses medos, cada uma dessas fraquezas que os tornam covardes, que os impedem de avançar apesar do medo. Portanto, vamos estudar e refletir sobre as quatro linhas de ação básicas para uma mudança comportamental.

Mudança Comportamental - Linhas de Ação

1. Reconhecimento e Conscientização
Reconheça, admita de forma consciente e equilibrada aquele comportamento inadequado. É fundamental reconhecermos em nós, aquele padrão de comportamento inconveniente; você não pode mudar em você aquilo que você "não reconhece" que existe em você. Assim, precisamos reconhecer que aquele comportamento nos prejudica sobremaneira. Precisamos reconhecer que ele nos faz muito mal e que nos afasta das pessoas. Também não permite que criemos vínculos e que nos aproximemos das pessoas.

2. Arrependimento e Sensibilidade
Não reaja pelo impulso, não siga os seus sentimentos feridos. É necessário que estejamos arrependidos e sensíveis com relação àquele padrão de comportamento. Precisamos analisá-lo desde a origem, desde a raiz daquele comportamento, avaliá-lo com relação ao que ele representa na nossa vida, relacionando todos os pontos positivos e negativos, fazendo um estudo de situação detalhado para que consigamos entendê-lo plenamente.

3. Entendimento e Identificação

Procure entender, tente localizar, identificar o foco daquele comportamento inconveniente. De posse de uma arma poderosa, papel e caneta, devemos relacionar, sem pressa e atropelos, todos conflitos, problemas, crises, escândalos e riscos que vivemos no nosso dia a dia devido aquele padrão de comportamento inconveniente.

4. Projeção e Autoridade

Analise todas as suas opções, projete o resultado futuro das suas possíveis escolhas. Você precisa compreender que esse seu padrão comportamental "desagradável" é apenas o resultado de um aprendizado passado, ou seja, ficou para traz. A decisão agora é sua. O que você será a partir de agora, ou num futuro bem próximo, ou ainda num futuro distante, depende de tudo o que você vai fazer a partir de agora. Depende das pessoas com as quais você vai se relacionar, dos livros que você vai ler, dos programas que você vai assistir, dos cursos que você vai fazer, enfim; a decisão é única e exclusivamente sua, você agora tem autoridade, portanto, transforme toda essa teoria em ação. Faça a escolha certa.

Capítulo 75

Nosso Verdadeiro Padrão Comportamental

Neste septuagésimo quinto capítulo, temos como objetivo específico, descobrir o seu verdadeiro Padrão Comportamental.

"O que eu acho a respeito dessa escola e cocô, isso mesmo, merda fedida; é a mesma coisa!" – Disse isso para uma turma de alunos durante uma aula. Todos ficaram chocados com o que ouviram; não batia com aquilo que estava sendo doutrinado até então.

"Diretor, perdoe-me, mas, não estou conseguindo entender aonde o senhor quer chegar com essa afirmativa descabida." – Falou uma aluna um tanto confusa com o que ouvia.

Assim, pedi que um aluno se aproximasse e, simulando uma pistola em minhas mãos, virtualmente engatilhei e apontei para a cabeça do aluno e disse:

"Você falaria mal dessa Escola, sendo eu o proprietário, com uma arma engatilhada e direcionada para sua cabeça?" – Perguntei para o aluno.

"Claro que não, diretor!" – Respondeu o aluno de forma convicta.

"Pois é, essa loucura não vai acontecer; não é verdade? Assim, não adianta eu falar que essa Escola é a melhor do mundo, que é a mais eficiente e eficaz, que é a mais séria, e blá, blá, blá, blá, blá, blá; sabem por quê? Porque o que eu acho não é o mais importante, não interessa o que eu acho; o que importa é o que vocês acham. Na verdade, o que vocês falarão lá fora quando terminarem este curso, é o que vai definir o futuro dessa Escola. Percebam que eu preciso me preocupar, com o que vocês 'vão achar' dessa Escola quando terminarem esse curso, e não com o que 'eu acho'. Se vocês tiverem "certeza" de que foram bem formados, certeza de que não jogaram seu dinheiro no ralo, que não foram enganados, que valeu a pena, vocês falarão bem e a Escola terá cada vez mais credibilidade, cada vez mais alunos; é o chamado 'boca a boca'".

Especificamente neste caso, queremos focar a Segurança Pública e Privada. É muito importante entendermos, de verdade, a importância da presença física; por um motivo muito simples. O que vai prevalecer é exatamente *"o que o criminoso acha"*. Perceba que, antes da ação criminosa, o criminoso sempre faz uma análise, uma avaliação, um estudo de situação dos riscos daquela ação. Se ele achar que os riscos são muito altos, a ação criminosa, normalmente, é abortada. Se ele achar que os riscos são baixos, que vale a pena, certamente prosseguirá com a intenção criminosa. Assim, considerando o exposto, mesmo que o Profissional de Segurança seja muito bom, caso não tenha uma boa Presença Física, correrá o risco de o criminoso achar que é fácil e prosseguir com a ação, e não é isso que nós queremos; se você quiser que o inimigo venha de boa vontade, basta fazer com que ele veja as vantagens, as facilidades e a nossa fraqueza. Agora, se você não quiser que ele venha, é fundamental que ele enxergue rápido que você será um grande problema para ele; basta fazer com que ele veja as desvantagens, as dificuldades, todo o seu potencial e toda a sua força. Reiterando, *"não basta que a mulher de César seja honesta."*

É bem legal quando buscamos descobrir o nosso verdadeiro padrão comportamental; não aquele que nós achamos que é o nosso, mas aquele que as pessoas enxergam em nós. É preciso coragem, determinação e muita paciência para investigar, indagar, sondar e fuçar até descobri-lo; certamente nos surpreenderemos com o resultado. O nosso verdadeiro padrão comportamental é aquele que as pessoas acham e não o que nós achamos. Vamos aos exemplos: Você, muito provavelmente, conhece alguma pessoa inconveniente; não é verdade? Pense nela e responda: *Essa pessoa se acha inconveniente?* Claro que não; certo? Agora pense bem, antes de responder a próxima pergunta: *O que as pessoas que convivem com essa pessoa acham dela?* Sua resposta foi: "Acham que é inconveniente" Certo? Agora reflita: *Na verdade, essa pessoa é o que? O que ela acha que é?* Ou o que as pessoas pensam que ela é? Sua resposta certamente foi: **"O que as pessoas pensam que ela é".** Se você refletir a respeito, vai perceber que vale para tudo. Assim, não me parece muito prudente, desprezar a opinião daqueles que convivem conosco; precisamos muito desse retorno. *Isso faz sentido para você?*

Como descobrir o nosso verdadeiro padrão comportamental? Me parece óbvio começar por aquilo que é visível, ou seja, o que todos veem em você. Precisamos pedir "feedback". Trata-se de uma ferramenta muito importante para o nosso crescimento técnico profissional, bem como para o nosso desenvolvimento pessoal. Perceba que é através do feedback, ou seja, através daquilo que as pessoas nos falam, nos retornam, que evoluímos. Alçamos voos mais altos quando usamos as nossas limitações e os nossos erros, como forma de aprendizado; inclusive, ao fazer isso, melhoramos ainda mais os nossos pontos fortes. Por tudo isso, é considerada uma ferramenta do mais alto nível e não exposições desnecessárias ou críticas sem fundamento, que só servem para nos humilhar.

Assim, acreditamos que o lugar ideal para começarmos a "sindicância" é na nossa família. Faça uma análise e avaliação do seu relacionamento com o cônjuge, com os filhos, com os pais, com os avós, irmãos, sogros, cunhados, tios; apenas os mais próximos, aqueles que convivem conosco. É importante que não haja interferência da nossa parte nas respostas; deixe-os falar à vontade, mesmo que não concordemos com as suas opiniões; aliás, esse é o objetivo, não se esqueça disso.

É fundamental que nós criemos um ambiente favorável, sério, mas natural; de forma que a pessoa não se sinta constrangida de falar com sinceridade; aquilo que precisa ser trazido para a luz. A pessoa precisa ser preparada para entender que esse feedback é muito importante para o nosso crescimento. Ela precisa ter certeza de que nós necessitamos desse retorno para evoluirmos profissionalmente, pessoalmente e, também, espiritualmente.

É muito importante que nós também nos preparemos para receber feedback, pois, não é nada agradável recebermos críticas do tipo: Você é muito egoísta, você não é sincero, você é muito chato, frio e calculista, ranzinza, sentimentalista, sonso, possessivo, babaca, ...você estaria preparado para ouvir tudo isso a seu respeito? Reflita bem antes de responder na impulsividade. Talvez você esteja preparado para receber feedback de determinadas pessoas, mas, não daquela pessoa; aquela não! Essa não tem direito de falar nada. Ledo engano! Precisamos receber feedback de todos; obviamente os mais próximos, aqueles que de fato nos conhecem de verdade. Existem "feedbacks" que não servem para nada; apenas servem para massagear o nosso ego. Não é verdade? Lá no fundo sabemos que não é verdade.

Num segundo momento avançamos mais um pouquinho, chegou a hora dos amigos mais íntimos. É fundamental que os mesmos cuidados anteriores sejam tomados, pois, podemos nesse exercício perder nossos amigos pelo excesso de sinceridade. Principalmente se estivermos demasiadamente relaxados, num ambiente superfavorável, sobretudo agradável, devido àquela cervejinha estupidamente gelada. O risco seria enorme e nós não queremos que isso aconteça.

É muito importante frisarmos que feedback é uma ferramenta da maior importância, contudo, lembre-se de que as pessoas com as quais você corajosamente vai se submeter, não sabem usá-la tecnicamente, assim, esteja realmente preparado, ou simplesmente esqueça tudo isso.

Capítulo 76

A Importância de Um Bom Feedback

Nesse septuagésimo sexto capítulo, temos como objetivo específico, estudar e aprender a dar e receber feedback.

"Seu Souza, o seu 'blá blá blá' é uma piada; o senhor é um cara sem a menor noção! Afinal de contas o senhor trabalha aqui há dezoito anos. Arrego seu Souza! Está na hora de melhorar!"

Perceba que esse tipo de feedback tem tudo para gerar um comportamento extremamente inconveniente. Se o seu Souza fosse um novato e aquele tivesse sido seu primeiro "contato com cliente" na empresa, não seria tão difícil perceber a origem do problema; contudo, com dezoito anos, esse tipo de feedback é igual àquela "ponte que liga o nada a coisa nenhuma"; não é verdade? Então vejamos:

- *"Seu Souza sua verbalização está com um vocabulário muito pobre; o senhor está usando gírias em excesso com o cliente.*

- *Com relação àquele seu relatório do dia 10, enviado à diretoria, o senhor cometeu inúmeros erros de concordância e ortografia.*

- *Mais uma observação, sua apresentação pessoal está "deixando a desejar"; constantemente tenho observado o senhor com a barba por fazer, com as unhas grandes e, vez ou outra com a camisa do seu time de futebol, o que não é adequado nesse ambiente de trabalho."*

Perceba que foi suficiente o uso da presença física, da verbalização nível I, diplomacia e de uma autoridade recheada de educação, para administrar àquele comportamento inconveniente do seu Souza; sequer usamos a verbalização nível II. Compreenda que agora sabemos que o problema está na verbalização, na fluência escrita e na apresentação pessoal. Inúmeros exemplos que acabavam impactando negativamente, também foram explicitados de maneira assertiva.

Na Gestão de Pessoas, esse é um tema prioritário, que deve ser sempre discutido e debatido entre os líderes, de forma insistente, persistente e na exaustão do treinamento. Assim, acho interessante passar algumas informações, com uma visão um pouco mais técnica.

Quando nos predispomos a dar feedback a alguém, alguns cuidados especiais devem ser observados. É bem legal iniciarmos, destacando e enfatizando os pontos positivos daquela pessoa. O que ela tem e faz de melhor?

Quais os seus principais valores morais, éticos, sociais e espirituais? Quais os seus pontos fortes? Quais as principais características e que atitudes contribuíram para o crescimento, para o aumento do faturamento, segurança ou processos da empresa? É necessário que sejamos curtos, precisos e concisos. Exemplos:

- *"A sua competência na administração dos conflitos e problemas foi decisiva para alcançarmos a meta";*
- *"A sua capacidade técnica contribuiu sobremaneira para a assinatura daquele contrato";*
- *"Os seus relatórios são sempre assertivos e com ótimas ideias".*

Depois desse primeiro momento, usando o bom senso, falamos sobre os pontos a serem melhorados. Devemos também evitar o uso de expressões como, "só que", "mas", "no entanto", "porém" .... Quando utilizamos essas expressões no feedback, culposamente anulamos tudo aquilo de positivo que foi dito anteriormente. Exemplos:

- *"Você é um funcionário muito bom, porém...";*
- *"Você possui vários atributos de liderança, mas...";*
- *"Você é o máximo, só que...".*

A impressão que você deixa é de falsidade. Um detalhe de extrema relevância é que o foco precisa ser direcionado para a ação. Enfatizamos o comportamento que nós gostaríamos que aquela pessoa tivesse, com objetividade e precisão, jamais o que ela está fazendo de errado. Devemos focar apenas no comportamento da pessoa e não na sua identidade. Exemplo: "Sua verbalização precisa melhorar para que você não necessite aumentar o nível de força". No final assopre e afague, finalize o feedback com algo motivador, incentive-a a partir para a ação. Exemplos:

- *"Você é bastante comprometido, tem sensibilidade para perceber o está no coração e na mente das pessoas";*
- *"É fundamental que você divida o seu conhecimento com os demais membros da equipe, assim, os resultados serão ainda mais significativos";*
- *"Continue treinando e se preparando; você tem muito potencial».*

Para fecharmos esse assunto, no caso de pessoas não comprometidas, com baixo rendimento ou imaturas profissionalmente a objetividade é fundamental. Devemos tratar da não conformidade, do problema, de forma clara, precisa e concisa. Não devemos ficar dando voltas, sendo prolixos. A pessoa não pode ter qualquer dúvida sobre a nossa posição, assim assertividade é a palavra-chave, é uma necessidade. Precisamos nos certificar de que ela de fato entendeu, compreendeu o problema, sobretudo, o impacto que este problema causou ou poderá causar na empresa. O ideal é que ele crie as soluções, as medidas e atitudes preventivas que devem ser adotadas, enfim, que ele assuma a reponsabilidade sobre aquele problema.

Reitero o quão importante é o feedback; entretanto, lembre-se de que as pessoas com as quais você vai se submeter, não sabem usá-lo tecnicamente, assim, esteja realmente preparado para recebê-lo nu e cru, sem os adornos técnicos facilitadores.

Capítulo 77

Atitudes, Palavras e Linhas de Ação no Automático

Neste septuagésimo sétimo capítulo, temos como objetivo específico, estudar e aprender que as escolhas que fizemos no "passado" muitas vezes estão tão impregnadas em nós, que passamos a "escolhê-las" automaticamente no "presente".

Maria, uma jovem de 14 anos, grávida de seis meses, foi violentamente agredida por seu namorado Marcelo de 16 anos. O fato aconteceu após Maria ter recebido uma ligação telefônica, que deixou o seu ciumento namorado furioso. Marcelo já havia sido alertado por amigos, de uma possível traição.

A jovem relatou que aproveitou o convite de um ex-namorado, para acompanhá-lo num "baile funk", para despertar ciúmes no atual namorado que, num processo de surto partiu para cima da namorada, sem se importar com o fato dela estar grávida. Maria foi espancada por Marcelo, que lhe desferiu vários socos no rosto e na cabeça.

A jovem grávida foi socorrida por terceiros que a levaram até a polícia. Após dar queixa na delegacia policial, Maria precisou ser internada num hospital público, pois, não possui plano de saúde; sua preocupação é perder a criança em razão do abalo emocional que sofreu.

Marcelo fugiu do local após ter agredido sua namorada.

Perceba que nós estamos falando de dois jovens menores de idade. Mesmo que a jovem Maria tivesse sido assassinada pelo jovem Marcelo, as consequências do seu ato não seria nada que pudesse preocupá-lo sobremaneira, pelo menos do ponto de vista jurídico. A internação seria a medida mais rigorosa, pois privaria o jovem Marcelo da liberdade; entretanto, o tempo de aplicação da medida pode variar entre seis meses e três anos, o que, cá entre nós, não representa absolutamente nada, se considerarmos a gravidade do crime cometido, que foi ceifar a vida de uma pessoa. Acreditamos que a lei precisa ser revista, mas, sobretudo, é necessário que haja um investimento pesado na educação em todo o país.

Perdoe-nos, mas acreditamos que os jovens Marcelo e Maria, com uma boa estrutura familiar, teriam desenvolvido muitos valores que talvez estivessem adormecidos e, também, descartado muitos valores que certamente estão equivocados. Acreditamos que nessa faixa etária o foco da preocupação de ambos deveria ser os estudos; enfim, o objetivo aqui não é julgá-los, mas, usar esse caso hipotético para avançarmos um pouquinho mais com o gerenciamento de comportamento inconveniente.

Assim, fazendo uma análise e avaliação desse caso com mais profundidade, hipoteticamente, podemos concluir que estamos diante de:

a. *Um casal desestruturado em termos familiares e sociais;*
b. *Um casal com forte influência das suas relações de amizade;*
c. *Um casal que sofre bastante influência do meio em que vivem;*
d. *Um casal com a sua educação básica comprometida;*
e. *Um casal com carências afetivas;*
f. *Um casal, de alguma forma, estimulado ao sexo precoce.*

Levando em consideração que:

a. *Marcelo sofria de graves crises de ciúmes;*
b. *Tratava-se de um casal imaturo e influenciável;*
c. *Enfrentavam muitos desgastes físicos e emocionais;*
d. *Maria estava grávida.*

Inúmeras medidas e atitudes preventivas deveriam ter sido tomadas para que todos esses conflitos, problemas, crises e escândalos fossem evitados; contudo, após o fato, não adianta chorar o leite derramado. Maria, conhecendo o perfil psicológico do seu namorado, jamais deveria ter provocado sua ira; não é interessante estimularmos nas pessoas sentimentos de raiva, de ódio ou ira, aliás, acreditamos que o namoro serve exatamente para isso, conhecer o outro mais profundamente; assim, tendo confirmado o perfil violento, não deveria sequer ter se aprofundado nessa relação e se envolvido emocionalmente com o Marcelo. Todavia, já estando envolvida, é conveniente seguir aquele chavão que diz: *"Não basta que a mulher de Cesar seja honesta."* Com relação ao Marcelo, da mesma forma, tendo percebido o perfil psicológico da Maria, muitos amigos, extrovertida demais, farra, balada, baile funk não deveria sequer ter se aprofundado nessa relação e se envolvido emocionalmente com ela.

Usando o personagem Marcelo no exemplo abaixo, vamos relembrar as linhas de ação para lidarmos com nós mesmos e com pessoas que por algum motivo estejam se comportando de forma inconveniente:

1. *Reconheça, admita de forma consciente e equilibrada o seu ciúme doentio, o seu perfil violento;*
2. *Não reaja pelo impulso, não siga os seus sentimentos feridos;*
3. *Procure entender que o foco do seu ciúme é principalmente devido a imaturidade, às influências dos amigos;*
4. *Analise todas as suas opções, projete o resultado futuro das suas possíveis escolhas; assim, uma agressão pode lhe causar sérios aborrecimentos, sobretudo com a justiça e, quem sabe, com os amigos e familiares da vítima; não é verdade? E as consequências podem ser imprevisíveis;*
5. *Transforme, portanto, toda essa teoria em ação, fazendo obviamente a escolha certa, mantendo o seu equilíbrio emocional e a sua qualidade comportamental.*

Todos nós podemos fazer de tudo, tentar todas as ferramentas possíveis e imaginárias para melhorar o nosso comportamento. Podemos tentar fazer cursos, ler livros, assistir palestras, seminários, participar de congressos nacionais e internacionais, inclusive nos tornarmos até especialistas em gestão de pessoas; isso tudo é ótimo! Mas, se no fim de tudo nós não estivermos super bem programados, bem-preparados internamente, todas as ferramentas do mundo serão inúteis para que consigamos de verdade um bom padrão comportamental, pois as nossas decisões, como veremos mais adiante, acontecem automaticamente devido a uma programação pré-estabelecida.

Para que consigamos gerenciar os comportamentos inconvenientes nossos e, também, os dos outros, é necessário que estejamos bem programados internamente. George Santayana dizia que *"somente os mortos verão o final da guerra"*, e é uma verdade. A vida é uma guerra e essa guerra só acaba com a nossa morte. Lembre-se de que a verdadeira mudança acontece de dentro para fora.

Acreditamos que a nossa qualidade comportamental cresce na mesma medida em que nós aumentamos a nossa capacidade intelectual, melhoramos nossa saúde física e mental, crescemos tecnicamente e, sobretudo, evoluímos espiritualmente. Esse padrão comportamental permanecerá em nós, para sempre, a não ser que seja reprogramado.

Lembre-se de que a primeira linha de ação para uma verdadeira mudança comportamental é o *reconhecimento*, a *conscientização*. Já falamos muitas vezes e vamos continuar "batendo na mesma tecla", é fundamental reconhecermos em nós, aquele padrão de comportamento inconveniente; pois, você não pode mudar em você aquilo que você "não reconhece" que existe em você. Nós já falamos sobre isso e é bíblico; somos um terreno fértil e nossas escolhas são sementes que plantamos em nós mesmos, entretanto nossas escolhas muitas vezes acontecem de forma reflexiva, saem no automático e é exatamente sobre isso que dissertaremos a partir de agora. Perceba que quando a ficha cai, já fizemos bobagem, já tomamos decisões equivocadas, assumimos posições que podem nos prejudicar para o resto da vida; não é verdade? É por isso que precisamos treinar os nossos sentimentos para que o nosso comportamento seja saudável; reconhecendo os erros, os medos, as fraquezas, as doenças, as limitações, enfim, tudo aquilo que existe em nós, mas, não gostamos de admitir que existem.

Na verdade, cometemos um erro primário e grave, quando resistimos e lutamos bravamente, não aceitando esses pontos negativos que existem em nós. Bastava reconhecer, pois, o processo de cura começa exatamente quando reconhecemos a doença. O "*arrependimento* e a *sensibilidade*" surgem logo após o "*reconhecimento* e *conscientização*". Como já vimos anteriormente, precisamos analisar o comportamento inconveniente desde a origem, desde a raiz daquele comportamento. Precisamos avaliá-lo com relação ao que ele representa na nossa vida. Exemplo: Esse comportamento é bom? Me traz algum benefício? Contribui para o meu crescimento? É necessário relacionarmos todos os pontos positivos e negativos, fazendo um estudo de situação detalhado para que consigamos entendê-lo plenamente.

É necessário que nos sensibilizemos e nos arrependamos fazendo uma autoanálise, uma avaliação profunda do nosso maior inimigo; nós mesmos. Assim, precisamos refletir sobre os nossos pensamentos, palavras, ações e omissões que acontecem automaticamente. Nossas atitudes normalmente acontecem devido a um condicionamento passado; sempre fizemos assim, aprendemos daquele jeito, tínhamos aquilo como modelo, fomos educados daquela maneira, fomos aconselhados a agir daquela forma. Todos nós agimos, na maioria das vezes, no automático; não percebemos, apenas fazemos o que já estava programado. Através de um treinamento específico, diário e insistente, mas consciente, conseguimos bons resultados, conseguimos reprogramar aquilo que nos incomoda e nos prejudica.

É esse o fruto, o resultado, de um bom treinamento, de um bom trabalho de conscientização. É muito importante que estejamos conscientes, analisando e avaliando os nossos pensamentos, palavras e linhas de ação ininterruptamente; assim, teremos mais chances de fazer as escolhas certas, tomarmos a melhor decisão e falarmos apenas o que deve ser falado. Caso contrário, corremos o perigo de tomarmos decisões ou fazermos escolhas erradas com base numa programação ultrapassada, uma programação relacionada a um passado com muitos erros.

Acreditamos que a nossa vida é realmente feita de escolhas; sim, acreditamos nisso. Contudo, as escolhas que fizemos no "passado" muitas vezes estão tão impregnadas em nós, em razão da repetitividade, em razão de uma reincidência sem limites, que passamos a "escolhê-las" automaticamente no "presente" pois, passaram a fazer parte de nós. Se não trabalharmos duro, através do *reconhecimento* e da *conscientização*, não conseguiremos reprogramar esse padrão comportamental que tanto nos prejudica. Nossas decisões normalmente são tomadas com base na educação que tivemos, com base nas orientações e conselhos que recebemos, com base nos cursos que fizemos, com base nos livros que lemos, e, também, envolvidos pelas circunstâncias e influenciados pelas amizades que fizemos. Observe que tudo isso é fundamentalmente herança do passado. Perceba que se tornaram escolhas automáticas. É verdade que até escolhemos, mas o subconsciente nos direciona para aquela opção que está programada; assim, quando a ficha cai, já fizemos a bobagem. Só nos resta chorar o leite derramado.

Capítulo 78

Aprisionados ao Passado

Neste septuagésimo oitavo capítulo, temos como objetivo específico, estudar e aprender que não podemos ficar presos aos medos e as incertezas do passado, precisamos viver plenamente o que somos hoje e não o que fomos no passado.

A coruja encontrou a águia que, num passado não muito distante, havia lhe causado muito mal, destruindo toda a sua ninhada e disse-lhe:

"Oh águia, se vires uns passarinhos muito lindos em um ninho, com uns biquinhos muito bem-feitos, não os comas, pois são os meus filhinhos". – A águia prometeu que não os comeria.

A águia alçou voo bem alto e com sua extraordinária visão avistou numa árvore um ninho repleto de passarinhos, e partiu para devorá-los. Ao pousar lembrou-se do pedido da coruja, assim analisou, avaliou-os bem, fez um estudo de situação e deu início a degustação saboreando o primeiro, o segundo.... Nesse ínterim, voando muito aflita, a coruja desesperada gritava:

"Águia malvada, vós fostes falsa! Me prometestes que não comerias os meus filhinhos!" – Devolvendo o terceiro passarinho ao ninho, a águia gritou indignada:

"Se vires uns passarinhos muito lindos em um ninho, com uns biquinhos muito bem-feitos, não os comas, pois são os meus filhinhos; foi isso que você me disse. Esses são horrorosos, depenados, sem bico, e com os olhos tapados, por isso estava comendo-os".

"Pois eram esses mesmos." – Disse a coruja chorosa.

Ao que respondeu a águia imediatamente:

"Pois então queixa-te de ti; tu é que me enganaste com a tua cegueira."

O comportamento inconveniente da águia se deu devido a uma falha de comunicação. Perceba que não basta que a nossa verbalização seja bem construída, bem elaborada e diplomática, é preciso que sejamos assertivos e, sobretudo, usemos a nossa percepção para saber se fomos compreendidos por inteiro. Comunicação não é aquilo que nós falamos; comunicação é aquilo que as pessoas entendem. Assim, eu preciso ter certeza de que o outro, de fato, me entendeu. Não podemos ficar presos à conceitos que dizem respeito apenas a nós, que são os nossos pontos de vista e, considerarmos que valem para todos de forma indiscriminada.

Da mesma forma não podemos ficar presos à tumba do faraó, presos aos medos e as incertezas do passado, precisamos viver plenamente o que somos hoje e não o que fomos no passado. Chico Xavier tem uma colocação interessante quando diz que "*Ninguém pode voltar atrás e fazer um novo começo. Mas qualquer um pode recomeçar e fazer um novo fim*". Assim, precisamos seguir em frente adotando todas as medidas e as atitudes preventivas necessárias para administrarmos as situações que se apresentam, usando todo o nosso potencial atual e todas as ferramentas que dispomos. Jung falava de sincronicidade, quando nós estamos focados, determinados a criar algo, nós atraímos de alguma forma as forças da natureza, que colocam a nossa disposição todas as ferramentas necessárias para a construção daquilo que imaginamos; isso Jung chama de sincronicidade.

Novamente cito T. Harv Eker, no seu livro *"Os segredos da Mente Milionária"*, quando ele diz que "De fato, a genética pode ter influência nisso tudo e, é claro, os aspectos espirituais também desempenham o seu papel, porém boa parte do modelo de pessoa que você é provém das crenças e informações de outras pessoas. Harv Eker ainda coloca que as crenças não são necessariamente verdadeiras nem falsas, nem certas nem erradas, mas sejam ou não válidas, elas são opiniões que foram transmitidas repetidamente e, depois, passadas de geração em geração, até chegarem a você. Sabendo disso, basta renunciar de forma consciente a qualquer conceito que não o ajude a conquistar a riqueza e substituí-lo por outros que façam isso".

O escritor Robert G. Allen diz que: *"Nenhum pensamento mora de graça na cabeça de ninguém todos eles são investimentos ou custos. Ou levam a pessoa na direção da felicidade e do sucesso ou a afastam dessas duas coisas; ou a fortalecem ou a enfraquecem."*

No *Livro "A Semente da Vitória", do professor Nuno Cobra, da Editora SENAC, São Paulo,* o autor diz que chegou à conclusão de que o cérebro é burro, por perceber que podemos manobrar o nosso cérebro como quisermos; simplesmente por descobrir que ele é vulnerável a todo tipo de interferências externas, como educação, cultura, sociedade, família etc., a nos impor tipos e mais tipos de comportamentos que nem sempre espelham nossa dinâmica realidade. Nossa massa encefálica é de fato impressionante, ela registra e arquiva todas as informações que recebemos desde a infância.

Capítulo 79

O Subconsciente Cria Modelos de Comportamento

Neste septuagésimo nono capítulo, temos como objetivo específico, identificar, estudar e aprender que a maior parte das decisões que nós tomamos ao longo do dia é de responsabilidade do subconsciente.

Suponhamos que você esteja na casa da sua sogra com sua esposa e filhos comemorando seu aniversário de casamento; seu melhor amigo te liga convidando-o para assistir à final do campeonato de futebol. Você imediatamente vai até aos arquivos da sua mente e faz a seguinte pergunta:

"Devo ir à final do campeonato?"

Na mesma velocidade os "seus arquivos" te enviam uma justificativa:

"Você é um cara muito legal, trabalhador, sério e honesto. Tem o direito de se divertir, tem o direito de ser feliz, tem o direito de desfrutar de um momento só seu, afinal trata-se do seu melhor amigo e você não fará nada vergonhoso; não perca esta oportunidade única."

Você vai até sua esposa, cheio de autoridade, pois, você é merecedor desse prêmio e, afinal de contas, vai com o seu melhor amigo. Perceba que na sua mente, essa decisão é justa e faz todo o sentido. Você quer ir à final do campeonato com seu amigo porque você é um cara sério, trabalhador e honesto. Não tem nada de errado nisso.

Perceba que, em nenhum momento a sua mente encontrou nos arquivos o seguinte pensamento:

"É verdade, trata-se da final de um campeonato e meu time poderá sagrar-se campeão; seria muito legal! Mas, hoje é um dia 'superespecial' para minha família e eu estou na casa da minha sogra que está me recebendo com todo o carinho. Apesar do meu enorme desejo, é melhor, é sábio, é prudente, é certo eu ficar com minha família".

Perceba que é impossível receber um pensamento que não existe nesse arquivo. Você realmente avaliou, analisou bastante e jura de pés juntos que foi a melhor decisão, mas a decisão já tinha sido tomada pelo seu subconsciente e, definitivamente, não era a melhor decisão; era simplesmente uma das muitas decisões equivocadas que existiam no seu arquivo.

Na pós-graduação de Gestão de Pessoas e, sobretudo na Psicanálise, aprendemos que a palavra "subconsciente" foi usada pela primeira vez pelo Dr. Pierre Janet, contemporâneo de Sigmund Freud, para falar dos conteúdos da mente que se encontram em um nível inferior de consciência. A área mais profunda do nosso cérebro é o inconsciente, lá estão as memórias mais raras. Segundo Freud, "*O inconsciente é uma proteção do nosso organismo. Ele esconde as piores situações que já passamos na vida e só pode ser acessado com um evento que traga essa lembrança ao consciente*". Já o subconsciente trabalha com as informações que não necessitam ficar no consciente, mas podem ser recuperadas facilmente com um pequeno esforço.

A maior parte das decisões que nós tomamos ao longo do dia é de responsabilidade do subconsciente. Você até pode achar que aquela decisão foi avaliada, analisada nos mínimos detalhes, mas na verdade o subconsciente já havia "tomado a decisão por você", tudo aquilo serviu apenas para justificar a decisão. Lembra-se quando falamos de condicionamento reflexivo? Pois é, nosso cérebro precisa tomar decisões o tempo todo, assim, usa essa condição reflexa na deambulação, para dirigir, piscar, mastigar, deglutir, enfim, nas inúmeras atividades que fazemos sem a necessidade daquela linha de raciocínio onde pensamos para fazer.

Para conseguirmos tomar tantas decisões sem a necessidade de "raciocinar", o subconsciente cria modelos de comportamento. Perceba que quando estamos numa determinada situação, qualquer que seja, se precisarmos tomar uma decisão com urgência, o subconsciente tomará a decisão e depois racionalizará; ou seja, depois é que a ficha cai. Por exemplo:

"Caramba, como é que eu pude ter feito isto?";
"Não sei como eu reagi àquele assalto";
"Meu Deus, o que foi que eu fiz! Caramba, acho que eu estou ficando maluco!".

Somente depois avaliamos as bobagens que fizemos e os riscos que corremos. Perceba que tudo estava programado nessa "massa encefálica" impressionante, mas compreenda que quase todas as atitudes foram tomadas em consonância com as dezenas de milhares de informações que recebemos ao longo da vida; mesmo aquelas que você jura que avaliou, analisou e fez um tremendo estudo de situação. Resumindo, o seu subconsciente já havia tomado aquela decisão.

Todos nós, em razão de tudo isso que foi colocado, "podemos envolver" pessoas e "podemos ser envolvidos" pelas pessoas numa tomada de decisão, positiva ou negativa, acionando os gatilhos mentais, com o objetivo de estimular esses padrões de comportamento. Em todos os momentos da vida recorremos a esses arquivos mentais, de forma inconsciente, para tomarmos a decisão. As decisões são sempre tomadas com base em tudo aquilo que, de alguma forma, foi armazenado nesse arquivo, assim, as decisões são tomadas dentro daquilo que lhe parece lógico, óbvio. Perceba que tudo isso serve para corroborar com a necessidade de mudar o padrão comportamental, caso reconheçamos a inconveniência, através de uma reprogramação mental.

Pode parecer bobagem, mas se refletirmos com carinho sobre todas as nossas atitudes, decisões e escolhas equivocadas que já fizemos, chegaremos a mesma conclusão. Perceba que não reagir pelo impulso é algo muito maior do que simplesmente achar que analisou e avaliou bem aquela tomada de decisão; reconhecendo essa dificuldade a gente ganha mais um pouco de tempo, tendo em vista ainda não termos feito a bobagem. Mas, e daí? Qual seria a solução? Tem solução? É claro que sim; precisamos apenas trabalhar uma reprogramação mental. É necessário que coloquemos naquele arquivo, informações mais consistentes, mais fundamentadas. Compreenda que quando reconhecemos de forma consciente o comportamento inconveniente, a partir dessa identificação iniciamos um trabalho com foco direcionado para aquele problema, algo personalizado. Contudo, não para aí; para que essa mudança aconteça de verdade, é necessário que estejamos arrependidos e sensíveis com relação ao nosso padrão de comportamento; devemos procurar entender, tentar localizar, identificar o foco daquele comportamento inconveniente; devemos analisar todas as nossas opções, projetando o resultado futuro das nossas possíveis escolhas. Como já falamos, precisamos compreender que esse nosso padrão comportamental "desagradável" é apenas o resultado de um aprendizado passado, ou seja, ficou para traz. A decisão agora é nossa. O que nós seremos a partir de agora, ou num futuro bem próximo, ou ainda num futuro distante, depende de tudo o que nós vamos fazer a partir de agora.

Capítulo 80

Quem Precisa Mudar É Você

Neste octogésimo capítulo, temos como objetivo específico, estudar e aprender que podemos avaliar e projetar o resultado futuro das nossas possíveis escolhas; contudo, a escolha é nossa.

Um macaco vinha feliz da vida pela margem de um riacho, quando de repente algo chamou sua atenção no fundo do rio. Fixando bem os olhos, viu um peixe lá no fundo. Como nunca tinha visto um peixe na vida, achou que ele estava se afogando; assim pensou:

"Pobre animal, está se afogando, preciso salvá-lo." – E, após muito esforço, tirou o peixe do rio.

O peixe pulava com todas as suas forças na tentativa de retornar ao rio, mas, o macaco convencido de que estava fazendo um bem para ele, não o deixava escapulir.

"Se ele cair no rio mais uma vez, poderá morrer." – Pensava o macaco.

Enquanto o peixe se debatia sem ar em suas mãos, o macaco pensava:
"Que felicidade ele está sentindo por ter sido salvo." – Pouco tempo depois o peixe morreu.

O macaco avalia, analisa bem aquela situação e diz:
"Que pena! Puxa vida! Se eu tivesse chegado antes, poderia tê-lo salvado."

Nascemos livres, somos livres para fazer nossas próprias escolhas, todavia, por falta de discernimento, muitas pessoas escolhem caminhos que as levam a padrões comportamentais semelhantes ao desse macaco. Culposamente, tomam decisões absolutamente insanas, acreditando sinceramente que estão tomando a melhor decisão ou fazendo a melhor escolha. É fundamental que tenhamos muitas "opções de escolha" e, de preferência, boas opções; para isso precisamos de novos arquivos mentais. Novos arquivos aumentam as nossas possibilidades de escolha, não é verdade? Consequentemente, usando o discernimento, podemos avaliar e projetar o resultado futuro das nossas possíveis escolhas; contudo, a escolha é nossa.

Acredito que seja importante essa colocação: Se você está satisfeito com o seu padrão comportamental e, também, com o padrão de comportamento das pessoas que estão ao seu redor, ótimo! Não se preocupe; basta que você continue fazendo exatamente o que você tem feito, que nada vai mudar. Agora, se você não está satisfeito com o seu padrão comportamental ou com o padrão de comportamento das pessoas que estão ao seu redor, quem precisa mudar é você; imagine-se convivendo com centenas de macacos iguais ao da estória. Caso sua decisão seja mudar, é fundamental que você considere todas essas técnicas e conceitos para que possa desfrutar dos benefícios e qualidade de vida, que essa mudança certamente vai lhe proporcionar.

Gostaria de reiterar que as nossas linhas de ação decorrem dos nossos sentimentos; estes por sua vez decorrem dos nossos pensamentos. Assim sendo, toda a linha de ação que conduz a um comportamento inconveniente é antecedida de um modo de pensar que segue essa mesma direção. Você concorda com essa afirmativa? Pense a respeito. Logo, é necessário mudar esse modo de pensar. Você precisa quebrar paradigmas e, também ser pioneiro em outros; abra novos caminhos, crie, use o potencial que existe em você, não seja resistente. Ninguém é bom naquilo que não pratica. Assim, cabe a seguinte pergunta:

O que você faz todos os dias, persistentemente?

Você certamente é muito bom nisso! Perceba que vale para coisas boas, mas também vale para as ruins. Por exemplo: Se você todos os dias protela na hora de se levantar, sempre arruma uma desculpa para não fazer exercícios físicos ou dieta, é grosso e mal-educado com as pessoas, jamais usa o cinto de segurança, faz sempre caras e bocas com sarcasmo e ironia, sempre usa o celular enquanto dirige, rói as unhas etc. Certamente você acabou ficando muito bom em tudo isso, ótimo nas desculpas, nas respostas antipáticas e na condição reflexa para fazer daquele jeito, mesmo que seja ilegal, ou antissocial, ou prejudicial a saúde e, reprogramar tudo isso é extremamente difícil. Tudo aquilo que nós fazemos todos os dias, repetitivamente, no final de um determinado tempo, ficamos bons naquilo; da mesma forma, tudo aquilo que nós não fazemos, obviamente nos tornamos medíocres, inábeis, inaptos para aquilo. Se quisermos reverter o quadro, basta fazermos "aquilo que definirmos" repetitivamente; ou ainda deixarmos de fazer aquilo que concluirmos que é errado, pois, como dizia Aristóteles, *a excelência não é um feito, mas um hábito.*

Capítulo 81

A Autovitimização É um Comportamento Inconveniente

Neste octogésimo primeiro capítulo, temos como objetivo específico, estudar e aprender que nós podemos e devemos criar o nosso próprio padrão comportamental.

Saí de casa bem cedo e o trânsito fluiu superbem, assim, cheguei na empresa bem antes do horário que normalmente costumava chegar. Enquanto subia as escadas, em silêncio, percebi que o gerente, o coordenador e alguns instrutores conversavam descontraidamente. Quase tocando a maçaneta da porta para abri-la, ouvi a seguinte frase:

"O Helder só pode estar de sacanagem! Mas que FDP!" – Falavam alto e em bom tom.

Ao invés de abrir a porta, recuei; desci as escadas novamente e, lá embaixo, chamei pelo meu gerente:

"Olá, Alvim, você está por aí"? – Ao que imediatamente respondeu;

"Estamos todos aqui Helder, venha tomar um cafezinho aqui com a gente."

Novamente subi as escadas como se fosse a primeira vez. Cumprimentei-os como sempre, saboreamos um delicioso cafezinho feito pela tia Rita, rimos das estórias do dia a dia, descemos para nossa formatura matinal e, vida que segue.

Perceba que a vida é simples, nós é que complicamos tudo. Devemos participar das "coisas" por inteiro e procurar conhecê-las por inteiro. Quando não conhecemos a estória desde o início, o melhor é não julgar; não fazer considerações, tampouco, opinar. Obviamente eu não acompanhei todo o contexto da estória, o que eu ouvi representava apenas uma parcela insignificante, de algo completamente diferente; além do mais, aquilo não tinha e continua não tendo a menor importância. Se eu tivesse entrado naquele momento, causaria um mal-estar absolutamente desnecessário. Muitas vezes adotamos uma postura "babaca" por pura vaidade. Todos eram e são meus amigos de luta e irmãos paraquedistas. Muitas vezes, nossas palavras não representam, tampouco, correspondem àquilo que realmente sentimos; ou seja, o que de fato existe na nossa mente e no nosso coração. Perceba que o comportamento inconveniente seria meu, caso eu tivesse adentrado naquele momento. Seria muita falta de sensibilidade da minha parte, seria uma atitude muito inconveniente; se eu quero que algo mude, quem precisa mudar sou eu. Quando nós temos consciência do que realmente somos e confiança no nosso preparo técnico, somos capazes de gerenciar com simplicidade, eficiência e eficácia os comportamentos inconvenientes que normalmente surgem no dia a dia, inclusive os nossos.

Uma colocação interessante de Dalai Lama é: "*Seja a mudança que você quer*". Percebemos que um dos maiores problemas que os nossos alunos enfrentam é a "vitimização" que, segundo o dicionário é o ato ou efeito de se transformar em vítima. A auto vitimização é um comportamento extremamente inconveniente, acontece quando nos colocamos no papel de vítima ou de pessoa perseguida, para anular críticas, opiniões ou resistências contra as quais a pessoa não consegue contra-argumentar. Assim, fica muito mais fácil colocar a culpa em Deus, nos pais, nos avos, nos irmãos, no padrinho, no tio, no cunhado, no sócio, enfim, no mundo inteiro pela nossa maneira de ser, pela forma como enxergamos as coisas devido a nossa visão embaçada. Ou ainda quando filosofamos culpando a genética, os astros, as vidas passadas, a chama violeta, os gnomos, o carma ou o alinhamento dos planetas. Perceba que aqueles que agem dessa forma, culpando, batendo e agredindo as pessoas, acabam sendo injustos, agressivos e violentos com os amigos; considerando que normalmente os amigos é que estão próximos. Já os inimigos, que normalmente estão distantes, se livram de toda essa impetuosidade.

Diante tudo isso, chegamos à seguinte conclusão: *Nós podemos e devemos criar o nosso próprio padrão comportamental.* Ter a certeza e o total controle sobre isso é fundamental, contudo, não será apenas lendo livros que nós vamos mudar; precisamos "arregaçar as mangas" e fazer com que as coisas deem certo. Precisamos ser proativos, fazer com que elas aconteçam; não é verdade? Assim, aquele sentimento de "pena de si mesmo" diante de uma situação estressante precisa ser combatido. Se você sofre dessa avaliação equivocada de si mesmo, tenha a certeza de que esse juízo é falso, ele está apenas na sua cabeça, mas te leva a um comportamento inconveniente. Na verdade, você acaba sendo afastado das suas competências, você acaba perdendo a liberdade de escolha, você acaba perdendo o livre arbítrio e passa a ser escravo de si mesmo. É horrível ficarmos ao lado de pessoas que se comportam assim, é muito ruim convivermos com pessoas que estão presas a sentimentos negativos, que se julgam vítimas de um mundo cruel. Não que o mundo não seja impiedoso, mas não podemos nos comportar de maneira depressiva implorando que a morte venha com sua foice e nos leve desse mundo desalmado; isso é péssimo e faz com que a nossa energia diminua, deixando-nos impotentes e sorumbáticos.

Nós corremos o perigo de nos tornar viciados em nos fazer de vítima. A vitimização pode tornar-se um vício, sim; e, acontecendo, um dos piores vícios. A vitimização gera um estímulo celular equivalente ao de uma droga potente, se eu fico um tempo sem me sentir vítima, eu acabo entrando na síndrome de abstinência; trata-se de um vício psicológico. Essas pessoas acham que só são percebidas, e talvez até tenham razão, se estiverem dentro desse processo, vivendo a vida como vítima. Perceba como funciona a cabeça de alguém que sofre de vitimização;

"*Se todos estão me perseguindo, é porque eu tenho uma importância enorme*".

Perceba que a forma dessa pessoa se sentir importante é através da vitimização. Acreditamos que um pensamento fundamental que precisa ser colocado no arquivo mental dessas pessoas é a Fé, ou seja, já possuir aquilo que ainda se espera; saber aquilo que ainda não se vê. Perceba que, muito provavelmente, jamais encontraremos nos arquivos dessas pessoas, pensamentos do tipo:

"Tudo na vida passa; esse momento difícil também vai passar", "Depois da tempestade vem a bonança", "Não cai uma folha de uma árvore que não esteja dentro da permissão de Deus", "Tudo posso Naquele que me fortalece", "Se tiver que desistir, desista de ser fraco".

Com a certeza de que conseguiremos transformar a teoria em ação, "arregaçamos as mangas" e derramamos o nosso sangue, suor e lágrimas nesse propósito; gradativamente vamos eliminando aqueles pensamentos que nos impedem de evoluir e, simultaneamente reprogramamos nossos arquivos com novos pensamentos. Assim, quebraremos velhos paradigmas e seremos pioneiros de novos paradigmas.

Capítulo 82

Nossa Avaliação É um Tanto Preconceituosa

Neste octogésimo segundo capítulo, temos como objetivo específico, estudar e aprender que mesmo inconscientemente, avaliamos o tempo todo o comportamento das pessoas e, da mesma forma preconceituosa que nós avaliamos, também somos avaliados.

No desenrolar de uma aula, tínhamos como foco o desenvolvimento e treinamento da inteligência, assim, conceituei-a de acordo com o filósofo Olavo de Carvalho, falando alto, claro e em bom tom:

- *"Inteligência é o comprometimento da pessoa inteira no exercício do conhecer mediante uma livre decisão da responsabilidade moral."*

Após, olhei durante alguns segundos para os alunos e perguntei:
"-Vocês entenderam?" Perguntei com firmeza e imediatamente todos responderam.

- *"Entendemos!"*

Mais uma vez fiz a mesma pergunta.
- *"Eu não ouvi direito! Vocês entenderam?"*

Ao que responderam ainda mais forte.
- *"Entendemos!"*

Nesse momento falei o seguinte:
- *"Já que todos entenderam, gostaria que alguém me explicasse com as próprias palavras, o que entendeu."* – Todos permaneceram em silêncio.

Disse-lhes que mudar esse tipo de comportamento é fundamental. Seria mais ou menos assim o pensamento inconveniente:

- *"Pô professor! Todo mundo entendeu! Como é que eu não vou entender? É ruim que eu não entendi professor! Eu também entendi! Depois a gente vê como é que fica!"*

Infelizmente essa é uma postura bastante comum, o próprio Professor Olavo de Carvalho diz que precisamos entender a importância da honestidade intelectual. Saber que sabe é saber; saber que não sabe também é saber. Nós não podemos falar que sabemos aquilo que não sabemos, tampouco, falar que não sabemos aquilo que sabemos perfeitamente bem. Perceba como seria diferenciado um aluno levantar o braço e falar:

- *"Professor, perdoe-me! Todos entenderam, mas eu realmente não entendi; o senhor poderia me explicar?"* – Ou ainda;
- *"Professor, talvez eu até tenha entendido, mas gostaria de ouvir a sua explicação, pois, talvez esteja equivocado."*

Perceba que esse tipo de atitude é impecável, um comportamento honesto é sempre bem legal. É claro e evidente que um simples flash de pensamento, ou uma ligeira intensão de mudar um determinado comportamento, é um sinal claro de que estamos tendo algum tipo de problema com aquela maneira de ser ou com aquela forma de agir. Contudo, perceba que entre o fato de nós querermos mudar e a mudança propriamente dita, existe um profundo abismo separando as duas coisas. Mudarmos algo que nos prejudica e, também, prejudica os outros, é unir o útil ao agradável. Mas, para enxergar tudo isso, para chegarmos a essa conclusão, precisamos de "discernimento". É necessário que desenvolvamos em nós *Inteligência Emocional* e *Qualidade Comportamental* que são *Necessidades Estratégicas* para quem lida com gente, com seres humanos.

Todos nós gostamos de lidar com pessoas equilibradas e que possuam qualidade na forma como se comportam. Compreenda que nós, seres humanos, mesmo inconscientemente, avaliamos o tempo todo o comportamento das pessoas, e da mesma forma que nós avaliamos, também somos avaliados. Perceba que a nossa avaliação é um tanto preconceituosa. Nós avaliamos as pessoas da mesma maneira que avaliamos os produtos nas prateleiras de um supermercado; não é verdade? Por exemplo, certamente nós já compramos produtos influenciados pela marca, pela apresentação, pela higiene, pela beleza etc. Nós também avaliamos e somos avaliados pela universidade que estudamos. Por exemplo, num processo seletivo, aquele que estudou em Harvard, Universidade Privada em Cambridge, Massachusetts, USA, certamente terá vantagem competitiva sobre aquele candidato que não estudou no exterior. Aquele que estudou na UFRJ, na UERJ ou na UFF, terá vantagem competitiva sobre aquele que estudou na maioria das faculdades particulares, ache você ou não ser essa uma visão preconceituosa; talvez isso mude, quem sabe? Mas atualmente, ainda é um fato incontestável, que muitas vezes é tratado com pura hipocrisia. De fato, não é uma verdade absoluta, até porque nós mesmos não estudamos nessas universidades e, despidos de vaidade, somos bons profissionais. Contudo, deixando a demagogia de lado, que tem um peso, tem; ninguém pode negar.

Com relação a apresentação, aquele que vai para uma entrevista de emprego com a camisa da escola de samba, ou do time de futebol, ou de camiseta sem manga com a estampa "tem um corno me olhando", ou igual a uma árvore de Natal, cheio de brincos, argolas e cordões pendurados, ou cheirando a cecê, ou com aquele perfume de 3ª linha, ou com chinelos de dedo e bermuda, certamente será preterido por aquele que estiver com uma apresentação elegante; ou seja, mais simples, discreta e formal. Também não é uma verdade absoluta, tampouco estamos avaliando a competência técnica profissional, mas que compromete no momento da escolha, compromete não é mesmo? A questão é: Da mesma forma que nós avaliamos, também somos avaliados; assim, tendo essa consciência e entendimento fica mais fácil nos comportarmos de uma maneira mais equilibrada e socialmente correta, sem aquela necessidade insana de querer agredir a "sociedade repressora".

Capítulo 83

Enxergando o Resultado Futuro da Mudança

Neste octogésimo terceiro capítulo, temos como objetivo específico, estudar e aprender a valorizar o que a mudança de comportamento irá lhe proporcionar.

"Olavo de Carvalho diz que inteligência é o comprometimento da pessoa inteira no exercício do conhecer, mediante uma livre decisão da responsabilidade moral."

Comprometimento significa dar a vida. Existe uma enorme diferença entre envolvimento e comprometimento. Quando nos casamos, nos comprometemos com o cônjuge, fazemos uma aliança; morremos para a vida de solteiro. É aquela estória do bacon com ovos; quem está comprometido e quem está envolvido no bacon com ovos? O porco está comprometido e a galinha envolvida. Para que haja o bacon, o porco deu a vida; a galinha botou o ovo e está, feliz da vida, ciscando com o galo. Percebeu a diferença? Portanto, vale frisar que:

"Inteligência é o comprometimento da pessoa inteira..." A pessoa se entrega por inteiro, dá a vida por inteiro; perceba que se nós nos dermos pela metade, aprenderemos pela metade; se nos entregarmos aos pedaços, aprenderemos aos pedaços também. Conta a estória que um guerreiro retornou da guerra sem os braços e sem as pernas, sendo conduzido por alguém em uma cadeira de rodas; dessa forma, gritou para o capelão:

"Capelão, Deus aceita um homem pela metade? – Todos pararam e olharam para aquele homem.

Prontamente o capelão respondeu:
"Deus aceita um homem pela metade que se entrega por inteiro, mas não aceita um homem inteiro que se entrega pela metade."

"Inteligência é o comprometimento da pessoa inteira no exercício do conhecer..." Exercício nos remete a insistência, a persistência; nos remete ao derramamento de sangue, suor e lágrimas. Portanto, seria buscar o conhecimento pela constância, ou seja, todos os dias e de forma disciplinada, através de um verdadeiro exercício diário.

"Inteligência é o comprometimento da pessoa inteira no exercício do conhecer, mediante uma livre decisão..." Sim, somos livres, nascemos livres, mas a nossa liberdade não é uma árvore que nasce pronta, mas, uma semente que precisa ser plantada. A bíblia diz que nós somos um terreno fértil e que nossas escolhas são sementes; assim, podemos escolher o que vamos plantar, mas obrigatoriamente teremos que colher o fruto daquilo que plantamos.

"Inteligência é o comprometimento da pessoa inteira no exercício do conhecer, mediante uma livre decisão da responsabilidade moral."

Assim, se não tivermos responsabilidade moral, podemos escolher buscar outro tipo de conhecimento como: lucrar com drogas, com prostituição ou com crime. Portanto é fundamental que tenhamos e desenvolvamos responsabilidade moral. A inteligência pode e deve ser treinada, precisa ser treinada no dia a dia.

"Inteligência é o comprometimento da pessoa inteira no exercício do conhecer, mediante uma livre decisão da responsabilidade moral."

O que eu ganho mudando o meu comportamento? Você precisa enxergar e, também, aprender a valorizar o que a mudança de comportamento irá lhe proporcionar. Você jamais buscaria, com todas as suas forças, ter aquilo que não é tão importante na sua vida. Assim, você precisa projetar o resultado futuro da sua escolha. Vejamos, se você inicia um "programa de treinamento físico" sem essa visão, muito provavelmente você desistirá quando surgir o primeiro obstáculo e, acredite, eles aparecerão aos montes como num passe de mágica. Assim, você precisa de um fator motivacional, algo que lhe traga um resultado efetivo, lembra-se? O que eu ganho mudando esse comportamento? Você ganhará muito mais energia e disposição para enfrentar os desafios do dia-a-dia, você aumentará significativamente sua autoestima, você terá mais facilidade para se livrar dos vícios que tanto te incomodam, você perderá peso, reduzirá a gordura e fortalecerá os ossos e os músculos, melhorará o aporte de oxigênio, consequentemente oxigenará melhor o seu cérebro, treinará sua inteligência, aumentará a sua capacidade mental e produtividade, vai se livrar de muitas doenças como: acidentes vasculares cerebrais, cardiopatias diversas, demências de todos os tipos, diabetes, osteoporose, obesidade, hipertensão, doenças articulares, doenças pulmonares, impotência sexual, também ganhará de volta todos os ternos, blazers e, ainda, aquelas roupas caríssimas que você tanto gostava, mas que perdeu devido a obesidade; produzirá mais e assim, conforme *1ª Coríntios 6, estará cuidando do templo do Espírito Santo, que é o seu corpo.*

Vou sugerir a você um exercício que durante muitos anos sugerimos aos nossos alunos e que nos trouxeram resultados muito legais; pegue papel e caneta e faça uma relação de todos os seus comportamentos que, de alguma forma, te incomodam, te chateiam. Fazendo esse exercício, você terá uma grande chance de mudar aquilo que está te prejudicando, aquilo que está impedindo você de evoluir, portanto, não desperdice essa oportunidade. Após relacionar os comportamentos, numere-os priorizando os que mais incomodam, prejudicam e impedem o seu crescimento. Feito isso, avalie bem todos os comportamentos e, novamente, priorize aqueles que você considerar "ser mais fácil livrar-se", só que dessa vez use letras. Agora pegue esse que você considerou "ser mais difícil livrar-se", concentre-se nele e com calma, serenidade e equilíbrio, relacione tudo o que você "imagina" que poderia ajudar você a livrar-se dele. Relacione todos os pontos positivos, todos os benefícios que advirão em razão da conquista desse objetivo. Não tenha pressa e acredite que você sabe exatamente o que precisa ser feito; ninguém melhor do que você sabe o que precisa ser feito para livrar-se deste comportamento. Tendo terminado o exercício, durante toda a semana, você transformará toda essa teoria em ação. Você vivenciará uma experiência incrível e aprenderá bastante com esse exercício. Procure registrar diariamente todas as dificuldades, todos os conflitos e problemas que enfrentar durante cada dia de exercício. Ao final da primeira semana, prepare-se para enfrentar aquele comportamento relacionado que você considerou ser o segundo "mais difícil livrar-se" e assim sucessivamente. Benjamin Franklin dizia que:

"Se você acha que a instrução é cara, experimente a ignorância." Da mesma forma, "*Se você acha que livrar-se de um comportamento que te prejudica é difícil...*

Capítulo 84

O Problema Está em Nós, Não Nos Outros

Neste octogésimo quarto capítulo, temos como objetivo específico, estudar e aprender que nem sempre é verdade o que está escrito em algum lugar; muitas vezes é necessário provarmos a verdade com ações.

Ésopo foi um escritor da Grécia antiga a quem são atribuídas diversas fábulas. Numa de suas fábulas *Ésopo* conta que um homem e um leão discutiam sobre qual deles era o mais forte, e decidiram conferir ali mesmo. O homem levou o leão até uma sepultura, onde havia uma pintura do defunto matando um leão. O leão retrucou:

"O que você me mostrou foi pintado por um homem. Se eu soubesse pintar, retrataria um leão matando um homem. Não vamos mostrar nada, pois é melhor medirmos nossas forças um contra o outro".

Depois de matar o homem, o leão disse:
"Uma prova pintada não é suficiente. Ele agora descobriu que eu era mais forte".

Nem sempre é verdade o que está escrito em algum lugar; muitas vezes é necessário provarmos a verdade com atos. Gerenciamos comportamentos inconvenientes usando os Níveis de Força. Sabemos que o primeiro nível é a Presença Física, todavia, pode não ser suficiente; assim, usamos a Verbalização através de argumentos que precisam ter como base os fatos. Os nossos argumentos podem ser verdadeiros, mas, se não estiverem com base nos fatos, nos levarão às dúvidas; contudo, se estiverem com base nos fatos, nos levarão a certeza; não é verdade? Nós somos o nosso maior inimigo, o mais cruel, o mais arrogante e prepotente, o mais invejoso, o mais preconceituoso, o mais intolerante, o mais vaidoso... assim, quando algo nos incomoda é porque existe algo dentro de nós que precisa mudar. Quando temos plena consciência do nosso potencial, quando nos conhecemos de verdade e gostamos do que somos, se alguém disser alguma coisa desagradável sobre nós, isso não nos causará qualquer dano, qualquer embaraço, absolutamente nada. Sabe por quê? Porque você não tem dúvida do que de fato você é; simples assim. Quando temos certeza, o que prevalece é aquilo que sabemos, uma espécie de fé inabalável; quando temos essa certeza, nossa opinião interior sempre tem mais credibilidade do que aquilo que falam. Agora, quando não temos essa "certeza" tudo muda. Quando alguém nos fala uma verdade, algo "secreto" que sabemos a nosso respeito, mas, não queremos que ninguém saiba ou desconfie, sentimentos ruins são despertados gerando comportamentos extremamente inconvenientes. Perceba que o problema está em nós, não nos outros.

Nós nos incomodamos com as verdades, que não aceitamos como verdade em nós. Se alguma coisa, escondida lá no fundo, nos incomoda; quando a opinião de uma pessoa coincide com aquilo que, de alguma forma já sabíamos, sentimentos negativos afloram; não é verdade? Somos nós mesmos, em razão dos nossos pensamentos, que produzimos os sentimentos negativos. Nós não enxergamos o pensamento, tampouco, os sentimentos de ninguém. Não existe no mundo um aparelho capaz de descobrir o que pensamos, tampouco o que sentimos. Talvez consigamos deduzir qual o pensamento de uma pessoa, através da observação do comportamento dessa pessoa. A linguagem corporal é um fato; quando nos tornamos especialistas numa determinada área, nossa visão também se qualifica. Em segurança, quando desenvolvemos uma visão diferenciada e melhoramos a habilidade na observação, deduzimos o pensamento das pessoas com mais precisão, inferimos melhor o pensamento das pessoas. Exemplos: Um professor consegue inferir, deduzir o pensamento de um aluno desatento, indisciplinado ou com um problema qualquer. Um policial faz, preventivamente, abordagens precisas por ter deduzido o pensamento de um suspeito. Pais conseguem deduzir com facilidade o pensamento dos seus filhos. Um lutador consegue deduzir os prováveis movimentos do seu adversário. Todos os exemplos são pertinentes, obviamente, em razão do comportamento, devido a habilidade de observação e percepção adquirida durante muitos anos de experiência.

Capítulo 85

A Não Violência É uma Arma para os Bravos

Neste octogésimo quinto capítulo, temos como objetivo específico, estudar e aprender que quando nos conhecemos de verdade, não importam as elucubrações, o que prevalece é aquilo que sabemos; quando temos essa certeza, nossa opinião interior sempre tem mais credibilidade do que aquilo que falam.

Dizem que quando Gandhi estudava Direito na University College, de Londres, um professor de sobrenome Peters tinha-lhe aversão, mas Gandhi, nos frequentes encontros, nunca baixou a cabeça. Certo dia o professor Peters almoçava no refeitório da Universidade, quando Gandhi, com sua bandeja, sentou-se ao seu lado. O professor arrogante, diz:

"Sr. Gandhi, você não entende ... Um porco e um pássaro não se sentam juntos para comer". – Falou o professor com um sorriso irônico.

Gandhi respondeu-lhe:

"Fique tranquilo professor, eu vou voando para outra mesa..." – e afastou-se rapidamente.

Mr. Peters, enfurecido, decidiu vingar-se no dia seguinte, quando uma prova seria aplicada. Mas o aluno respondeu de forma brilhante a cada questão. Então, o professor fez-lhe mais uma pergunta:

"Sr. Gandhi, você está andando na rua e encontra um saco contendo em seu interior a sabedoria e uma grande quantidade de dinheiro. Qual dos dois o senhor escolhe?" – Perguntou de forma sarcástica.

Gandhi responde-lhe, sem hesitar:
"É claro professor, que fico com o dinheiro!" – Falou de forma respeitosa, *olhando dentro dos olhos do professor.*

O professor Peters, sorrindo, diz:
"Eu ao contrário, teria agarrado a sabedoria, você não acha?" – Falou com ar vaidoso.
"Compreendo... Cada um escolhe o que não tem!" – Responde Gandhi.

O professor Peters fica histérico e escreve no papel da prova:
"Idiota!".

O jovem Gandhi recebe a folha e lê atentamente. Depois de alguns minutos, dirige-se ao professor e diz:

"Mr. Peters, reparei que o senhor assinou a minha prova, mas não colocou a nota!"

Trata-se de uma parábola de um autor desconhecido e, levando em consideração a proporcionalidade, ou seja, o nível de força que nós devemos exercer deve ser proporcional ao nível de resistência oferecida, o gerenciamento daquele comportamento inconveniente foi impecável. Claro que considerando tratar-se de uma parábola, ou seja, uma narrativa alegórica que transmite uma mensagem indireta por meio de uma analogia, pois, não devemos gerenciar comportamentos inconvenientes, verbalizando com ironia.

Quando Mahatma Gandhi diz que a "Não-Violência nunca deve ser usada como um escudo para a covardia, é uma arma para os bravos". Você tem ideia do que de fato ele quis nos ensinar? Gandhi, num bom português, diz que se você é medroso, ou fraco, ou ainda covarde, você deve ficar quieto, não deve abrir a boca, não deve opinar; apenas fique em silêncio. Gandhi diz claramente que só quem deve pregar a não violência são os bravos. "A não-violência é uma arma para os bravos", "A não-violência não deve ser usada como um escudo para a covardia". Existem aqueles que são covardes, medrosos e se aproveitam para pregar a não-violência; definitivamente, Gandhi não tolerava esse tipo de pessoa.

Gostaria que você, usando a empatia, fizesse o seguinte exercício: Imagine alguém que você ama muito com Alzheimer. Acontece que você, apesar de todo o carinho dispensado a essa pessoa, é sem motivo xingado, ofendido e ameaçado. O que você faria? Certamente, ao receber toda aquela injúria, você a trataria ainda com mais respeito e carinho. Com certeza, sendo possível, você a abraçaria com todo o amor, protegendo-a ainda mais. Perceba que apesar de ela ter lhe feito o mal, você é capaz de amá-la ainda mais. Sabe por quê? Pelo simples fato de você ter a certeza, de que ela não sabe o que está fazendo. Quando nós temos essa certeza, somos capazes de absorver as piores ofensas, agressões, afrontas, injúrias, os piores insultos, ataques e desaforos. Agora, quando não temos essa certeza, tudo pode acontecer.

Quando nós temos a certeza do nosso potencial, a certeza da superioridade diante de uma determinada situação, nós nos comportamos de forma centrada, equilibrada e responsável. Você certamente já ouviu falar do atleta de MMA Fabrício Werdum, faixa preta de jiu-jitsu e campeão do UFC. Use novamente a empatia:

Imagine o Fabrício Werdum dirigindo um automóvel. Você não está no seu melhor dia, acordou com o pé esquerdo, brigou com a esposa e já se aborreceu com um menino, "flanelinha", que jogou água com sabão, sem a sua autorização, no para-brisas do seu carro que estava limpinho. De repente, em razão de uma distração, o Werdum lhe dá uma bela fechada. Devido sua adrenalina, você abaixa o vidro do carro e fala alto, claro e em bom tom:

"Seu FDP, VTNC, vaza senão eu te enfio porrada!"

Qual seria a reação do Werdum? O que você acha? Como ele se comportaria? Pense a respeito. Acredite, certamente o Werdum olharia para você e, equilibradamente, diria com toda a educação:

"Perdoe-me, não foi minha intenção causar problemas, eu jamais brigaria com você. Mais uma vez, desculpe-me".

Sabe por quê? Simplesmente pelo fato de o Werdum saber quem ele é, saber o potencial que possui, saber o que ele seria capaz de fazer numa briga com você. Quando temos plena consciência do nosso potencial, quando nos conhecemos de verdade, o que prevalece é aquilo que sabemos. Trata-se de uma fé inquebrantável; quando temos essa certeza, nossa opinião interior sempre tem mais credibilidade do que aquilo que falam. Não importam as conjecturas, as elucubrações. Como diz o outro *"Não estou nem aí"*.

Capítulo 86

Não Aja com Mediocridade

Neste octogésimo sexto capítulo, temos como objetivo específico, estudar e aprender que a nossa mudança de comportamento não pode ser apenas por uma questão de sobrevivência e segurança, mas para que conquistemos todos os nossos objetivos; é um direito nosso.

Num vilarejo, apareceu um homem anunciando aos habitantes daquele pequeno povoado que compraria macacos por R$10,00 cada. Os caçadores, sabendo que havia muitos macacos na região, foram à floresta e iniciaram a caça aos macacos. O homem comprou centenas de macacos a R$10,00 e então os caçadores diminuíram seus esforços na caça. Aí, o homem anunciou que agora pagaria R$20,00 por cada macaco e os caçadores renovaram seus esforços e foram novamente à caça. Logo, os macacos foram escasseando cada vez mais e os caçadores foram desistindo da busca. A oferta aumentou para R$25,00 e a quantidade de macacos ficou tão pequena que já não havia mais interesse na caça. O homem então anunciou que agora compraria cada macaco por R$50,00! Entretanto, como iria à cidade grande, deixaria seu assistente cuidando da compra dos macacos. Na ausência do homem, seu assistente disse aos caçadores:

"Olhem todos estes macacos na jaula que o homem comprou. Eu posso vender por R$35,00 a vocês e quando o homem retornar da cidade, vocês podem vender-lhe por R$50,00 cada".

Os caçadores, espertos, pegaram todas as suas economias e compraram todos os macacos do assistente. Eles nunca mais viram o homem ou seu assistente, somente macacos por todos os lados.

Você se lembra da primeira linha de ação? Reconheça, admita de forma consciente e equilibrada o seu erro, a sua fraqueza, a sua doença, a sua miséria humana, seja ela qual for. É fundamental que reconheçamos e tenhamos consciência das coisas boas e, também, das ruins que existem em nós. Reconhecer não é esconder aquilo que consideramos ruim, pois assim teríamos uma fragilidade emocional. A proposta é aceitar, é reconhecer para que consigamos trabalhar melhor aquilo que nos incomoda.

Lembre-se que todos nós nascemos com características muito legais, mas também nascemos com muitos defeitos; só Deus é perfeito! Ninguém nasce só com características boas, e ninguém nasce só com características ruins. Todos nós nascemos com muitas características boas e, também, com muitas características ruins; não é verdade? Ninguém nasce totalmente bom; ninguém nasce totalmente mal. Na verdade, nós nascemos neutros e ao longo da vida, devido aos envolvimentos, informações, educação, escolhas que fazemos e, também, a herança genética que recebemos nos tornamos o que somos.

Acredito que tenhamos aprendido que quando algo nos incomoda, é um sinal claro de que precisamos mudar. Tudo acontece dentro da calota craniana, na nossa cabeça, na nossa mente, através dos nossos pensamentos; o problema está em nós e não nos outros. Vale reiterar que nós temos o poder de mudar aquilo que não está funcionando muito bem, aquilo que está nos incomodando ou nos impedindo de evoluir. Somos nós mesmos que construímos ou destruímos todas as possibilidades, portanto, está mais do que na hora de reconhecer que esse poder existe em nós; talvez ele esteja hibernando ou quem sabe escondido em alguma gaveta dos nossos arquivos mentais; precisamos resgatá-lo.

Podemos começar com dois exercícios simples no dia a dia, do tipo:

1. Jamais culpe, jamais julgue, reclame, justifique ou responsabilize as pessoas; esse comportamento é muito ruim, seria como tomar um copo de veneno e torcer para que o outro morra. Portanto, é fundamental que nos livremos o quanto antes desse hábito revoltoso e destruidor. Todas as vezes que você proceder dessa forma, registre e reflita sobre o motivo que o levou a agir dessa maneira.

2. Faça uma relação diária de todos os comportamentos inconvenientes que, de alguma forma, te incomodaram ou incomodam e te chatearam ou chateiam, e, também, àqueles que foram positivos, àqueles que você percebeu que foram assertivos. Após, reflita sobre cada um deles e coloque ao lado como foi que você criou aquela situação, o que o levou a agir, a proceder daquela maneira; assim, você se retificará, pois saberá exatamente onde acertou e onde errou. Você terá consciência das estratégias que estão funcionando e, também, daquelas que não estão dando um bom resultado.

Você não pode agir com mediocridade, você não pode desenvolver uma mentalidade pobre. A sua mudança de comportamento não pode ser apenas por uma questão de sobrevivência e segurança, mas para que conquiste todos os seus objetivos, eu disse “todos”; não é pecado! É um direito seu. Afinal de contas você trabalhará, se esforçará para isso, derramará o seu sangue, suor e lágrimas para que a mudança aconteça.

Capítulo 87

Precisamos Aprender a Fazer o que É Certo!

Neste octogésimo sétimo capítulo, temos como objetivo específico, estudar e aprender que quando não prestamos a devida atenção, agimos pelo impulso e, envolvidos pelas circunstâncias, saímos atropelando tudo, adotamos uma postura desequilibrada achando que estamos sendo proativos, mas na verdade, estamos sendo inconvenientes.

Makenzie Armstrong desde 3 anos de idade pratica Jiu-Jitsu Brasileiro, na Arashi Do Behring North em Edmonton, Alberta, Canadá, tendo como Mestre o Sylvio Behring, e como Professor, o Mike Yackulic. Ela é uma atleta apaixonada pelo Jiu-Jitsu, ama treinar, ama competir e isso a torna uma jovem cheia de virtude, muito confiante e corajosa. Makenzie com 7 anos de idade, provou que o GPCI aliado às técnicas aprendidas no tatame é relevante para sua vida fora do dojo. Certo dia, sua professora estava fora da sala de aula, administrando e conduzindo as crianças que, alinhadas, caminhavam em direção à biblioteca. Dentre os alunos, havia uma menina que apresentava sérios problemas comportamentais; extremamente irritada, indignada e com muita raiva, gritava e batia em um dos meninos, descontroladamente. Diante aquela situação, os alunos simplesmente congelaram, com exceção de Makenzie que exercendo autoridade, impôs uma Presença Física recheada de educação; Makenzie colocou-se entre a agressora e demais alunos e, de forma equilibrada e consciente, conectou-se com as mãos tecnicamente posicionadas, protegendo-se dos socos contínuos da menina. Assim, Makenzie verbalizou:

"Por favor, pare com isso, eu **não quer***o brigar com você."* – Falou com autoridade e continuou.

"Eu não quero que você e mais ninguém se machuque." – Falava com firmeza de atitude.

"Eu não quero que você se meta em encrenca; a professora vai voltar em segundos." – A voz serena, firme e confiante de Makenzie resolveu a situação.

Makenzie conseguiu administrar aquele problema, usando o Controle de Contato e Verbalização Nível II, impedindo que seus colegas de turma se machucassem; tempo suficiente para que a professora retornasse à sala.

O pai de Makenzie, Neil Armstrong, também praticante de Jiu-jitsu Brasileiro e conhecedor das técnicas de GPCI, foi chamado pela professora para uma reunião pois, ela queria saber o que Makenzie praticava, e que a deixava tão confiante e corajosa, e, também, para dizer o quão orgulhosa estava dela. A professora disse que nunca viu uma criança, naquela faixa etária tão corajosa, capaz de colocar-se em perigo para ajudar seus colegas de turma, sobretudo, a coleguinha que estava fora de controle e poderia ter se machucado.

O Jiu-Jitsu aliado ao GPCI, tem dado a Makenzie habilidades e confiança para usar sua voz, e discernimento para fazer o que é certo, mesmo quando o certo é a escolha mais difícil, impopular ou assustadora. Todos estão muito orgulhosos, pois Makenzie tem um forte senso de amizade e paz, é muito habilidosa para defender-se e defender seus amigos, sendo simultaneamente, sempre respeitosa com todos.

Sun Tzu nos ensina que: *"Os bons guerreiros de antigamente primeiro se colocavam fora da possibilidade de derrota, depois esperaram a oportunidade de derrotar o inimigo".*

Perceba que neste caso, o nosso inimigo é aquele comportamento que nos prejudica. Assim, precisamos agir estrategicamente, colocando-nos primeiro fora da possibilidade de sermos derrotados por aquele comportamento. Deixe-me dar um testemunho pertinente ao assunto: Há alguns anos resolvi retomar o treinamento de Jiu-Jitsu, que devido a inúmeros fatores acabou sendo preterido. Acontece que como todo mundo, eu vivia procrastinando; segunda feira eu começo, dia primeiro eu começo, no mês que vem eu terei mais tempo livre, como já está no final do ano, em janeiro eu ... e assim, eu ia empurrando com a barriga, protelando sempre, até o dia que eu percebi que o problema estava em mim, não nos outros. Era eu que, inconscientemente, arrumava as dificuldades e os problemas; as minhas justificativas eram na verdade mentirosas. Foi quando eu pedi ajuda a alguns amigos; resumindo, as segundas, quartas e sextas-feiras eu treino das 18:00 às 19:30h com o Prof. Reinaldo da Behring Jiu-Jitsu, às terças e quintas eu treino com o Prof. Paulo, também da Behring Jiu-Jitsu e uma vez por semana à tarde sou literalmente amassado pelo Prof. Ian Behring, filho do Mestre Sylvio Behring. Confesso que muitas vezes torço para que eles faltem, mas, de repente ouço aquele "Osu" e o entusiasmo acontece naturalmente; vamos ao treino? Osu. Perceba que se depender de nós, as coisas não vão acontecer. Precisamos fazer com que elas aconteçam; precisamos fazer dar certo. E, também, nós não temos que fazer aquilo que nós queremos, aquilo que nos dá prazer ou aquilo que nós gostamos. Precisamos aprender a fazer aquilo que é certo; simples assim. Perceba que da mesma forma precisamos ser bons, fazer o bem, praticar boas ações; assim, seremos automaticamente felizes. Ser feliz, é uma consequência de ser bom, de fazer o bem, de praticar boas ações. Se nós quisermos ser felizes a qualquer custo, de qualquer jeito, seremos um problema, nos tornaremos pessoas inconvenientes. Assim, faça o que é certo e faça o bem. Como sempre falamos, simples assim; mas, nada fácil!

Sun Tzu também nos ensina que: *"A garantia de não sermos derrotados está em nossas próprias mãos; já a oportunidade de derrotar o inimigo é fornecida pelo próprio inimigo".*

Vem daí o ditado: Pode-se saber como conquistar sem ter a capacidade de fazê-lo! A garantia de não sermos derrotados por aquele comportamento inconveniente está de fato em nossas mãos. Conscientes e preparados para a guerra, aguardamos ansiosos a oportunidade de vencer nosso maior inimigo, nós mesmos; resistindo bravamente através de um comportando conveniente.

Sun Tzu também nos ensina que *"A garantia contra a derrota implica táticas defensivas; a capacidade de derrotar o inimigo significa tomar a ofensiva. Manter-se na defensiva indica força insuficiente; atacar, uma superabundância de força".*

Assim, com base nos ensinamentos de Sun Tzu, fazendo uma analogia, precisamos entender que se usarmos apenas táticas defensivas numa simples luta de Jiu-Jitsu, dificilmente venceremos a luta; não é verdade? Da mesma forma, na escolha das estratégias que serão usadas para que ocorra a mudança comportamental, precisamos ir além das táticas defensivas. Se o seu objetivo for apenas se defender, muito provavelmente você não vencerá a luta. Contudo, se você pretende tornar-se um campeão, certamente precisará tomar a ofensiva, precisará atacar e, para isso, deverá estar preparado, superbem treinado. Mas, é preciso ter muito cuidado, pois é exatamente aí, que identificamos inúmeros comportamentos inconvenientes em razão dos exageros e desequilíbrios.

Você já ouviu falar da eterna incompatibilidade entre mente eufórica e corpo debilitado? Pois é, isso vale para muitas coisas; quando não prestamos a devida atenção, agimos pelo impulso e, envolvidos pelas circunstâncias, saímos atropelando tudo, adotamos uma postura desequilibrada achando que estamos sendo proativos, mas na verdade, estamos sendo inconvenientes. Normalmente as pessoas não falam nada, apenas observam, mas depois comentam e criticam aquele comportamento inconveniente.

Capítulo 88

Os Atributos de Liderança Segundo Sun Tzu

Neste octogésimo oitavo capítulo, temos como objetivo específico, estudar e aprender os Atributos de Liderança segundo Sun Tzu.

Um velho avô disse ao neto, que veio a ele com muita raiva de um amigo que lhe havia feito uma injustiça:

"Deixe-me contar-lhe uma história." – O neto sentou-se ao seu lado.

Eu mesmo, algumas vezes, senti grande ódio de pessoas que aprontaram comigo, e não tiveram qualquer arrependimento daquilo que fizeram." – O menino olhava para o avô sem piscar; e o avô com ternura lhe disse:

"Todavia, o ódio corrói você, mas não fere seu inimigo." – Falou alto, claro e em bom tom.

"É o mesmo que tomar veneno, desejando que seu inimigo morra. Lutei muitas vezes contra este sentimento". – Seu neto estava atento e mal respirava, e ele continuou:

"É como se existissem dois lobos dentro de nós. Um deles é bom e não se magoa facilmente. Ele vive em harmonia com todos ao redor dele e, não se ofende com bobagens. Ele só lutará quando for certo fazer isto e, da maneira correta!" – O avô falava pausadamente, com paciência e muita sabedoria. Assim continuou:

"Mas, o outro lobo, aaah! Este é cheio de raiva! Mesmo as pequeninas coisas, o lançam num ataque de ira! Ele briga com todos, o tempo todo, sem qualquer motivo. Ele não pode pensar porque sua raiva e seu ódio são muito grandes." – O menino continuava focado na estória que seu avô contava. Nada lhe roubava a atenção.

"É uma raiva inútil, pois sua raiva não irá mudar coisa alguma! Algumas vezes é difícil conviver com estes dois lobos dentro de nós, pois ambos tentam dominar nosso espírito". – O garoto olhou intensamente nos olhos de seu avô e perguntou:

Qual deles vence, Vovô? – O avô sorriu e respondeu baixinho:

"Aquele que nós alimentamos."

Benjamim Franklin dizia que não devemos ter pressa na escolha de um amigo, devemos dispor do tempo que for necessário para essa escolha, mas devemos dispor de um tempo ainda maior quando tivermos que trocar. Quando analisamos a afirmativa em questão, percebemos facilmente o quão sábio e profunda ela é.

Liderar é conduzir pessoas na busca dos seus objetivos. Sun Tzu há 2500 anos, já havia pensado a respeito desse tema, assim, desenvolveu e escolheu cinco atributos que, segundo ele, eram imprescindíveis na formação de um verdadeiro líder e seus generais eram escolhidos com base nessas qualidades: Sabedoria, Sinceridade, Humanidade, Coragem e Exigência.

Sabedoria

Ssu-ma Ch'ien, foi um astrônomo, matemático e historiador chinês da dinastia Han do Oeste, considerado o primeiro grande historiador chinês. Há cerca de 100 a.C., Ssu-ma Ch'ien acrescentou a um dos capítulos do livro "A Arte da Guerra", capítulo este definido como "A espada embainhada" o seguinte:

"Se um general ignorar o princípio da adaptação, não deve ser colocado numa posição de autoridade. Um hábil empregador de homens usará o prudente, o bravo, o cobiçoso e o burro. Pois o prudente terá prazer em aplicar seu mérito, o bravo, sua coragem em ação, o cobiçoso é rápido em tirar proveito, vantagens, e o burro não teme a morte".

Os anos se passaram, o mundo evoluiu e se globalizou e, acreditamos que as coisas não são bem assim, ou pelo menos não deveriam ser, entretanto, é importante refletirmos em cima da afirmativa de Ssu-ma Ch'ien para uma adaptação inteligente dentro do nosso assunto, padrão comportamental. Nós que lidamos com pessoas, com gente, com seres humanos, necessariamente, precisamos saber exercer liderança. Quando na contratação de um líder, o RH de uma empresa, por algum motivo despreza esses atributos, coloca em risco todo trabalho até então desenvolvido. Vamos procurar a partir de agora esmiuçar cada um dos predicados, começando pelo primeiro, a Sabedoria.

Certa vez ouvi que: *"É tão difícil para um sábio adquirir riquezas como é difícil para um rico adquirir sabedoria".*

Não acredito que seja bem assim, mas para entendermos melhor o significado da palavra sabedoria, é necessário que saibamos que saber, na sua origem, quer dizer *saborear*. Talvez seja ainda mais interessante sabermos que a virtude é uma espécie de preliminar da sabedoria. *Virtude* em latim quer dizer *Força (virtus)*. Renunciar por virtude pode ser amargo e muitas vezes doloroso. Virtude seria basicamente renunciar algo que você gostaria muito de fazer para fazer o que é certo. Nós, em razão da nossa natureza humana, estamos inclinados ao erro; até queremos fazer o que é certo, mas quando percebemos, já fizemos tudo errado, já metemos os pés pelas mãos. Muitos falam, e até batem no peito de uma forma bastante característica, o seguinte: *"Eu faço o que me dá na telha"* ou *"Eu faço o que me dá vontade e pronto"*. Se fosse verdade seria um desastre, porque simplesmente devemos fazer o que é certo e não o que temos vontade, ou o que nos dá prazer, ou ainda o que a gente quer.

Vejamos, acredito que os exemplos a seguir podem, de alguma forma, esclarecer um pouco mais a questão da ***virtude.***

Crianças brincando.
"Vamos jogar bola?" – Perguntou o menino.
"Claro, me amarro num futebol." – O outro responde.

De repente, lembra-se de algo importante e fala:
"Acho que não vai dar para eu jogar". – Disse com um ar triste.
"Porque não?" – O outro retruca.

E ele responde:
"Tenho prova depois de amanhã, tenho que estudar."

Observem que o garoto estava com muita vontade de jogar bola, entretanto renunciou ao prazer da brincadeira por força, por dever, enfim, por virtude.

Jovens adolescentes.
"Aí cara, tenho uma carreirinha de uma branquinha especial, purinha. Quer dar um teco?" – Perguntou o jovem.

O outro olha, cheio de vontade de experimentar e diz:
"Aí cara, até que eu gostaria, mas resolvi parar com isso, não quero mais isso para mim, preciso ser mais forte. Estou fora!"

Observem que a renúncia do prazer da droga foi por força, por dever, enfim, por virtude.

Amigos de trabalho.
"Meu compadre, são duas gatas com corpinho de menina de revista Playboy, vamos nessa?" – Perguntou o jovem.

O outro olha, contempla, fica completamente extasiado e diz o seguinte:
"Aí cara, infelizmente sou casado, não vai dar não."

Observem que a vontade era uma realidade. Percebemos pelo emprego da palavra "infelizmente"; entretanto, houve uma renúncia do prazer do sexo por força, por dever, enfim, por ***virtude***.

No caso da ***sabedoria***, seria um nível acima. Vimos que sabedoria vem de saborear. O sábio que saboreia a renúncia está, de fato, em um nível acima. Não se sente melhor do que ninguém por ter conseguido renunciar, e, também, não se sente poderoso por isso. A renúncia é algo natural, faz parte da sua natureza.

Vejamos como seriam os mesmos exemplos, agora com a ***sabedoria***:

Crianças brincando.
"Vamos jogar bola?" – Perguntou o menino.

"Que bola que nada, meu camarada. Na semana passada tirei a maior nota da turma, estou amarradão aqui nos livros. Obrigado pelo convite, mas vou estudar para a prova." – O outro responde.

Observem que o garoto não estava nem aí para a bola; a renúncia não lhe causou qualquer problema, ele tinha certeza dos seus objetivos, sabia o que estava fazendo. É como se saboreasse a sua renúncia, contudo não se sentiu melhor do que o outro que o convidou para jogar bola.

Jovens adolescentes.
"Aí cara, tenho uma carreirinha de uma branquinha especial, purinha. Quer dar um teco?" – Perguntou o jovem.

"Aí cara, valeu, obrigado, mas não curto drogas". – O outro responde.

Observe que a renúncia não lhe causou qualquer sofrimento; ele não se sentiu poderoso por ter renunciado, para ele a renúncia foi algo natural.

Amigos de trabalho.
"M*eu compadre, são duas gatas com corpinho de menina de revista Playboy, vamos nessa?"*

O outro olha e diz o seguinte:

"Aí cara, obrigado pelo convite, mas acho que você vai ter que convidar outro parceiro. Sou casado, bem-casado, e estou doido para chegar em casa e ver minha esposa e meus filhos".

Observem que a renúncia, conforme os exemplos anteriores, também foi natural. Infelizmente, a preliminar da virtude é a *ignorância*, a *irresponsabilidade* e a *imaturidade*, assim, os mesmos exemplos seriam mais ou menos dentro deste contexto:

Crianças brincando.
"Vamos jogar bola?" – Perguntou o menino.

"Claro, me amarro num futebol!" – O outro respondeu.

"Mas, você não tem prova de matemática amanhã?" – O menino questionou.

"Aí cara, não estou nem aí. Que se dane a prova". – Respondeu o outro menino com desprezo.

Observem que, por falta de virtude, por *ignorância*, o garoto não tem a menor noção da palavra discernimento.

Demonstra total imaturidade e ignorância.

Jovens adolescentes.
"Aí cara, tenho uma carreirinha de uma branquinha especial, purinha. Quer dar um teco?" – Pergunta o jovem.

O outro olha, cheio de vontade de experimentar e sem a menor hesitação diz:

"Aí cara, estou dentro; isso é o maior barato!"

É o barato que sai muito caro, não é mesmo? Observem que devido à ignorância e à *imaturidade*, as decisões são catastróficas, pois o que prevalece é simplesmente o prazer.

Amigos de trabalho.
"Meu compadre, são duas gatas com corpinho de menina de revista Playboy, vamos nessa?" – Perguntou o jovem.

O outro olha, contempla, fica completamente extasiado e diz o seguinte:

"Aí cara, a noite é uma criança, estou dentro!"

Observem que a vontade é uma realidade e, em razão da ausência de virtude, ou seja, *imaturidade*, o que prevalece é o prazer, não importando as consequências. Projetar o resultado futuro das suas possíveis escolhas, nem pensar.

Sinceridade
O segundo atributo de um líder é a sinceridade. Aquele que conduz pessoas na busca dos seus objetivos deve ser sincero, mas não mal-educado. Existem aqueles que acham que ser sincero é falar o que pensa, como diz o outro "falar na cara, na lata". Definitivamente não é isso. Você precisa simplesmente se posicionar. Não podemos querer agradar a todos; nem Jesus Cristo conseguiu, portanto, não devemos ser pretensiosos a ponto de achar que podemos fazer algo que nem Jesus Cristo conseguiu fazer. Entretanto, muitas vezes somos pretensiosos a ponto de achar que podemos desenvolver esta habilidade utópica. O resultado é o desânimo, a perda do entusiasmo.

Acreditamos também que o fato de sermos sinceros não quer dizer que estamos certos. Normalmente nos deparamos com pessoas que se acham o máximo por serem sinceras, têm um "vaidoso orgulho" da sua sinceridade e, como consequência, se acham os donos da verdade, acham que a verdade está com elas. Portanto é necessário que sejamos sinceros, mas que tenhamos humildade suficiente para reconhecermos nossas fraquezas e limitações.

Vale lembrar que num mundo altamente competitivo e atraente, somos seduzidos de todas as formas, com o objetivo de causar em nós uma espécie de "crise de identidade". É importante que nós, gente que lida com gente, saibamos que se trata de algo comum. Não precisamos fazer dessa afirmativa nenhum bicho de sete cabeças.

Quando entramos, ou melhor, quando vivemos a tal "crise de identidade", é necessário que saibamos viver a crise. Se não soubermos passar por ela, se não soubermos administrar esse momento de conflitos e problemas, renunciaremos a quem realmente somos; "abriremos mão" da nossa verdadeira identidade.

O mundo de uma maneira geral, sempre tentará envolver e criar em você, principalmente se o seu padrão de comportamento estiver sendo definido, a tal crise de identidade. É menos perigoso quando você é perseguido por alguém, do que quando tentam envolvê-lo. Com certeza, é muito mais fácil administrar uma perseguição do que administrar um possível envolvimento. Por exemplo, no nosso trabalho, muitas vezes nos dedicamos, corremos atrás do sucesso, estamos de fato comprometidos, damos o nosso sangue, suor e lágrimas para que as coisas aconteçam, e isso tudo é muito bom, mas sabemos como as coisas são. Muitas vezes para sermos simpáticos, para não sermos "chatos de galocha", vamos permitindo uma coisinha aqui, outra ali e, quando percebemos, estamos totalmente envolvidos, perdemos a nossa identidade. Acreditem, vai ter sempre alguém dizendo mais ou menos assim:

- *"Cara, eu acho que você está exagerando"*;
- *"Aí, as coisas não são bem assim"*;
- *"Será que vale a pena ser tão correto?"*;
- *"Aí, meu compadre, você está ficando maluco"*.

São dúvidas sendo plantadas a todo o instante. Assim, se permitirmos que as circunstâncias nos envolvam, certamente perderemos a nossa identidade. Acredito sinceramente que as perseguições, de alguma forma, representam um bom sinal. Certa vez ouvi que quando, no mercado de trabalho, as pessoas não mais perceberem a nossa presença, quando não incomodamos mais, quando não nos chamarem mais pelo nosso nome, talvez já estejamos completamente envolvidos. Talvez estejamos iguais a todos os outros. Talvez sejamos apenas mais um neste mercado. No nosso ambiente de trabalho somos até parecidos com os outros, mas seremos diferentes se formos sinceros, transparentes, se tivermos uma identidade verdadeira. Quando nos perguntarem: *"Qual é o seu nome?"* Se nesse momento nós pudermos responder quem realmente somos, é porque ainda não fomos envolvidos; caso contrário, é porque já fomos contaminados. Permitimo-nos ser envolvidos pelas circunstâncias, talvez tenhamos perdido, inclusive, a nossa própria identidade.

Humanidade

O terceiro atributo de um líder é a humanidade, mais voltado para a benevolência, ou seja, boa vontade para com os outros. Para muitos, a afirmativa a seguir é pura hipocrisia, demagogia, mas, acredito que, se não aceitarmos como verdade, teremos sérios problemas. É importante que sejamos os melhores, mas precisamos tomar muito cuidado ao orientar nossos filhos a respeito desse tema. Vejamos um exemplo bastante simples, se um professor de jiu-jitsu fala para o seu filho ainda criança: *"Filho, eu quero que você seja o melhor lutador"*. Perceba que estamos falando de uma criança que, muito provavelmente, vai fazer de tudo para não decepcionar o seu pai. Certamente, para cumprir aquela missão que lhe foi dada, tentará ser melhor do que o fulano, do que o beltrano e do que o ciclano; não é verdade? E assim, caminhará em direção à morte, pois, tornar-se-á uma pessoa arrogante, prepotente e individualista na tentativa de ser melhor do que os outros.

Na verdade, quando pedimos para que seja o melhor, precisamos orientar para que seja o melhor para os outros e não melhor do que os outros. Quando alguém estiver enfrentando um problema, ajude-o naquele problema; quando não entender uma determinada técnica, ajude-o a entendê-la; quando alguém pensar em desistir, motive-o e dê forças; assim, tornar-se-á um verdadeiro líder e será respeitado e admirado por todos. Talvez o grande problema é que nós somos, normalmente, criados para ser melhores *"do que"* os outros; aí complicamos tudo. Muitas pessoas acham que uma arma na cintura, ou mesmo uma cara ou postura do tipo "bad boy" é que inibe uma ação criminosa; definitivamente não é. Não podemos permitir que brechas espirituais, do tipo arrogância, prepotência, vaidade, inveja etc., nos derrubem.

Muitas vezes, uma palavra dita num momento de raiva, de ódio ou qualquer outro sinônimo, desencadeia uma avalanche de conflitos e problemas que destroem, em frações de segundos, tudo aquilo que levamos anos para construir; aí ficamos presos à própria sorte. Um simples passo que muitas vezes tomamos, sem a consciência desta qualidade chamada humanidade, muitas vezes consultando pessoas erradas ou tomando atitudes de forma precipitada, do tipo "eu acho que tem que ser assim e pronto", nos deixa sem saber direito "o que fazer depois" para tentar consertar os destroços, muitas vezes causados pela falta de humanidade, benevolência, ou melhor, boa vontade para com os outros.

Coragem

É o quarto atributo de um líder. Já vimos que coragem não é ausência de medo; é uma característica que nos faz dominar, vencer o medo. Você se lembra? Acreditamos que o medo seja uma espécie de mecanismo de defesa. Não podemos ser inconsequentes; só uma criança ou alguém com problemas mentais não tem medo. Entretanto, a coragem é que nos impulsiona. De alguma forma acreditamos que somos capazes, que podemos, que conseguiremos. Observem que a coragem está ligada à sabedoria, ao conhecimento. Quando não sabemos dirigir, é natural que tenhamos medo de dirigir. À medida que aprendemos as técnicas de direção, à medida que adquirimos conhecimento e habilidades específicas na condução de veículos, vamos perdendo o medo e, consequentemente, ganhamos coragem.

Acreditamos que, na vida, as coisas acontecem mais ou menos assim. Vejamos um outro exemplo: se não sabemos informática, é natural que tenhamos medo de mexer num computador. À medida em que ganhamos conhecimentos específicos, o medo vai perdendo espaço para a coragem e, consequentemente, adquirimos autoconfiança, ganhamos uma nova habilidade, portanto, vale enfatizar que a coragem é aquele atributo que nos faz enfrentar e vencer o medo. Um líder não toma decisão tendo como base o medo que sente ou ainda em razão daquela relação enorme de conflitos e problemas que podem acontecer. A decisão é sempre corajosa; isso é verdade! Mas, é tomada após minuciosa análise e avaliação, sobretudo, considerando as medidas e as atitudes preventivas que foram adotadas para minimizar todas àquelas possibilidades de erros.

Em razão da coragem que desenvolveu na busca incessante pelo conhecimento, o líder assume a responsabilidade pelos resultados fazendo com que eles aconteçam conforme sua visão e, caso surja algum empecilho, aquele problema é imediatamente administrado para que dê certo. O líder é corajoso porque conhece e confia no seu potencial. Sabe que se algo não acontecer de acordo com o que foi planejado, ele é capaz de reverter aquela situação de forma que o resultado seja positivo, satisfatório. Um líder não pensa na possibilidade de fracasso pois, é extremamente confiante e preparado.

Exigência

O quinto atributo de um líder é a exigência, *retidão, responsabilidade*. Tem tudo a ver com aquele famoso chavão *"Palavras convencem, exemplos arrastam"*. Palavras convencem pessoas, exemplos arrastam multidões.

É na firmeza inabalável dos valores morais, éticos, sociais e espirituais de um professor que os alunos constroem seus parâmetros. Ser exigente não é exigir dos outros, é exigir de si mesmo, é ser rigoroso no trabalho e generoso com as pessoas. É importante saber que a constância nos erros embota a nossa inteligência, ou seja, ficamos eternos ignorantes e esquecemos que a nossa maior batalha não é aquela travada com os criminosos, tampouco com as pessoas que nos cercam, mas com nós mesmos; nós somos o nosso maior inimigo.

O tema é exigência, sabemos que o pior cego é aquele que não quer enxergar. Por mais que sejam orientados, a cegueira não permite que eles enxerguem, assim, vivem no erro, vivem na furada, esperando que as coisas melhorem para sair do equívoco, ficam dando murro em ponta de faca. Entretanto, aprendi que não é assim que funciona, é necessário que sejamos fortes o suficiente para dizermos "não" ao erro, é necessário dar um basta, mudar de vida. É preciso resgatar aqueles valores que foram esquecidos, é necessária uma mudança de atitude; aí, sim, as coisas começam a mudar.

A constância nos erros nos cega a ponto de impedir que enxerguemos o óbvio, enxerguemos o que é certo. Reitero que exigência é quando exigimos de nós mesmos e não dos outros. Muitas vezes mentimos por bobagem, principalmente, quando estamos fazendo algo que, lá no fundo, sabemos que não é muito legal. São mentiras constantes e, na maioria das vezes infantis, absolutamente desnecessárias. Algumas pessoas mentem com tamanha constância e naturalidade, talvez por doença, que acabam acreditando na sua própria mentira. Infelizmente, aqui no Brasil, é bastante comum no meio político, todavia acreditamos de verdade numa mudança. Enfim, retornando ao assunto, ser exigente não nos impede de passar por tribulações, crises, dificuldades, conflitos e problemas. Nesses momentos, devemos pedir ajuda a pessoas também exigentes, pessoas de visão. É bíblico: *"cego quando pede ajuda a outro cego, os dois caem dentro do buraco"*. Pessoas exigentes não desprezam os seus sentimentos; têm visão e prazer em ajudar. Gostaria de chamar sua atenção para essa verdade: Pessoas, líderes de fato exigentes, acreditam, acreditam mesmo, que Deus pode mudar o tempo e as circunstâncias. Quando "não acreditamos" nessa verdade, são as circunstâncias que nos mudam.

Capítulo 89

O Que Conta É a Sua Visão

Neste octogésimo nono capítulo, temos como objetivo específico, estudar e aprender que um líder sempre foca no resultado positivo que aquela pessoa pode gerar, e não na possibilidade de erro que ela pode cometer.

Conta a história que uma pequena, mas ousada indústria de calçados desenvolveu um projeto de expansão, onde implantaria duas filiais da sua matriz no interior do país. Assim, enviou dois de seus melhores consultores para regiões distintas, com a missão de fazer as primeiras pesquisas para aquele futuro mercado. Depois de alguns dias, um dos consultores enviou o seguinte e-mail para a direção da empresa:

"Prezado diretor, cancele essa ideia, pois aqui ninguém usa sapatos".

Não tendo conhecimento do e-mail enviado pelo seu colega, o segundo consultor enviou à direção da empresa a seguinte mensagem:

"Prezado diretor, a ideia é ótima! Sugiro que triplique a produção, pois aqui ninguém usa sapatos".

Perceba que um demonstra coragem e enfrenta os desafios apresentados, com foco total na solução do problema; o outro foca apenas no problema. É realmente sutil, mas faz a diferença. As pessoas que conseguem desenvolver esses atributos são líderes, têm visão de futuro, possuem um bom padrão comportamental, consequentemente recebem sempre as melhores oportunidades, contudo, recebem porque enxergam primeiro as oportunidades. Você percebeu a lógica do negócio? Caso não tenha percebido, as pessoas medíocres enxergam, primeiro, os riscos, os entraves, as dificuldades. Ficam tão focadas nos riscos que acabam embaçando a visão para as oportunidades.

Perceba também que, em se tratando de um líder, os conflitos, os problemas, as crises e os escândalos não são vistos através de uma superlupa que aumenta o que de fato existe. Um líder reconhece e administra os riscos através de medidas e atitudes preventivas; o risco é sempre calculado. Por terem uma visão diferenciada conseguem reconhecer e perceber o potencial que existe nas pessoas. É fundamental que foquemos na "competência de desenvolvimento" que aquela pessoa possui e não no "potencial de inaptidão" que aquela pessoa apresenta; muitos sempre focam o potencial de inaptidão, é incrível, contudo, é muito comum esse comportamento nas pessoas, elas fazem isso automaticamente e com toda a naturalidade.

Da mesma forma um líder sempre foca no resultado positivo que aquela pessoa pode gerar, e não na possibilidade de erro que ela pode cometer. Não estamos falando que os riscos devem ser desprezados; definitivamente não é isso, vale lembrar que os riscos sempre vão existir e, como já falamos, os riscos precisam ser calculados; o que conta é a sua visão.

Capítulo 90

O Apartheid Não Morreu

Neste nonagésimo capítulo, temos como objetivo específico, estudar e aprender que sem uma boa base, sem um bom ensino fundamental, é praticamente impossível o acesso aos cursos técnicos, e sobretudo, ao nível superior.

Certa vez um aluno me disse:
"Professor, meu filho é muito inteligente". – Obviamente eu o parabenizei e falei:

"Que ótimo! Ele é estudioso?" – Ao que o aluno respondeu:

"Que nada professor, ele só quer saber de futebol e farra! Não quer nada com os estudos." – Assim, surpreso com a resposta disse:

"Mas, você não disse que ele é inteligente?" – Ao que me respondeu:

"Sim professor, ele é muito inteligente; imagine o senhor que a escola está sempre em greve, ele falta bastante, mata muita aula, mas acredite, nunca ficou reprovado; o moleque é muito esperto e inteligente!"

Você consegue perceber a gravidade desse tema? Os pais também acreditam e ficam superfelizes, pois, o filho passou de ano e, passou direto em tudo. Tudo isso nos leva a acreditar que seja mais ou menos assim:

"Faça com que eles fiquem contentes, deixe-os pensar que têm Ensino Fundamental, Ensino Médio; enfim, deixe-os pensar que sabem, só não lhes dê conhecimento; pois, se eles ficarem espertos, se a trave cair dos seus olhos, não votarão mais na gente".

Nós não nos cansamos de falar que base é tudo! Vou reiterar a analogia. Se estamos de pé é devido a uma boa base, que se for comprometida nos leva ao solo; sem base corremos o perigo de cair. Nossa base pode ser comprometida diretamente ou indiretamente. Se estivermos numa sala sobre um piso de granito, estaremos com uma boa base, contudo, se jogarem um latão de óleo nessa sala, nossa base estará indiretamente comprometida; se sofrermos uma fratura de membros inferiores, nossa base estará diretamente comprometida. O sedentarismo é um grande problema; quando por falta de exercícios físicos, os músculos das pernas ficam fracos, nossa base é diretamente comprometida, corremos o perigo de cair com frequência. Vejamos, uma casa é construída sobre uma base, sobre fundamentos. Se quisermos construir uma casa sobre outra casa, precisamos nos preocupar em reforçar a base, o fundamento dessa casa; caso contrário ela poderá desabar. Perceba que o crescimento da casa depende de uma boa base, de uma boa estrutura. Essa analogia é pertinente ao tema Ensino Básico. Talvez seja um dos mais graves problemas que enfrentamos; temos a impressão de que o "ensino básico", o ensino fundamental do "povão", aqueles que dependem do ensino público, foi maquiavelicamente desconstruído, desestruturado, algo abominável. Sem uma boa base, sem um bom ensino fundamental, é difícil demais, é quase impossível o acesso aos cursos técnicos, sobretudo, ao nível superior. É muito comum observarmos pessoas que apresentam diploma de conclusão do ensino médio e mal sabem ler e escrever, são semianalfabetas; e a maioria analfabetos funcionais.

A situação que vivemos hoje no Brasil, particularmente no Rio de Janeiro, é deprimente; nos remete a uma política de segregação social; resumidamente, o que chamam de "povão" não têm acesso ao conhecimento, a escola, a educação. Compreenda que quando alguém é privado desse direito torna-se submisso, torna-se escravo, com baixos salários, subemprego etc. Agregado a tudo isso observamos a fome, as doenças, a miséria, o desemprego, enfim, as tragédias. Vez ou outra, fico lá com os meus botões recordando minha infância; as crianças brincando, soltando pipa, jogando bola de gude, futebol. Acontece que num determinado momento, as mães das crianças as chamavam para tomar banho em razão da escola. Lembro-me direitinho das crianças extremamente chateadas por terem que abandonar a brincadeira e, ainda por cima sendo muito sacaneadas pelas crianças que por algum motivo não estudavam; por exemplo: *"Vai estudar otário"*, *"A mamãe está chamando para tomar banho!"*, *"hahahahahaha se ferrou!"* E por aí vai.

Perceba que o negócio é de fato sutil, aliás, terrível! Existe uma psicologia por trás dessa estratégia do mal, no aproveitamento de uma natureza humana inclinada ao erro. Entenda que criança é criança, assim, se os responsáveis por algum motivo não educam, cobram, supervisionam, fiscalizam e orientam, a opção será sempre por aquilo que dá prazer, que é gostoso, bom ou divertido e, entre o estudo e a brincadeira, qual das escolhas você acha que será priorizada por uma criança? Isso vale para tudo; uma criança não pode fazer escolhas sem a devida orientação da família. Sem a base, sem o fundamento não é possível avançar e o que resta é o que sobra; aquilo que ninguém quer.

Perceba que a segregação social é um fato; aqui no Brasil, ao contrário do que muitos afirmam, não é entre brancos e negros, mas com o "povão", os menos favorecidos, devido a uma espécie de desestrutura familiar. Com a Pandemia, tudo isso foi sensivelmente agravado; você já projetou o feedback de compensação da estratégia insana da "aprovação automática"? Os alunos faltam muito às aulas pelos mais variados motivos, inclusive por greve dos professores que, justamente, reivindicam melhores condições salariais, estrutura etc., mas, os alunos são automaticamente aprovados, sem a menor condição em todos os sentidos. O resultado está aí para quem quiser ver; cidadãos com diploma de ensino fundamental, ensino médio, mas que mal sabem ler, tampouco escrever, têm pobreza de vocabulário e verbalizam mal; são culturalmente deficientes. Assim, com raríssimas exceções, não têm acesso ao nível técnico e muito menos ao nível superior, e consequentemente abraçam apenas o que sobra.

Quem tem acesso às universidades do governo federal e do estado são aqueles que estudam em colégios particulares; aqueles que os pais possuem boas condições financeiras para bancar seus estudos. Já o povão... que se dane! Temos políticos que se vangloriam; têm orgulho de ser analfabeto e de não gostar de ler; você tem noção da quantidade de pessoas que compram essa ideia tola, estúpida? Quantos milhões de brasileiros são envolvidos por essa filosofia maluca e descabida? Você percebeu a segregação? Um comportamento extremamente inconveniente que só será gerenciado com uma educação de alto nível.

Capítulo 91

A Raiz das Ações Humanas Está no Coração

Neste nonagésimo primeiro capítulo, temos como objetivo específico, estudar e aprender que é prudente iniciarmos a vigilância do coração, através da "cautela com a visão".

Este fato aconteceu no final do mês de julho de 1987, era uma agradável noite de inverno, todavia, estava frio no Rio de Janeiro. Tratava-se do casamento do Sylvio Behring e o casal comemorava com uma animada festa na boate do Othon Palace em Copacabana. Havia aproximadamente 600 convidados, muita bebida e todos se divertiam bastante. A tia do Sylvio, uma balzaquiana muito bonita, caminhava a passos largos na sua direção; ele pôde perceber que havia algo errado. Ao aproximar-se, perguntou-lhe o que estava acontecendo; e muito indignada ela falou:

"Sylvinho, tem um amigo seu muito inconveniente, que já ultrapassou todos os limites" – falou apontando com o dedo para o Mark.

Mark era um grande amigo do Sylvio, que se tornou um excelente aluno, faixa marrom de Jiu-Jitsu. O Mark estava muito alegre e devido a bebida, estava dando em cima da sua tia que não conseguia se desvencilhar daquela situação. O Sylvio observou-o por alguns instantes e pôde perceber que seria em vão tentar um diálogo consistente, assim, caminhou na sua direção, abraçou-o e disse:

"Grande Markinhos, preciso falar com você" – ele o abraçava, beijava e falava sem parar, parabenizando-o pelo casamento etc.

Assim, o Sylvio foi conduzindo-o e quando ele percebeu, estava fora da boate. Ainda abraçados, o Sylvio olhou--o dentro dos seus olhos e disse-lhe:

"Markinhos eu te amo irmão, mas assim não dá. Por favor **vá para casa, tome um café bem doce e procure descansar."** – Disse isso dando-lhe um abraço bem forte.

Em seguida, retornou e disse para o segurança:

"Por favor, não permita que ele acesse novamente." – O Sylvio entrou; Mark seguiu seu destino, e ficou tudo bem.

Ficaram um longo tempo estremecidos, até que um dia se encontraram e o Sylvio pediu-lhe desculpas pelo fato ocorrido:

"Pô Sylvio, você me expulsou do seu casamento!" – O Sylvio olhou-o bem, e disse:

"Desculpe-me Markinhos, mas você estava dando muita alteração. Aquela foi minha melhor opção; perceba que devido minha escolha, apesar de tudo, todos ficaram bem, inclusive você!" – Mark ouvia em silêncio.

"Markinhos, usei um princípio essencial para o uso da força, o Princípio da Conveniência; precisava fazer algo, sabia que depois, teria problemas com você, mas também sabia que se não fizesse nada, meus problemas seriam bem maiores. Como seu amigo, tomei aquela decisão; não fui omisso." – Se abraçaram e se perdoaram.

Sabemos que onde está o nosso coração lá estará o nosso tesouro portanto, todo o cuidado é pouco. Se por um descuido colocarmos o nosso coração, por exemplo, nas drogas; lá viveremos uma mentira, nas drogas encontraremos o nosso tesouro e, consequentemente, nos comportaremos de forma inconveniente. Portanto, é fundamental que aprendamos a guardar o nosso coração e, também os sentidos, sobretudo, a visão.

Já tratamos desse tema, mas vale reiterar. A raiz das ações humanas, convenientes e inconvenientes, está no "coração"; assim, precisamos mantê-lo limpo, só assim construiremos um bom padrão comportamental para que nos relacionemos bem com as pessoas. Compreenda que não se trata de apenas evitar o que é claramente errado, ilegal ou imoral, mas sobretudo, protegendo-o daquilo que possa destruí-lo de forma sutil e silenciosa. Muitas vezes, por falta de prudência exageramos na intimidade, no afeto e no carinho com determinadas pessoas; ultrapassamos todos os limites com outras e, muitas vezes, jogamos verde para inocentemente colher maduro e depois fazemo-nos de inocentes com direito a caras e bocas.

Sabemos que a nossa natureza humana é inclinada ao erro e é exatamente por isso que precisamos entender que é no "coração" que tudo se inicia; nele, observamos a origem daquele comportamento inconveniente que se tornará realidade, caso não adotemos as medidas e atitudes preventivas necessárias. Aquele comportamento inconveniente tem origem no coração, contudo as virtudes e a sabedoria necessárias para um bom relacionamento com as pessoas também. Você entende isso? Não é por acaso que em Provérbios está escrito:

"Guarda o teu coração mais do que qualquer outra coisa, porque dele brotam os mananciais da vida".

Toda essa atenção com o coração exige principalmente cuidados especiais, para que desenvolvamos e mantenhamos sempre vivos, o equilíbrio emocional e a qualidade comportamental, pois uma pessoa despreparada normalmente possui um coração de pedra; o desequilíbrio e a insensibilidade imperam naquela pessoa. Assim, por falta de discernimento dificilmente consegue impedir que a mente seja atropelada pelos desejos e necessidades de compensações equivocadas; e isso vale também para as drogas e prostituição.

É prudente iniciarmos essa vigilância do coração, através da "cautela com a visão". Sabe aquela estória de olhar aquilo que não se deve olhar? Pois, certamente, após olharmos, comentaremos aquilo que não deveríamos comentar; não é assim? Essa visão diferenciada e cautelosa deve acontecer com naturalidade e simplicidade, sem forçar a barra, apenas usando a autoridade que de uma forma ou de outra foi conquistada.

Quando nossa consciência está tranquila, quando através de muito treinamento nos preparamos, uma avaliação simples é suficiente para descobrir as segundas intenções das pessoas, sobretudo, nas suas abordagens estratégicas, nos seus inocentes desabafos e verbalização de uma maneira geral; isso vale para tudo. Num instante ficam claras as intenções e torna-se evidente aquilo que de fato se quer e o que na realidade se procura. Conseguiu perceber?

Capítulo 92

A Roupa Nova do Rei

Neste nonagésimo segundo capítulo, temos como objetivo específico, estudar e aprender que a partir do momento que nós formamos uma opinião a respeito de alguma coisa é porque, de alguma forma, nós fomos convencidos; o argumento usado foi convincente.

Há muitos e muitos anos atrás, havia um rei tão vaidoso, mas tão vaidoso, que gastava uma fortuna com suas roupas espalhafatosas. Na região onde vivia, todos os dias chegavam multidões de forasteiros. Certo dia, chegaram dois vigaristas; ambos sabiam da vaidade do monarca, e tramando dar nele um golpe, fingiram-se de tecelões, e apresentaram-se no palácio dizendo-se capazes de tecer os tecidos mais maravilhosos do mundo, e que possuíam a qualidade especial de se tornarem invisíveis para aqueles que não tivessem as qualidades necessárias para desempenhar suas funções e, também, para aqueles que fossem muito tolos e presunçosos.

"Devem ser trajes magníficos" – pensou o rei;

"Se eu vestisse um deles, poderia descobrir todos aqueles que em meu reino carecem das qualidades básicas necessárias para desempenhar seus cargos." – O rei avaliava, analisava e com todo o cuidado fazia um estudo de situação.

"E, também, poderei distinguir os tolos dos inteligentes." – Pensava o rei.

"Sim, estou decidido a encomendar um desses belíssimos trajes para mim." – Finalmente estava resolvido.

Entregou então a um dos tecelões uma grande soma em dinheiro como adiantamento, na expectativa de que assim os dois começassem imediatamente o trabalho. Depois de receberem uma grande quantidade de seda pura e fio de ouro, material que guardaram em seus alforjes, os dois vigaristas prepararam os teares e fingiram entregar-se ao trabalho de tecer, embora não houvesse um só fio nas lançadeiras.

"Gostaria de saber como vai o trabalho dos tecelões" – pensava o rei.

Todavia, temendo ser ele mesmo um tolo, ou alguém incapaz de exercer a função de rei, desistiu de ir pessoalmente e decidiu mandar outra pessoa em seu lugar.

"Mandarei meu fiel primeiro-ministro visitar os tecelões" – pensou o rei.

E assim, o bom e velho primeiro-ministro dirigiu-se ao aposento em que os vigaristas trabalhavam nos teares completamente vazios. Chegando lá:

"Deus meu!" – Pensava.

"Serei eu tão tolo assim?" – E não querendo que ninguém soubesse de sua tolice e menos ainda que o julgasse incapaz de exercer a função de primeiro-ministro, imediatamente respondeu:

"É muito lindo! Que efeito encantador!" – Falou incomodado, pois não via absolutamente nada.

Passado algum tempo, o rei envia outro fiel cortesão para verificar o progresso do trabalho dos falsos tecelões e aconteceu a mesma coisa que com o primeiro. E assim foi, até que o rei convencido de que ele próprio deveria ver o tal tecido, resolveu visitar os falsos tecelões. Chegando lá, viu os dois vigaristas trabalhando no tear vazio, com grande compenetração.

"Mas o que é isto?" – Pensou o rei.

"Não estou vendo nada! Isso é terrível! Serei um tolo? Não terei capacidade para ser rei? Certamente não poderia acontecer-me nada pior." – E assim pensando, exclama:

"É realmente uma beleza esse tecido! E merece minha melhor aprovação."

Assim, aconselharam o rei a mandar fazer uma roupa com aquele tecido maravilhoso, e que a estreasse no grande desfile que se iria realizar em alguns dias. Os elogios ao inexistente tecido corriam de boca em boca e toda a população estava curiosa e entusiasmada. E o rei condecorou os dois vigaristas com a ordem dos cavaleiros e concedeu-lhes o título de Cavaleiros Tecelões.

Na noite anterior ao desfile, os dois vigaristas, querendo que todos testemunhassem seu grande interesse em terminar a roupa do rei, passam a noite toda trabalhando, à luz de dezesseis velas.

Tendo chegado o grande dia, o rei tirou a roupa que vestia e os impostores fingiram entregar-lhe peça por peça sucessivamente e a ajudá-lo a vestir cada uma delas.

"Como está elegante! É uma roupa magnífica!" – Dizia o primeiro-ministro.

"Estou pronto" – disse o rei, completamente nu.

"Acham que essa roupa me assenta bem?" – E novamente mirava-se no espelho, a fim de fingir que se admirava vestido com a roupa nova.

E os camaristas, que deviam carregar o manto, inclinaram-se fingindo recolhê-lo do chão e logo começaram a andar com as mãos no ar, carregando nada, pois também eles não se atreviam a dizer que não viam coisa alguma. À frente, o rei andava orgulhoso e todos os que o assistiam das ruas e das janelas, exclamavam:

"Como está bem-vestido o rei! Que cauda magnífica! A roupa assenta nele como uma luva!" – Nunca, na verdade, a roupa do rei alcançara tanto sucesso!

Até que subitamente uma criança, do meio da multidão gritou:

"O rei está nu! O rei está nu!" – Inocentemente a criança anunciava a verdade.

"Ouçam! Ouçam o que diz esta criança inocente!" – Observou o pai `aqueles que o rodeavam. Imediatamente o povo começou a cochichar entre si.

"Oh! O rei está nu! O rei está nu!" – Divididos, parte do povo começou a gritar.

"Nosso rei está nu! O rei está nu!" – O rei ouvindo, fez um trejeito, pois sabia que aquelas palavras eram a expressão da verdade, mas pensou:

"O desfile tem que continuar!" – E, assim, continuou mais impassível que nunca e os camaristas continuaram segurando a sua cauda invisível.

Este conto de Hans Christian Andersen, foi inicialmente publicado no dia 7 de abril de 1837. Christian Andersen, foi um escritor e poeta dinamarquês de histórias infantis. Temos a ligeira impressão de que esse conto foi profetizado para todos nós, é um retrato fiel do que temos vivido. Recentemente, assisti um vídeo superinteressante, que expõe a opinião do artista Robert Florczak, sobre a arte moderna. Toda a polêmica deu-se em razão de um teste que ele aplicou em seus alunos. Florczak apresentou-os uma pintura e disse que se tratava de um pintor famoso Pollock; em seguida pediu-lhes que explicassem "Porque ela é boa?" Imagino que tenham ficado horas apreciando àquela pintura, opinando sobre as pinceladas, sobre a mistura de cores e, sobretudo, sobre o estado emocional do artista naquele momento. Após ter recebido as mais diversas opiniões convincentes, Robert Florczak disse-lhes que aquilo era apenas um close do seu avental sujo de tinta.

Levando em consideração todos os fatos apresentados, fica bem mais fácil entendermos aquela polêmica causada pelo Museu de Arte Moderna - MAM, quando, naquela ocasião, promoveu a interação de uma criança com um homem nu. Esse "artista", o responsável pelo museu, a própria mãe da criança que estava com ela, poderiam e deveriam ter sido advertidos conforme a lei. Me parece óbvio que a restrição de idade deveria ter sido um motivo de preocupação do museu por conta do conteúdo, o que parece não ter ocorrido. Será que eles foram tão inocentes assim? O Estatuto da Criança e do Adolescente – ECA, orienta os espaços a indicarem restrição de idade sobre o conteúdo exibido. Definitivamente, como especialistas em segurança, acreditamos que essas coisas não acontecem de uma hora para a outra. Essa falta de cautela e sensibilidade, muito provavelmente de forma intencional, gerou toda aquela polêmica. Acreditamos que todo aquele comportamento inconveniente, na verdade foi fruto de uma série de experimentos sociais. São loucos avaliando o embotamento da inteligência do povo; em outras palavras, usando um português mais claro, são irresponsáveis estudando o "emburrecimento" da sociedade, tentando perceber até onde o povo aceita certas imposições absurdas; as pessoas só fazem conosco aquilo que permitimos.

Lembra-se da peça macaquinhos? Um grupo de teatro no qual os "artistas", nus, passavam o tempo todo brincando de roda, literalmente com os dedos enfiados no ânus uns dos outros e você ali, que caiu de gaiato, envolvido pelas circunstâncias, e agora não sabe o que falar pois, tem receio do que as pessoas vão pensar de você, assim, resta apenas aplaudir, fingindo que está achando o máximo, toda aquela sacanagem de mal gosto. Que maravilha! Que lindo! Que arte! Perceba que todo esse negócio é chamado de arte e, como somos ignorantes, mas não queremos que as pessoas percebam isso, aceitamos, elogiamos e aplaudimos de pé para não ficarmos mal na fita.

Infelizmente, não sabemos o autor do texto abaixo, mas é bastante oportuno e o autor, um verdadeiro artista, nos conta que em 1967 ele estava fazendo um curso em Amsterdam e, numa exposição de arte moderna, um pianista 'tocou' uma peça em um piano sem cordas. A encenação, os gestos e as expressões faciais eram simplesmente perfeitos, mas, o som mesmo que é bom, nada! O pseudo pianista foi aplaudidíssimo. Depois da apresentação perguntaram ao 'pianista' qual era o sentido da sua obra de arte? Sua resposta foi a seguinte:

"Eu queria testar o limite da estupidez humana e, concluí, em razão do tempo dos aplausos, que a estupidez do homem não tem limite."

Tudo isso nos remete ao ano de 1837, quando Hans Christian Andersen escreveu *"A roupa nova do rei"*. Para fecharmos o gerenciamento desses comportamentos extremamente inconvenientes, vale ressaltar que todos somos livres, é livre a manifestação do pensamento, é livre a expressão da atividade intelectual, artística, científica e de comunicação, independentemente de censura ou licença, está na nossa Constituição Federal, contudo, a lei precisa ser respeitada na íntegra. Se as pessoas desejam assistir e chamar todo esse negócio de arte, sem problemas; mas que respeitem a lei, que cumpram as normas e diretrizes e, sobretudo, que façam com seus próprios investimentos; jamais com recursos públicos, nosso dinheiro. Determinados comportamentos inconvenientes nos obrigam a usar níveis superiores de resposta, mas sempre com base no Uso Proporcional da Força.

A partir do momento que eu formo uma opinião a respeito de alguma coisa é porque, de alguma forma, eu fui convencido; o argumento usado foi convincente, ou seja, eu fui persuadido. É sempre bom saber que, "o que eu acho com a minha boca fechada" não é relevante, não tem a menor importância para aquela pessoa que está me entrevistando, ou me avaliando, ou simplesmente me ouvindo, até que eu abra a boca, e exponha a minha opinião. Perceba que "o que eu acho" pode me ajudar ou simplesmente me destruir naquele processo seletivo, naquela avaliação ou conceito que aquela pessoa construirá a meu respeito, se eu não souber usar de forma conveniente o meu poder de convencimento através da minha verbalização. Assim, é fundamental que você consiga "*identificar e discernir*", antes de abrir a boca para emitir a sua opinião, expor a sua crença, falar sobre a sua formação e seu conhecimento a respeito de determinados temas. Nossos pais nos ensinaram que em boca fechada não entra mosquito. Na dúvida, simplesmente fique calado, o silencio não comete erros, não é verdade? Acredite, é uma questão de treinamento, precisamos ser rápidos; mais velozes do que a língua.

Capítulo 93

Um Comportamento Extremamente Inconveniente

Neste nonagésimo terceiro capítulo, temos como objetivo específico, estudar e aprender que a sabedoria da vida não consiste em fazer o que gosta, mas gostar daquilo que faz.

Assistimos a uma entrevista espetacular com o Dr. Haroldo Dutra, Juiz de Direito, a respeito de um tema no mínimo inusitado, que é a ideologia de gênero. A interpelação do tema, ou seja, o questionamento da explicação de algo insistente, foi tão incrível que nós decidimos colocá-lo na íntegra. Dr. Haroldo, na sua abordagem inicial, deixou claro que essa questão demanda reflexões de múltiplos níveis. Disse que a questão é tão complexa que se faz necessário usar de "empatia", mudar de posição para que consigamos avaliar através de vários ângulos. Disse que em primeiro lugar, devemos tomar todo o cuidado para não criarmos um problema que não existe; pois, a maioria das crianças nasce sem problemas de gênero, o que é a mais pura verdade. O gênero está muito bem definido na maioria das crianças; assim, se eu estabeleço uma regra geral querendo uniformizar, eu acabo gerando uma confusão onde ela inexiste. Disse ainda com muita propriedade e preocupação, que essa filosofia de ideologia de gênero se assenta em bases materialistas, ela não contempla o universo da realidade espiritual, assim, fez a seguinte colocação:

"Se a criança não apresenta problemas de gênero, deixe-a tranquila; num bom português, não mexa no time que está ganhando. Se a criança está ajustada, por que colocar um complicador na cabeça dessa criança? Por que colocá-la num conflito sobre o próprio gênero se ela está bem?" – Falou para que refletíssemos e continuou.

"É como se a sociedade obrigasse aquela criança a ter um conflito." – E é uma verdade, precisamos refletir a respeito, assim prosseguiu:

"Agora, se nós identificamos uma criança que está com dificuldade na identidade de gênero, aí sim, que ela seja acolhida, acompanhada e amada integralmente. Que ela seja respeitada e auxiliada neste processo de definição de gênero; do contrário, eu estou querendo fazer da exceção, uma regra." – Falou com sabedoria e autoridade.

Perceba que todos nós sabemos que não é 100% das crianças que estão com problemas de gênero; trata-se de um percentual muito pequeno de crianças que apresentam essa dificuldade. Assim, que elas sejam tratadas com todo o amor, com todo o acolhimento, com todo o respeito e sejam integradas. Agora, se criarmos uma vala comum e começarmos a estabelecer regras, sairemos do bom senso. Contou o Dr. Haroldo Dutra que, certa vez um Juiz da suprema corte dos USA, John Marshall, foi entrevistado e perguntaram-no:

"O que é preciso para ser um juiz da Suprema Corte dos USA?" – Ele respondeu:

"Há um requisito que é fundamental; que a pessoa tenha bom senso! Agora, se tiver um pouquinho de conhecimento jurídico, ajuda bastante."

É tão genial essa resposta que, essa proposta de ideologia de gênero, nos parece que fere o bom senso; não é verdade? Dr. Haroldo Dutra disse ainda que existem outras questões que devem ser consideradas; entrando na esfera jurídica, no conceito de igualdade, os juristas perceberam, até com base em Aristóteles, que existe uma *"igualdade formal"* e uma *"igualdade material"*. Contudo, o que eles descobriram, é que não existe igualdade material, simplesmente porque cada ser humano é um mundo à parte. Seguindo alguns filósofos judeus, entre eles Emmanuel lévinas, filosofia da alteridade (natureza ou condição do que é distinto), devemos educar as crianças para a diferença e não para a igualdade material. Todos somos diferentes, o homem é diferente da mulher; agora com relação a "igualdade formal", formalmente devem ser tratados com equidade; assim, nem a mulher vai ser desmerecida, nem o homem vai ser desmerecido; nem o homem vai ser privilegiado, nem a mulher vai ser privilegiada. Isso não é igualdade material, porque o homem continua sendo homem e a mulher continua sendo mulher. Aí pergunto:

"Dentre as mulheres, existe mulher igual? Dentre os homens, existe homem igual? Não existe; cada mulher é um mundo, é um universo. Cada homem é um mundo, é um universo. Não existe um estereótipo de mulher, não existe um estereótipo de homem, o que precisa ser estabelecido é a equidade; porque senão, nós caímos nos engodos".

Dr. Haroldo Dutra continuou dizendo que nos últimos anos foi vendido para a mulher que ela tinha que ser, materialmente, igual ao homem para ser feliz; assim concluiu:

"Observamos agora um conjunto imenso de mulheres frustradas, infelizes, porque estão representando um papel que elas não dão conta; não por incapacidade, mas, ninguém dá conta de ser o que não é."

Disse ainda que orgulho não é você querer ser mais do que você é; orgulho é você querer ser o que você não é, para mais ou para menos. Porque humildade é você bancar quem você é; e hoje parece que é vergonhoso ser quem somos. Exemplificou da seguinte forma:

"Eu quero ser mãe." – Fala a mulher.
"Isso é um absurdo, você tem que ser executiva." – Diz o outro.
"Mas eu não quero ser executiva." – Em razão desse posicionamento, ela é rechaçada, penalizada, diminuída.

Perdemos, devido essa loucura, a beleza da diversidade. Perceba que, se ela quer ser mãe, que seja mãe e seja feliz! Se quer ser executiva, que seja; se quer ser presidente, ótimo! Eu quero ser cozinheira; que seja! Dr. Haroldo contou que sua irmã cozinha superbem. Elogiou-a bastante, falou da sua expertise e, em seguida disse que certa vez estavam juntos e ela fez o seguinte comentário:

"Meu sonho é ter um negócio onde eu possa fazer comida." – Disse ela como se estivesse olhando para aquele sonho, lá no alto, com entusiasmo.
Assim, continuou o Dr. Haroldo Dutra:

"Imaginem vocês se eu, naquele momento, falasse o seguinte para minha irmã; não, você está enganada, seu sonho é ser alta executiva da Petrobras".

Perceba que ela até pode alcançar esse objetivo, mas quando estiver lá no topo, lá do alto da montanha falará assim:
"Sou infeliz. Eu queria mesmo era cozinhar."

Precisamos fazer o que amamos, precisamos ser plenos; não devemos criar problema onde ele não existe.
Também é verdade o que Galileu Galilei nos ensina, ele diz que a sabedoria da vida não consiste em fazer o que gosta, mas gostar daquilo que faz. Assim, precisamos aprender a gostar daquilo que fazemos, porque nem sempre conseguiremos fazer aquilo que gostamos. É verdade, mas acredito que são metas que precisamos estabelecer com inteligência, para que possamos atingir, mais lá na frente, o nosso real objetivo; mesmo que para atingi-lo tenhamos que esperar um pouquinho mais; paciência e tolerância são palavras-chave.

Capítulo 94

Saltar É Ir de Encontro ao Infinito

Neste nonagésimo quarto capítulo, temos como objetivo específico, estudar e aprender que devemos enxergar os momentos difíceis como uma "oportunidade" para construir uma boa imagem, melhorar o conceito e ganhar autoridade.

"A tolerância chegará a tal ponto que as pessoas inteligentes serão proibidas de fazer qualquer reflexão para não ofender os imbecis." Dostoievski

Estávamos no ano de 1977, tinha 19 anos e era um orgulhoso e disciplinado aluno do NPOR do Rio de Janeiro, na época, ainda Quadro de Material Bélico, que funcionava dentro do 1º B Log em São Cristóvão. Naquele período, às quartas-feiras, era meio expediente, exceto para nós alunos que éramos divididos em turmas, que recebiam missões distintas como: manutenção e limpeza dos alojamentos, dos banheiros, das viaturas, do armamento, e de uma enorme área externa. Numa determinada quarta-feira, coube à equipe que eu me encontrava, a manutenção da área externa. Havia muitas árvores e, obviamente, muitas folhas, todavia, apesar da extensa área sabíamos que o serviço era tranquilo; assim, alguém teve a seguinte ideia:

"Nossa missão é moleza; vamos para a quadra jogar um futebolzinho, depois a gente cumpre a missão rapidinho."

Gente, tudo era motivo para punição, LSS (Licenciamento Sustado S*ábado), LSSD (Licenciamento* Sustado S*ábado e* Domingo), pernoite etc. Como eu havia combinado com os meus pais de, no domingo, visitar minha centenária avó que estava doente, imediatamente disse:

"Pessoal, vocês podem ir que eu fico aqui varrendo; na boa! Sem problema nenhum."

E assim fizemos, gradativamente, sozinho e compenetrado, varria, juntava as folhas e as colocava num barril enorme de 200 litros. Bem no final, após ter depositado as folhas no latão, sobrou terra, areia e, como a área não era pavimentada, com a vassoura espalhei toda aquela terra, na terra; acontece que estava seca e uma poeira enorme se formou. De longe ouvi o sargento Aguiar:

"Número aluno! Qual o seu número aluno?"

Acabou de perguntar e emendou: *"LSS!" – Licenciamento Sustado S*ábado, ou seja, ficaria detido no sábado. Considerando uma atitude completamente injusta, descabida e cruel fui, imediatamente, ao encontro do sargento e disse-lhe:

"Sargento, por favor, deixe-me explicar!" – Falei obviamente em posição de sentido; ao que me respondeu:

"Não explica nem justifica aluno; pode se retirar." – Falou sem olhar para *mim.*

Sentindo-me injustiçado, insisti e, ao insistir, ele disse:

"Aluno, LSSD!" – *Licenciamento Sustado Sábado e Domingo,* ou seja, acabou com o meu final de semana.

Recordo-me bem que a partir desse dia tornei-me um aluno extremamente inconveniente, alterado e revoltado. Cheguei ao absurdo de buscar informações sobre Che Guevara, Cuba, Fidel Castro; as coisas andavam de mal a pior, até que um dia fui surpreendido pelo Subtenente Castilho, que pediu que eu fosse até a sua sala, na reserva:

"Aluno, o que está acontecendo com você?" – Falou olhando dentro dos meus olhos e continuou:

"Você sempre foi disciplinado, educado e era um bom aluno. De uns tempos para cá, você mudou radicalmente. O que houve?" – Assim, expliquei-lhe, detalhadamente, todo o fato ocorrido. O subtenente Castilho me olhava pensativo, me analisava e avaliava profundamente, ao que me respondeu:

"Aluno, vou tentar ajudá-lo, mas, preste bastante atenção ao que vou lhe falar." – em seguida pediu que eu me sentasse e disse o seguinte:

"Se você conseguir reverter o quadro, no final do ano sairá oficial e, como Oficial do Exército, terá autoridade para mudar muitas coisas que hoje considera errado. Agora, se você for expulso, não conseguirá mudar absolutamente nada. Assim, pense a respeito e reverta esse quadro; depende apenas de você."

Suas palavras foram fundamentais para que *"minha ficha caísse";* dessa forma, decidi mudar, recomecei a estudar, passava noites em claro e, no meio daquele caos, decidi também que seria Paraquedista do Exército Brasileiro. Havia apenas quatro vagas em toda a Brigada de Infantaria Paraquedista, sendo que, apenas 1(uma) para Material Bélico. *"Não importa"* – pensava eu – era a minha única chance; fora da Brigada Paraquedista, minhas chances seriam mínimas devido minha colocação e conceito. Assim, formamos um grupo de voluntários e demos início a um longo e desgastante treinamento, no qual, graças a Deus, tive êxito e o privilégio de servir por mais de dez anos como Tenente Paraquedista do Exército Brasileiro; contemporâneo do Capitão Jair Messias Bolsonaro.

Perceba que se fosse hoje, com o GPCI, jamais teria reagido daquela forma, pelo impulso; imediatamente, teria dito:

"Desculpe-me sargento, estou tentando fazer o meu melhor; isso não vai se repetir."

Primeiramente, teria reconhecido o meu "erro" e aguardaria o melhor momento para abordá-lo, aguardaria uma oportunidade para falar com o sargento. Talvez quando o sargento estivesse indo para o carro com mochilas de roupa suja, precisando de ajuda; quando estivesse carregando algo pesado ou simplesmente, aguardaria um momento oportuno, aguardaria um momento em que houvesse reciprocidade; quem sabe alguém que tivesse livre acesso a ele e pudesse interceder por mim. Ou ainda escrever algo mais ou menos assim:

"Prezado sargento, na tentativa de surpreender minha equipe, acabei sendo inconveniente, perdoe-me. Sei que o senhor é capaz de me compreender. Achei que não seria correto jogar terra na lixeira, assim, espalhei-a, naquele ambiente natural; perdoe-me por ter causado tanto transtorno. Não estou tentando explicar, tampouco justificar, mas estou apenas pedindo-lhe desculpas."

Muito provavelmente a punição seria mantida, mas aproveitaria a "oportunidade" para construir uma boa imagem e melhorar meu conceito. Enfim, agiria completamente diferente.

Recentemente assisti um vídeo do escritor, Willian Sanches, onde explicava de maneira assertiva, que uma característica marcante das pessoas bem-sucedidas é a capacidade de perceber quando um "ciclo" verdadeiramente se encerra. Sanches explica que os ciclos podem ser: *relacionamentos que acabaram; empregos que não atendem mais as nossas expectativas e necessidades; amizades que não se completam, talvez por falta de afinidade etc.*

Explica que os ciclos que já se encerraram são como ninhos desconfortáveis, que incomodam, machucam e perturbam, mas, que são ótimos para aprendermos a voar, pois, nos motivam a mudar de ambiente, nos incentivam a buscar outros ares, nos impulsionam a alçar voos mais altos. Sabemos que ao longo da vida os ciclos vêm e vão, contudo, é fundamental desenvolvermos "feeling" para perceber determinadas "coisas" que acabam com a gente, acabam com a nossa vida, caso não identifiquemos e tomemos uma atitude. Quando demoramos, demasiadamente, numa tomada de decisão, a culpa passa a ser nossa; assim, é necessário decidirmos rápido e diligentemente.

Perceba também que, não é nenhum absurdo observarmos, de vez em quando, um comportamento inconveniente, nosso ou do outro, entre sócios, cônjuges, familiares, na universidade, num emprego ou num relacionamento de amizade qualquer; é necessário que tenhamos discernimento suficiente para não sairmos rotulando, achando que todos os comportamentos inconvenientes são ciclos em fase terminal; nesse caso, correríamos o perigo de ser confundido com psicóticos – pessoas desconectadas da realidade. Sair chutando o balde, definitivamente, não é a melhor opção.

Aprendemos que não devemos reagir pelo impulso; não devemos seguir os nossos sentimentos feridos. Pular do ninho é sempre uma atitude insana, uma loucura; perceba que devemos saltar, jamais pular, e, só saltamos, quando estamos preparados. O salto significa ir de encontro ao infinito, significa que estamos devidamente preparados para administrar todos os conflitos, problemas, crises e escândalos do dia a dia; adotando obviamente todas as medidas e atitudes preventivas, capazes de gerenciar aquele comportamento inconveniente. Afinal de contas nos relacionamos com seres humanos e, nosso objetivo, é que nos tornemos especialistas em relacionamento humano.

Capítulo 95

O Segredo Não É Fugir, É Preparar-se

Neste nonagésimo quinto capítulo, temos como objetivo específico, estudar e aprender que quanto maior for o seu preparo, maior será a sua chance de êxito, de sucesso no gerenciamento de um comportamento inconveniente.

Estava ministrando uma aula de GPCI com foco no Uso Progressivo da Força para uma turma de reciclagem de vigilantes. A sala estava repleta de alunos e, bem próximo, na primeira fileira, havia um aluno com aproximadamente 25 anos, bem estruturado fisicamente, uma boa compleição física, orelhas estouradas, cabelo raspado e uma camisa com uma estampa "Jiu-Jitsu – Competidor". Estávamos tratando dos níveis de força, assim, pedi ao aluno que me auxiliasse. Por transmitir uma boa sensação de segurança, usei-o como exemplo, na presença física, passamos pela verbalização, controle de contato até que, chegamos nas *técnicas de submissão. Fiz algumas demonstrações mais simples, em seguida, pedi que avançasse com mais ímpeto, usando sua estrutura física para passar por mim; na tentativa, fui para suas costas no "controle pelo pescoço" (*katagatami); no ajuste do movimento, percebi que o aluno apagou; imediatamente, com cuidado, coloquei-o no chão e, em seguida, o aluno acordou. Assim perguntei:

"O que houve aluno? Você não chegou a bater." – Ao que o aluno respondeu:

"Desculpe-me instrutor, mas eu não sou lutador. Só faço musculação, nunca pratiquei qualquer luta na minha vida." – Olhei-o bem nos olhos, ainda sem entender direito o que havia acontecido.

"Você só pode estar brincando; e as orelhas estouradas, camisa de competidor?" – Ainda acreditava tratar-se de uma brincadeira.

"Não luto não senhor, isso é só onda; é que eu gosto, me sinto bem assim e as meninas também gostam."

Todos nós já ouvimos centenas de vezes que as aparências enganam. Confesso que eu até tinha percebido que algo não batia, algo não se encaixava muito bem naquele contexto, mas talvez tenha ficado envergonhado de questioná-lo diante de tantas "evidências", e, aqui entre nós, no mínimo inusitadas. Obviamente, após o ocorrido, aconselhei-o a treinar jiu-jitsu, uma vez que demonstrava amor pela arte suave, mesmo que de uma maneira estranha, até mesmo inconveniente.

É fundamental que nós sejamos bem mais fortes e bem mais competentes do que aquele comportamento inconveniente que estamos nos predispondo a gerenciar. Sabemos que não é uma tarefa fácil, é necessário que desenvolvamos uma audição capaz de ouvir o inaudível, e uma visão capaz de enxergar o que está escondido dentro do coração e da mente daquela pessoa que, por algum motivo, esteja se comportando de forma inconveniente e, obviamente, tentemos identificar todas as circunstâncias ali envoltas. Ao reconhecermos que aquele comportamento inconveniente é mais forte, ou seja, ao reconhecermos nossa fraqueza e incompetência para gerenciá-lo, precisamos deixar o orgulho e a vaidade de lado e, prontamente, pedir ajuda; isso não é fraqueza, muito pelo contrário.

Todavia vale esclarecer que, o segredo não é fugir das pessoas que estão se comportando de maneira inconveniente, mas nos prepararmos, treinando duro; só assim nos tornaremos fortes e competentes, consequentemente, conseguiremos gerenciá-las com eficiência e eficácia. Reiterando, nosso objetivo não é fazer com que você fuja dos conflitos, dos problemas, das crises e dos escândalos, mas conscientizá-lo e sensibilizá-lo para o treinamento, pois, ninguém é bom naquilo que não pratica. É preciso que você seja e esteja forte, preparado para essa eterna e inevitável guerra; só assim você terá paz.

Responda a seguinte pergunta; teoricamente, quem está mais preparado para enfrentar um lutador faixa roxa de jiu-jitsu? Um lutador faixa azul ou um faixa marrom? Se você não for chato, não virá com conjecturas e elucubrações, assim, a resposta será óbvia, não é verdade? Todavia, queremos que você perceba algo evidente; quanto maior for a distância entre você e o seu oponente, em termos de competência técnica, compleição física, força, velocidade e resistência, mais fácil, mais simples e mais rápido será o combate, você será eficiente e eficaz. Fazendo uma analogia, imagine agora, que o seu problema, ou melhor, o "inconveniente" é um lutador faixa branca; um inconveniente é e sempre terá uma "faixa branca" em relacionamento humano.

Assim, seguindo essa linha de pensamento, você não pode ficar confortável com o conhecimento técnico de um faixa azul, roxa ou mesmo marrom. É necessário que você busque o preparo e o conhecimento técnico de um faixa preta 6º grau, no confronto com esse "inconveniente", na resolução desse problema. Perceba que existe uma meta, você precisa querer chegar à faixa vermelha, a mais alta graduação; entenda que quanto maior for o seu preparo, maior será a sua chance de êxito, de sucesso. Se você estiver devidamente preparado, certamente finalizará seu adversário com velocidade e qualidade técnica, mas, sobretudo, com muita sabedoria. Jamais se acomode na zona de conforto, pense a respeito!

Capítulo 96

Priorizar a Consciência, Sim; Negligenciar a Reputação, Jamais

Neste nonagésimo sexto capítulo, temos como objetivo específico, estudar e aprender que precisamos focar nos resultados, para isso trabalhamos no invisível, ou seja, na raiz do problema.

Não sei quem é o autor dessa narrativa, mas, conta-se que numa cidade do interior um grupo de pessoas se divertia com o idiota da aldeia; um pobre coitado, de pouca inteligência, que vivia de pequenos biscates e esmolas. Diariamente eles chamavam o idiota ao bar onde se reuniam e ofereciam a ele a escolha entre duas moedas: Uma grande de 400 Réis e outra menor de 2.000 Réis. Ele sempre escolhia a maior e menos valiosa, o que era motivo de risos para todos.

Certo dia um senhor, reservadamente, lhe fez o seguinte questionamento:
Você ainda não percebeu que a moeda maior vale menos?
"Eu sei" – respondeu o tolo.

"Ela vale cinco vezes menos, mas no dia que eu escolher a outra, a brincadeira acaba e não vou mais ganhar minha moeda". – Explicou e humildemente pediu que não revelasse o seu segredo.

Várias são as conclusões que podemos extrair, dos comportamentos inconvenientes dessa estória. Perceba que quem parece idiota, nem sempre é, e muitas vezes, os verdadeiros idiotas da estória são aqueles que se acham espertos, em razão disso, acabam se comportando de forma extremamente inconveniente. Um outro fator interessante é a ganância; entenda que se você for ganancioso, acabará estragando sua fonte de renda. Contudo, a conclusão mais interessante é a percepção de que podemos estar bem, mesmo quando os outros não têm uma boa opinião a nosso respeito. Portanto, partindo desse princípio, considerando uma estratégia, o que importa não é o que pensam de nós, mas sim, quem realmente somos.

Confúcio dizia que *o maior prazer de um homem inteligente é bancar o idiota diante de um idiota que banca o inteligente.* Isto posto, preocupe-se mais com sua consciência do que com a sua reputação. Porque sua consciência é o que você é, e a sua reputação é o que os outros pensam de você. E o que os outros pensam... é problema deles. Não há nada de errado parecer um idiota, para conseguir gerenciar o comportamento inconveniente de um idiota que se acha inteligente, contanto que essa atitude não interfira nem destrua a sua imagem e reputação, perante as pessoas de bem. Reiteramos que devemos nos preocupar mais com a nossa consciência do que com a nossa reputação, no entanto, isso não quer dizer que podemos negligenciar por inteiro a reputação; isso não.

A verdadeira mudança é aquela que acontece de dentro para fora; não obstante, aprendemos que o primeiro nível de força é a Presença Física. Assim, estrategicamente, é fundamental que estejamos preocupados sim, com o que as pessoas estão pensando a nosso respeito, pois, se o criminoso achar que somos fracos, indefesos e desprotegidos, certamente teremos sérios problemas. Vocês se lembram daquele ditado?

"Não basta que a mulher de César seja honesta."

Está implícito que ela precisa parecer honesta; dito isso, vale a reflexão. Como especialistas em GPCI, é necessário que tenhamos uma visão e audição diferenciadas, ou seja, ouvir e enxergar o que está dentro da mente e do coração das pessoas; assim, é necessário que sejamos polivalentes, capazes de gerenciar comportamentos inconvenientes dentro dos mais variados contextos e, também, capazes de perceber a importância estratégica de cada movimento em prol de um gerenciamento mais eficiente e eficaz.

Finalizando, ao analisar o idiota da estória, percebemos facilmente o seu comportamento inconveniente quando opta por ficar ali, na zona de conforto, recebendo aquelas garantidas migalhas, sendo remunerado por parecer e por fazer com que acreditem que é um perfeito idiota. Perceba que ele tem necessidade daquela sensação de segurança, dependência daquela espécie de emprego mentiroso e suas consequentes migalhas de salário.

O que o pretenso idiota não enxerga é que toda essa estratégia insana tem um preço, e o preço é a sua reputação. Sua vida está baseada na sensação de segurança, ou melhor, fundamentada na mentira. O idiota teme que as pessoas descubram que ele não é um idiota; existe algo mais idiota do que isso? O que nos impressiona é que muitos acabam, inconscientemente, adotando essa postura, esse comportamento inconveniente ao longo da vida, simplesmente por medo de perder as migalhas.

Como especialistas em GPCI, precisamos focar nos resultados, para isso trabalhamos no invisível, ou seja, na raiz do problema. Nós não vemos a raiz, esta fica escondida embaixo da terra; vemos os frutos, o visível, o resultado. Todavia, para mudarmos ou melhorarmos o resultado, é preciso agir na raiz. Precisamos confiar na nossa percepção e capacidade técnica de alterar ou melhorar os resultados.

Capítulo 97

A Capacidade e Habilidade Técnica de Administração

Neste nonagésimo sétimo capítulo, temos como objetivo específico, estudar e aprender que especialistas em GPCI não são mais inteligentes do que os não especialistas, apenas desenvolveram através do treinamento, estratégias de segurança, qualidades físicas, técnicas e habilidades de comunicação nos seus relacionamentos humanos.

Segundo um conto árabe, um dos grandes desafios da humanidade é aprender a arte de comunicar-se. Da comunicação depende, muitas vezes, a felicidade ou a desgraça, a paz ou a guerra. Que a verdade deve ser dita em qualquer situação, não resta dúvida, mas a forma como ela é comunicada é que tem provocado, em alguns casos, grandes problemas. A verdade pode ser comparada a uma pedra preciosa. Se a lançarmos no rosto de alguém pode ferir, provocando dor e revolta. Mas se a envolvemos numa delicada embalagem e a oferecemos com ternura, certamente será aceita com facilidade.

Vigiar, comunicar e se relacionar é um dom, e todo dom precisa ser desenvolvido. Quem não verbaliza, ou melhor, quem não se relaciona se isola e, quando nos isolamos ficamos vulneráveis. As pessoas vulneráveis são aquelas susceptíveis de serem magoadas, ofendidas, dessa forma, normalmente sofrem de vitimização. Entenda que ninguém gosta de pessoas com este perfil, por isso, também se afastam delas; assim sendo, acabam duplamente isoladas, por si mesmas e pelos outros. Exemplo:

"Não quero mais papo com você";
"Não fala mais comigo";
"Prefiro ficar sozinho a mal acompanhado".

Tente avaliar e analisar esses três grupos que serão descritos em seguida:
1º grupo – *raríssimas pessoas acreditam que têm potencial de verbalização e, por crerem nisso, desenvolvem-no.*

2º grupo – *muitas pessoas até acreditam que têm potencial de verbalização, mas devido à preguiça, vivem na síndrome da procrastinação, ou seja, deixam o treinamento sempre para depois.*

3º grupo – *infelizmente, uma quantidade enorme de pessoas acredita piamente que não têm potencial de verbalização, assim, por crerem nisso, simplesmente enterram seu potencial.*

Perceba que todos nós temos potencial de verbalização, poder de convencimento, poder de argumentação enfim, poder de persuasão, mas, não basta saber que temos potencial, precisamos desenvolvê-lo e, é claro que dá muito trabalho; pois, todo treinamento é desgastante; contudo, vale reiterar que ninguém é bom naquilo que não pratica. É fundamental termos consciência de que, somente através do treinamento, aprenderemos a gerenciar com mais eficiência e eficácia os comportamentos inconvenientes de pessoas que, por algum motivo, estejam se comportando de forma inconveniente. Os especialistas em GPCI não são mais inteligentes do que os não especialistas, apenas desenvolveram através do treinamento, estratégias de segurança, qualidades físicas, técnicas e habilidades de comunicação nos seus relacionamentos humanos.

Como vimos nos capítulos anteriores, essas habilidades se baseiam, sobretudo, nas informações que recebemos ao longo dessa nossa trajetória – pessoas com as quais nos relacionamos, livros que lemos, cursos que realizamos, mídia que assistimos etc. As pessoas que não têm habilidade de relacionamento humano é porque, muito provavelmente, não foram programadas para lidar com este tema; os arquivos existentes no seu subconsciente estão vazios ou com poucas informações. Também é possível que essas pessoas apresentem tais dificuldades por falta de oportunidade de treinamento.

Você precisa compreender que, o sucesso no gerenciamento de um comportamento inconveniente, é definido pela *capacidade e habilidade técnica de administração* desenvolvida no treinamento. Perceba como é simples; para gerenciar um comportamento inconveniente é necessário que administremos bem a situação que foi gerada, ou seja, que adotemos todas as medidas e atitudes preventivas para que aquele conflito não evolua para um problema. Caso já estejamos diante de um problema, precisamos adotar todas as medidas e atitudes preventivas para que aquele problema não evolua para uma crise, não evolua para um escândalo de grandes proporções. Tomar a frente, ser proativo, fazer com que as coisas aconteçam, fazer dar certo, é o que dá a uma pessoa a condição que ela precisa, para lidar com seres humanos e seus inevitáveis comportamentos inconvenientes. Para nós, focar em medidas e atitudes preventivas, é a maneira mais eficiente e eficaz de gerenciar um comportamento inconveniente. Perceba que quando estamos gerenciando comportamentos inconvenientes de pessoas, as coisas não são óbvias; assim, é imprescindível que aprendamos, antes de qualquer coisa, a enxergar o óbvio, pois, se você não consegue enxergar o óbvio, como vai conseguir enxergar aquilo que não é óbvio. O treinamento é diário, sobretudo, com aquelas pessoas que estão próximas, que convivem conosco, que estão no nosso dia a dia. Se você não consegue administrar os conflitos e os problemas que existem na sua casa, na sua família, com os seus parentes, amigos e vizinhos, como vai querer administrar os conflitos e os problemas dos outros? Assim, precisamos iniciar o treinamento primeiro dentro da nossa casa onde, aparentemente, é mais fácil.

Ninguém muda ninguém, somos nós que precisamos mudar. Iniciar o treinamento em casa é preciso, na verdade é um facilitador. No livro o Pequeno Príncipe, Antoine de Saint-Exupéry nos ensina a importância de "cativar"; contudo vale lembrar que quando cativamos alguém, nos tornamos responsáveis por aquela pessoa, assim precisamos cuidar para não decepcionar. Quando fazemos as coisas que precisam ser feitas, com doçura, com gentileza, com amor e com comprometimento, ganhamos o respeito das pessoas; naturalmente ganhamos autoridade. Estamos falando das coisas que nós já fazemos no dia a dia, não estamos falando de nada extraordinário, apenas precisamos fazer as coisas com mais gentileza; é simples assim. Parece fácil, não é verdade? Mas não é; é simples, mas não é fácil. Treinamento é o grande segredo. Todos os dias quebrando velhos paradigmas, todos os dias procurando desenvolver e "criar novos" paradigmas, insistindo, persistindo ... desistir jamais.

Capítulo 98

Sob Pressão as Coisas Mudam

Neste nonagésimo oitavo capítulo, temos como objetivo específico, estudar e aprender que o treinamento diário nos dá a certeza de que somos ou não, capazes de fazer algo.

Tratava-se de uma formatura matinal onde eu fazia a preleção diária antes do canto do Hino Nacional. Pude perceber que um grupo de alunos, profissionais antigos, desprezavam e resistiam ao tema que estava sendo desenvolvido e, sobretudo, adotando uma postura arrogante e prepotente diante dos alunos que estavam no processo de formação. Explicava que pior do que "não saber" é "achar que sabe", e que pior ainda é quando na hora do "vamos ver", descobrimos que não somos capazes de fazer o que achávamos que sabíamos fazer. Dito isso, observei que aquele grupo continuava disperso, negligenciando o que estava sendo transmitido; assim sendo, chamei a atenção dos alunos para mim e disse:

"Quem de vocês consegue fazer 20(vinte) flexões na barra?" – Dois alunos levantaram o braço, ao que prossegui com a linha de raciocínio.

"Muito pouco, preciso de um número maior; vamos reduzir o número de barras. Quem consegue fazer 15(quinze) flexões na barra?" – Oito alunos levantaram o braço, assim prossegui.

"Ainda é muito pouco; vamos reduzir um pouco mais. Quem consegue fazer 10(dez) flexões na barra?" – Dessa vez quase quarenta alunos levantaram o braço, assim disse:

"Por gentileza prestem atenção no que vai acontecer, fiquem ligados no que eu vou fazer" – Pude perceber que todos ficaram atentos.

Coloquei o microfone no chão, dirigi-me até o portão de entrada, saltei e, com as falanges dos dedos agarrei, conectei no revestimento que faz a moldura de toda a porta. Tratava-se de um exercício que eu já praticava há muitos anos; dessa forma ligado, com os braços bem estendidos, iniciei os movimentos de flexão de braço, ultrapassando o queixo sobre a linha de revestimentos onde eu estava conectado com as falanges dos dedos, contando alto e de maneira ritmada, até completar dez flexões. Após, desliguei, peguei uma nota de cem reais e disse o seguinte:

"Peço a atenção de todos vocês; quem fizer cinco flexões, exatamente como eu fiz, ganhará esses cem reais, todavia, se não fizer perderá cinquenta reais – Está valendo! Quem se habilita? São cem reais contra apenas cinquenta; alguém topa o desafio?" – O burburinho foi intenso e alguns falaram o seguinte:

"Eu não vou porque não tenho cinquenta reais" – Ao que respondi:

"Não tem problema, vamos inverter a situação; eu farei 05(cinco) flexões. Caso eu não consiga fazer, você ganhará R$ 1000.000,00 (Um milhão de reais), contudo se eu fizer, você me paga apenas dez reais – Quem aceita o desafio?" – E alguns alunos falaram.

"Não tem graça; nós sabemos que o senhor faz o dobro, nós vimos o senhor fazer" – Ao que respondi:

"É exatamente isso que eu quero que vocês entendam; a importância do treinamento. Quando treinamos diariamente, quando praticamos algo com constância, passamos a ter certeza da nossa capacidade de fazer ou não aquilo que nos propomos fazer, assim não nos preocupamos com a possibilidade de perda pois, sabemos de antemão se somos ou não capazes de fazer. Todavia, quando achamos que sabemos, quando somos desafiados ou surpreendidos, nosso organismo produz uma quantidade exagerada de adrenalina que, ao invés de nos ajudar, nos deixa numa situação de indecisão, de desconforto, algo bastante desagradável; não é mesmo?"

Feita a observação, tendo atingido plenamente os objetivos, fiz a seguinte pergunta:

"Alguém gostaria de tentar fazer o exercício sem qualquer compromisso?" – Seis alunos demonstraram interesse.

Chamei-os e pedi que ficassem à vontade. Como não era um exercício comum, pois apenas as falanges distais faziam a conexão, mesmo aqueles que tinham capacidade para fazer o exercício na barra fixa, tiveram muita dificuldade. Ao que sorrindo comentaram:

"Ainda bem que nós não topamos o desafio, pois teríamos perdido feio".

O treinamento diário nos dá a certeza de que somos ou não, capazes de fazer algo. Perceba que muitos profissionais de segurança, por não terem essa certeza, acabam se envolvendo em situações complicadíssimas, colocando-se em cenários de alto risco, inclusive, comprometendo a segurança da sua própria equipe. Perceba que, se eu não treino com a minha arma, se eu não confio na munição que eu recebi, se eu não acredito no meu potencial, na hora do confronto tudo isso vem à tona e eu sou impedido, por um mecanismo de defesa natural, de proceder, de reagir. Naquele momento eu penso:

"Será que essa arma vai funcionar? Será que o percursor está quebrado? Será que essa munição é confiável? Será que eu sou capaz de reagir, capaz de conseguir? Estou fora de forma..."

Ao contrário, quando treinamos diariamente, passamos a conhecer nossas restrições e, conscientes dessas limitações, treinamos duro com o objetivo de melhorar nossas habilidades, nossa condição emocional, enfim, reduzindo ou eliminando todas as nossas deficiências.

Você precisa buscar desenvolver no seu "dia a dia" a sua expertise. O profissional que se especializa numa determinada área, e exerce com plena competência o conhecimento que desenvolveu, pode ser chamado de Especialista ou Expert.

Quando um profissional desenvolve continuamente a sua expertise, se torna um profissional diferenciado; respeitado pelos gestores e, principalmente, pelos seus colegas de trabalho. As empresas precisam cada vez mais de especialistas, e não de profissionais generalistas.

Todo o conhecimento adquirido ao longo da caminhada (cursos de formação, reciclagens e especializações), quando usados, aprimoram a sua prática; nós deixamos de ser um profissional generalista e nos tornamos Expert. Todos nós precisamos descobrir a nossa expertise e, obviamente, investir na expertise; é ela que nos diferencia no meio de tantos outros. Quando os gestores descobrem a SUA expertise, lembram-se de você instantaneamente, quando surgem determinados trabalhos, determinadas operações e missões.

É muito importante que você entenda que ser um expert, não é ser um cara bem-informado. Existem pessoas que são super bem informadas, mas nós não podemos confundir aquela pessoa, que com todas as forças, buscou e adquiriu informações sobre um determinado assunto, com um expert naquele assunto. O especialista está num outro nível, ele transformou a teoria em ação; o outro apenas possui informações sobre como fazer algo. Isso não é irrelevante, mas não o torna um especialista. Numa guerra não existem regras fixas. Certo?

Informação ajuda, ajuda muito, mas o que resolve é a expertise. O que torna você um especialista é trabalhar duro, é treinar e se preparar para adquirir competência; competência capaz de transformar as informações que você adquiriu, em atitudes que geram resultado. Confúcio dizia que:

"A essência do conhecimento consiste em aplicá-lo, uma vez possuído."

É exatamente por isso que nós insistimos que GPCI só com teoria, não adianta absolutamente nada; é preciso transformar a Teoria em Ação. E nós, precisamos entender que, o início do processo de Treinamento mais eficiente e eficaz, é na nossa família; acredite, não é nada fácil! Mas, funciona super bem.

As empresas, cada vez mais, precisam de colaboradores que saibam lidar com pessoas, tratar com gente. As empresas precisam de especialistas em gerenciar o comportamento de pessoas que, por algum motivo, estejam se comportando de maneira Inconveniente. No mercado de trabalho, sobram profissionais que conhecem muitos assuntos, mas não dominam nenhum deles. Assim, não acredite, nem de brincadeira, que você é um especialista, por ter entendido um determinado tema, ou por ter uma ideia geral do que o instrutor te ensinou no curso. O especialista não fica apenas no entendimento ou na visão geral. O especialista busca o domínio absoluto do conhecimento, derrama o seu sangue, suor e lágrimas no treinamento. Não basta saber a resposta correta, mas, sobretudo, saber explicar o porquê, ao se deparar com a mesma pergunta na vida real. Preste atenção; a nossa habilidade no alto rendimento, na alta performance, não é avaliada em provas teóricas. Isso precisa ser entendido por inteiro.

Um especialista em GPCI, administra conflitos e problemas, adotando medidas e atitudes preventivas. A resposta vem através de uma Verbalização Diplomática Criativa, amparada por uma elegante Presença Física, mas com exercício de Autoridade. O especialista usa a inteligência emocional, para consolidar o domínio do conhecimento e a habilidade; essa união gera frutos. É exatamente por isso que o especialista é reconhecido pelos resultados que alcançou, e não pelas informações que deu.

Capítulo 99

Lócus de Controle - Uma Viagem Inusitada e Estressante

Neste nonagésimo nono capítulo, temos como objetivo específico, estudar e aprender que quando treinamos diariamente, passamos a conhecer nossas restrições e, conscientes dessas limitações, treinamos duro com o objetivo de melhorar nossas habilidades e condição emocional.

Vocês já perceberam que algumas pessoas têm uma capacidade de realização excepcional; a de influenciar o ambiente, bem maior que a maioria das pessoas? Outras, ao contrário, são altamente influenciadas pelo ambiente. A pergunta seria: *As pessoas que têm mais sucesso, mais capacidade de atingir os seus objetivos, pensam diferente?*

Existe um conceito chamado Lócus de Controle; definido no ano de 1954, por Julian Rotter. Trata-se de um sistema de confiança, de certeza, que as pessoas possuem com relação as "causas" das experiências na sua vida. Por exemplo, eu vivi essa experiência por causa disso; se não fosse isso, teria sido diferente. E a quais fatores (interno ou externo) essa pessoa atribui o seu sucesso ou fracasso. A pergunta clássica seria: *Quem é o verdadeiro responsável pelo que me acontece de bom ou ruim?*

Lócus de Controle é uma característica que as pessoas possuem; algumas têm um Lócus de Controle mais interno, outras mais externo. As pessoas que têm o "Lócus de Controle Externo", têm mais facilidade de atribuir aos fatores externos a ela, os resultados que elas conseguem colher na vida. Acham que não são elas que têm que mudar, mas o mundo; logo, têm menos aprendizado.

As pessoas que têm o "Lócus de Controle Interno" tendem a também enxergar os fatores externos que influenciam os seus resultados, mas com a seguinte diferença, elas refletem qual foi a sua responsabilidade em relação àquele resultado, bom ou não. Se concentram em mudar o comportamento; assim pensam: *O que foi que eu fiz para que este resultado acontecesse? O que eu deixei de fazer para que o resultado fosse insuficiente?* Os fatores externos podem influenciar e causar grandes problemas nas pessoas que têm o Lócus de Controle Externo como característica.

Essa foi uma experiência inusitada vivenciada pelo Sylvio que, sem dúvida, reforça todos os conceitos de gerenciamento de comportamento inconveniente. Sylvio desembarcou no aeroporto de Johanesburgo, vindo de Dubai, onde após três horas de espera, conseguiu embarcar num Boeing 767, quase lotado, voo da LATAM Airlines Brasil, Johanesburgo – São Paulo, com conexão em Buenos Aires; portanto, era o seu segundo voo. Ao embarcar, dois grupos curiosos chamaram a sua atenção, um grupo estranho de teatro e um grupo de japoneses. Pode perceber que algumas pessoas do primeiro grupo faziam chacota e riam de um japonês bem alto, com idade entre 25 e 30 anos e, aproximadamente, 1,85 m de altura. O Sylvio relatou que num primeiro momento achou injusta a brincadeira, mas depois soube que o japonês havia arriado as calças para coçar sua genitália na frente de todos, sem constrangimento e sem o menor pudor.

Tudo corria bem até que um mau odor tomou conta de todo o ambiente; não se tratava de uma simples morrinha irritante, mas algo terrível, verdadeiramente desagradável. Assim, ele começou a investigar e rapidamente descobriu que a fedentina vinha do pé do tal japonês, que estava sentado na poltrona à sua frente; ele estava descalço, havia retirado o tênis. Sylvio disse que ficou constrangido de reclamar, assim, pensou rapidamente numa solução. Lembrou-se daquela máscara de pano, usada para colocar nos olhos como bloqueador de luminosidade, pegou-a, aplicou alguns jatos de perfume e colocou-a sobre o nariz; feito isso, como estava muito cansado, apagou, dormiu profundamente. Disse que não se lembra quanto tempo dormiu, contudo acordou para almoçar. Nesse ínterim, o japonês já havia calçado o tênis e estava tudo tranquilo. Aconteceu que, após o almoço, o japonês resolveu tirar o tênis novamente; só que dessa vez estava insuportável e inaceitável. A comissária de bordo, devido as inúmeras reclamações, já havia passado várias vezes pelo local, com um spray ante odor, fazendo "cara de vômito" todas as vezes que passava pelo citado japonês. Assim, diante do fato, o Sylvio dirigiu-se a comissária de bordo e fez a seguinte abordagem:

"Olá, tudo bem? Meu nome é Sylvio Behring, o que está acontecendo? Tem algo errado?" – Na verdade ele buscava uma autorização para uma inevitável abordagem; ao que a comissária de bordo respondeu:

"Tem sim; esse mal odor vem daquele senhor que insiste em ficar sem o tênis. Já fizemos vários pedidos, algumas pessoas do seu grupo também pediram, mas ele não nos atende". – A comissária estava desolada, sem saber o que fazer, e disse:

"Ele está com um grupo de japoneses que está indo para Buenos Aires". – Nitidamente, a comissária estava receosa de continuar insistindo para que ele calçasse o tênis, e prosseguiu:

"Soubemos que eles ficaram dois dias no aeroporto de Johanesburgo por terem perdido o voo, e esse é o motivo da indignação". – Disse isso pedindo ajuda com os olhos, ao que o Sylvio lhe respondeu:

"Se vocês me autorizarem eu posso falar com ele". – A comissária imediatamente disse:

"Claro que sim, mas o senhor entende qual é o protocolo? – Sylvio explicou-lhe rapidamente a sua formação e ela disse:

"Ótimo! Então contamos com a sua ajuda caso haja necessidade de uma contenção". – Naquele momento, o Sylvio percebeu que a situação era mais grave do que ele imaginava, e que aquele sujeito estava sendo, de fato, bastante inconveniente.

Isto posto, o Sylvio dirigiu-se até o cidadão e fez uma abordagem, em inglês, altamente diplomática.

"Senhor, perdoe-me pela abordagem. Soube que vocês passaram por enormes problemas no aeroporto de Johanesburgo por terem perdido o voo, contudo, muitíssimo constrangido, gostaria de lhe pedir para calçar o tênis, pois o mal odor está incomodando bastante todos os passageiros. Posso contar com a sua colaboração?" – O sujeito olhou nos olhos do Sylvio por alguns segundos e, de forma bastante gentil, colocou o tênis atendendo prontamente a solicitação.

Assim, após lhe agradecer pelo pronto atendimento, o Sylvio retornou à comissária e lhe explicou que a solicitação havia sido atendida, entretanto, sugeriu que preparassem uma meia, dessas utilizadas para deslocamento dentro de uma aeronave, com bastante talco no seu interior, uma vez que tratava-se de um voo de 11(onze) horas. Assim, caso ele tivesse a necessidade de relaxar os pés, essa seria uma boa medida preventiva. Feito isso, o Sylvio retornou para sua poltrona e relaxou.

Pouco tempo depois, novamente, a catinga dominou todo o ambiente. Diante do fato, o Sylvio novamente se levantou e, mais uma vez, foi até o inconveniente e disse:

"Perdoe-me, o senhor já colaborou duas vezes, mas novamente tirou o tênis; talvez isso esteja lhe incomodando muito. O senhor não quer ir lá atrás lavar os seus pés? Quando o senhor retornar, eu lhe ajudo colocando um polvilho antisséptico nos seus pés; certamente vai aliviar". – Mal o Sylvio terminou de falar, o japonês segurou o seu braço com força e, demonstrando muita ira, gritou:

"Vai sentar!" – Olhando o Sylvio nos olhos, largou o seu braço, e repetiu com ódio *"Vai sentar!"*; ao que o Sylvio lhe disse:

"Perdoe-me, mas não é necessário falar e agir assim comigo; estou sendo gentil com o senhor. Entenda que para mim é também bastante constrangedor. O senhor precisa ter noção de como as pessoas estão incomodadas; olhe para trás e veja".

Todos estavam acenando positivamente com a cabeça, dando todo o apoio necessário ao Sylvio, todavia o inconveniente mais uma vez gritou:

"Não interessa, vai sentar". – Ao que o Sylvio lhe respondeu:

"Mais uma vez eu lhe peço perdão, minha intenção não era chegar nesse ponto. Isso está sendo chato para todos nós." – Nesse momento, novamente, ele segurou o braço esquerdo do Sylvio com a mão direita e gritou:

"Eu já mandei você sentar". – Nesse momento o Sylvio segurou a mão dele com força, bem firme e de forma justa. Lentamente, o Sylvio foi girando o punho, até livrar a sua mão por entre os dedos do sujeito e, como ele estava usando o cinto de segurança, o Sylvio travou o seu braço direito por cima do braço esquerdo, de maneira que ele não conseguia mover-se; então verbalizou:

"Escute bem o que eu vou lhe falar, eu não autorizei você a colocar a mão em mim. Nunca mais faça isso, você está entendendo?" – O sujeito tentou mover-se, mas sem êxito; assim o Sylvio continuou verbalizando:

"Você está me agredindo; se continuar eu vou prendê-lo aqui nessa poltrona e nós dois iremos para a Polícia Federal. Você perderá horas com depoimentos intermináveis, e poderá, inclusive, ser impedido de entrar no país; é isso que você quer? A escolha é sua, você decide."

Apesar da demonstração clara de raiva, Sylvio percebeu que ele estava entendendo e que iria colaborar; assim continuou verbalizando:

"Eu vou lhe soltar; mas continuarei observando a sua reação. Sei que você não quer passar por isso. Portanto, por favor, coloque o seu tênis." – Ao soltá-lo, de forma gradativa, o sujeito deu algumas cotoveladas na poltrona, mas permaneceu sentado e, mesmo demostrando indignação, colocou o tênis.

Vigilante e bastante focado, o Sylvio novamente dirigiu-se até as comissárias de bordo que estavam atentas, acompanhando e observando o fato à distância. Perguntaram se o Sylvio tinha interesse de prosseguir com a contenção. Sylvio disse que, a princípio, não havia necessidade; disse-lhes que não seria bom para ninguém e que as coisas, muito provavelmente, iriam se acalmar. O inconveniente, carinhosamente apelidado de "Kid chulé", só desembarcaria em Buenos Aires, junto com o grupo de japoneses. É óbvio que, como diz o ditado popular, o Sylvio ficou com um olho no peixe e o outro no gato, durante toda a viagem. Contudo, apesar de todos os problemas, a partir daquele gerenciamento, ele pode respirar e a viagem transcorreu um pouco mais agradável e com menos estresse. O Sylvio desembarcou no Rio de Janeiro e o grupo seguiu seu destino; talvez, sem maiores problemas.

Capítulo 100

A Inconveniência Política e Suas Consequências

Neste centésimo capítulo, temos como objetivo específico, estudar e aprender que educação é de fato uma palavra-chave, e que é preciso conscientizar e sensibilizar o povo na busca incessante pelo conhecimento e não pelo diploma.

Outro dia recebi uma dessas estórias de internet que dizia mais ou menos assim. Era uma vez um burro amarrado em uma árvore frondosa. O capeta observou-o durante algum tempo, aproximou-se e libertou-o. O burro, com fome e sem saber para onde ir, entrou na plantação de um pequeno agricultor e começou a comer e a destruir tudo. A mulher do humilde agricultor, deparando-se com aquela cena, indignou-se, empunhou a espingarda e fez um único disparo com o objetivo de espantar o burro, contudo, por azar feriu-o mortalmente. Ao ouvir o estampido da espingarda calibre 12, o proprietário do burro correu em direção ao relincho agonizante e constatou que o burro havia morrido; ensandecido, empunhou sua carabina e atirou na direção da mulher do agricultor. O agricultor que já estava bem próximo, sacou o seu revólver e matou o dono do burro. Os filhos do dono do burro, que presenciaram toda a cena, atearam fogo na plantação e na casa do agricultor. O agricultor, em represália, matou-os.

Após toda essa tragédia, perguntaram ao capeta por que ele havia feito tudo aquilo; ao que respondeu:

– *"Eu não fiz absolutamente nada, apenas libertei o burro".*

A conclusão é óbvia: Nós somos o maior problema! Todos nós temos um burro dentro de nós, amarrado e tranquilo... Agora, quando nós o soltamos... Causamos uma verdadeira tragédia! Libertar o burro significa "Tomada de Decisão Errada"; uma decisão sem a devida preocupação com as consequências, com o resultado futuro daquela ação. Significa preguiça; dá muito trabalho alimentar corretamente um burro. Antes de soltar o burro, devemos construir uma barreira perimetral capaz de impedir que ele faça bobagens. Uma cerca de contenção capaz de impedir que ele destrua o patrimônio alheio. Portanto, simplesmente libertar o burro, é uma atitude insana; você na verdade destruirá aqueles que o cercam.

Lembro-me que em FEV2018, em razão de uma turbulência de criminalidade no Brasil, com grande expressividade no Rio de Janeiro, vivenciamos uma Intervenção Federal. A situação ficou tão crítica que o povo chegou a cogitar por uma Intervenção Militar; mas a Presença Física das Forças Armadas na Intervenção Federal nos transmitiu, pelo menos naquele momento, uma sensação de segurança que alimentou, de alguma forma, uma debilitada esperança.

Todavia, esses momentos de transformação, de transição, que vivemos com a pandemia, com a insegurança jurídica, e com a alta criminalidade, gerou muita insegurança, depressão e síndromes de todos os tipos. As pessoas não podem ficar trancafiadas dentro de casa, precisam se relacionar, sair, trabalhar, estudar, enfim, viver. As pessoas com um perfil mais exibicionista, inflamado, emocional e instável, devido a tudo isso que foi citado, tornam-se mais vulneráveis.

Vimos anteriormente, mais precisamente no capítulo 97, "*A capacidade e habilidade técnica de administração*", que pessoas vulneráveis se magoam e se ofendem com muita facilidade, consequentemente, tornam-se inconvenientes. Não bastassem todas as dificuldades promovidas pela pandemia e por essa onda de criminalidade, ainda precisamos lidar com um comportamento inconveniente bastante comum, o "despreparo técnico profissional" de muitos, fruto de uma política equivocada, praticada durante muitos anos, e que deve ser levado em consideração, como por exemplo, o despreparo no tratamento e relacionamento humano nos mais variados setores dos órgãos públicos e privados, sobretudo, na indústria e no comércio, que vai desde as lojas mais simples, aos restaurantes e hotéis do mais alto luxo.

Vivemos num mundo globalizado, assim o simples comportamento inconveniente de um político, seja ele quem for, através de um inocente pronunciamento impulsivo e equivocado, pode causar pânico em todo o mundo, pode abalar o mercado financeiro com quedas drásticas nas bolsas de valores, ou ainda promover graves questões diplomáticas com outros países; da mesma forma, um único funcionário inconveniente pode destruir a imagem de todo um órgão público ou privado, ou ainda de um determinado negócio quando, por necessidade da função, é obrigado a se relacionar com as pessoas. São desafios que precisam ser combatidos com processos seletivos personalizados, cursos específicos e, com relação aos políticos inconvenientes, é preciso conscientizar e sensibilizar o povo na busca incessante pelo conhecimento e não pelo diploma. Educação é de fato uma palavra-chave. Perdemos ao longo dos anos muitos dos valores morais, éticos, sociais e espirituais. Trata-se de um problema com enormes e nefastas consequências que pode e deve ser corrigido com constância de treinamento e, sobretudo com uma palavra-chave, chamada educação.

Capítulo 101

O Inconveniente É a Matéria-prima a Ser Trabalhada

Neste centésimo primeiro capítulo, temos como objetivo específico, estudar e aprender que através das técnicas, devemos fazer com que o indivíduo que está se comportando de maneira inconveniente saia do mundo irreal e caia na realidade; significa permitir ao inconveniente retornar ao ambiente seguro.

"O pior analfabeto é o analfabeto político. Ele não ouve, não fala, nem participa dos acontecimentos políticos. Ele não sabe que o custo de vida, o preço do feijão, do peixe, da farinha, do aluguel, do sapato e do remédio, depende das decisões políticas. O analfabeto político é tão burro que se orgulha e estufa o peito dizendo que odeia política. Não sabe o imbecil que da sua ignorância política nasce a prostituta, o menor abandonado e o pior de todos os bandidos que é o político vigarista, pilantra, o corrupto e lacaio dos exploradores do povo".

Bertold Brecht

A ininterrupta e veloz transformação do mundo nos assusta; a Covid-19 que o diga, e acompanhar a transformação, é uma tarefa praticamente impossível. O mundo está cada vez mais incompreensível e repleto de analfabetos políticos. Perceba que sofremos inúmeras ameaças a todo instante, que vão desde guerras de narrativas, através do controle dos meios de comunicação, a guerras nucleares, passando pelo terrorismo em diversos países, crimes ligados ao narcotráfico, corrupção de políticos e empresários, até as fraudes na informática capazes de comprometer o futuro de um país. Toda essa loucura resulta nos mais inusitados comportamentos inconvenientes e nós, especialistas em GPCI, precisamos de constante atualização devido às mudanças e, sobretudo, a permanente quebra de paradigmas.

Apresentamos ao longo dos capítulos, fundamentos para o sucesso no gerenciamento de comportamentos inconvenientes e, também, medidas e atitudes preventivas para que possíveis conflitos e problemas sejam administrados com êxito. Embora as situações e os casos sejam diferentes, devido as características próprias da região, bairro, estado e até mesmo do país que você vive, existe algo em comum: gente, pessoas, cidadãos. Basicamente são os mesmos nos quatro cantos do planeta, cada um com a sua individualidade biológica e com uma natureza inclinada ao erro, pois estamos falando de seres humanos.

Vale reiterar que GPCI é um conjunto de técnicas de comunicação verbal, não verbal e paraverbal, aliadas a estratégias de segurança e a autodefesa do jiu-jitsu brasileiro, onde o inconveniente é a matéria prima a ser trabalhada. Quando gerenciamos um comportamento inconveniente, buscamos através das técnicas, fazer com que o indivíduo que está se comportando de maneira inconveniente saia do mundo irreal e caia na realidade;

significa permitir ao inconveniente retornar ao ambiente seguro. Precisamos ter sempre em mente que lidamos com seres humanos e nossa especialidade é ajudar pessoas que por algum motivo perderam o equilíbrio emocional e, consequentemente, sua qualidade comportamental.

Em razão dos fatos expostos, cabem alguns conselhos como uma forma didática de finalizarmos esse capítulo:

1. *Sua Presença Física e a sua Verbalização são coerentes com as solicitações, pedidos e exigências para com o inconveniente?*

Por exemplo, você pede para que a pessoa fale baixo, mas o seu tom de voz é muito alto; você reclama das palavras de baixo calão, mas as usa com muita frequência. Essas incoerências acabam comprometendo o êxito do gerenciamento, portanto, antes de usar suas estratégias, considere e reveja os seus próprios conceitos, pois palavras convencem, mas os exemplos arrastam.

2. Você exerce autoridade, concomitantemente com diplomacia?

Elegância é um atributo universal. Paul Valéry diz que *elegância é a arte de não se fazer notar, aliada ao cuidado sutil de se deixar distinguir.* Considero uma verdadeira obra de arte esse conceito; ser elegante é fundamental! Ser elegante, pode contrabalançar muitos equívocos, e neutralizar muitos erros.

Existem situações que pouco ou quase nada podemos fazer, por exemplo: O que podemos fazer para acabar com um congestionamento? Ou com a chuva torrencial que arruína as ruas da cidade? Podemos e devemos ser elegantes, mostrando para as pessoas que nós somos preparados, temos inteligência emocional e qualidade comportamental. Precisamos mostrar ao inconveniente que nós nos preocupamos com ele, nos importamos com ele. As pessoas são capazes de perdoar aquilo que não se tem controle, mas dificilmente perdoam intolerância, falta de bom senso, insensibilidade, falta de educação e atenção.

3. *GPCI é ação, é algo prático.*

É óbvio que existe a teoria, contudo devemos sempre procurar transformar a teoria em ação e, sobretudo, dar continuidade através do treinamento constante; ninguém é bom naquilo que não pratica. É preciso considerar que o inconveniente desenvolve relacionamento com pessoas e não experiências virtuais, e por isso, torna-se ainda mais necessário a constância de treinamento, o treinamento prático.

4. *O inconveniente precisa ter o seu comportamento gerenciado.*

É um erro achar que podemos educá-lo como se fosse um aluno e nós os professores com pós-doutorado; muitas vezes cometemos esse equívoco. É preciso verbalizar, mas não podemos exagerar, fazendo pregações, filosofando ou aplicando metodologias de ensino.

5. *Tenha personalidade – O sim é sim, o não é não.*

Não fique em cima do muro, o muro sempre pertence ao lado errado; portanto, seja honesto durante o gerenciamento, preocupe-se com a honestidade intelectual, enfim, seja honesto na sua verbalização. Sabemos que uma boa estratégia durante a verbalização é adornar as palavras, mas isso não significa mentir. O ato de mentir destrói a nossa credibilidade e, consequentemente perdemos a autoridade; portanto, diga sempre a verdade, contudo da melhor forma possível. A desonestidade intelectual é facilmente desmascarada e o tiro acaba saindo pela culatra.

6. Não tente ser o que você não é.

Seja o melhor para o inconveniente, não queira ser melhor do que o inconveniente. Esse tipo de postura é também inconveniente e nos deixa com uma imagem muito ruim, arrogante e prepotente. Gerenciar o comportamento inconveniente de pessoas, com autenticidade e naturalidade, normalmente são os gerenciamentos mais bem-sucedidos. Vale lembrar que o bom senso nunca deve ser esquecido. Pessoas com comportamento inconveniente podem até esquecer um bom gerenciamento técnico diplomático, mas jamais se esquecem das atitudes arrogantes e prepotentes empregadas durante o gerenciamento. Lembre-se sempre dessas verdades, usando e abusando da segurança de baixo impacto; sua verbalização diplomática, tolerante e equilibrada, pode transformar e reverter um resultado desastroso em uma etapa inesquecível.

7. *Procure ler, treinar e, também, desenvolver novas técnicas.*

O GPCI exige bom senso, discernimento, presença de espírito, ou seja, muita criatividade. Esteja sempre desenvolvendo habilidades na verbalização, na comunicação não verbal e paraverbal, nas estratégias de segurança e na defesa pessoal. Utilize variadas técnicas para compreender a que melhor se encaixa num determinado contexto. Há uma propensão para usar uma determinada técnica no GPCI, como se ela fosse a única forma de gerenciamento. Muitas vezes os problemas ocorrem quando nos tornamos tão dependentes daquela escolha, que acabamos ignorando a existência de muitas outras. Todas as técnicas são importantes, eficientes e eficazes, e podem ser usadas com êxito, se soubermos avaliar com velocidade aquele momento e, como resultado de uma rápida análise, escolhermos a mais apropriada para aquela situação. Ao percebermos a ineficiência de uma determinada linha de ação é necessário que tomemos a decisão de mudar aquela conduta, sem demora. Embora os métodos sejam altamente válidos, a sua empregabilidade varia de pessoa para pessoa. A técnica que eu uso com êxito, num caso específico, pode não ser a mais indicada para outras pessoas; por várias razões: talvez pelo adequado perfil que elas possuem, ou devido à falta de expertise, ou ainda em razão da formação, da habilidade, ou da qualificação.

8. *Faça o que é certo.*

Quando você tiver dúvida do que fazer durante um gerenciamento, faça simplesmente o que é certo; jamais duvide dessa verdade. Não faça o que você tem vontade de fazer, faça o que é certo; se coincidir ótimo! Sabemos que às vezes é muito difícil, contudo, sua imagem e sua reputação de integridade não podem ser destruídas devido a impulsividade. Vivemos num mundo repleto de conflitos e problemas, um mundo cheio de violência e estresse, assim nós especialistas em GPCI precisamos gostar do que fazemos, sobretudo gostar de lidar com pessoas. Gerenciar comportamentos inconvenientes não é fácil, desta forma quando estamos diante de uma pessoa arrogante, prepotente, sem noção, caso não tenhamos vocação, certamente nos sentiremos infelizes e desorientados, sem saber o que fazer.

9. É preciso que tenhamos compaixão.

Ou seja, que compreendamos o estado emocional daquela pessoa que, por algum motivo, está se comportando de maneira inconveniente. As pessoas que se preocupam com outras pessoas, normalmente lidam melhor com a inconveniência dos outros. O nosso real objetivo é cuidar do inconveniente, buscando através das técnicas, reduzir a tragédia pessoal daquela pessoa. Durante o gerenciamento, devemos demonstrar preocupação com o inconveniente; isso é essencial. Uma vez envolvidos no processo, devemos cuidar e oferecer o melhor atendimento possível àquela pessoa. Quanto mais eu demonstro preocupação para com o inconveniente, maior a perspectiva de conter a produção de adrenalina e encontrar soluções eficazes.

10. *Uma regra óbvia, mas fundamental do GPCI é que nós não podemos usar durante o gerenciamento aquilo que nós não temos.*

Lembre-se de que, considerando os níveis de força, a segurança de baixo impacto é a forma mais bem-sucedida de gerenciar um comportamento inconveniente. Invista sempre na sua presença física e, sobretudo, na forma como você verbaliza. Através da nossa verbalização podemos criar percepções positivas no inconveniente. Durante um gerenciamento, uma percepção por parte do inconveniente pode não ser verdadeira, pode ser uma percepção equivocada, todavia suas consequências sempre serão verdadeiras. Reconstruir essas percepções equivocadas, não é uma tarefa fácil e elas podem destruir as possibilidades de êxito no gerenciamento de um comportamento inconveniente.

11. Precisamos desenvolver mais sensibilidade

Para ouvir e buscar a percepção positiva do inconveniente. Devemos estar sempre preocupados em não o contrariar o inconveniente, buscando continuamente as melhores maneiras de convencê-lo. Contrariar a pessoa inconveniente durante o gerenciamento, aumentará a percepção negativa, e não é isso que nós queremos. Certa vez ouvi que o sorriso e o silêncio são duas ferramentas poderosas. O sorriso te ajuda a resolver muitos problemas e o silêncio ajuda a evitá-los. É óbvio que não estamos falando daquele sorriso sarcástico, tampouco daquele silêncio birrento, ressabiado; estes nos conduzem em direção ao caos.

Capítulo 102

A Arte da Atividade Física

Neste centésimo segundo capítulo, temos como objetivo específico, estudar e aprender que nada, absolutamente nada do que estamos propondo vai funcionar se você não estiver consciente e sensível com relação a esse tema, ou seja, devidamente preparado física e mentalmente.

Outro dia levei meu carro para lavar e fiquei impressionado com o cuidado, zelo e atenção do dono de um fusquinha 1962. O sujeito limpava o carro junto com o funcionário do posto, verificava o óleo, a calibragem dos pneus, o freio, a água do radiador, enfim, o sujeito era incansável. Na verdade, o que mais me impressionou, foi a incoerência existente entre o cuidado com o carro e o cuidado consigo mesmo; com o próprio corpo, pois, o cigarro e o copo de cerveja os acompanhavam durante toda a labuta. Seu avantajado abdômen não lhe permitia esconder o sedentarismo que certamente o escoltava há muitos e muitos anos. Diante daquela situação, lembrei-me de um vídeo onde o "Corpo" faz inúmeras perguntas, questionamentos e reclamações ao seu "Dono", começando com a seguinte pergunta:

"Se você tivesse um cavalo no valor de $ 1.000.000,00 de dólares, você o deixaria jogado num canto qualquer, sem fazer exercícios, comendo qualquer porcaria, bebendo álcool e respirando fumaça tóxica? Não?"

E o corpo continua perguntando:
"Você faria isso com um cachorro de $ 10,00 dólares?"
"Você faria isso com um simples gato de $ 5,00 dólares?
Como a resposta é não, ele pergunta:

"Então por que motivo você faz isso comigo? Sou seu corpo, sou a casa que você sempre viveu" – diz que está se sentindo muito triste, rejeitado e mostra a seguinte incoerência:

"Me sacrificando nessa vontade desenfreada de ganhar dinheiro, você acaba sacrificando o mesmo dinheiro, ou talvez mais, para me recuperar depois."

O corpo finaliza mostrando o seu real valor; e faz isso da seguinte forma:

"Se porventura alguém lhe der um cheque de Um Milhão de Dólares e disser: 'Tudo o que eu quero é a sua visão; você nunca mais verá o nascer e o pôr-do-sol'. Você aceitaria essa proposta?"

"E o seu coração? E o seu pulmão, fígado, rins? E o seu cérebro? Quais seriam os valores?"

Assim ele procura sensibilizar e conscientizar as pessoas para o real valor do corpo.

Já tratamos desse tema *"atividade física"*, no 35º capítulo, de forma bastante superficial, contudo por considerarmos um assunto de extrema relevância, nos próximos dez capítulos, vamos avançar bem mais sobre essa proposição. Nada, absolutamente nada do que estamos propondo vai funcionar se você não estiver consciente e sensível com relação a esse tema, ou seja, devidamente preparado física e mentalmente. Perceba que descuidar--se fisicamente é, por si mesmo, um *"comportamento inconveniente"*; assim, como especialistas precisamos gerenciar este comportamento inconveniente, com eficiência e eficácia. Isto posto, compreenda que:

"Se você não tem condições de cuidar de você em condições normais de temperatura e pressão, como você pretende se autogerenciar quando não estiver no seu melhor dia?" – E ainda;

"Como você pretende gerenciar o comportamento inconveniente de alguém que acordou com o pé esquerdo e de mal com a vida?"

É exatamente por isso que nós resolvemos tratar deste tema com muito mais atenção e carinho. Assim, preste bastante atenção, observe e faça uma profunda reflexão sobre tudo o que você vai ler. Sun Tzu começa o seu famoso livro *"A Arte da Guerra"* com a seguinte afirmativa:

"A Arte da Guerra é de importância vital para o Estado. É uma questão de vida ou morte, um caminho tanto para a segurança como para a ruína, assim em nenhuma circunstância deve ser negligenciada...".

Com humildade e despidos de vaidade parafraseamos a afirmativa de Sun Tzu, da seguinte forma:

"A Arte da Atividade Física é de importância vital para o Gerenciamento Progressivo de Comportamento Inconveniente. É uma questão de vida ou morte, um caminho tanto para a aquisição de força de presença e sensação de segurança como para o descrédito e insegurança, assim em nenhuma circunstância deve ser negligenciada...".

Bruce Lee dizia que *"Tentar adquirir experiência apenas com teoria, é como tentar matar a fome apenas lendo cardápio"*; e é uma verdade, seria realmente uma maravilha se pudéssemos, através dessa leitura, adquirir uma boa condição física; certamente não é esse o nosso objetivo, mas sim conscientizá-lo, sensibilizá-lo e motivá-lo à prática constante da atividade física, e também fazê-lo perceber que, no gerenciamento de um comportamento inconveniente, seu ou de outra pessoa, ter uma excelente condição física é, e será cada vez mais, uma necessidade.

Nós, como professores de Educação Física e instrutores de Defesa Pessoal, falando em nome de toda a nossa equipe de professores e instrutores, sentimo-nos honrados de poder compartilhar com você uma filosofia e um trabalho criados por uma equipe de profissionais ao longo de aproximadamente quarenta anos. Este capítulo, "Atividade Física", é o resultado das mais diversas experiências que vivemos nas academias de jiu-jitsu, nos seminários em diversos países, nos cursos em universidades, órgãos de segurança, empresas nacionais e multinacionais, na caserna, Exército Brasileiro, mais especificamente na Brigada de Infantaria Paraquedista, somadas a uma base científica das Universidades Castelo Branco e Gama Filho com aplicação direta nos segmentos de segurança pública e privada. Acreditamos realmente que precisamos, com simplicidade, refletir e compreender:

- *A eterna incompatibilidade entre Condição Física Deficiente e Eficiência no Gerenciamento Progressivo de Comportamento Inconveniente; ou...*
- *Desmotivação e Sucesso; ou ainda;*
- *A Desmotivante Condição Física Deficiente e o Sucesso de um Eficiente Gerenciamento Progressivo de Comportamento Inconveniente.*

Capítulo 103

Um Grande Problema É a Procrastinação

Neste centésimo terceiro capítulo, temos como objetivo específico, estudar e responder a seguinte pergunta: O que impede grande parte das pessoas de praticar um esporte ou simplesmente fazer uma atividade física diária?

Conta a história que o japonês Dr. Shigeaki Hinohara, é considerado o médico em atividade mais longevo do mundo; morreu há pouco tempo aos 105 anos em um hospital de Tóquio. Especialista em alimentação e longevidade, exerceu ativamente sua missão até após os 100 anos de idade. Dr. Hinohara foi o criador do chamado *"Novo movimento de idosos"*, programa que promove hábitos saudáveis na terceira idade, encorajando-os a não ter medo dos desafios futuros. Dr. Hinohara dizia que "*o que importa na vida é o que você contribui para o mundo*", portanto, comece o seu dia com vontade de criar, fazendo algo bom para outras pessoas. Dizia que "*pensar menos em dietas e divertir-se mais,* é *um dos segredos*", mas, aconselhava a manter o peso ideal com cereais, frutas, legumes e verduras, peixe e arroz. Aconselhava sempre que aproveitássemos as oportunidades para exercitarmos todos os músculos do corpo. Pregava que "*nós seres humanos não deveríamos parar de trabalhar; pelo menos não antes dos setenta anos, pois, quando nos aposentamos cedo demais, inevitavelmente, reduzimos os anos de vida*". Dizia que "*não devemos acreditar cegamente nos médicos, pois, muitas vezes nos aconselham algo que eles mesmos nunca fizeram*". E, por último, dizia: *"Não permita jamais que a doença o domine, lute sempre, creia na sua vitória."*

No início de um curso, temos como primeiro passo mostrar a importância do entusiasmo para a obtenção do sucesso. Já falamos exaustivamente sobre este tema no início deste livro, mas reiteramos que é fundamental que você entenda rápido que *"é o entusiasmo que nos conduz ao sucesso, e não o contrário"*. Não adianta ficar esperando o sucesso para depois se entusiasmar, isto certamente não vai acontecer.

Acredite, o real motivo que ressuscita aquilo que chamamos de *"síndrome da procrastinação"* e impede grande parte das pessoas de praticar um esporte ou simplesmente fazer uma atividade física diária, é não saber o que quer. Normalmente seus objetivos não foram bem definidos. Perceba que a maioria das pessoas têm uma facilidade enorme de apontar e enumerar uma série de motivos para explicar por que praticar um esporte ou fazer uma atividade física pode ser um problema. Consequentemente, estão sempre na dúvida, nunca estão certas de que precisam melhorar sua condição física. As mensagens que são enviadas ao subconsciente são incoerentes, da mesma forma como, são incoerentes, as mensagens que essas pessoas verbalizam. E isso tudo precisa ser reprogramado com certa urgência.

Percebemos ao longo de todos estes anos, com todos os nossos professores e instrutores, particularmente entre os praticantes de jiu-jitsu e, também os paraquedistas, uma curiosa e interessante ligação entre saúde física, mental, emocional e espiritual, considerando principalmente aqueles que realmente deram continuidade ao programa de treinamento físico, iniciado nas academias de jiu-jitsu ou na área de estágio paraquedista e, exaustivamente, cobrado após o exame de faixa ou na honrosa e eterna brevetação.

Aqueles que, de fato entenderam, se conscientizaram e, principalmente, deram continuidade à atividade física, apesar de todas as dificuldades que nos são impostas pela vida, demonstram possuir mais autoestima, uma maior capacidade de realizar e principalmente são mais proativos, isto é, conseguem fazer com que as coisas de fato aconteçam, ou ainda melhor, que deem certo.

Não estou falando do espírito paraquedista ou do orgulhoso faixa preta, presente na maioria desses audazes guerreiros e cascas grossas. Muitos, infelizmente, apesar do espírito "vaidoso e orgulhoso", não conseguiram renunciar ao vício do cigarro, ao exagero da bebida e, principalmente, não conseguiram dominar a tão famigerada caveira, nosso esqueleto, que sempre quer a posição horizontal, ou seja, o descanso; *"A caveira quer descanso"*, e consequentemente caíram no sedentarismo.

Podemos afirmar que uma das maiores alegrias da equipe de professores e instrutores é fazer com que estes eternos heróis e cascas grossas, paraquedistas, faixas pretas ou não, consigam redescobrir o quanto são fortes. Consigam redescobrir o potencial que possuem no seu interior, enfim, que percebam que o entusiasmo é o caminho, é Deus dentro de cada um de nós, é o próprio Espírito Santo de Deus que, de uma forma ou de outra, nos possibilita infinitas conquistas, independentemente do tempo que, supostamente, foi perdido.

Capítulo 104

Jamais Subestime o Poder do Cérebro

Neste centésimo quarto capítulo, temos como objetivo específico, estudar e aprender que o cérebro é poderosíssimo, mas é apenas um impressionante processador de dados, que fica escondido do mundo exterior protegido pela calota craniana.

Vamos fazer algumas colocações que consideramos da maior importância para um perfeito entendimento, aconselhando-o a ler o Livro *"A Semente da Vitória"*, da Editora SENAC, São Paulo. O autor, professor Nuno Cobra, começa o Capítulo III da seguinte forma:

"Cérebro burro! É uma conclusão a que cheguei, por perceber que podemos manobrar o nosso cérebro como quisermos. Simplesmente por descobrir que ele é vulnerável a todo tipo de interferências externas, como educação, cultura, sociedade, família etc., a nos impor tipos e mais tipos de comportamentos que nem sempre espelham nossa dinâmica realidade."

E é verdade, o cérebro é o principal órgão e centro do sistema nervoso, é o mais importante centro de regulação e controle de todas as atividades do nosso corpo. É a sede da consciência, do pensamento, da memória e da emoção. É alimentado por uma rede de vasos sanguíneos, é poderosíssimo, mas é apenas um impressionante processador de dados, que fica escondido do mundo exterior protegido pela calota craniana. Todas as informações chegam a ele através dos órgãos dos sentidos; melhor dizendo, é programado pelos órgãos dos sentidos.

Assim, somos levados a acreditar que os órgãos dos sentidos são os mais importantes; entretanto, não são. O professor Nuno Cobra nos mostra que são as *"emoções"* que de fato controlam todas as informações, e nos dá alguns exemplos que, trazendo-os para o nosso dia a dia, seriam mais ou menos assim: Uma pessoa está dormindo no aconchego do seu lar, e acorda com o toque do celular do seu chefe convocando-o para um trabalho importante e diz:

"Que droga! Já começou a me torrar o saco logo cedo! Já vi que o meu dia vai ser péssimo!".

Pode também ser um amigo convidando-o para um exercício físico matinal:

"Que saco! Não sei onde eu estava com a cabeça quando concordei com essa maluquice. Meu dia vai ser um inferno!".

O cérebro recebe as péssimas informações dos órgãos dos sentidos e produz hormônios de péssima qualidade, substâncias venenosas que são lançadas diretamente na corrente sanguínea, deixando a pessoa angustiada, deprimida e estressada. Uma outra pessoa convocada nas mesmas condições para uma importante missão, diz:

"Obrigado meu Deus! É sinal de que sou importante para o meu chefe! Tenho certeza de que tudo dará certo! Meu dia será ótimo!".

E sendo convidado para um exercício matinal, reage da seguinte forma:

"Vou mudar meus hábitos e minha alimentação! Vou melhorar minha condição física a cada dia!".

Da mesma forma, o cérebro recebe as informações cheias de entusiasmo e produz hormônios de altíssima qualidade que, lançados na corrente sanguínea, provocam aquela sensação de bem com a vida. Como diz o professor Nuno Cobra, parece engraçado, mas *um "burro poderoso" pode causar sérios problemas se não for administrado com muita inteligência.*

Sabemos da existência das doenças de fundo psicossomático, ou seja, se nos preocupamos e acreditamos que há algo de errado com a nossa saúde, isso acaba se tornando uma verdade para o nosso cérebro, que produzirá todos os sinais e sintomas de uma patologia virtual e acabamos ficando realmente doentes. Conclui o professor Nuno Cobra:

"Mas, se esse 'cérebro burro' pode somatizar o que não existe, pode também curar o que existe. Aliás, o que seria o milagre, a cura, senão essa absurda força capaz de fazer com que o cérebro humano produza substâncias que levam à cura de certas doenças, por mecanismos ainda desconhecidos?".

Portanto, precisamos realmente nos convencer de que a emoção é, de fato, a rainha da vida. Quando estamos felizes, contentes, enfim, de bem com a vida, nosso cérebro produz hormônios de ótima qualidade. Estes hormônios, quando lançados na corrente sanguínea, nos deixam ainda mais felizes, mais contentes. Todavia, quando estamos tristes, angustiados e estressados, nosso cérebro produz hormônios de péssima qualidade que, lançados na corrente sanguínea, provocam ainda mais angústia e depressão.

Portanto, é fundamental que estejamos sempre entusiasmados. *Entusiasmo* é o caminho, significa *"Deus dentro de nós"*, é o Espírito Santo possibilitando infinitas conquistas, independentemente do tempo que, supostamente, foi perdido. Da mesma forma que precisamos nos preocupar com a *"alimentação física"*, com a qualidade dos nutrientes que ingerimos, é importante que nos preocupemos também com a *"alimentação mental"*.

Lao-Tse dizia que *"Aquele que conquista uma vitória sobre outro homem é forte; quem conquista uma vitória sobre si mesmo é poderoso".*

É fundamental que travemos estas constantes batalhas com nós mesmos, para que consigamos, através da exaustão, da insistência e da persistência, desenvolver a habilidade de eliminar os pensamentos negativos que destroem a autoestima.

Nosso objetivo é fazer com que você, que está lendo este capítulo, entenda que é através da atividade física que você irá, gradativamente, perceber a incrível força invisível que existe no seu interior, que se traduzirá num efeito visível. Entretanto, como minha mãe dizia, *"Não devemos colocar a carroça na frente dos burros"*. É necessário que saibamos degustar cada pedaço deste processo evolutivo, altamente gratificante. Contudo, muito cuidado! Quando contrariamos as regras básicas, o resultado é desastroso.

Capítulo 105

Os Quatro Tipos de Idade

Neste centésimo quinto capítulo, temos como objetivo específico, estudar e aprender que é imprescindível o perfeito equilíbrio entre, a adaptação do corpo ainda debilitado e a euforia da nossa mente disposta a atropelar tudo e todos.

Existe na verdade, quatro tipos de idade: A *cronológica,* a *mental,* a *aparente* e a mais importante, a *fisiológica.* Bastante conhecida por todos nós, a *idade cronológica* traduz-se pelo número de anos de vida que possuímos.

A *idade mental* traduz-se pela maturidade ou imaturidade do ser humano, até certo ponto, independe da idade cronológica.

A *idade aparente,* como o próprio nome diz, traduz-se através da imagem mais ou menos jovem, até certo ponto, independe tanto da idade cronológica como da mental.

A *idade fisiológica* é, normalmente, um resumo da vida que levamos, ou melhor, da forma como administramos a nossa vida.

Existem pessoas que têm uma idade cronológica avançada, mas têm uma idade fisiológica baixa. Isso em razão de uma vida regrada, até com excesso de trabalho, não importa, mas equilibrada, com repouso adequado, com alimentação saudável e com constância de treinamento físico. Outras até têm uma idade cronológica baixa, mas se a vida é colocada em segundo plano, de nada adianta. Na maioria das vezes, essas pessoas até, de forma incoerente, se orgulham em dizer que é *preciso vivê-la intensamente!* Acontece que viver a vida intensamente, alimentando-se mal, desprezando noites de sono e alimentando-se dos vícios do cigarro e do álcool é, sem dúvida, uma espécie de *"suicídio culposo",* sem o dolo, sem a intenção. Uma destruição do maior patrimônio do ser humano, *"a vida".* Portanto, em razão dessa individualidade biológica, usando a iniciativa, o bom senso e o discernimento, precisamos tomar uma simples atitude, *"começar a mudança".* Se nunca praticamos qualquer tipo de esporte, primeiro devemos passar pelo médico; após a liberação, devemos começar com uma atividade física leve e simples. Caminhe com passadas firmes, mas que sejam agradáveis, como se estivesse indo a um encontro dentro do horário, mas sem parar; é fundamental e extremamente necessário que seja de maneira contínua. Podemos iniciar com uma caminhada de 20 minutos; ande 10 minutos e retorne. Gradativamente vá aumentando o tempo e a intensidade.

Lembre-se que não devemos colocar a carroça na frente dos burros. Se a nossa mente quiser ir adiante, aprenda a dizer não! É imprescindível o perfeito equilíbrio entre a adaptação do corpo ainda debilitado e a euforia da nossa mente disposta a atropelar tudo e todos. Portanto, muito cuidado! Mas acredite, essa motivação é importante e contagiante.

Para fechar o assunto, precisamos estar sempre com os pés fincados no solo; existem aqueles que viajam nas nuvens o tempo todo. Precisamos aprender a gostar do corpo que temos, perceba que estamos falando do nosso corpo, cada um tem o seu com a própria individualidade. Quando incentivamos alguém a se preocupar com o corpo, observamos que muitas pessoas abandonam o cuidado com o corpo, por quererem ter “aquele outro corpo”, ou seja, o corpo escultural de uma outra pessoa; assim, quando percebem que não é possível ter o corpo daquela deusa ou daquele deus grego, simplesmente desistem; chutam o balde.

Capítulo 106

O Tempo É Implacável, mas Também é Soberano

Neste centésimo sexto capítulo, temos como objetivo específico, estudar e aprender que correr estimula o corpo a produzir endorfina, um "analgésico natural" que nos leva a uma sensação de bem-estar e tranquilidade podendo, inclusive, inibir o estresse.

Quando decidimos mudar, de verdade sair do sedentarismo, as transformações orgânicas acontecem a olhos vistos. É como se estivesse nascendo um novo ser, e realmente está! O bom senso e o discernimento certamente irão ajudar. No dia seguinte podemos repetir a dose, no outro também, e no outro idem; certamente sem qualquer problema. Os problemas acontecerão se, na euforia do prazer da atividade física, desrespeitarmos as regras básicas. Mais uma vez usando o bom senso e o discernimento, gradativamente, aumentaremos o tempo de caminhada. Com o tempo começamos a aumentar o ritmo, sempre tentando perceber os movimentos musculares e articulares. Até que um dia, com um bom par de tênis, uma boa condição cardiopulmonar, musculatura e articulações fortes e adaptadas, seremos capazes de, sem loucura, literalmente com os pés no chão, realizarmos aquela saudável e prazerosa corridinha. Os mesmos procedimentos podem ser utilizados para o desenvolvimento dos membros superiores, utilizando para isso barras fixas, cordas, halteres e, sobretudo, muita criatividade.

Pessoas que correm regularmente, normalmente dormem mais fácil e melhor. Correr reduz em 50% os riscos de doenças no coração, e também reduz em 40% as chances de desenvolver osteoporose. É necessário que estejamos sempre atentos à oxigenação orgânica, ou seja, o ar conscientemente inspirado que chega aos pulmões, descolabando os alvéolos pulmonares e sendo, consequentemente, distribuído para todo o corpo, principalmente para o cérebro, promovendo além do desenvolvimento físico, o desenvolvimento mental, espiritual e emocional. Correr estimula o corpo a produzir endorfina, um «analgésico natural» que nos leva a uma sensação de bem-estar e tranquilidade, podendo inclusive inibir o estresse. Endorfina é uma substância natural, um neuro-hormônio, produzida no cérebro pela glândula hipófise. Quando desenvolvemos uma atividade física, a sensação de bem-estar, prazer, bom-humor e felicidade logo aparece; acontece quase que imediatamente. Esse sentimento se dá pela produção desse inusitado e natural hormônio chamado endorfina, produzido pelas reações do nosso cérebro. Não só a corrida libera endorfina, mas também inúmeras outras atividades, como: a ingestão de alimentos que te deixe alegre, aquela boa e longa gargalhada que você dá, aquele carinho dado e recebido, as relações sexuais, aquela boa e relaxante massagem e, também entrar em contato com a natureza. Vale esclarecer que quando os níveis de endorfina estão baixos, podemos observar alguns sinais e sintomas característicos, como: sensações desagradáveis como ansiedade, alteração de humor, desconforto, depressão e irritabilidade. Perceba que são praticamente os mesmos sinais e sintomas que ocorrem com as pessoas que, por algum motivo, deixaram de se exercitar. Também é um quadro bastante parecido com a "síndrome de abstinência" causada por algumas drogas cujo consumo é cortado, interrompido abruptamente.

Capítulo 107

Superdicas de Alimentação

Neste centésimo sétimo capítulo, temos como objetivo específico, estudar e aprender que não adianta absolutamente nada corrermos cinco, dez mil metros, se não tivermos na corrente sanguínea as substâncias vitais para a renovação celular. Nosso organismo precisa absorver os nutrientes necessários à sua sobrevivência.

Devido a individualidade biológica, é fundamental buscar a orientação de um nutricionista ou um médico especialista em alimentação; todavia, aí vão algumas dicas simples, mas extremamente eficientes e eficazes. É importante iniciarmos ressaltando que não adianta absolutamente nada corrermos cinco, dez mil metros, se não tivermos na corrente sanguínea as substâncias vitais para a renovação celular. Nosso organismo precisa absorver os nutrientes necessários à sua sobrevivência. Nossa alimentação normalmente é péssima e a forma como nos alimentamos também; todos nós vivemos com pressa e, como sabemos, a pressa é inimiga da perfeição.

Durante uma palestra sobre alimentação, o Dr. Lair Ribeiro explicou que o nosso corpo é basicamente formado por água e nós, normalmente, não damos a devida atenção a este fato. Perceba que um indivíduo com setenta quilos tem aproximadamente 42 litros de água no corpo; sessenta por cento do peso corporal é constituído por água. Você consegue perceber a importância da relação água e saúde? Com relação a alcalinidade, quanto mais alcalina for água melhor; o sangue tem um pH entre 7,35 e 7,45, assim, o ideal é tomarmos uma água com pH acima do pH sanguíneo. Se não ingerimos uma água de qualidade, os riscos de doenças aumentam significativamente. Quando ingerimos uma água ácida, sacrificamos o nosso corpo, pois ele precisará trabalhar para manter o equilíbrio. A criança é alcalina e o idoso é acídico; à medida que envelhecemos vamos acidificando, ou seja, vamos perdendo alcalinidade. Já que o assunto é água, ao acordarmos, um copo de água com suco de limão ajuda a despertar os órgãos internos e, também, ajuda a baixar a pressão sanguínea. Uma hora antes da refeição ajuda na digestão e antes de dormir pode evitar um acidente vascular cerebral ou uma cardiopatia.

Segundo estudos somos um país campeão no consumo de sódio. O sódio é o principal responsável pelo controle do volume líquido do corpo, além de regular a pressão arterial; portanto, o sódio é fundamental para o funcionamento do corpo. Contudo, o consumo excessivo de sódio resulta em graves problemas, uma vez que afeta o nosso equilíbrio interno. Apesar da sua importância para o nosso organismo, o sódio tem relação direta com inúmeros problemas cardiovasculares e renais. De acordo com a Organização Mundial de Saúde, para que haja o equilíbrio corpóreo é necessário ingerir, no mínimo, um valor entre *0,1 e 0,5 gramas* por dia. O valor máximo recomendado é de *cinco gramas* por dia.

Como poderemos constatar logo abaixo, não é nada complicado ingerir cinco gramas de sódio, sobretudo, em razão da grande quantidade de produtos industrializados, que extrapolam todos os limites predefinidos. Comer esses produtos processados e refinados, é uma espécie de suicídio culposo, uma vez que nós destruímos todas as nossas defesas. A verdade é que, de uma maneira geral, nós não estamos nem aí; a ficha, normalmente cai no momento do sofrimento, quando recebemos o resultado de um exame ou o diagnóstico de um médico especialista. Estudos mostram que 77% do sódio corpóreo seja oriundo desse tipo de alimento, como consequência seu consumo excessivo pode ser prejudicial. É fundamental que verifiquemos sempre nas embalagens a quantidade de sódio existente nos alimentos. De acordo com o Ministério da Saúde, o ideal é que, em 100g de alimento, sejam encontrados menos de 400mg de sódio. Portanto, fique atento! Perceba que, sinceramente equivocados, todos nós consumimos uma quantidade absurda de sódio, vejamos: Uma porção de macarrão instantâneo de 85g possui 2700mg de sódio; uma porção de 50g de salsichas possui 551mg de sódio; uma colher de sopa de shoyu possui 902mg de sódio; uma fatia de pizza de calabresa possui 620mg de sódio, uma simples colher de sopa de molho de salada possui 250mg de sódio; um pãozinho francês possui 304mg de sódio e uma porção de 100g de bacon possui 830mg de sódio. Você consegue perceber como é fácil ultrapassar aqueles 5(cinco) gramas diários?

Dando continuidade às super dicas de alimentação, nosso café da manhã é a refeição mais importante pois, após o necessário e merecido repouso o nosso organismo precisa absorver o que existe de mais saudável em termos alimentares; assim, água fresca de coco, ovos, frutas, oleaginosas, chia, iogurte, kefir – espetacular para a qualidade da nossa flora intestinal; vale ressaltar que cuidar da flora intestinal é tão importante quanto fazer atividade física; mel, grãos e fibras não podem faltar. Acredite, é a melhor forma de nós mantermos as nossas reservas de vitaminas e sais minerais, consequentemente, a nossa imunidade. O almoço deve ter a adição de carnes brancas, de preferência grelhadas; o arroz com feijão não pode faltar. Também são imprescindíveis os mais diversos tipos de legumes, verduras e frutas, temperados com pouco sal, cúrcuma, limão e azeite extravirgem de oliva; acreditem, faz superbem!

Também conhecidos como glicídios, os carboidratos desempenham importantes funções sendo a nossa principal fonte de energia. Por ignorância, corremos o perigo de excluí-los da nossa dieta, o que comprometeria sobremaneira a nossa saúde. Os carboidratos são responsáveis por atividades corriqueiras como todos os movimentos naturais do dia a dia, andar e correr. A ingestão de glicídios é fundamental para a existência humana. Dentre as mais diversas funções que ele ocupa no nosso organismo, destaca-se a nutrição das células do sistema nervoso central; ou seja, é necessário para o funcionamento normal do sistema nervoso central. O cérebro não armazena glicose e dessa maneira necessita de um suprimento de glicose sanguínea. A ausência de carboidrato pode causar danos cerebrais irreversíveis. O carboidrato é um ativador metabólico, pois, regula o metabolismo proteico, poupando proteínas. Também estimula os movimentos peristálticos do trato gastrointestinal e absorve água para dar massa ao conteúdo intestinal; ajudando na eliminação do bolo fecal. O nosso sistema imunológico depende da qualidade da nossa flora intestinal, ou seja, da qualidade daquilo que nós comemos. Vejamos, portanto, alguns exemplos de excelentes carboidratos: Quinoa, aveia, mandioquinha, arroz integral, mandioca, batata, feijão, inhame, batata doce, lentilha, milho verde e grão de bico.

É muito importante começarmos a quebrar alguns paradigmas substituindo os refrigerantes por água ou sucos naturais; os achocolatados por cacau em pó, os embutidos por carnes magras, os temperos industrializados por temperos naturais e a famosa margarina por manteiga. Sabemos que ninguém é bom naquilo que não pratica, assim, treinar, treinar e treinar é fundamental; portanto exercite-se! A batata doce fornece a energia necessária para o seu treino diário; auxilia na queima de gordura e, também, no ganho de massa muscular. É incrível, mas também ajuda a controlar a diabetes, auxilia no emagrecimento e na formação de colágeno. Já a beterraba ajuda no combate às inflamações, mantém os vasos sanguíneos dilatados, melhorando a absorção de nutrientes musculares, contribuindo assim na recuperação muscular. Auxilia também na desintoxicação do corpo. O gengibre auxilia na perda de peso, atua como antioxidante e anti-inflamatório e ajuda a proteger o estômago contra as famosas úlceras, auxiliando no combate a náuseas e vômitos.

Capítulo 108

Ingestão Calórica e Desgaste Energético

Neste centésimo oitavo capítulo, temos como objetivo específico, estudar e aprender que engordar, não necessariamente tem relação direta com a quantidade de alimento que você ingeriu, mas a quantidade de calorias que aquele alimento possui e a quantidade de calorias que você absorveu ou eliminou.

Quando o assunto é ingestão calórica ou desgaste energético, deve-se levar em conta alguns fatores como: idade, peso corporal, estatura e nível de condicionamento físico. Sabemos que não existe mágica para perder peso. Uma alimentação saudável com baixa caloria e uma atividade física regular, ou seja, ingestão calórica baixa e desgaste energético alto é o segredo para emagrecer. De acordo com especialistas, você sempre gastará alguma energia mesmo estando dormindo. Se você ficar na cama durante 24 horas, sem fazer nada, gastará em torno de 1.600 Kcal (indivíduo com 70 kg). O gasto calórico varia de 1,2 kcal/min em repouso para mais de 20 kcal/min durante uma atividade física intensa.

Perceba como é simples, se ao final do dia a sua ingestão calórica foi maior do que o seu desgaste energético, obviamente, você armazenará uma determinada quantidade de calorias. Da mesma forma, se ao final do dia a sua ingestão calórica for menor do que o seu desgaste energético, obviamente, você eliminará da sua reserva uma determinada quantidade de calorias. Certo? Simples assim. Não adianta absolutamente nada você se matar pedalando, se em seguida você se entupir de massas, sorvetes e doces. Muitas vezes, você pedala na academia, derrama bicas de suor e, logo em seguida, toma uma lata de refrigerante com um delicioso hambúrguer com fatias de bacon. É óbvio que o seu esforço foi em vão.

Não se trata da quantidade de alimento, mas da quantidade de calorias que aquele alimento possui e a quantidade de calorias que você absorveu ou eliminou. Uma inocente latinha de refrigerante, não importa a marca, tem aproximadamente 150 calorias, o que significa mais ou menos 50 minutos, andando de bicicleta; é muito tempo, não é verdade? Percebeu como é mais interessante "abrir mão" da latinha?

É bastante comum observarmos pessoas obesas e, também, com tendência a obesidade que trocam segredos e receitas milagrosas para emagrecer e, normalmente se metem na maior furada. Cuidado com as "dicas" que são dadas pelos amigos e pela mídia de uma maneira geral. Para orientar, não existe ninguém melhor do que um médico especialista.

Finalmente, não poderíamos deixar de enfatizar a importância do repouso, da recuperação de todo o desgaste físico diário. Desde pequeno ouvia meus pais falarem que o sono é o melhor alimento. E é a maior verdade. O ideal é que consigamos dormir no mínimo oito horas ininterruptamente. É apenas uma questão de treinamento, de condicionamento. É durante o sono profundo que nosso organismo produz hormônios de altíssima qualidade que regulam o organismo. Se nós não nos preocuparmos com o repouso, com a recuperação orgânica, de nada adianta todo o empenho, toda a dedicação, todo o esforço físico, se certamente ficaremos doentes, debilitados fisicamente. A atividade física passa a ser um grande problema e não uma enorme solução. Para que possamos aproveitar todos os benefícios que a atividade física nos oferece, é necessário que não contrariemos este mecanismo de defesa natural chamado *"sono"*.

Capítulo 109

De Bons Pensamentos o Inferno Está Cheio

Neste centésimo nono capítulo, temos como objetivo específico, estudar e aprender que se você não estiver convicto e determinado a brigar, com todas as forças, por uma boa forma e condição física, muito provavelmente você jamais a conseguirá.

Sabemos que comprometimento é dar a vida, mas a maioria das pessoas não se compromete. Praticar uma atividade física para adquirir uma boa forma e condição física é algo utópico. Talvez você esteja pensando:

"Eu não estou entendendo direito, não sei do que você está falando. Eu tenho me esforçado, tenho trabalhado duro, tenho me dedicado bastante, tenho feito o possível. De vez em quando eu até consigo dar uma malhadinha, jogar um futebolzinho, treinar um pouquinho de jiu-jitsu; é claro que estou comprometido, tenho boas intensões e com certeza ficarei em boa forma."

E eu lhe respondo que:
"De bons pensamentos o inferno está cheio".

Já dizia minha mãe. O conceito de comprometimento é dar a vida, é dedicar-se incondicionalmente. É aquela estória do bacon com ovos; o porco está comprometido e a galinha está envolvida; lembra-se? A palavra-chave é incondicionalmente, assim é necessário que você derrame o seu sangue, suor e lágrimas. Pare de procrastinar, você precisa se dedicar de verdade, só assim conseguirá reprogramar sua mente e, como resultado conquistará uma boa forma e condição física e, consequentemente, saúde física e mental.

Muitas das pessoas sedentárias que conhecemos são bastante limitadas no que diz respeito à disposição para começar algo novo, limitadas no que diz respeito ao que aceitam perder e ao que admitem renunciar para iniciar uma atividade física. Muito embora tenham sempre um discurso bonito, é apenas um discurso bonito; simples assim, decorado e embusteiro. Normalmente falam muito, mas, não chegam a lugar nenhum. Se dizem prontas para fazer tudo o que for necessário, mas, na hora "H", inventam sempre uma boa desculpa para não começar; são boas em procrastinar. Sinceramente, nós não gostaríamos que fosse assim, tampouco ficamos à vontade para lhe falar que praticar regularmente uma atividade física, definitivamente não é uma ocupação prazerosa e, se alguém disser que é, ou está mentindo ou é de fato uma pessoa rara e especial; e nós a invejamos muito. Nossa experiência nos autoriza a afirmar que entusiasmo, comprometimento, força, coragem, determinação e, sobretudo, perseverança, são atributos fundamentais para a conquista desse objetivo. Reitero que o significado de tudo isso é que, se você não estiver convicto e determinado a brigar, com todas as forças, por uma boa forma e condição física, muito provavelmente você jamais a conseguirá.

A questão é a seguinte, você tem estrutura emocional para "abrir mão" daquela crocante e recheada coxinha de galinha com catupiry e daquele refrigerante bem gelado? E daquela lasanha à bolonhesa suculenta com queijo e presunto derretendo de forma magnífica? E daquele sofá confortável equipado com uma TV de 65 polegadas com última Tecnologia de Imagem? Você tem disposição para suar a camisa durante aproximadamente duas horas por dia? Você sacrificaria sua novela ou deixaria de assistir aquele jogo de futebol? Acredite, as pessoas que possuem uma boa forma e condição física, têm estrutura, disposição, coragem e determinação para fazer tudo isso e mais o que for necessário. E você, está preparado para entrar nessa guerra? Se for corajoso, determinado e perseverante, certamente conseguirá; no momento que você tomar essa decisão, olhe para frente, eu disse para frente, caso contrário você virará uma estátua de sal; você consegue entender isso? Jamais desista; se tiver que desistir, desista de ser fraco.

Apesar de não ser raro, eu sempre fico impressionado quando me deparo com as pessoas que após terem resistido, com todas as forças, a tentação de desistir, assumem com entusiasmo àquela nova "razão de existir", ou seja, assumem a sua mais nova missão. O mais impressionante é que, quando de fato a pessoa se compromete e dá o seu "sim" para o início dessa nova vida, uma mudança radical sobrevém e como um milagre as coisas começam a acontecer; as coisas acabam dando muito certo e, por mais incrível que possa parecer, acontecem naturalmente.

É bíblico, talvez precisemos aprender a ser até mesmo impertinentes, ou seja, bater até a porta se abrir. Acreditamos de verdade que Deus sempre quer nos dar muito mais, entretanto, nós nos contentamos com aquela colchinha de retalhos, talvez por medo, talvez por preguiça ou mesmo por falta de visão. Entretanto, basta tomar uma simples decisão e as coisas naturalmente começam a acontecer. No momento em que nos libertamos dos nossos próprios medos e incertezas a nossa presença contagia aqueles que estão próximos e, tudo e todos passam a fazer parte dos nossos projetos e desafios. Tudo passa a concorrer para que as coisas aconteçam a nosso favor e conforme necessitamos.

Capítulo 110

Futebol Só aos Domingos

Neste centésimo décimo capítulo, temos como objetivo específico, estudar e aprender que é aconselhável que façamos atividade física no mínimo três vezes por semana, aumentando gradativamente a intensidade dos exercícios.

A sua performance, o seu desempenho, se dará na mesma proporção de importância, que você dedica ao treinamento físico, obviamente considerando tudo aquilo que o fortalece, como alimentação, repouso e constância de treinamento; portanto, seja determinado, a sua dedicação é muito importante. Queremos lembrar-lhe de que a preguiça é um comportamento bastante inconveniente. Acreditamos que o maior desafio é vencer os três primeiros meses, nesse período observamos o nível de importância que, de fato, você generosamente se oferta para a melhora da sua performance.

Existem pessoas que fazem atividade física duas vezes por semana, outras três ou quatro vezes por semana. Acreditamos que devemos "descansar" apenas 1 dia e, de preferência no domingo; nos demais dias, usando o bom senso, devemos "cair para dentro", alternando a intensidade dos exercícios (fraca, média, fraca e forte). Agora, vale ressaltar que fazer duas vezes por semana é melhor do que nada, contanto que não seja uma atividade forte; salvo se você puder acrescentar mais dois dias de caminhada (média intensidade) de aproximadamente 50 minutos; neste caso seria perfeito!

Você certamente conhece alguém que só se meche uma vez por semana; o famoso "futebol de domingo". Será que procede? Na nossa visão, como profissionais afirmamos, não procede! Sabemos que devemos nos movimentar, contudo, é prudente que tenhamos bom senso. Uma ou duas vezes por semana de modo intenso, certamente acarretará complicações cardiopulmonares e, sobretudo, complicações ortopédicas, lesões de todos os tipos. E, muita atenção pois, futebol apenas uma vez por semana e sedentarismo nos outros seis dias, é uma verdadeira insanidade e os riscos de desenvolver problemas cardíacos são enormes. Primeiro, nosso corpo precisa ser preparado para suportar as exigências do esporte. Nosso coração, uma bomba que faz com que o sangue circule no nosso corpo, precisa estar preparado para suportar o esforço durante a atividade. Se você não respeitar este princípio básico, poderá sofrer as consequências da teimosia. Assim, se for o seu caso, não queira milagres e não espere resultados rápidos e surpreendentes. Fique menos eufórico e, com um bom par de tênis, aproveite para caminhar, use mais as escadas; como falamos, é melhor do que nada.

Um outro tema pertinente seria a avaliação médica; você precisa estar consciente da sua real condição física, assim, deve procurar um especialista, pois, uma consulta, um eletrocardiograma e um teste de esforço é sempre aconselhável. É também aconselhável que façamos atividade física no mínimo três vezes por semana, aumentando gradativamente a intensidade dos exercícios. No caso dos jogadores de futebol de final de semana, para que os riscos de infarto sejam reduzidos, basta que sejam incluídos ao longo da semana dois dias de exercícios físicos ou como já falamos, pelo menos duas caminhadas de 50 minutos por semana.

Madre Teresa de Calcutá dizia que *"Nós não devemos permitir que alguém saia da nossa presença sem se sentir melhor e mais feliz"*; você percebeu a profundidade dessa mensagem?

Quando estamos bem com nós mesmos, naturalmente fazemos isso. Já o contrário, quando estamos contrariados com nós mesmos, sai de baixo; não é assim que funciona? O sedentarismo, nos atrapalha sobremaneira, mesmo inconscientemente nos causa muito incômodo, nos abala emocionalmente. Vimos anteriormente que todos nós nascemos com inúmeras habilidades, muitos talentos, que devem ser usadas generosamente. *Um talento natural é o relacionamento humano; relacionar-se é um dom, e todo dom precisa ser desenvolvido.* Assim, procure nos seus relacionamentos, incentivar seus amigos à prática de uma atividade física, procure entusiasmar alguém por quem você tenha apreço; essa atitude é benéfica em todos os sentidos, inclusive libera ocitocina, também conhecida como hormônio do amor; melhora o humor, ajuda na interação social, reduz a ansiedade e a agressividade. Trata-se de uma boa negociação, todos ganham e você fica ainda mais comprometido com a sua missão. Pesquisas mostram que as pessoas que praticam atividade física com constância, são mais felizes e proativas; será que procede? Acreditamos que tem fundamento sim.

No mundo espiritual quando nós dividimos, na verdade multiplicamos; faz sentido? Quando dividimos com as pessoas o que sabemos, multiplicamos aquilo que sabemos. Não é verdade? É sempre muito legal quando conseguimos envolver pessoas a fazer aquilo que é certo, algo que vai ajudá-las a conquistar os seus objetivos. Perceba que é uma espécie de missão. Richard Bach, no livro Fernão Capelo Gaivota, pergunta: *Como vou saber se completei a minha missão?* A resposta é fantástica: *Se você ainda respira, é porque ela ainda não terminou.* É guerra, *somente os mortos verão o final da guerra* – já dizia Santayana; portanto, mãos à obra. Vamos começar a fazer com que as pessoas se movimentem mais, tenham mais saúde e sejam mais felizes.

Capítulo 111

Noções Fundamentais de Neuróbica

Neste centésimo décimo primeiro capítulo, temos como objetivo específico, estudar e aprender que a Neuróbica é para nós uma atividade tão necessária quanto a atividade física diária, pois, quanto mais exigimos do cérebro, mais aguçado ele se torna.

Um neurocientista norte-americano chamado Lawrence Katz, autor do livro "*Mantenha seu Cérebro Vivo*", criou o que atualmente é conhecido por Neuróbica, ou seja, uma ginástica específica para o cérebro. Nosso cérebro não é um músculo, mas a analogia é didática; entenda que da mesma forma que os nossos músculos necessitam de exercícios, *nosso cérebro também precisa ser treinado, exercitado o tempo todo, para que permaneça íntegro, funcionando com dignidade.* Caso contrário, de forma lenta e silenciosa vai perdendo todo o seu potencial, dando espaço aos mais diversos tipos de demências. Quando sofremos uma lesão num nervo, ou deixamos por algum motivo, de exercitar um determinado músculo, este sofre uma hipotrofia por desuso, ou quem sabe uma atrofia, que pode ser neurogênica – diz-se de tudo que é de origem nervosa. Nós perdemos massa e volume muscular. Nós não queremos que isso aconteça com o nosso cérebro, assim, precisamos entender um pouco mais sobre Atividade Neuróbica.

O Dr. Katz afirma que é comum não prestarmos atenção nas coisas que fazemos mecanicamente, por isso costumamos esquecer das ações que executamos, pouco tempo depois. O objetivo dessa ginástica cerebral é estimular nossos sentidos através de atividades físicas específicas, fazendo com que nós comecemos a enxergar o invisível e ouvir o inaudível, ou seja, fazendo com que nós prestemos ainda mais atenção às atividades do dia a dia, especialmente, às atividades que normalmente são automatizadas. Assim, nós melhoraremos o nosso poder de atenção concentrada, atenção difusa e, sobretudo, memória.

São as atividades e, também, os exercícios simples do dia a dia, que nos ajudam a desenvolver habilidades motoras e mentais; normalmente nós as fazemos, mas de forma condicionada. O objetivo é que façamos essas atividades usando o outro hemisfério cerebral, contrariando aquilo que consideramos padrão, quebrando inclusive alguns paradigmas. Como por exemplo, passar a escrever também com a mão auxiliar, da mesma forma escovar os dentes, amarrar os sapatos, pentear o cabelo, abrir uma porta, o talher para alimentar-se, tomar uma xícara de café, acariciar o animal de estimação, usar o controle remoto, o cotonete etc.

A neuróbica traduz-se na *"alteração da lógica das atividades"* e "*linhas de ação comuns no dia a dia*", modificando a forma como nós percebemos as coisas. Dessa maneira vamos trabalhando o outro hemisfério cerebral, alterando nossa forma de percepção sem, contudo, modificar nossas atividades diárias. O objetivo da neuróbica é praticar de forma consciente e equilibrada as atividades e linhas de ação do dia a dia que estimulam respostas emocionais e cerebrais. Perceba que são exercícios, mas também linhas de ação que envolvem, renúncias de hábitos nocivos à saúde física e mental, vícios de todos os tipos e mudanças de padrão comportamental que mexem, sobremaneira, com aspectos físicos, emocionais e mentais.

Percebemos que naturalmente, o GPCI tornou-se um grande aliado da Neuróbica; pois, são praticamente exercícios superavançados de neuróbica. O GPCI é uma proposta bastante audaciosa, que exige um treinamento intenso de comunicação verbal, comunicação não verbal e paraverbal, aliadas a estratégias de segurança e autodefesa; assim, a constante quebra de paradigma é uma necessidade, e os resultados são surpreendentes. Reiterando, o objetivo da neuróbica é praticar de forma consciente e equilibrada as atividades e linhas de ação do dia a dia que estimulam respostas emocionais e cerebrais. De maneira resumida tem como proposta a mudança de um comportamento rotineiro para submeter e dominar a memória.

Compreenda que o GPCI segue os mesmos princípios, mas com um outro foco; o GPCI abrange desde a identificação de possíveis conflitos, problemas, crises e escândalos, com suas respectivas análises e avaliações de riscos e consequentes medidas e atitudes preventivas, até a formulação e construção de frases técnicas para o gerenciamento de comportamentos inconvenientes. Perceba que há o envolvimento de renúncias, escolhas e fatores emocionais; você aprende que é obrigado a fazer o que é certo e não aquilo que você gostaria de fazer. A Neuróbica é para nós, uma atividade tão necessária quanto a atividade física diária; quanto mais exigimos do cérebro, mais aguçado ele se torna.

Capítulo 112

A Gratidão e o GPCI

Neste centésimo décimo segundo capítulo, temos como objetivo específico, estudar e aprender que sendo gratidão uma mudança de olhar, quando mudamos o nosso olhar, quando mudamos a forma de enxergar os conflitos e os problemas do dia a dia, mudamos os "resultados" naturalmente.

Estamos convencidos de que o tema GPCI é de fato, infinito. Certa vez nós assistimos no Domingo Espetacular, na Rede Record, duas entrevistas ótimas e pertinentes ao tema; em ambas, o assunto era gratidão. A primeira entrevista foi com a psicóloga *Dra. Márcia Luz*, e a segunda com o médico neurologista *Dr. Fabiano Moulin*. Logo no início a psicóloga explicou que gratidão é mudança de olhar. Ela exemplificou que muitas pessoas acham que são gratas porque agradecem o que os outros fazem por elas, e isso não é gratidão, isso é educação. Gratidão é quando mudamos a forma de olhar; por exemplo, ao invés de nós simplesmente olharmos para os conflitos e problemas, é nós buscamos enxergar através deles, as bênçãos que eles podem nos proporcionar; ao invés de simplesmente olharmos para as crises e obstáculos, é nós enxergamos as oportunidades que sempre surgem nesses momentos críticos, obviamente para aqueles que se propõem a enfrentá-los; ao invés de nós nos desgastarmos em demasia com aquilo que não está dando certo na nossa vida, é nós focamos naquilo que de fato nos leva para o alto, em direção a Deus.

O médico por sua vez diz que a gratidão é uma das emoções mais espetaculares que o ser humano tem o privilégio de sentir. Ele diz que ser grato, faz com que nos sintamos privilegiados, pois tudo o que a pessoa grata tem, "é suficiente"; simples assim. Não estamos nos referindo àquilo que ela já teve ou ainda vai ter; mas simplesmente ao que ela tem agora. Mesmo que seja pouco, "é suficiente". Ele explica que a pessoa grata sabe que nada, absolutamente nada na vida é banal. Se você está nesse momento observando a construção dessa frase; não é banal! Você poder analisar, avaliar, poder andar, poder falar, poder rir; também poder praticar jiu-jitsu, surfar, chorar e se emocionar com pequenas coisas; definitivamente, não é banal! Esse sentimento, ou melhor, esse exercício de perceber aquilo que parece banal, para a grande maioria das pessoas, é na verdade um grande privilégio, nos torna seres humanos com mais inteligência emocional e mais qualidade comportamental, gratos a Deus pelo dom da vida.

Sendo gratidão uma mudança de olhar, quando mudamos o nosso olhar, quando mudamos a forma de enxergar os conflitos e os problemas do dia a dia, mudamos os "resultados" naturalmente; sem reclamar. Nós necessitamos evoluir; para isso é preciso parar de reclamar. A psicóloga também explicou na entrevista, que é muito desagradável conviver com adultos cheio de "mimimi", que reclamam o tempo todo, de tudo e de todos; o chororô de um adulto não tem os mesmos efeitos do choro de uma criança. Quando bebês, chorávamos para mamar ou para conseguir o que queríamos; mas parece que muitos de nós apesar de termos crescido, continuamos reclamando para conseguir as coisas. A Dra. Márcia Luz diz que *"a vida te dá mais do mesmo"*, e isso é interessante e bem simples, significa que se você reclama da falta de dinheiro, você terá ainda mais falta de dinheiro; se você reclama que está com preguiça, você ficará ainda mais preguiçoso. Perceba que reclamar é clamar duas vezes. "Ele clamou a Deus"; clamar é pedir com "muita força", portanto reclamar é pedir com "força estrondosa"; é ou não é complicado? O nosso cérebro entende exatamente assim, dessa forma. Não é por acaso que a bíblia nos ensina que, *"Em todas as circunstâncias dai graças"*; *"Examinai tudo! Abraçai o que é bom"*.

O Dr. Fabiano explicou que as pessoas gratas, naturalmente estimulam o cérebro da maneira correta, de forma positiva; são consequentemente pessoas mais equilibradas emocionalmente e, equilíbrio é saúde. Quando nós falamos de equilíbrio, falamos de felicidade, que é o mesmo que "saúde mental", portanto, essa postura de gratidão reduz a pressão arterial, promove menos risco de infarto, de acidente vascular cerebral, promove uma maior produção de hormônios como a "ocitocina", que permite uma melhor interação social, proporcionando mais equilíbrio, felicidade e foco na tomada de decisão; enfim, pessoas mais gratas ficam mais contentes com a situação atual, ou seja, não se comparam com o passado, tampouco ficam ansiosas com o futuro. É muito ruim nós nos perdermos no passado ou no futuro; o risco de ansiedade e depressão aumenta significativamente.

Devemos exercitar a gratidão; a gratidão elimina de uma forma ou de outra, a inconveniência. Assim, devemos encarar como um exercício diário fundamental. A gente já estudou que a nossa natureza humana é inclinada ao erro; se eu ganho cem reais ou perco cem reais, o perder cem reais produz estímulos muito mais negativos no cérebro, do que ganhar cem reais. Se eu "tenho" a atenção de alguém, ou "não tenho" a atenção de alguém, a "rejeição" de não ter a atenção, promove muito mais estragos em termos cerebrais. Assim, quando nós iniciamos o exercício diário da gratidão, o nosso dia começa a ficar mais leve, mais agradável. A gente começa a perceber que o positivo é muito maior que o negativo; a gente começa a dar importância às pequenas coisas, tais como: tenho água, luz, telefone, posso ouvir, falar, consigo enxergar, andar, sei ler, dirigir, tenho amigos, enfim, estou vivo.

O Dr. Fabiano nos incentiva a fazer o que ele chama de "Diário da Gratidão". Ele recomenda que, diariamente, ao chegarmos em casa, fazendo uso do papel e caneta, relacionemos três motivos pelos quais nós somos gratos. Ele explica que no começo pode ser, para muitos, uma tarefa extremamente difícil, mas com o tempo vai se tornando algo bastante tranquilo de se fazer. Com o tempo, nós vamos ficando gratos pelas pequenas coisas, tais como: o elevador não quebrou, o carro não quebrou, nós não nos resfriamos, não choveu, fez sol, choveu, não fez sol... Ele explica que é muito importante que nós sempre coloquemos o porquê. A gratidão vai acontecendo naturalmente, essa onda de gratidão e equilíbrio, gradativamente, vai tomando conta da gente, vai nos envolvendo positivamente.

Capítulo 113

A Fé no Sentido de Força de Vontade

Neste centésimo décimo terceiro capítulo, temos como objetivo específico, estudar e aprender que ninguém muda nada por empolgação, mas pelo entusiasmo muda.

Fé é uma palavrinha extremamente importante, sobretudo para aqueles que ocupam um cargo de liderança, e, definitivamente, não é algo fácil de se entender; a gente precisa saber que é algo, fundamentalmente, prático.

Para que nós entendamos a essência da Fé, é também necessário sabermos o conceito da palavra *Desejo* e da palavra *Vontade*. Desejo, é a "expectativa" que tem o ser humano de possuir ou alcançar algo; perceba, trata-se de uma expectativa. Já a Vontade, é a "faculdade" que tem o ser humano de querer, de escolher, de livremente praticar, ou deixar de praticar certos atos.

Apesar de desejo ser uma vontade, vontade de ter ou obter algo, existe uma grande diferença entre essas duas palavras, e é sobre isso que nós iremos discorrer um pouquinho. Vontade, na sua essência, não é um conceito bem definido. Vontade na sua essência se confunde com a Fé, que é a causa mais poderosa de todas as causas que agem sobre o universo; dentro e fora do homem.

Eu assisti a uma palestra incrível da Professora e Filósofa *Helena Galvão*; é fácil encontrá-la na internet, e suas palestras são simplesmente espetaculares. Como muito bem colocou a Professora, a Vontade acabou se tornando sinônimo de Desejo. A professora deu o seguinte exemplo: Se eu quero comer uma pizza de mussarela, eu vou na pizzaria e, simplesmente, como; agora, se eu tenho o Desejo de comer uma pizza de mussarela, muito provavelmente eu não vou comê-la, por inúmeros motivos, talvez sejam eles financeiros, quem sabe uma dieta, ou uma proibição médica, talvez por preguiça, enfim, no frigir dos ovos eu não vou comer a tal pizza desejada.

A professora explicou que para que a palavra Vontade esteja conectada à Fé, ela deve estar precedida da palavra força, no sentido de Força de Vontade, que tem a ver com determinação, com comprometimento. Essa Vontade, essa Fé, é algo inteligente, incrivelmente brilhante e permanente. Nós estamos falando de princípios, de valores humanos e não de simples projetos, assim, a Fé deve ser Perseverante e Constante. É como se a Fé dissesse para a mente, ou para o corpo: *Dá o teu jeito, se vira para que você consiga fazer isso*; ou para as emoções: *Dá o teu jeito para que eu consiga passar por isso.* Perceba que não existe dúvida para a Fé; você até pode estabelecer novas metas, OK, mas essas novas metas são estabelecidas, para que você consiga atingir o seu objetivo, que já havia sido traçado.

A Professora Helena Galvão explicou que nós mudamos com o passar dos anos, e, muitos de nós, por incrível que pareça, também evoluímos. Aqueles sentimentos, aquelas emoções, aqueles comportamentos da época que nós éramos crianças, se transformaram, são outros, mas o assombroso é que nós temos consciência de que nós somos os mesmos; diferentes, mas os mesmos.

A professora explicou que Vontade com essa base na Fé, não passa; o que passa é Desejo. O ditado diz que: *onde há uma Vontade há um Caminho.* Todos nós, ao longo da vida, nos metemos em conflitos e problemas, pelos mais diversos motivos, mas só saímos através da Vontade. Só se sai de um Conflito ou de um Problema por essa porta chamada Vontade; vale para coisas complexas, mas também para as mais simples. A professora exemplificou: Alguém tomou um cafezinho e deixou a xícara suja; *"a xícara está suja; quem sujou a xícara?"* Aí eu descubro quem foi que sujou a xícara. Quando alguém pergunta quem sujou a xícara, eu falo: *Foi ele!* Todavia a xícara continua suja. Parece que o exemplo não é pertinente, mas o que faltou foi simplesmente vontade.

É sempre bom reiterar que Fé não tem conexão exclusiva com religião; somos livres, cada um de nós é livre para seguir o seu caminho, mas é fundamental que nós acreditemos de verdade que o nosso esforço, o nosso comprometimento e dedicação, vai fazer com que aquilo que nós tanto desejamos, aconteça, se concretize, dê certo; isso é Fé!

O sujeito pode ser ateu e ter muita Fé, ou seja, acreditar que vai conseguir, que vai dar certo, acreditar nas suas ideias, posições, convicções. Nós sempre falamos que quem não tem Fé, é naturalmente levado a algum tipo de desequilíbrio emocional. Quando a pessoa não acredita nas próprias ideias, posições ou convicções, ela desequilibra, ela perde completamente o chão, perde a base. Eu não tenho qualquer preconceito religioso; tenho amigos das mais diversas religiões, inclusive muitos ateus, mas todos têm muita Fé. Alguns dos Ateus, ainda com mais Fé que os religiosos. A Fé precisa ser praticada, treinada e desenvolvida dia após dia, todos os dias, para sempre.

A Professora Helena Galvão contou a seguinte estória árabe: Havia um mestre muito sábio, e ele estava subindo uma montanha montado no seu camelo. Na sua frente havia um outro viajante, e de repente o camelo desse outro viajante se assustou e o jogou no precipício. Só que por sorte ele ficou preso no galho de uma árvore. Esse mestre sábio, rapidamente parou o seu camelo e fez de tudo para ajudar aquele pobre homem. Derramou todo o seu sangue, suor e lágrimas na tentativa de salvar aquele viajante. Amarrou todas as suas roupas no intuito de fazer uma corda, mas não era suficiente. Nesse momento, vendo todo aquele esforço, eis que surge um anjo que diz: *Você já mostrou suficiente compaixão, virtude e sabedoria para ter acesso ao Céu de Alá, venha comigo, você já alcançou a sua libertação.* O sábio olhou para o anjo, depois para o viajante lá no galho e disse:

"Seu anjo vem cá, não dá pra eu trocar o Céu de Alá por um bom pedaço de corda para ajudar aquele sujeito lá no galho?"

Perceba que essa é a verdadeira Vontade. Depois, quem sabe, a gente volta a falar no céu de Alá; agora, nesse momento, eu preciso apenas de uma corda para salvar aquela pessoa que está precisando de ajuda. É bem legal nós refletirmos a respeito desse tema.

Capítulo 114

A Liderança na Arte da Guerra do Dia a Dia

Neste centésimo décimo quarto capítulo, temos como objetivo específico, adquirir conhecimento suficiente para tornar-se um Líder na Arte da Guerra do dia a dia.

A vida é uma guerra e enquanto estivermos vivos, estaremos numa constante guerra. Nós entraremos num tema bastante interessante e eu preciso de uma atenção especial. George Santayana dizia que *somente os mortos verão o final da guerra*; logo, se estamos vivos, estamos em guerra. Nós daremos início ao tema, falando de *"Magnetismo"*; nós vamos começar falando de *"Campo Magnético"* e acredite, tem tudo a ver com o tema *Liderança na Arte da Guerra do dia a dia.*

A projeção do resultado futuro com relação àquela imposição do "*Fica em Casa*", foi a pior possível – saúde comprometida, perda do entusiasmo, perda de energia e depressão. Perceba que durante a pandemia, nós até nos alimentamos bem, descansamos e praticamos atividade física, mas apesar de todo o esforço, ficamos com aquela sensação de perda de energia. A questão é que cada um de nós é um Campo de Energia, cada indivíduo é um Campo de Energia que emite uma frequência de onda; cada onda transporta energia, e nós absorvemos energia das pessoas. Todos nós conhecemos a expressão *"Os opostos se atraem"*, trata-se de uma parte da física que estuda os acontecimentos relacionados aos campos magnéticos; ambientes que estão, de alguma forma, sob a influência de correntes elétricas, moléculas ou partículas elementares. O magnetismo estuda a atividade dessa corrente de átomos, ou partículas de elétrons, prótons ou nêutrons, presentes nos campos magnéticos que produzem efeitos de atração ou repulsão a partir das suas cargas elétricas.

Dentro do nosso corpo existem circuitos elétricos; e elétrons em movimento geram ao seu redor um Campo Magnético, e estes campos eletromagnéticos criam ondas eletromagnéticas que saem de nós. Este é o principal motivo, um motivo altamente relevante para interagirmos o tempo todo com seres humanos. Segundo o Dr. Sérgio Felipe, um médico especialista em "neurociência do comportamento", a espiritualidade tem duas grandezas, duas dimensões, uma dimensão *Axiológica* e uma *Fenomenológica.* Por favor, não se preocupe com esses termos técnicos; mas, caso queira pesquisar depois, é sempre interessante. A axiologia é o estudo de valores, sobretudo, os valores morais (honestidade, compaixão, respeito, liberdade, responsabilidade...) *"se você ama"*... ou *"se você odeia"*... Pergunta:

- *Você, como profissional líder, ama mais ou odeia mais?*
- *Que sentimentos permeiam, atravessam, transpassam a sua realidade?*

Esses são os aspectos *axiológicos*; mas, existem também os aspectos *fenomenológicos*, e como eu disse, não se preocupe com os termos técnicos. Num enfoque fenomenológico, o tema Magnetismo é muito importante; o magnetismo intervém, medeia nas relações entre a *Matéria* e a *Psique*. Nós somos capazes, você é capaz de perceber a presença de alguém que lhe aguarda, ou simplesmente deseja a sua atenção, ou ainda, você é capaz de sentir que o seu aluno está sorumbático, triste ou alegre! Você é capaz de perceber o clima no seu ambiente de trabalho, perceber *"o que atravessa o ambiente"* pelo campo magnético, porque o magnetismo inunda esse campo com reações emocionais; por exemplo: Se você Profissional líder, envia um áudio ou deixa um recado no celular do seu colega de trabalho, aquele recado possui uma informação, tem um conteúdo, mas carrega também a emoção com que você falou aquilo; a mensagem estará repleta de sentimentos.

"Caramba! Acho que o meu líder não gosta de mim! Olha só como ele fala! Está sempre aborrecido; será que o problema é comigo? Eu acho que é!"

São revelações do nosso corpo, que "possibilitam" as nossas emoções extrapolar as fronteiras, os limites do nosso corpo. As nossas emoções, estimulam o hipotálamo que, por sua vez, faz com que as nossas glândulas suprarrenais, produzam uma grande quantidade de adrenalina, cortisol, enfim, hormônios que lançados na corrente sanguínea, nos deixam furiosos, prontos para o combate ou para a fuga. O nosso coração acelera e depois extravasa através de Campos Magnéticos. Como muito bem explicou o Dr. Sérgio Felipe, ninguém pensa ou sente sozinho, nós nos interconectamos conforme aquilo que nós irradiamos em nossas emoções, e tudo isso é passado por Campo Eletromagnético. Um encontro, mesmo online, forma um campo eletromagnético e nós ficamos ligados através desse campo. Esse campo eletromagnético faz a interface entre o *"espírito e o corpo"*, entre o *"corpo e alma"*, *"matéria* e a *psique"*.

O Dr. Sérgio Felipe, médico especialista em neurociência do comportamento, faz a seguinte analogia, ele diz que o *espírito* representa o *"programador do computador"*; perceba que o computador não faz o próprio programa, todo computador precisa de um programador não é verdade? O nosso cérebro é como se fosse um hardware (precisa ser instalado um software), que é a nossa essência, a nossa alma, o nosso ser. Mas como diria o matemático *Kurt Gödel*; eu pesquisei e encontrei através desse link https://www.bbc.com/portuguese/geral-43618903 uma fotografia bastante interessante, trata-se de uma fotografia antiga do *Albert Einstein* ao lado de *Kurt Gödel.* Eles eram amigos e sempre caminhavam juntos, mas eram muito diferentes. *Einstein* sempre muito simples, com sua camisa amarrotada, calça larga com suspensório, e Gödel sempre vestido de forma tradicional e elegante. *Gödel* trabalhou com *Einstein,* ele fazia os cálculos matemáticos mais complexos; mas nós não vamos nos aprofundar, sobretudo porque eu não tenho a menor competência para analisar cálculos matemáticos; mas *Gödel,* através deles, fundamenta um teorema que mostra que *"um sistema é incapaz de ter autoconsciência"*. Se eu tenho consciência corporal, a minha consciência do corpo, vem de fora do corpo. Perceba que existe essa consciência que vem de fora do corpo e tem o nosso corpo; e essa relação de força, se dá através de campos eletromagnéticos. O eletromagnetismo, por fazer essa interface com o espírito, é muito mais moldável as interferências das emoções e dos pensamentos. Sabe o que isso significa? Significa que através dos nossos pensamentos e emoções, é possível adiantar os acontecimentos. Se o magnetismo é permeável às emoções, ele vai lá na frente, ou seja, *"eu pensei! já alterei o campo"*; assim sendo, nós somos capazes de construir uma realidade.

«Nossa eu estava pensando naquele aluno que eu não via a muito tempo, e ele apareceu...»

"Cara, durante a sua luta eu estava pensando naquele movimento e parece que você me ouviu; você executou na hora o movimento e ganhou a luta..."

Ou seja, houve uma associação de campos; nós podemos criar resultados através da construção das nossas ideias. Uma pessoa que só olha o lado negativo das coisas, começa a ser rodeada de coisas negativas, isso porque ela adianta o campo, e, por ter adiantado, aquele campo vai atraindo negatividade. A verdade é que essa coisa incrível, essa nossa potencialidade, quase não é usada; nós deveríamos construir as nossas realidades, mas não sei por que cargas d'água, geralmente, não fazemos isso.

Avançando um pouquinho, é normal como líderes, desejarmos atingir um determinado objetivo, mas geralmente nós desistimos por não cumprirmos as etapas necessárias para chegarmos naquele objetivo. Todo o tipo de *Comportamento* constrói uma linha de *Pensamento*; por exemplo:

Nas competições o professor sempre fica tenso, nervoso e muito irritado. Como consequência os seus alunos detestam competir, passam mal no dia da competição e sempre pensam em desistir do esporte.

Nas festas, o pai sempre bebe além do limite, começa a falar bobagens e fica fazendo vexame. Como consequência os seus filhos detestam festas, passam mal na véspera e fazem de tudo para não ir as comemorações familiares.

Um bom líder precisa ter consciência de que a sua verbalização respaldada pela Presença Física, aliada as suas Atitudes promovem resultados positivos ou não; reiterando, todo o tipo de Comportamento constrói uma linha de Pensamento. *"Puxa! Eu faço tudo certinho, tudo sempre de acordo com o programa de treinamento, e dá tudo errado!"* Talvez precisemos entender que todo o tipo de Comportamento constrói uma linha de Pensamento.

A verdadeira liderança não deve ser imposta, ela deve ser conquistada através dos exemplos, através das atitudes. Se nós quisermos, como líderes que somos, mudar o mundo, é necessário que desenvolvamos os nossos próprios valores (sejam eles morais, sociais, éticos, espirituais) enfim, para que nós mudemos o mundo, não é preciso que nos tornemos inconvenientes. Usar a violência, não importa qual o tipo, para chamar a atenção, é algo insano, demente. Esse tipo de comportamento não é legal, sugere uma doença; é um tipo de comportamento doente que só gera prejuízo. Nós precisamos aprender, seguindo a linha de Lao Tsé, a combater aquele sentimento de superioridade que a sociedade acaba nos impondo culposamente, ou seja, sem a intenção de nos tornar patologicamente superiores; aí entra Lao Tsé:

"Um homem que vence outro homem é forte, mas o homem que vence a si próprio é poderoso".

Você já parou para pensar nas incontáveis, nas incomensuráveis qualidades que a maioria das pessoas, criadas numa comunidade "muito pobre", possuem?

Você já parou para pensar nas inúmeras qualidades que a maioria das pessoas criadas, lá no sertão nordestino, no cabresto da política da seca, sem água, sem infraestrutura, possuem? Criadas no caos da periferia possuem?

Você já parou para pensar nas inumeráveis qualidades que a maioria das pessoas criadas em coberturas de luxo, mas sem o amor dos pais, possuem?

Muitas, um "grande número" de pessoas, criadas no meio das drogas, do crime e da prostituição, e ainda assim desenvolveram qualidades incríveis, extraordinárias. Elas desenvolveram inúmeros atributos para sobreviverem. Essas são as universidades da vida, elas nos formam líderes de verdade; todos nós estamos matriculados. Essas universidades nos ensinam através do sofrimento do dia a dia, sofrimento a nós imposto naturalmente, a projetar o resultado futuro das nossas possíveis escolhas. Só assim a gente consegue transformar toda essa teoria em ação. Infelizmente, algumas pessoas acreditam que:

"*Se todos tiverem acesso ao conhecimento, quem irá trabalhar na coleta do lixo?*"
"*Quem trabalhará num canteiro de obras?*"

Claro que é um pensamento medíocre, é verdade! No entanto, também é verdade que "essas pessoas" estão ocupando posições, com "*poder de decisão*"; e o pior de tudo, foram colocadas nesses cargos por nós. Perceba que nesses casos, "*nós os colocamos como líderes*"; PERCEBEU? Temos ou não temos uma parcela de culpa?

Diante tudo isso, qual o seria o melhor conceito de liderança? Você teria um conceito bem definido de liderança? Que tal nós iniciarmos com os sinônimos de Liderança; vamos lá? Tente criar o seu próprio conceito, talvez você se surpreenda com a grande quantidade de palavras: Comandar, Gerir, Chefiar, Superintender, Nortear, Dirigir, Conduzir, Buscar, Coordenar, Guiar, Mandar, Orientar. Perceba também Liderança, como capacidade de liderar, aí nós temos: Autoridade, Governação, Poder, Influência, Hegemonia, Controle, Condução, Comando, Direção, Orientação, Regência. Vamos para alguns conceitos?

- *Liderar é conduzir pessoas na busca dos seus objetivos;*
- *Liderar é dirigir pessoas; é saber conquistá-las, é ter sensibilidade para cativar e influenciar comportamentos que produzem bons resultados;*

Eu, particularmente, gosto da palavra "*cativar*"; no livro "*O pequeno príncipe*", *Antoine de Saint Exupéry* diz que quando nós cativamos alguém, nós nos tornamos eternamente responsáveis por aquela pessoa.

Liderar é a arte de gerenciar pessoas, conquistando e cativando o público, para influenciar Comportamentos Convenientes, ou seja, comportamentos proativos, produtivos e preventivos.

É claro que nós conhecemos esse ditado, "*Manda quem pode, obedece quem tem juízo*"; se nós analisarmos com cuidado, nós vamos perceber que num primeiro momento ele de fato nos choca, entretanto, no "frigir dos ovos" não deixa de ser uma verdade. Eu acho que através de alguns exemplos a gente consegue absorver a ideia, de forma menos traumática; por exemplo:

Use de empatia, imagine-se um Professor de Jiu-Jitsu liderando uma turma de quinze alunos adolescentes.

Apesar de conhecer as normas e diretrizes, um deles entra no tatame com o Kimono bastante sujo e com a unha grande. Como você gerenciaria esse comportamento? Parece simples? Ok, vamos complicar um pouquinho?

"Professor, presta atenção no que eu vou te falar; meu pai é o DONO dessa porra toda; você vai arrumar problema comigo por esse motivo? Você tem certeza disso?"

Perceba, as pessoas só fazem conosco aquilo que nós permitimos. Se o seu aluno fala dessa forma com você, VOCÊ precisa de ajuda, você precisa rever alguns conceitos, você precisa reconhecer que "O ERRO É SEU!" Exercício de Autoridade é um dos assuntos que nós já estudamos, você se lembra? Liderança, é um tema amplo com diversas linhas de pensamento e opiniões variadas, é um assunto da maior importância para todos nós, e que deve ser tratado com muito zelo e responsabilidade.

Um líder, sempre estará sujeito às pressões, assim precisa aprender a trabalhar sob pressão e não, pressionar os outros. Trabalhar sob pressão é uma coisa, pressionar os outros é outra coisa. Assim, treinar a sua Inteligência Emocional e desenvolver Qualidades de Comportamento, é algo básico, fundamental; inteligência se treina. Inteligência Emocional e Qualidade Comportamental são Necessidades Estratégicas para todos nós que lidamos com o público de uma maneira geral.

Liderança, é realmente um tema vasto com uma infinidade de linhas de pensamento e pontos de vista variados, é um assunto de extrema importância para todos nós, e que deve ser tratado com todo o carinho e atenção. Certamente afeta todas as áreas de atuação, seja financeira, administrativa, esportiva, educacional, profissional e até mesmo religiosa; não tem para onde fugir. Acredite, sempre existirá a influência de uma liderança, seja ela positiva ou não, mas a influência de uma liderança é um fato.

Liderar é uma arte, palavras convencem, exemplos arrastam (palavras convencem pessoas, mas os exemplos arrastam multidões); promover uma liderança através do exemplo é trabalhar o comportamento da equipe, eliminando opiniões e conceitos que nada agregam ao aprendizado técnico. A essência dessa liderança é no desenvolvimento das habilidades individuais da equipe, aproveitando ao máximo o que cada um tem a oferecer. Nós estamos sempre prestando atenção e avaliando a postura e o comportamento da nossa equipe, no entanto é sempre bom lembrar que, da mesma forma, a nossa equipe sempre estará atenta ao nosso comportamento. E isso pode ser bom ou não; certo? Você está lendo este livro e, de uma forma ou de outra, está me avaliando, nos mais diversos aspectos; não é verdade? É assim que funciona.

São muitos os estilos de liderança; inúmeros são os comportamentos que podem ser escolhidos, diversos são os modelos que um líder pode escolher. Estamos falando das inúmeras estratégias que podem ser utilizadas pelo líder para estimular, estruturar e estabelecer comunicação com a sua equipe. Talvez você já tenha ouvido falar de alguns comportamentos de liderança, alguns estilos famosos? O autocrático, o democrático e o liberal; mas também existem muitos outros estilos de liderança. Para nós especialistas em GPCI:

"Liderança é a arte de gerenciar um comportamento inconveniente, consciente que GPCI é o resumo de todo o respeito aplicado à inconveniência; é a diferença, que demonstra através da conduta e da atitude, o melhor do líder".

A liderança pode surgir naturalmente; por exemplo, quando um colaborador se destaca e acaba exercendo a responsabilidade de um líder, ou através de uma imposição (talvez uma atribuição devido a um cargo) ou ainda através de eleição (no caso de um condomínio), enfim! Isto posto, qual seria o papel de um líder? Você concorda que um bom líder precisa garantir a Paz? Garantir um Bom Relacionamento entre os Componentes de uma Equipe? E quando nós falamos de um bom relacionamento, na verdade estamos falando de Comunicação, recheada de honestidade intelectual; e Comunicação não é aquilo que o Líder Fala, Comunicação é aquilo que a Equipe Entende. E com relação a honestidade intelectual, lembrando o professor Olavo de Carvalho, eu não posso falar que sei aquilo que eu não sei. Eu não posso falar que não sei aquilo que eu sei perfeitamente bem. Saber que sabe é saber, mas saber que não sabe também é saber. Um dos maiores problemas que nós enfrentamos, em se tratando de liderança, é com a Desonestidade Intelectual do Líder para com os seus liderados.

O que são os estilos de Liderança? São as diferentes maneiras que um líder pode atuar. Os estilos estão ligados às estratégias utilizadas, para que o líder possa estimular, estruturar e interagir com a sua equipe. Vimos que existem inúmeros Estilos de Liderança, mas será que a forma como o líder *'escolhe agir'*, realmente interfere tanto assim nos resultados? O interessante é que essa pergunta foi respondida através de uma pesquisa feita pela Universidade de Harvard. O principal objetivo desse estudo foi pesquisar como o comportamento de liderança escolhido, pode afetar o clima organizacional e os resultados financeiros do negócio.

A pesquisa foi a seguinte, durante três anos, mais de 3.000 líderes foram analisados. A conclusão foi que o estilo de liderança pode ser responsável por até 30% do lucro de um negócio. Além desse, muitos outros estudos já foram realizados, e ao longo dos anos diversas teorias sobre tipos de liderança e seus impactos foram divulgados. Grande parte dessas pesquisas detectaram que os líderes com melhores resultados, NÃO SÃO aqueles com um Comportamento, com um Estilo de liderança definido. A chave, na verdade, parece ser a flexibilidade; líderes capazes de combinar características de todos os Comportamentos, de todos os estilos de liderança.

Há vários estilos de liderança, e cada um é resultado de uma combinação de diversos componentes. Cada um desses estilos possui suas vantagens e desvantagens, ou seja, funcionam melhor em determinadas situações e não são efetivos em outras. Um bom líder é capaz de detectar rapidamente que tipo de ações e medidas, determinadas situações pedem. A capacidade de adaptação e adequação é, portanto, fundamental. Vamos falar um pouquinho sobre os estilos de liderança.

Liderança Autocrática

Consiste em um poder onde o gestor é o centro das atenções, uma figura de comando autoritário, centralizador de "tarefas e tomada de decisão" onde a equipe não apita. É um líder que impõe normas e diretrizes, sem o exercício do diálogo. Nesse estilo, o líder se acha o rei. Aliás, na verdade, ele tem certeza de que é o rei.

Liderança Democrática

O líder abraça as questões mais importantes e deixa o resto com a sua equipe. As ideias e as decisões da equipe são sempre muito benvindas. O líder procura exercer o papel de orientador e facilitador, enquanto a equipe é estimulada a assumir cada vez mais responsabilidades. Esse modelo permite a valorização da equipe e dos colaboradores individualmente, e foca no aumento da produtividade.

Liderança Liberal

Ou "laissez-faire" do francês "deixai fazer". Está no contra azimute, na contramão, da liderança autocrática. O próprio termo identifica a liberdade que o líder favorece. O líder participa muito pouco e concede muita autonomia para os liderados. Eles costumam agir e decidir sem a necessidade da aprovação do líder. Pode tanto ter efeito positivo ou não. O líder liberal parte do pressuposto que os seus liderados possuem um alto nível profissional, a ponto de não precisarem tanto dele. Eu particularmente, adoro esse tipo de liderança, mas, é necessário que nós conheçamos muito bem o potencial individual dos nossos colaboradores, da nossa equipe. No Laissez-faire, esse conhecimento é imprescindível; caso contrário, os riscos são enormes.

Liderança Situacional

Os que abraçam esse estilo de liderança, estão mais presentes em organizações diretamente afetadas pela globalização, em razão disso vivem se reinventando e se transformando o tempo todo. A gente está falando de profissionais que têm habilidades, expertise para lidar com situações diversas. São estrategistas, assim estão sempre propondo ações e estratégias, de acordo com a movimentação do inimigo, dos concorrentes, de acordo com os acontecimentos. A flexibilidade é o que mais caracteriza esse estilo de liderança. A globalização é um fato, muitas empresas estão se unindo para sobreviverem. Outras se unem para destruir uma outra, enfim é guerra.

A fusão de uma empresa, sempre causa muita insegurança entre os colaboradores, eles sabem que "cabeças vão rolar", imaginam caminhões de conflitos e problemas e obviamente, demissões em massa. Saber lidar com esses sentimentos e com os diversos tipos de personalidade, faz com que a situação fique controlada e os possíveis impactos negativos sejam minimizados. É exatamente nesses momentos que entra em cena a liderança situacional, ela entra como uma estratégia que pode ser utilizada para dar um norte aos colaboradores, e fazê-los reagir de maneira positiva, independentemente do cenário hipoteticamente caótico, atingindo os resultados esperados pela organização. Basicamente, a liderança situacional leva em consideração 3 fatores principais: O estilo, o comportamento escolhido pelo líder, a maturidade dos colaboradores e o cenário da atualidade. A partir desses elementos, é possível traçar estratégias e administrar mudanças inevitáveis, sem que elas tragam prejuízos para a empresa. Como desfecho a liderança situacional cai como uma luva para empresas corajosas que conseguem acompanhar o ritmo da globalização e das inovações tecnológicas. Transformar a teoria em ação não é nada fácil, assim para que dê realmente certo, é necessário contar com líderes flexíveis e bem treinados, preparados para atuar nos mais diversos cenários.

Capítulo 115

A Importância dos Pontos Vitais

Neste centésimo décimo quinto capítulo, temos como objetivo específico, identificar, estudar e explicar as medidas e atitudes preventivas necessárias para que você não se torne um alvo fácil durante um gerenciamento, além de preservar ao máximo, a integridade física do inconveniente.

Nós vamos estudar agora, o que você "*não deve fazer*", e o que você "*deve fazer*" para salvar a sua vida ou a vida de terceiros. Quero apenas enfatizar que não será algo agradável, tampouco fácil de se realizar. Você fez tudo o que podia fazer, para não chegar nesse "Nível de Força", mas infelizmente, não teve sucesso. A Habilidade do Profissional, aliada ao "conhecimento anatômico e fisiológico", é que determinam a eficiência e a eficácia da técnica. Num bom português, você será mais eficiente e eficaz, alinhando o conhecimento de Anatomia Humana e Pontos Vitais, a um Treinamento Técnico e Físico intensivo, de Autodefesa. Você sabe qual é o grande problema? O grande problema é quando um professor de Artes Marciais sem o devido preparo, negligencia a ética e ensina determinadas técnicas para os seus alunos. Ensina sem se preocupar com a base, ensina sem se preocupar com o devido preparo dos seus alunos, inclusive o preparo emocional. Quando reforço o preparo emocional, é com relação as consequências das suas ações; e isso é realmente muito grave.

No final do capítulo 55, nós vimos que Pontos Vitais são áreas vulneráveis do nosso corpo; áreas frágeis também conhecidas como Pontos de Pressão. Vimos que o conhecimento mais profundo desses pontos anatômicos serve sobretudo, para que nós nos protejamos e, protejamos o inconveniente. Esse conhecimento vai nos proporcionar mais confiança e segurança na aplicação das Técnicas de Autodefesa. Vimos também que o conceito, é preservar ao máximo, a integridade física do inconveniente. Comecei a praticar artes marciais (Capoeira e Shotokan) com aproximadamente, dez anos de idade. Fiz quatro anos de Educação Física e cinco anos de Fisioterapia. Ao longo desses nove anos na universidade, me dediquei bastante ao estudo de anatomia humana. Nessa época treinava com afinco, duas modalidades de Karate, Shotokan e Urucan; assim, passava grande parte do tempo no anatômico da faculdade, com o objetivo de me especializar em Técnicas de Traumatização, o que me proporcionou uma boa base em Pontos Vitais.

Cabeça e Pescoço

Nós vamos dar início ao tema, começando o estudo pela "Cabeça e Pescoço". Anatomicamente falando, se encaixam; foram feitos um para o outro. Perceba que o Pescoço suporta o peso da cabeça, que por sua vez tem uma mobilidade incrível, capaz de girar em todas as direções. O pescoço une a cabeça ao tronco; é formado por 7 (sete) vértebras cervicais que se estendem do crânio até a parte superior do tronco e, é estruturado por vários músculos que dão movimento à cabeça (estilo, milo, gênio, homo esterno, tireo hioideo, esternocleidomastoideo)

Vale ressaltar que os ossos que formam a "Calota Craniana" são muito fortes, capazes de proteger toda a Massa Encefálica. Na cabeça encontramos o Cérebro – principal órgão e centro do sistema nervoso. O cérebro é protegido pela Calota Craniana, que forma uma cavidade onde ficam alojados, além do cérebro, vários órgãos dos sentidos - os Olhos, o Nariz e o Pavilhão Auditivo. Encontramos também o Pescoço com toda aquela estrutura que nós já falamos, além dos Vasos Sanguíneos e Nervos, presentes na região.

A Cabeça por si só é considerada um Ponto Vital. O Crânio é uma superestrutura que repousa na Cabeça e Pescoço. O Crânio é dividido em Calota Craniana (neurocrânio) e Esqueleto Facial (viscerocrânio). São vinte e dois os Ossos Cranianos e alguns deles são pares.

No Neurocrânio, por exemplo, temos: o osso Frontal, o osso Occipital, o osso Esfenoide, o osso Etmoide, os ossos Parietais e os ossos Temporais. No Viscerocrânio temos: a Mandíbula, o Vômer, os ossos Zigomáticos, os ossos Maxilares, os ossos Palatinos, os ossos Nasais, os ossos Lacrimais e as Conchas Nasais Inferiores. Na Cabeça existem estruturas anatômicas, pontos altamente vulneráveis, que nós vamos estudar um a um.

Olhos

Uma dessas estruturas anatômicas são os Olhos; cada Olho possui um Globo Ocular, que fica no chamado Forame Orbitário, uma cavidade óssea no interior do Crânio. Traumatismos na *"Região Orbitária"* são sempre preocupantes por motivos óbvios. Dependendo do tipo e da potência do traumatismo, teremos desde fraturas das Paredes Orbitárias até lesões graves como descolamento de Retina, perfuração do Globo Ocular com a consequente perda da Visão. A Anatomia do Forame Orbitário, facilita bastante a retirada do Globo Ocular através de técnicas de Artes Marciais. Eu me lembro do caso de um jogador de basquete; tratava-se de um jogador americano, mas que participava de um jogo da Liga Nacional Australiana de Basquete. Este atleta teve o seu olho deslocado, acidentalmente, pelo dedo de um adversário. Perceba que é muito mais comum do que nós imaginamos; talvez você já tenha ouvido falar que o olho de um amigo do seu amigo "pulou" em razão de um acidente automobilístico.

Nariz

Uma outra estrutura anatômica frágil é o Nariz. Posteriormente ao Nariz, encontramos a Cavidade Nasal. Na verdade, são duas cavidades, separadas por um Septo Nasal. O Vômer é um osso ímpar, singular, que cursa verticalmente no interior da Cavidade Nasal separando os lados direito e esquerdo. O Vômer é parte do Septo Nasal, que se forma a partir da linha média do Viscerocrânio e cria a divisão entre os dois lados simétricos da Cavidade Nasal.

Nessa cavidade existem estruturas chamadas de Conchas Nasais. É óbvio que tudo depende da potência do traumatismo; mas, como consequências de um traumatismo com grande potência, à 45° na base do Vômer, teoricamente, devido a sua constituição anatômica, atingiria o Hipotálamo com sérias lesões cerebrais, oculares e neurológicas levando o indivíduo à morte por parada cardiorrespiratória.

Pavilhão Auditivo

Uma outra estrutura anatômica bem frágil é o Pavilhão Auditivo, mais especificamente na sua base. Traumatismos na base do Pavilhão Auditivo são graves devido as fraturas do canal auditivo externo e lesões das estruturas do Ouvido Médio, Cápsula Óptica e estruturas adjacentes, inclusive lesões cerebrais. No ouvido externo encontramos o canal auditivo. No ouvido médio, também chamado de cavidade timpânica, encontramos o tímpano, e três ossículos muito importantes chamados martelo, estribo e bigorna que têm a função de converter mecanicamente as vibrações do tímpano e conduzir ao ouvido interno. No ouvido interno, encontramos o estribo, o nervo auditivo e a cóclea, também conhecida por caracol. Reiterando, traumatismos nesta região compromete toda essa estrutura, podendo sobretudo, causar graves lesões cerebrais.

Ossos Temporais

Os Ossos Temporais estão localizados próximos ao Pavilhão Auditivo. Traumatismos na Região Temporal são potencialmente graves devido aos riscos de lesão do Nervo Facial e lesões cerebrais associadas, tendo em vista a fragilidade dos Ossos Temporais. Se compararmos com os outros ossos que compõem a Calota Craniana; nós perceberemos que é sem dúvida bastante frágil.

Mandíbula

Uma outra estrutura anatômica considerada um ponto vital é a Mandíbula. A mandíbula é também conhecida como Maxilar Inferior, que guarda a arcada dentária inferior. É um osso ímpar, muito forte, que se articula com os dois Ossos Temporais. Essa articulação é chamada de ATM - Articulação Temporomandibular. E quais seriam as consequências de um Traumatismo na Mandíbula?

Certamente você já ouviu o seguinte comentário: *"O cara foi nocauteado com um gancho de direita na ponta do queixo"*. Um traumatismo nessa região da Mandíbula, é perigoso; não em razão de algo específico naquele local, não existe nada demais, mas sim, devido às consequências. A Mandíbula funciona como uma alavanca, potencializando o soco, fazendo com que a Calota Craniana gire com mais potência. Você se lembra do que Arquimedes disse? *"Dê-me uma alavanca e um ponto de apoio que eu moverei o mundo."*

O Encéfalo é o conjunto Tronco Cerebral, Cerebelo e Cérebro. Como o "Encéfalo" é solto dentro da Calota Craniana, no caso de um traumatismo, tipo um gancho de direita na ponta do queixo, num primeiro momento, a calota craniana vai girar no sentido contrário ao encéfalo, devido a inércia; você conseguiu visualizar? Esse traumatismo causará uma desestrutura cerebral incrível, que levará o sujeito a perda completa do equilíbrio e dos sentidos. O Encéfalo é dividido em telencéfalo (hemisférios cerebrais), diencéfalo (tálamo/ hipotálamo), mesencéfalo, cerebelo, ponte e medula. Você conseguiu projetar o que acontece com o Encéfalo após o traumatismo? Essa desestrutura cerebral é o que leva o indivíduo à perda dos sentidos. Obviamente, o comprometimento da Região Temporal é inevitável, com as consequências já estudadas anteriormente.

Cerebelo

Uma outra estrutura considerada um ponto vital importante, é o Cerebelo. A palavra Cerebelo tem origem no latim e significa "Pequeno Cérebro". Suas atividades estão relacionadas com o Equilíbrio e Postura Corporal. Você, obviamente, já projetou que traumatismos nessa região, cerebelar, comprometem o equilíbrio corporal. Os Músculos Esqueléticos são responsáveis pelos movimentos voluntários de todos os ossos e cartilagens do corpo. O Cerebelo é responsável pela coordenação das atividades dos Músculos Esqueléticos, da Audição, da Visão e do Tato. Indivíduos com Lesão Cerebelar apresentam movimentos descoordenados, apresentam fraqueza e hipotrofia, e, também, perda do Tônus Muscular, que é a contração natural do músculo. Como consequências de um traumatismo na região cerebelar, observamos principalmente prejuízos motores. Normalmente os traumatismos levam o indivíduo a uma descoordenação motora, perda de equilíbrio e dificuldade de realizar movimentos rápidos e precisos. É também óbvio que depende da potência do traumatismo, podendo facilmente levar à morte.

Osso Hioide

Um outro ponto vital muito importante é o Osso Hioide – Osso Hyoideum – Osso da Língua, fica situado na região anterior do Pescoço – na Laringe, abaixo da Mandíbula e à frente da Coluna Cervical. Não se articula com nenhum osso e é sustentado apenas pelos músculos do pescoço. Tem a forma de uma ferradura, e é suspenso das extremidades dos processos estiloides dos Ossos Temporais. Como consequências de um traumatismo no Osso Hioide, observamos o comprometimento das vias Aéreas Superiores. A integridade da Laringe é fundamental para o processo respiratório, portanto um trauma nesta região é considerado grave, pois pode levar o indivíduo à morte por insuficiência respiratória – Edema de Glote.

Tente perceber, coloque os dedos médio e polegar um pouco acima do osso Hioide; perceba a Laringe; se você forçar um pouquinho mais, tentando unir os dedos, você perceberá um espaço anatômico que facilitará o movimento, aumentando consequentemente, o desconforto. Imagine agora um traumatismo com Potência (Força X Velocidade) nessa região.

O Nervo Vago é o 10º Par Craniano, dos 12 Pares de Nervos Cranianos que existem. Suas fibras embasam-se em fibras eferentes motoras e parassimpáticas e fibras aferentes sensitivas. A palavra aferente significa da periferia em direção ao centro – SNC (Sistema Nervoso Central). O Nervo Vago ou Pneumogástrico, é o que possui maior área de inervação, vai até a região torácica e abdominal. Traumatismos na região do osso Hioideo podem atingir o Nervo Vago, comprometendo a frequência cardíaca e respiratória.

Clavículas

Uma outra estrutura anatômica bastante frágil, também considerado um ponto vital, são as Clavículas. A Clavícula é um osso longo que se articula com o osso Esterno – Articulação Esterno Clavicular e com o osso Acrômio, ponta do ombro – Articulação Acrômio Clavicular. Como consequências de um Traumatismo na Clavícula, observamos o rompimento dos ligamentos, alterando a relação da Clavícula com o Esterno e com o Acrômio; ou mesmo uma fratura. São três as possibilidades: entorse, luxação ou fratura. Não é necessário um traumatismo com grande potência, apenas uma martelada perpendicular no ponto certo, você causa um grande estrago. O resultado é uma intensa dor e a impossibilidade de mobilizar o braço, deixando o indivíduo completamente fora de situação, em razão do quadro álgico.

Mediastino

Um ponto vital também muito importante é a região do Mediastino. As duas Regiões Pleuro-Pulmonares são divididas pelo Mediastino. Logo abaixo encontramos o Diafragma – músculo da respiração. O Mediastino estende-se desde o Esterno à Coluna Torácica, mais especificamente, próximo a quarta vértebra torácica. Um traumatismo potente nesta região atinge áreas importantes como o Coração, os Pulmões e principalmente o Diafragma, impedindo a entrada de oxigênio podendo levar o indivíduo à morte por insuficiência respiratória.

Genitália

Um outro ponto vital, por sinal bastante conhecido é a Genitália, sobretudo a masculina. No entanto vale frisar que não é o Pênis o Ponto Vital; o Ponto de Pressão são os Testículos. Normalmente são três as opções para uma finalização rápida, você escolhe o direito, esquerdo ou os dois ao mesmo tempo; segurou torceu e apertou – sempre ocorre o tradicional 3 tapinhas. Brincadeiras a parte, traumatismos na região dos testículos, dependendo da potência, pode causar sérios danos nos órgãos reprodutivos e, devido a inervação, um quadro álgico incapacitante, podendo levar até mesmo a inconsciência.

Rins, Fígado e Baço

São três pontos vitais importantíssimos, e nós os estudaremos simultaneamente por questões anatômicas óbvias. Nossos Rins estão localizados na Região Posterior do Abdômen. Existe um Rim em cada lado da Coluna Vertebral; o direito encontra-se logo abaixo do Fígado e o esquerdo abaixo do Baço.

Da mesma forma como acontece num traumatismo no Joelho ou no Tornozelo, que nós veremos mais a frente, o resultado é um grande edema naquele local, ou seja, muita dor devido a pressão causada pelo derramamento de sangue naquela região. Os órgãos abdominais de uma maneira geral, também incham após um traumatismo. Um traumatismo nos Rins, no Fígado ou no Baço, pode causar um edema descontrolado levando a um aumento da pressão no abdômen. Os órgãos adjacentes serão comprimidos, alterando o suprimento de sangue, o que leva a pessoa a um quadro álgico também incapacitante e até mesmo a inconsciência.

Coluna Vertebral

Um outro Ponto Vital, complexo e extremamente, importante é a Coluna Vertebral. A Coluna Vertebral é formada por 33 ou 34 Vértebras que protegem a Medula Espinhal; e é subdividida em 5 partes: uma Coluna Cervical, com sete Vértebras Cervicais (C1 a C7), uma Coluna Torácica, com doze Vértebras Torácicas (T1 a T12), uma Coluna Lombar, com cinco Vértebras Lombares (L1 a L 5), uma Coluna Sacral, com cinco Vértebras Sacrais (S1 a S5) e finalmente uma Coluna Coccígea, com quatro ou cinco Vértebras Coccígeas soldadas (CC1 a CC4/5).

Como vimos, a Coluna Cervical possui sete Vértebras Cervicais; a primeira é chamada Atlas e a segunda de Axis. A vértebra Atlas fica logo abaixo do Crânio, portanto sustenta o Crânio; é chamada assim devido ao deus grego Atlas que sustentava o mundo nas suas costas. Um traumatismo na Coluna Cervical é gravíssimo; até a 4ª Vértebra Cervical, pode levar o indivíduo à morte por insuficiência respiratória, pois o Nervo Frênico, que inerva o Diafragma – músculo da respiração, tem origem nessa região. Até o início da Coluna Torácica, além do risco de morte, uma lesão nessa região pode levar o indivíduo a "tetraplegia", ou seja, perda dos movimentos dos membros superiores e inferiores. Uma lesão mais abaixo pode levar o indivíduo a um quadro de "Paraplegia", ou seja, perda dos movimentos dos membros inferiores. A Medula Espinhal se estende da Base do Cérebro (Decussação das Pirâmides) até a área entre a parte inferior da 1ª ou 2ª Vértebra Lombar; varia de pessoa para pessoa, assim, traumatismos nessa área da coluna vertebral, pode levar o indivíduo a sequelas; perceba que quanto mais alta a lesão, mais perigoso é.

Nervo Isquiático

Lá na altura do Sacro, próximo ao Músculo Piriforme, encontramos o Nervo Isquiático, também conhecido por Nervo Ciático, que é o maior e mais longo nervo do corpo. Traumatismos nessa região podem comprometer o Nervo Isquiático. Talvez você já tenha percebido e experimentado os sinais e sintomas da lombosacrociatalgia; por sinal nada agradáveis, não é verdade? Aquela dificuldade para se levantar e andar devido aquela dorzinha enjoada, irradiante e incômoda nas pernas. Aquela dor constante que, além de incomodar a gente, é difícil de descrever. Nós não encontramos uma posição cômoda para sentar-se, tampouco para deitar-se. Nós não conseguimos ficar em pé muito tempo e, também, os dedos e a planta dos pés ficam formigando. Esse nervo enorme e complicado, como nós falamos o maior do corpo humano, é formado por várias raízes. Ele se inicia no final da coluna vertebral, passa pelos glúteos e pela parte posterior da coxa, vai descendo e quando chega lá no joelho, se divide entre Tibial e Fibular Comum, e continua o seu caminho até os pés. Nesse trajeto todo, ele pode causar dor com sensação de formigamento, pontadas ou choque elétrico.

Joelho

O Joelho também é considerado um Ponto Vital. A Articulação do Joelho é composta: pelos ossos da coxa – o Fêmur; da perna – a Tíbia; e, também, a Patela conhecida como Rótula.

A junção desses ossos é basicamente feita pelos Ligamentos, um Cruzado Anterior, um Cruzado Posterior, um Colateral Interno e um Colateral Externo, que são na verdade as estruturas que dão o suporte. As Cápsulas Articulares e os Meniscos garantem a estabilidade da articulação. *E quais seriam as consequências de um Traumatismo no Joelho?*

Os traumatismos mais perigosos seriam nas laterais do joelho, que comprometeriam os ligamentos colaterais interno ou externo; e na parte anterior do joelho, caso o joelho estivesse estendido, pois, comprometeria o ligamento cruzado anterior. É claro que, no caso de um traumatismo com grande potência, o local seria irrelevante, pois, certamente, comprometeria todos os ligamentos do joelho e suas respectivas estruturas internas; como capsula articular, meniscos, membrana e líquido sinovial. Um traumatismo no Joelho pode romper os ligamentos alterando a relação do Fêmur com a Tíbia e com a Patela; ou mesmo causar uma fratura – são três as possibilidades: entorse, luxação ou fratura. O resultado é uma intensa dor e a impossibilidade de mobilizar a perna, deixando o indivíduo completamente fora de situação, em razão do quadro álgico.

Tornozelo

O Tornozelo também é considerado um Ponto Vital. Quem gostava de pisar nele era o Marco Ruas, não é verdade!? O Tornozelo possui uma estrutura composta por três ossos: A Tíbia, a Fíbula e o Tálus, também chamado de Astrágalo. A estabilidade do Tornozelo também se dá por Ligamentos, que são na verdade as estruturas que dão todo o suporte.

O Tornozelo é formado por três Articulações: A Articulação Tíbio Fibular – Tíbia e Fíbula, a Articulação Tálocrural – Tíbia, Fíbula e Tálus e, finalmente, a Articulação Subtalar – o Tálus e o Calcâneo. *E quais seriam as consequências de um Traumatismo no Tornozelo?*

Um traumatismo no Tornozelo pode romper os ligamentos, alterando a relação da Tíbia: com a Fíbula, com o Tálus e com o Calcâneo; ou mesmo causar uma fratura. Da mesma forma, a gente pode sofrer uma entorse, luxação ou fratura. O resultado é uma intensa dor e a impossibilidade de mobilizar o pé; o indivíduo fica fora de situação, quadro álgico lá em cima, com a deambulação e a mobilização comprometidas.

Capítulo 116

As Doze Camadas da Personalidade

Neste centésimo décimo sexto capítulo, temos como objetivo específico, identificar e conhecer as doze camadas da personalidade e entender a importância deste conhecimento no Gerenciamento de Comportamentos Inconvenientes.

Este capítulo é dedicado ao *Professor Olavo de Carvalho*, cuja extravagância era investigar rigorosamente a verdade maior, *Deus Trino*, e a verdade daquilo cuja existência é inquestionável. Todas as vezes que o seu nome é mencionado, observamos uma segmentação da plateia em dois conjuntos distintos: os que o reverenciam e os que o abominam; isso é um fato, mas todos, de uma forma ou de outra, acabam reconhecendo a sua genialidade.

Em qual etapa da vida, em qual camada da personalidade nós nos encontramos? Ao fazer este curso com o professor Olavo de Carvalho, pude perceber com clareza que os nossos comportamentos, convenientes e inconvenientes, estão de alguma forma correlacionados com a camada da personalidade que nós nos encontramos, e ainda que, reconhecendo a camada da personalidade que ambos se encontram, inconveniente e público alvo do inconveniente, é possível identificar e entender o porquê daquele comportamento, seja ele incrivelmente equilibrado e agradável, ou inconveniente; para o GPCI foi algo espetacular!

É básico que saibamos que a nossa personalidade não é uma árvore que nasce pronta; como uma semente, ela precisa passar por inúmeras transformações evolutivas, antes de se tornar uma árvore capaz de produzir frutos, capaz de alcançar um estágio onde alguma atividade intelectual seja razoável. Não estamos falando de idade cronológica, estamos falando do *"ser humano adulto"*, isto é, aquele que reconhece que as suas obrigações sociais não bastam; sabe que existe algo muito maior, sublime, que dá sentido a vida. Alguém disciplinado que se propôs estudar e refletir sobre ideias, com variados temas e com uma boa base ética; ideias boas, justas e que sempre priorizam o coletivo sobre o individual.

Antes de entrarmos no tema propriamente dito, vamos dar uma rápida passada por Sigmund Freud e Jean Piaget.

De acordo com Freud, todos nós passamos por estas 5 Fases de Desenvolvimento: *Fase Oral* (0 – 1 ano), *Fase Anal* (1 – 3 anos), *Fase Fálica* (3 – 5 anos), *Fase de Latência* (5 – Puberdade) e *Fase Genital* (Puberdade – Vida Adulta). Enquanto Freud analisa as dimensões *latente e manifesta* do sonho, ou seja, analisa o sonho verdadeiro e sonho que nós contamos (sonho disfarçado) respectivamente, com o objetivo de explicar e justificar a relação entre sonho e estrutura inconsciente, Piaget se esmera em examinar e considerar o que está camuflado na *psique*, na alma, a partir da consciência.

Segundo Piaget, crianças seriam pessoas cuja inteligência apresenta padrões, características de egocentrismo intenso, que se resume na confusão entre *significante e significado (signo linguístico)*. O termo significante *(imagem acústica)*, é utilizado para designar algo que tem prioridade, que se sobrepõe ao significado (conceito). Piaget diz que a criança se adapta ao mundo de forma cada vez mais satisfatória; assim propõe quatro Estágios do Desenvolvimento da criança: *Sensório Motor* (0 – 2 anos), *Pré-operatório* (2 – 7 anos), *Operatório Concreto* (7 – 11 anos), *Operatório Formal* (12 – vida adulta).

Segundo o Professor Olavo de Carvalho, quando nós observamos a conduta de qualquer ser humano e, sobretudo a nossa conduta, nós constatamos que todos os elementos que compõem uma personalidade estão presentes no outro também. O professor explica que nós, seres humanos, temos os mesmos instintos, as mesmas necessidades, os mesmos sentimentos de base, os mesmos impulsos, enfim as mesmas tendências naturais; só que a diferença entre um ser humano e outro, não está nesses elementos psicológicos que o compõe, mas simplesmente na forma que o conjunto adquire, e, essa forma, é também finita, transitória, ela muda com o tempo. O professor esclarece que embora todos esses elementos estejam ali, e a forma também seja alterável, nós podemos visualizar, observar essa forma; podemos aprender essa forma, nos vários momentos da vida de uma pessoa, através das seguintes perguntas: *Qual é o objetivo dominante que orienta o conjunto dos esforços dessa pessoa? Ou seja, o que essa pessoa está procurando o tempo todo? O que ela está buscando no fundo de todos esses objetivos; no fundo de todas essas emoções; no fundo de todas essas situações e fases que ela vivencia? Qual é a chave de tudo isso?*

O Professor explica que se nós observarmos um bebê recém-nascido, a gente conclui que o primeiro impulso, o primeiro desejo fundamental do bebê é a *descoberta* e a *exploração* do seu próprio corpo. O professor exemplifica que para o bebê tudo é muito estranho, ele repara o movimento das suas mãos, dos seus braços, dos seus dedos, dos seus pés, sempre com o objetivo de dominar tudo isso; o bebê vive numa *busca eterna de autoprazer*. Segundo Piaget, a criança nasce num universo para ela caótico, habitado por objetos flutuantes, instáveis; chamado por ele de período sensório motor. O professor Olavo de Carvalho diz que o nosso primeiro centro de interesse é essa busca incessante de autossatisfação, mas enfatiza que esse centro de interesse jamais será abandonado, porque todos nós temos interesse no próprio bem-estar pessoal, todos nós temos interesse no próprio corpo; ninguém é totalmente indiferente ao seu próprio corpo.

O professor elucida que a própria *disciplina corporal*, a qual uma pessoa se impõe, é um esforço de apropriação do corpo. Na medida em que nós estamos tentando dominar o corpo, nós estamos tentando personalizá-lo. E ele exemplifica: Quando nós decidimos fazer uma dieta, ou um trabalho de definição muscular, ou um jejum prolongado, nada mais é do que uma tentativa de domínio do próprio corpo, uma forma de nós provarmos que o corpo é nosso, e que nós não estamos dispersos naquele conjunto de órgãos, sistemas e impulsos; existe um centro que domina tudo isso. Portanto, este esforço de dominar, de *personalizar o próprio corpo*, é a primeira coisa que um bebê faz, essa é a *Primeira Camada da Personalidade*. Reiterando, ela estará sempre presente; nós nunca a perderemos.

O professor explica que com o passar dos anos, obviamente, acontecerá uma passagem para outros centros de interesse, onde os *"instintos corporais"* começam a se dirigir a vários elementos do mundo exterior; e exemplifica: Uma criança tem prazer de comer determinadas coisas e tem horror de comer outras coisas, então a criança personaliza a expressão do seu instinto. O professor explica que todos nós temos um instinto básico de fome, e que os nossos instintos de certa forma se equivalem, mas existe uma individualidade, nós gostamos de comer coisas distintas, nem sempre gostamos das mesmas coisas, ou preferimos o mesmo brinquedo, ou a mesma atividade; seja ela qual for. Isso significa que a criança tomou posse de uma camada um pouco mais ampla do que o seu próprio corpo, ou seja, houve uma evolução, a criança subiu um patamar; essa é *Segunda Camada da Personalidade.*

O professor Olavo de Carvalho chama essa Segunda Camada de *Círculo dos Instintos*, que se prolongam para além do corpo. Ele explica que selecionar e atender esses instintos, é um esforço que vai muito além do domínio do próprio corpo; nós formamos os desejos predominantes. A evolução é um fato, nós subimos um patamar, nesse estágio nós podemos optar, podemos escolher comer várias coisas distintas; um recém-nascido ainda não faz escolhas, não tem poder de decisão, ele come apenas aquilo que lhe oferecem, leite, mingaus, sopinhas etc.; ele não conhece esses alimentos, a ponto de poder escolher. O professor nos convida a imaginar o tempo necessário para que uma criança adquira expertise, experiência suficiente, capaz de fazê-la identificar o tipo de sopinha, a textura, o sabor, o tempero, a temperatura. Ele diz que a criança no início, não percebe a diferença das papinhas, mas com o tempo, ela vai personalizando tudo isso. *A Segunda Camada da Personalidade é exatamente essa personalização dos gostos, dos desejos, das preferências; e esse discernimento permanece em nós o resto da vida.*

O professor sempre insiste em lembrar que cada uma dessas camadas da personalidade permanece em nós para sempre. Da mesma forma que os Níveis de Força se integram nos níveis seguintes, cada camada é integrada na camada seguinte, e se torna uma expressão da seguinte; só que na medida em que isso acontece, a camada seguinte a transcende; e, muitas vezes, a supera de forma gigantesca. Essa é a grande diferença dos Níveis de Força; neles, os níveis anteriores "são fortalecidos" e "não são transcendidos" pelos níveis seguintes. Com relação às camadas, o professor explica que o corpo da criança na primeira camada era soberano, representava o universo. O círculo das atividades que uma criança de três ou quatro anos gosta ou não, transcende infinitamente o tamanho e a esfera do seu próprio corpo. O professor esclarece que o corpo permanece dentro da segunda camada, só que foi colocado de lado, ele não é mais o objeto de atenção, ele passa para um segundo plano, enquanto o foco de interesse avança para uma camada ainda maior.

O professor chama a Terceira Camada da Personalidade, de *"Círculo das Relações Sociais"*, que também supera infinitamente o *"Círculo dos Instintos Corporais"*, ou seja, a camada daqueles banais sabores e instintos. O professor explica que nessa camada, nós teremos que adquirir novos códigos e novas possibilidades de ação, que na camada anterior nós não enxergávamos, elas eram inconcebíveis para gente. Ele descreve que uma criança que está na segunda camada, não faz muita diferença entre pessoas e coisas, no que diz respeito a sua conduta com aquela pessoa, ou no tratamento daquela coisa; assim a diferença entre alguém, dotado de vontade própria como um ser humano, ou de um cachorro, um gato, ou um simples carrinho de madeira, ou uma boneca de pano, não é algo evidente para a criança, porque ela os vê apenas como *seus objetos de desejo*, e não como figuras externas que têm uma vida ou uma existência independente.

O professor explica que a Terceira Camada, *Círculo das Relações Sociais*, suscita em nós, saber que *"os outros não são eu"*, mas, eles também decidem, geram ações, significam algo; e que nós não podemos submetê-los aos nossos desejos. O professor diz que essa é uma descoberta formidável porque nós descobrimos que não mandamos no mundo, descobrimos que precisamos nos relacionar com todos esses seres e, que ainda precisamos aprender a regra do jogo. Nesta fase, para nós conseguirmos o que queremos, existem outras táticas menos infantis, existem linhas de ação e estratégias mais inteligentes, não rola mais aquela artimanha de *gritar e fazer força.*

O professor explica que a criança na primeira camada, demonstra o seu querer chorando, gritando, mas em seguida, na segunda camada, aprende a fazer força para conseguir aquilo que ela deseja. Ele explica que na primeira camada, quando uma criança está manuseando um brinquedo, e o brinquedo não procede da forma como ela deseja, ela simplesmente destrói o brinquedo, ou joga o brinquedo para o alto; e caso esteja brincando com um amiguinho, ou com o irmãozinho, ou com um gato ou um cachorro, procederá da mesma forma, como se o outro fosse um simples objeto; sempre reivindicando a sua *força física.*

O professor aclara que na Terceira Camada da Personalidade, Círculo das Relações Sociais, nós entendemos que existe um imenso oceano de relações, de regras, de signos (elemento básico de entendimento de um código – signo linguístico: significante e significado), que envolvem também a comunicação, ou seja, todas as linguagens verbais, não verbais e para verbais. Trata-se, portanto, de um mundo gigantescamente mais complicado, e deste acúmulo de experiências, forma-se então um quarto círculo.

O professor chama a Quarta Camada de *"Mundo dos Sentimentos"*, historicamente consolidados, ou seja, nós já temos uma história respeitável. Ele explica que as coisas passam a ter uma *significação temporal*, abre-se o mundo do tempo, nós já vivenciamos muitas coisas, possuímos coisas que pertencem a um passado, talvez nem tão distante, mas a distinção de passado, presente e futuro torna-se importante demais. O professor esclarece que agora, nós somos capazes de fazer uma história do nosso sucesso e das nossas frustações, a partir da qual nós fazemos um esboço, nós delineamos esperanças, objetivos e sonhos; é toda uma *personalização do mundo emocional.*

Onde entra a formação do "Eu"? O professor explica que é muito difícil, a gente não consegue saber exatamente a questão da formação, entretanto nós descobrimos o "EU", quando descobrimos que existe o "OUTRO". *O Eu se forma junto com o entendimento do outro; quando eu percebo que o outro existe.*

O professor explica que quando nós chegamos à Quarta Camada, nós já temos uma história pessoal, inclusive com relato dos próprios sentimentos. O professor explica que é na Quarta Camada que os nossos planos são traçados pela primeira vez; os nossos sonhos e aspirações são projetados e planejados pela primeira vez. O professor complementa que pela primeira vez sonhamos com o futuro, sonhamos com algo que nós desejaríamos ter ou ser. O professor esclarece que nesta Quarta Camada, nós passamos a ter consciência do abismo que existe entre o real e o imaginário, e nós descobrimos que em torno de uma determinada situação, existe todo um mundo de signos, desejos, aspirações e símbolos. Ele conclui que parte desse mundo nós podemos dividir com outras pessoas, mas esse mundo, nitidamente se distingue do mundo físico; nós até sabemos que tudo aquilo é real, mas não está fisicamente presente. O professor explica que esse mundo dos sentimentos e emoções está *"dentro da gente"*; entre aspas no sentido de que não é acessível a outras pessoas, é acessível apenas para nós que estamos sentindo aquilo. Ele diz que mesmo que uma outra pessoa sinta a mesma coisa, nós só saberemos através de sinais externos, através da percepção, por isso é chamado de *Mundo dos Sentimentos*, das emoções; não existe sinergia, sintonia, não existe um compartilhamento imediato do sentimento.

O professor Olavo de Carvalho complementa, fazendo uma analogia, explicando que por outro lado, como essas emoções englobam a totalidade da nossa experiência, somos nós que estamos dentro dela, como se estivéssemos dentro de uma grande bolha na qual nós não conseguimos sair; nós somos rodeados por um estado de medo, de tristeza, e nós não conseguimos sair de dentro dela. O professor exemplifica com a seguinte expressão: *"Eu preciso sair dessa!"* Ele explica que essa locução não existiria, se nós não estivéssemos vivenciando, de verdade, essa experiência de estar dentro de uma atmosfera de sentimentos, como se o sentimento estivesse espalhado no espaço, como uma bolha.

O professor explica que na Primeira e na Segunda Camada, como bebês, nós buscávamos a satisfação física; sendo que na primeira camada, agindo apenas sobre o próprio corpo, e na segunda camada agindo sobre os objetos em torno. Na Quarta Camada, nós também estamos buscando a satisfação, mas buscamos modalidades mais sutis de satisfação, buscamos satisfações emocionais; é a *busca da felicidade* e a fuga da infelicidade. E isso vai formar para sempre a constelação de símbolos, de signos que representam para nós a felicidade, o infortúnio, a alegria, a tristeza e assim por diante.

O professor explica que a *Quarta Camada*, é um período de *intensa busca de autossatisfação*. Os adolescentes buscam, insistentemente, situações que lhes pareçam estimulantes, como aventuras, festas, esportes, passeios, e até mesmo encrencas. Nesta Quarta Camada, nós buscamos sentir determinadas coisas e não sentir outras; é uma busca obsessiva. O professor explica que isto também se conserva dentro de nós, porém, chega a um ponto que tudo isso se esgota, e a mera busca do sentir, não resolve mais a situação; porque de certo modo a experiência se torna repetitiva e sempre fadada ao fracasso.

O professor explica que existe um momento na vida que nós percebemos que, se nós quisermos, de verdade, estabilizar determinados sentimentos, a primeira coisa que nós precisamos aprender, é *"nos sentirmos bem com nós mesmos"*, e isso, definitivamente, não é a mesma coisa que "buscar felicidade"; dessa forma a gente entra na *Quinta Camada.*

O professor Olavo de Carvalho explica com mais detalhes, essa passagem para a quinta camada, ele diz que Felicidade é sempre algo que vem de fora; felicidade é uma situação, é um estado, é um dom qualquer que nós recebemos, e exemplifica: Se nós nos apaixonamos por alguém, a nossa felicidade depende da retribuição dessa pessoa, e o máximo de infelicidade será a indiferença. O professor coloca que a continuidade dessas experiências emocionais, aventuras, festas, esportes, passeios e encrencas, chega a um ponto que nós acabamos percebendo que, de uma forma ou de outra, nós somos os autores dos nossos próprios estados, ou seja, nós percebemos que grande parte do que nós sentimos, não depende do que os outros fazem, mas sim do que nós fazemos. O professor explica que é o momento exato de tomarmos posse de nós mesmos, não no sentido corporal como na Primeira Camada, mas no sentido existencial total, ou seja, *nós precisamos provar que somos nós os donos do nosso próprio destino; entramos assim na Quinta Camada.*

O professor elucida que, de agora em diante, existe uma mudança no critério, ao invés de *felicidade x infelicidade*, o critério passa a ser *vitória x derrota*; nós precisamos vencer, nós precisamos provar para nós mesmos, em primeiro lugar, que nós somos alguma coisa. Ele diz que o fundamental nessa quinta camada, é tomarmos posse da nossa força; é nos sentirmos alguém que cria situações que dependem, exclusivamente, de nós mesmos. Isto significa que neste período, o grau de felicidade ou infelicidade recebida de fora, já não é tão importante; porque mesmo os fatores que poderiam nos deprimir, nós encaramos como desafios que nós precisamos que vencer. O professor explica que na Quinta Camada, nós precisamos sair vencedores em tudo; mas, o professor deixa claro que, nós só estamos tentando provar algo para nós mesmos. Ele afirma que a vitória é subjetiva, porque somos nós, conseguindo olhar para nós mesmos, com orgulho; este orgulho é importante demais neste período, só que um dia todos nós, de uma forma ou de outra, saímos da adolescência, e temos necessidade de fazer um algo mais, além de provar para nós mesmos o nosso próprio valor.

O professor sempre repete que cada uma dessas Camadas anteriores se conserva, só que elas agora viram *"ferramentas"* para a conquista de um objetivo que as englobam e transcendem. O professor explica que na Quinta Camada, nós estamos buscando, sobretudo, *a vitória e o sentimento do nosso próprio valor, da nossa própria capacidade, da nossa própria força; e nós nos entregamos a isso de corpo e alma*. O professor diz que nessa Quinta Camada todo o nosso mundo emocional, passa a ser um agente produtor de vitórias ou derrotas; por exemplo, nós percebemos que precisamos ter um certo domínio sobre alguns sentimentos, ou seja, nós precisamos reprimir determinados sentimentos, caso contrário, eles irão nos atrapalhar nessa luta para consolidarmos o nosso próprio valor. O professor esclarece que aqueles sentimentos estão ali, continuam ali, mas eles se integram diferentemente numa outra camada superior. O professor diz que da mesma forma, tudo o que nós aprendemos nas relações sociais, na linguagem, nos signos, ou seja, nos sinais que indicam ou expressam alguma coisa, está lá; tudo está lá, mas agora está organizado, em razão de um novo objetivo.

O professor Olavo de Carvalho explica que, como nós ganhamos o mínimo indispensável de autoconfiança, sem a qual não seria possível sobreviver no meio social, nós precisamos avançar, passar para uma outra Camada. Só que nessa Sexta Camada, o que verdadeiramente interessa é nós obtermos algum resultado real; já não é mais nós sentirmos a nossa força ou que valemos alguma coisa, e o professor exemplifica: Se nós arrumamos um emprego, não basta apenas aquele sentimento do "Eu sou o cara!"; agora é uma necessidade, nós temos a obrigação de fazer algo concreto, algo que de fato funcione naquele ambiente de trabalho; consequentemente, nós temos que conseguir um resultado objetivo, ainda que esse resultado objetivo valha pouco pra gente num cenário de autoafirmação, quinta camada, ou num contexto de felicidade e infelicidade, Quarta Camada; e assim por diante.

O professor elucida que *a Sexta Camada é acima de tudo, de responsabilidade contábil*, o que de fato interessa é *o crédito superando o débito*; ou seja, algum resultado nós precisamos conquistar. O professor explica que na Sexta Camada nós nos estressamos muito, chegamos próximos à exaustão; estresse é uma palavra-chave em razão das inúmeras preocupações com os horários e com a distribuição da nossa energia, mas com uma particularidade, o nosso repouso precisa estar inserido dentro de uma máquina, dentro de uma "grande estrutura" que visa objetivos que não são os nossos; o repouso, o descanso, a folga, a licença, não estarão dentro dos critérios do nosso bem-estar físico, da nossa conveniência; nós nos sacrificaremos para fazer algo concreto. Como o professor disse, *o crédito deve superar o débito.*

O professor Olavo de Carvalho explica que após essa conquista, a de fazer algo concreto, normalmente a ficha cai, as escamas dos olhos caem e a gente passa a enxergar com mais nitidez; a gente percebe que existem outras pessoas que se relacionam conosco, e que também estão buscando os mesmos objetivos, as mesmas vantagens; e que também não nos consideram seres superiores. Cada uma delas tem as suas metas, os seus desejos, e não vão permitir que nós nos intrometamos nas suas vidas. Pela primeira vez a gente acorda e descobre que não somos os únicos que têm propósitos e sonham, e que ninguém considera que os nossos objetivos são os mais importantes. Isso significa que nós entramos na Sétima Camada.

O professor ilustra que *na Sétima Camada, a consciência dos direitos e deveres é algo que se percebe com bastante clareza;* é algo fundamental. O professor explica que nessa Camada, não é apenas a organização da nossa vida que interessa, não é apenas o encaixe da nossa vida dentro da tal "estrutura maior" que rende, que arrecada alguma coisa para gente, mas é a adaptação do nosso esquema, da nossa disciplina e organização pessoal, no relacionamento com os out*ros.* É exatamente nessa etapa, Sétima Camada, que nós desenvolvemos o entendimento de cidadania, que é saber que nós temos direitos e deveres limitados, e que os outros também têm; e ainda, que a nossa autoridade é limitada e deve ser exercida.

O professor Olavo de Carvalho explica que este autodomínio dos direitos e deveres chega até a gente, não sob a forma especulativa de um Código Penal; *especulativa no sentido de estudar apenas para conhecer, não para praticar.* Tampouco sob a forma dos Dez Mandamentos, mas chega sob a forma de um *Código de Lealdade*, vigente naquele ambiente que nós estamos, e que nós precisamos seguir. O professor reforça que nessa sétima camada nós precisamos aprender a lidar com tudo isso; e faz um duplo e incisivo questionamento: *Eu serei um bom colega dos meus colegas, e sigo uma linha contrária, talvez aos meus princípios e aos padrões de conduta da minha empresa; ou me comprometo com meus superiores hierárquicos e cumpro o meu dever na íntegra, seguindo as normas e diretrizes da minha empresa?*

O professor explica que é uma sinuca de bico, assim faz a seguinte reflexão: Se eu demonstrar competência e agradar os meus superiores, consequentemente, eu serei desprezado, serei execrado pelos meus colegas, mas em contrapartida terei mais chances de evoluir, de crescer na empresa. O professor explica que essas estratégias ocultas de convivência no trabalho, fazem parte de um aprendizado natural, elas são fundamentais para a nossa sobrevivência. O professor explica que nessa sétima camada, as estratégias não visam mais, apenas produzir um rendimento para nós, mais visam obter para nós, o apoio da comunidade. *Nós precisamos conquistar o respeito da comunidade, precisamos aprender a usar inteligência emocional,* e quem sabe, até sermos admirados pela comunidade, sem sermos hipócritas e demagogos, mas sendo justos e leais, de acordo com as normas e diretrizes vigentes naquele local de trabalho. Não é fácil, todavia precisamos aprender a agradar a gregos e troianos.

Percebam que nós estamos na Sétima Camada da Personalidade, o professor explica que agora o nosso foco é aprendermos esses *"códigos de lealdade"*, mas, sobretudo, adquirirmos competência para colocá-los em prática. Indiscutivelmente, a Opinião do Público passa a ser ainda mais relevante, e o nosso futuro depende dessa opinião. O professor explica que para conseguirmos um lugar ao sol na sociedade, precisamos ser aceitos pela comunidade; assim, sabedoria, habilidade, perspicácia, competência e criatividade, são palavras-chave para conseguirmos agradar os nossos superiores, sem perder, por inteiro, o elo de solidariedade com os antigos colegas. Precisamos exercer a nossa autoridade, conscientes de que ela é limitada, mas deve ser exercida.

Ainda *"interiorizados"* na sétima camada, o professor chama a atenção para a existência de uma possível e pequena preocupação quanto a *justiça ou injustiça, resultante dessa nossa conduta infame*, de se prostrar para o *código de lealdade*, mas apesar de ser uma preocupação presente, essa aflição, essa ansiedade *"ainda não é"* o centro das atenções. O professor coloca que os nossos esforços ainda estão fortemente focados numa *"acomodação social"*, através da adaptação e aprendizado do código vigente naquele ambiente; e não no *"julgamento"*.

O professor Olavo de Carvalho explica que só depois de termos logrado êxito, isto é, estarmos bem acomodados socialmente, somos impulsionados e nos sentimos capazes de fazer uma completa análise, avaliação e estudo de situação, onde finalmente nos questionamos sobre: *O que eu fiz da minha vida? O que eu fiz foi justo ou injusto? É isso que eu quero? Eu sou um fracasso ou sucesso?* E por aí vai. O professor explica que somente quando estamos nesse ponto, somos seres humanos verdadeiramente maduros; não apenas indivíduos, mas homens adultos que têm autoconsciência, capazes de se autojulgar, lúcidos de que as nossas obrigações sociais não são suficientes, que existe para além das obrigações sociais algo muito maior; existe uma consciência moral, uma segurança interior imediata de que alguns comportamentos são corretos e outros não. Assim, tendo o discernimento como palavra-chave, entramos na oitava camada.

O professor sempre procura reiterar que, para quem está numa determinada camada, os objetivos da camada seguinte são incompreensíveis, inacessíveis, invisíveis; e exemplifica: Para um bebê que está em plena segunda camada, como ser, só ele existe, e o mundo em torno é objeto. Dessa forma, ele tentará submeter fisicamente as coisas, forçando o brinquedo a fazer o que ele quer, forçando o cachorrinho a fazer o que ele quer. Uma pessoa individualista, que está na segunda camada, age exatamente dessa forma. O professor explica que a segunda camada é quando nós forçamos tudo, forçamos a natureza. Ele explica que a próxima camada, que é uma etapa de intercomunicação e de negociação, é inimaginável para nós que estamos na segunda camada. Ele explica que qualquer sinal que venha de uma das camadas superiores, é incompreensível; será interpretado por nós, dentro da própria camada que nós nos encontramos, como algo inacessível. E exemplifica, muitos pais tentam dar explicações a uma criança que está em plena segunda camada: *"Não, você não pode fazer isso, você não pode fazer aquilo, por isso, isso e isso..."* O professor Olavo explica que a criança interpreta tudo isso, como uma imposição de força física mediante o tédio, a criança não consegue entender uma única palavra. Ele explica que, para uma criança em plena segunda camada, da mesma forma que ela aceita uma ordem, ela não aceita explicações, tampouco broncas, conjecturas, é descabido; ela simplesmente não aceita, assim sendo, devemos apenas falar NÃO e pronto. O professor conclui que as broncas e as explicações na segunda camada, apenas servem para enervá-la e deixá-la ainda mais rebelde e entediada.

O professor esclarece que do mesmo modo, quando uma criança está na Terceira Camada, em plena conquista da sua rede imediata de relações, no *"círculo das relações sociais"*, todo o *"mundo das emoções pessoais"* é incompreensível para ela. Ele diz que por esse motivo os adolescentes parecem insensíveis, parecem cruéis. O professor explica que na Terceira Camada, nós estamos no mundo dos jogos; é interação, é troca, é a descoberta desse instrumento incrível de ação que é a linguagem, nós podemos conseguir o mundo, através da verbalização.

O professor descreve e explica que tudo isso ocupa de tal modo a nossa mente adolescente, que seria impossível que nós imaginássemos que, aquela nossa atitude cruel, insensível, indiferente, típica de Terceira Camada, pudesse, por exemplo, magoar, ferir uma outra pessoa. Tampouco, as pessoas conseguiriam, "explicar pra gente" o que é Magoar; nós simplesmente não entenderíamos. Esse comportamento inconveniente é culposo. O professor esclarece que a temática da camada seguinte é incompreensível, é invisível "pra nós" que, nesse exemplo, nos encontramos na terceira camada.

O professor explica que somente quando chegamos à Quarta Camada, somos capazes de entender algo tão óbvio; pela primeira vez nossos planos são traçados, e nós começamos, a sonhar com o futuro, com algo que nós desejaríamos Ser ou Ter. Passamos a ter consciência do vácuo existente entre o real e o imaginário, e nós descobrimos que em torno de uma determinada situação, existe todo um mundo de signos, desejos, aspirações e símbolos.

O professor nos faz refletir sobre, como é pobre a situação da sociedade em que vivemos, nos aconselhando a observar em torno, de preferência com o coração, como dizia Antoine de Saint-Exupéry, *o essencial é invisível aos olhos;* para que enxerguemos a multidão de pessoas incapazes, mas que querem ser felizes, e que para isso contam com os outros, contam com a proteção dos outros. Pessoas que vivem buscando uma atenção, buscando um carinho, buscando um espaço, mas que não são capazes de fazer absolutamente nada, e pior, não tentam ser capazes. E o professor prossegue; pessoas que fogem dos desafios da vida, ou seja, não chegaram nem na quinta camada; e ele completa, isso é uma tragédia!

O professor explica que só na Oitava Camada, camada do *"homem adulto"*, nós, seres humanos, passamos a ter consciência de que as nossas obrigações sociais não são suficientes; enxergamos que existe para além delas uma grandeza do sentido da vida, da consciência moral, do discernimento, e assim por diante. O professor explica que é claro e evidente que nós já conhecíamos o certo e o errado, mas é só quando chegamos nesse ponto, *"homem adulto"*, é que interiorizamos efetivamente a questão do *discernimento.* Para qualquer pessoa que esteja nas Camadas anteriores, na Sétima, Sexta, Quinta etc., o certo e o errado são elementos do mundo exterior; *na Oitava o discernimento está dentro, interiorizado.*

O professor explica que se nós estamos na Segunda Camada, o discernimento é uma *"força física"* que está se impondo a nós; nós não fazemos o errado, para não apanharmos dos nossos pais, e só por isso. Se nós estamos na terceira camada, o discernimento é *um "elemento de jogo";* é quando nós aprendemos, por exemplo, *que nós podemos nos fingir de bonzinhos; aprendemos que nós podemos fazer uma coisa fingindo que estamos fazendo outra.* Na Quarta Camada o bem para nós, é aquilo que nós amamos, *"aquilo que nos faz sentir bem";* é o mundo dos sentimentos, tudo para nós é uma questão de felicidade ou infelicidade. Na Quinta Camada o bem é *"aquilo que nos dá a vitória"*, é aquilo que reforça o nosso ego; aquilo que nos deprime parece o inimigo, o demônio. Na Sexta Camada algum resultado real nós precisamos conquistar, é o *"crédito superando o débito"*. Na Sétima Camada acordamos e percebemos que *"existem outras pessoas que se relacionam conosco"*, entendemos o que é cidadania e aprendemos que existe um *"código de lealdade"*.

O professor Olavo de Carvalho explica que apenas quando chegamos à Oitava Camada é que interiorizamos verdadeiramente a questão do discernimento; até então, o certo e o errado eram apenas elementos do mundo exterior. *Somente na Oitava Camada o problema do bem e do mal, efetivamente, começa a existir para nós.* O professor explica que a "crise" caracteriza a oitava camada, e nessa camada, nós refletimos sobre as nossas falhas com relação ao sentido da vida, nossa vida fica meio insossa, aguada, passa a não ter muito sentido; nós reconhecemos e nos arrependemos dos nossos pecados. O professor explica que normalmente, nós, seres humanos adultos, paramos por aqui; entretanto, existem aqueles que avançam para uma nova camada, onde todas essas perplexidades, contradições e dificuldades observadas e reconhecidas, acabam servindo para uma descoberta óbvia e incrível. Descobrimos na nona camada, conforme explica o professor Olavo de Carvalho, que nós somos componentes estruturais da vida humana, que todos os seres humanos tiveram as mesmas dúvidas, os mesmos sofrimentos, as mesmas angústias; e assim aprendemos que não são problemas apenas nossos, são problemas da humanidade, e aprendemos através da cultura; lendo, examinando, ponderando, refletindo, ruminando, enfim, nos mantendo informados.

O professor explica que através desse esforço para absorver toda essa experiência humana, ou seja, aprender com os erros e com os acertos daqueles que passaram, tal como nós, pelas mesmas dificuldades, angústias e sofrimentos, caso não encontremos, através dessa experiência humana, uma solução para os nossos dramas pessoais, certamente encontraremos uma nova razão de viver; e é exatamente isso que o Professor Olavo de Carvalho chama de *Personalidade Intelectual.*

O professor explica que nós adquirimos uma personalidade intelectual quando "tudo" o que acontece conosco passa a ter uma considerável expressão pública, ou global, ou mesmo pessoal; o que acontece com a gente, já não é vivenciado apenas como um problema pessoal nosso, mas como exemplo, como símbolo, como reflexão ou sugestão de estudo que tenha relevância social ou individual.

O professor ilustra que as pessoas ficam tentando imaginar como são as camadas seguintes, mas segundo ele, é apenas uma curiosidade intelectual; ele enfatiza que, o que verdadeiramente interessa, não é nós examinarmos as camadas seguintes, mas examinarmos "A SEGUINTE"; é nós sabermos onde nós estamos.

Tentando atender uma necessidade que é relativa à Nona Camada, o professor explica que no Brasil, especificamente na sociedade brasileira, a função intelectual foi mal definida, ela não é clara para este público. Ele diz que a felicidade como prazer é um resultado mais ou menos acidental, e cita São Tomás de Aquino *"o prazer é um efeito colateral subjetivo, resultante de uma coisa que deu certo."* O professor explica que o prazer não é um objetivo, ele nunca é um objetivo, afinal de contas o prazer é um termo abstrato que designa uma constelação de sentimentos, que podem diferir muito de uma pessoa para outra, então o prazer é evanescente e efêmero, ou seja, caduco e instável demais para nós ficarmos buscando.

O professor explica que é fundamental entender que é preciso buscar algo concreto, e exemplifica: *"O que é o prazer gastronômico?" "Nós podemos comer o prazer gastronômico?"* Não, não se come prazer gastronômico, nós comemos algo concreto; e como resultado, poderemos ter prazer ou não. O professor lembrou que São Tomás de Aquino tinha razão, nós comemos, aquilo funcionou, então nós dizemos que temos prazer. *Prazer é o nome que nós damos ao efeito colateral subjetivo de alguma coisa.* O professor explica que *"Felicidade"* é também a mesma coisa, buscar a felicidade é bobagem, porque nós nunca sabemos o que vai nos deixar felizes ou não, mas, é certo que, algumas coisas nos deixam felizes e, outras infelizes, portanto, são essas coisas que nós precisamos buscar. Ele diz que a nossa investida deve ser para buscar, conquistar algo, e não simplesmente pela *"busca da felicidade"*; o professor diz que buscar a felicidade é fazer buraco na água. O professor conclui explicando que lá atrás, quando passamos da quarta para a quinta camada, é porque isto tornou-se óbvio; isso se entende no início da quinta camada. O professor explica que quando buscamos a felicidade ficamos infelizes, ela não pode ser assegurada a ninguém; portanto, é melhor nós buscarmos a vitória, a autoafirmação, a força, enfim, algo concreto; que vai além de todo o esforço na procura da felicidade. Se alguém promete felicidade a alguém, é um importante indicador de que ainda não rompeu a 4ª camada.

O professor Olavo explica que é um enorme problema, o fato de estarmos efetivamente numa determinada camada, mas a nossa existência social real, está nos vinculando a uma camada seguinte; isso é sempre um fator gerador de infinitos equívocos. Usando empatia, imagine um sujeito que esteja em plena quinta camada, e arruma um emprego, onde o meio profissional funciona de acordo com as normas e diretrizes dos membros daquela coletividade, com os direitos e deveres, recíprocos, arranjados de modo que cada um atenda os seus próprios interesses, da melhor maneira possível e sem pisar no interesse do outro. O professor explica que na quinta camada o sujeito busca "autoafirmação", o critério dele é vitória x derrota; ele precisa vencer, ele precisa provar para ele mesmo, em primeiro lugar, que ele é alguma coisa. Para ele o fundamental é tomar posse da sua força; é se sentir alguém que cria situações que dependem, exclusivamente, dele mesmo. O professor conclui que esse sujeito poderá destruir a harmonia existente naquele ambiente, com grandes chances de ser rejeitado pelos membros daquela comunidade, e que ainda ficará sem saber o motivo da rejeição. O professor explica que ele entenderá tudo isso, em termos de quinta camada, "caramba, me dei mal!" E não interessa o que seja, o que importa para ele é provar a sua força, a confissão da sua fraqueza é terminantemente indigna, é a completa infelicidade, assim ele tentará muitas vezes, e o desajuste ficará cada vez mais profundo. Esse é indiscutivelmente um enorme problema; o sujeito de uma camada anterior, que cai de paraquedas num ambiente, que exige uma linha de ação de uma camada posterior.

O professor Olavo de Carvalho explica que, infelizmente, invocar o santo nome de Deus em vão, virou uma espécie de mandamento herege obrigatório. Muitas pessoas usam o nome de Jesus, de Maria como um selo capaz de santificar àquela fala. O professor diz que antes de falarmos em nome de Jesus, é preciso que aprendamos a falar no nosso próprio nome. Antes da camada oito, nós não falamos nada em nosso nome; nós só teremos voz própria, personalizada, quando nós tomamos posse da nossa vida inteira, como problema; quando nós formos capazes de meditar sobre o passado, sobre tudo o que nós fizemos, e, chegamos a conclusão que nós podemos ser um grande fracasso, ou que nós podemos ter traído ou destruído tudo, ou seja, enquanto nós não tivermos uma espécie de *"crise de maturidade"*, nós não temos voz nenhuma, nós não falamos sequer em nosso próprio nome, somos uma espécie de papagaio, nós apenas ficamos repetimos o que nós ouvimos, ou ainda, aquilo que nos parece conveniente dentro da regra do jogo, e o pior, sempre falando em nome de Deus. O professor explica que isso é um gigantesco prognóstico de subdesenvolvimento mental e espiritual; as pessoas estão blasfemando o tempo todo e não percebem. *Não usar o santo nome de Deus em vão é um dos dez mandamentos. Nós não temos o direito de atribuir a Deus, aquilo que nós estamos falando; isso é uma enorme ofensa a Deus.*

O professor explica que numa sala de aula, em razão da individualidade, sempre existirão alunos com mais dificuldade de aprendizado, mas que estes não nos fazem perder tempo. Nunca é perder tempo nós sermos repetitivos, recordarmos determinadas coisas para que todos entendam, compreendam por inteiro. O professor fez a seguinte pergunta: *"Se nós amarrarmos dois burros, um no outro, e colocá-los para correr, qual será a velocidade da dupla?"* E respondeu: *"Certamente, será a velocidade do mais lento. O mais lento tem sempre a capacidade de atrasar o mais rápido; o mais rápido é impedido de usar todo o seu potencial, é impedido de demonstrar a sua velocidade"*. Portanto, o aluno que apresenta maior dificuldade no aprendizado, é aquele que precisa receber mais explicações, e com mais carinho e tolerância. E aqueles que já dominam o tema, que já absorveram o conteúdo, sairão mais reforçados, com o domínio do conhecimento.

O professor explica que o exercício da vida intelectual é feito de determinadas virtudes, a capacidade de nós conhecermos as coisas com acerto, ou melhor, a capacidade de nós descobrirmos a verdade faz parte da virtude; não é uma questão de QI, não existe este negócio de inteligência como se fosse um instrumento que nós dominamos.

O professor Olavo diz que a nossa inteligência é função do nosso amor pela verdade, e exclusivamente disso. Ele diz que ter amor pela verdade, em primeiro lugar, é querer conhecer a verdade sobre nós mesmos; no sentido de que alcançamos a oitava camada, ou seja, nós somos alguém que reconhece a própria insuficiência, nós sabemos e reconhecemos a nossa miséria humana, os nossos erros, limitações, conflitos e problemas. Sabemos até que muitas dessas misérias, nós tentamos com todas as forças vencê-las, mas por inúmeros motivos não fomos felizes, não conseguimos a vitória sobre elas; e que talvez, não consigamos vencê-las.

O professor explica que na verdade, lá no fundo, todos nós sabemos que essa estratégia de simular e praticar virtudes, é algo ridículo e medonho. A própria expressão praticar virtude é descabida, porque virtude é uma força, e essa força é Deus que nos dá; e Ele pode ou não, nos dar. Aristóteles dizia que nós somos o que repetidamente fazemos; a excelência portanto, não é um feito, mas um hábito. Assim, virtude também pode se tornar um hábito, que é aquilo que nós alcançamos ou adquirimos pela prática repetida; então aquilo é incorporado em nós, e nós nos esquecemos que temos aquilo. É quando a virtude se torna SABEDORIA!

O professor Olavo de Carvalho explica que são exatamente essas virtudes/sabedoria, que nós nem sabíamos que tínhamos, que de fato interessam, porque já fazem parte da gente. Essa virtude/sabedoria é algo natural, não é aquilo que nós fazemos porque nós queremos fazer, nós fazemos porque nós não conseguimos não fazer. Tal fato me fez lembrar da minha sogra, que quando vê um morador de rua, não consegue não ajudar; não importa o que falam, os riscos, as inúmeras possibilidades de ilicitudes, vícios; ela simplesmente ajuda. Um outro exemplo eram os meus pais com relação ao perdão; eles tinham o instinto do perdão. Quando alguém lhes fazia algo ruim, os seus primeiros estímulos eram o do perdão. Todavia, existem aqueles que, ao contrário, enxergam imediatamente, uma bela justificativa para se vingar.

O professor explica que existe um outro critério para falarmos de virtudes, e coloca algumas perguntas muito pertinentes. *Quando nós devemos entrar numa briga? Quando nós temos o direito de ficar com raiva, e por este motivo, agredir uma pessoa? Quando nós temos o direito de denunciar alguém publicamente, por estarmos indignados?* O professor explica que, para todos aqueles que têm uma Personalidade Intelectual, nós só temos o direito de entrar numa briga, se ela tiver uma importância moral objetiva, não para nós, mas como exemplo para uma coletividade, uma comunidade ou para a humanidade em geral. Se nós não encaramos as coisas dessa maneira, nós estamos com critérios de outra camada. O professor conclui que nós não podemos, de forma alguma, nos abalar com ofensas pessoais; nossas preocupações precisam ser maiores do que essas ofensas. *As verdadeiras ofensas, são as ofensas contra o próprio Deus; entretanto, as pessoas que mais ofendem Deus, são aquelas que normalmente falam em nome Dele.*

Como as Camadas se integram nas camadas seguintes, elas simplesmente deixam de ser o foco, mas permanecem lá dentro. Em razão disso, o professor explica que a vida intelectual pode atender as oito Camadas anteriores, desde que ela seja o centro articulador de todos os nossos esforços; a Camada seguinte é sempre a camada dominante. A pergunta seria: É possível nós avançarmos camadas? O professor explica que sim, é possível; e diz que nós podemos e devemos precipitar a crise de passagem, mas, para isso, nós precisamos primeiro reconhecer, admitir de forma consciente e equilibrada, a nossa verdadeira Camada. Esse sincero e honesto reconhecimento, não nos dará uma maturidade mágica de forma imediata, mas antecipará a crise de passagem.

O professor explica que o critério para nós descobrirmos em qual Camada nós nos encontramos é simples, basta fazer algumas perguntas e refletir: *Onde me dói? O que me ofende demasiadamente? O que me magoa profundamente?* E exemplifica: Visualize duas crianças pequenas, onde uma tenta tirar o brinquedo da mão da outra, e a que tenta tirar o brinquedo é imediatamente agredida pela outra. Perceba que simplesmente contrariar o instinto daquela criança já é ofendê-la, ou seja, ela está na camada dois; o que quer que se oponha ao seu instinto, dói nela. O professor explica que se nós somos o tipo de pessoa que vive magoada, ressentida e ofendida com o mal que nos fazem ou fizeram; se não aceitamos uma rejeição; por exemplo: *"o meu relacionamento acabou, então o meu mundo acabou"*; certamente nós estamos na camada quatro, e assim por diante. Se nós não suportamos uma derrota, e em tudo nós temos a necessidade de mostrar que somos os melhores, é um claro sinal de Quinta Camada; significa que nós ainda não estamos preparados para a vida em sociedade. A Quinta Camada é própria da faixa etária, talvez entre quinze e dezessete anos, onde nós ainda temos pais que nos protegem; o pai é uma espécie de mediador na vida social, nós ainda não temos uma função própria.

O professor responde a uma outra pergunta: *Nós podemos regredir de Camada?* Sim, podemos; claro que não é algo normal, e talvez seja temporário, mas suponhamos que nós estejamos vivendo um momento crítico, uma situação extrema, onde nós estejamos num "CAMPO DE CONCENTRAÇÃO" sem ter o que comer, sobrevivendo na miséria. Diante deste quadro, não nos resta "outra alternativa", a não ser a de tentar sobreviver, assim, obviamente, nossas únicas preocupações serão as de camada dois; todavia, espera-se que seja algo temporário.

O professor esclarece que na medida em que nós passamos de uma Camada para outra, a tendência é nós nos aproximarmos de pessoas que também estão na mesma Camada, e por estarem na mesma Camada, entendem as coisas no mesmo código que nós entendemos. Quando nós passamos de uma Camada para outra, mas só convivemos com pessoas da Camada anterior, nós enfrentamos muitos problemas; as dificuldades com relação a assertividade, são gigantescas; porque apesar de nós falarmos o que nós queremos falar, as pessoas não conseguem entender aquilo que nós falamos, devido aos ruídos e falhas na comunicação, ou seja, o que nós falamos tem um significado completamente distinto para aqueles que nos ouvem. De alguma forma, somos impedidos de desenvolver, ou melhor dizendo, somos forçados a regredir. E o professor faz a seguinte pergunta: *Quanto tempo nós suportaríamos esse isolamento?*

O professor Olavo de Carvalho diz que diante de um quadro como este, é possível que nós cortássemos a própria cabeça, simplesmente para que ela voltasse a ser do tamanho das dos outros; cortaríamos, para que os nossos amigos passassem a gostar da gente novamente, e assim por diante. Portanto, é natural que as pessoas busquem uma convivência mais intensa com pessoas da mesma camada, pessoas que tem os mesmos interesses e os mesmos pontos doloridos.

O professor responde a uma outra pergunta: *A estabilidade financeira é um fator decisivo para escalarmos uma camada?* Definitivamente não, diz ele; a estabilidade financeira não é um fator decisivo para subir na camada. Perceba que o elemento principal, indispensável para subirmos de camada, é exatamente que a presença ou ausência de estabilidade financeira não nos afete mais. Se nós precisamos da estabilidade profissional/financeira para evoluir, é porque nós estamos atolados na sexta camada; nós ainda não conseguimos a eficiência necessária. Na sexta camada nós precisamos obter um resultado real.

O professor explica que a eficiência não pode ser vista só dentro do ponto de vista profissional, a eficiência tem que ser vista dentro do nosso rendimento total; dentro da nossa condição de vida. Se nós nos contentamos com uma posição medíocre, com uma posição modesta na vida, para que tenhamos tempo de fazer outras coisas, ótimo! Está perfeitamente resolvido; a eficiência neste caso, é enorme! O professor explica que se nós estudarmos a vida de ilustres personagens da história, veremos uma quantidade enorme de filósofos e escritores que tomaram essa decisão, e viveram muito bem assim. Contudo, se continuamos, pelo fato de termos uma posição modesta, sentindo-nos incapazes, é porque nós estamos na quinta camada; queremos nos sentir bem com nós mesmos. Se por problemas funcionais, nós não organizamos a nossa vida suficientemente modesta, e continuamos contraindo dívidas, com preocupações diuturnas, isso caracteriza problemas de Sexta Camada. A estabilidade, é algo que não depende de nós.

O professor Olavo de Carvalho explica que a Camada Seis é prática, é econômica, "pão/pão queijo/queijo", na

Camada Seis tudo tem que funcionar; para resolvermos essa Camada, a total apatia, frieza e indiferença para lidar com essas coisas é fundamental, ou seja, é importante que nós não permitamos que os problemas desta camada se transformem em problemas emocionais de Quinta ou de Quarta Camada. Se nós estamos abalados pelos problemas da sexta camada, é porque nós não estamos na Sexta Camada.

O professor explica que a Sexta Camada é pura aplicabilidade, eficiência e eficácia, ou seja, nós não estaremos preocupados com os problemas, mas como vamos solucioná-los; precisamos obter algum resultado real. *"Não durmo de tanto pensar naquele dinheiro que eu te devo..." O credor dirá: "Se você ficar sem dormir, do que me adianta?"* Ou seja, o credor não quer o nosso sofrimento, a nossa preocupação, mas simplesmente o dinheiro que nós devemos; assim sendo, *o que eu preciso fazer para resolver isso? Como eu vou ganhar dinheiro para pagar esta dívida?* O professor diz que quando estes problemas nos deixam constrangidos, nos deixam humilhados, na verdade eles estão impedindo a nossa eficiência.

O professor explica que estaremos na Camada Seis, quando solucionarmos os problemas da Camada Seis, com os critérios da Camada Seis, e não com os critérios das camadas anteriores. Ele alerta que se nós agirmos assim, diante esse tipo de problema, nós devemos agir da mesma forma com o outro; ou seja, não devemos "torrar o saco" do nosso credor, caso contrário, seremos incoerentes.

O professor responde a mais uma pergunta: *Nós podemos estar em várias Camadas ao mesmo tempo?* Não, isso nunca acontece; sempre existirá uma Camada dominante. É ali onde dói, e é ali que nós buscaremos os nossos objetivos, ainda que nós estejamos nos ocupando com assuntos que, teoricamente, pertencem a outras camadas; por exemplo, *se nós estamos com muitas dívidas, este é obviamente um assunto de Camada Seis, mas se nós estamos tratando este assunto com os critérios da Quarta camada, ou seja, estamos sofrendo, nos acusando, nos lamentando; é um sinal claro de que nós estamos na Quarta Camada, embora teoricamente o assunto pertença à Sexta Camada.*

O professor diz que com o passar do tempo, de acordo com a idade, os problemas da camada seguinte nos perseguirão de qualquer maneira. *Por exemplo, ainda que nós não tenhamos evoluído, mais cedo ou mais tarde todos nós seremos pessoas fisicamente maduras, e provavelmente os outros nos enxergarão como pessoas maduras, embora nós não sejamos.* O professor explica que os problemas da Camada seguinte já estão presentes, mas nós não estamos presentes a eles. Os problemas da Camada que "nós nos encontramos", são sempre resolvidos por nós, pela camada mais baixa; e dá os seguintes exemplos: Se o que eu estou buscando nas pessoas é prazer, satisfação, felicidade, eu estou obviamente na quarta camada. Nós esperávamos algo, mas como não aconteceu, ficamos magoados; as pessoas não nos atenderam, não nos deram atenção, não foram simpáticas e eu fiquei muito ofendido; eu esperava aquilo e aquilo não aconteceu. O professor explica que isso, obviamente, caracteriza a Quarta Camada, ainda que nós estejamos lidando com assuntos da Sexta Camada, tais como dívidas; ou ainda, que estejamos estudando Santo Agostinho, São Tomás de Aquino, Santa Teresa D'Ávila ou Santa Catariana de Siena; todos, doutores da igreja.

A pergunta e o exemplo de um caso real a seguir, surgiram de um aluno durante a preleção do professor Olavo de Carvalho. Um médico renomado com uma vida estável, se perdeu e virou mendigo por ter perdido o amor da sua vida. Isso pode acontecer? Em que camada ele estava? O professor explicou que sim, pode acontecer, e que o médico estava na quarta camada, ainda que tenha alcançado uma vida estável. O professor explicou que alcançar uma vida estável, não tem nada a ver com a camada que nós nos encontramos. Nós podemos nascer em berços de ouro, com uma vida estável, mas isto não quer dizer que nós estejamos na sexta camada, ou que tenhamos passado por ela. O professor deu o seguinte exemplo, *nós podemos ser formados em direito, consequentemente, nós temos uma ideia dos códigos de "direitos e deveres recíprocos" em todos os lugares; perceba que isto não quer dizer que nós estejamos na sétima camada. Se nós temos uma dúvida da camada anterior, ou melhor, se o problema da camada anterior nos absorve, nós estamos nesta camada; nós não estamos na seguinte, ainda que nós estejamos nos ocupando dos assuntos da seguinte.* O professor prosseguiu explicando que nós só avançamos de fato, nós só passamos para a camada seguinte, quando aquilo desaparece da gente e só reaparece nos termos da camada seguinte. Disse que os objetivos de cada camada, em razão da escalada, passam a ser buscados de uma maneira indireta, e, definitivamente, não são mais assuntos que nos incomodam; e deu alguns exemplos: *Muitas pessoas têm medo de falar em público; este é um assunto de quinta camada, mas quando escalam para a camada seguinte, falar em público não as incomoda mais.* O essencial para falar em público é nos concentrarmos no assunto, é ter o domínio do conhecimento, é ter o domínio daquele tema; é quando nos esquecemos de nós mesmos, e, sobretudo, do público; só o assunto interessa, as ideias surgem porque só o assunto importa.

O professor Olavo de Carvalho explicou que o problema *"intolerância com o erro"* é relativo à sexta camada; nesta camada tudo precisa funcionar. As coisas precisam funcionar, de forma que nós pensemos nelas o mínimo possível, por exemplo: Nós temos um problema funcional qualquer para resolver, um problema de praticidade; dependendo da pessoa, é interessante que façamos o pedido sem muitas palavras, mediante um gesto, mediante uma simples ação que resolva. Se precisarmos verbalizar, devemos nos preocupar com assertividade. Se não formos assertivos na verbalização, certamente o outro criará um segundo problema em cima do primeiro; esse é um contratempo clássico de comunicação. Assertividade é nós falarmos o que nós queremos falar e as pessoas entenderem perfeitamente bem aquilo que nós falamos. Existem muitos problemas que nós sabemos fazer, sabemos solucionar, mas não sabemos verbalizar, não somos assertivos; o que acaba gerando intolerância.

O professor exemplificou e explicou que, quando nós buscamos aquela sensação de se sentir bem por termos feito algo sublime, é porque estamos na Quarta Camada; nós estamos buscando a nossa felicidade. *Quando nós entendemos que fazer o bem é algo natural e obrigatório, e que nós não estamos fazendo nada além da conta, talvez estejamos avançando para a quinta camada.* O professor disse que existe uma pressão enorme, para que as pessoas permaneçam na Quarta Camada; disse que a busca pela autossatisfação é realmente obsessiva, e que por isso nós sempre buscamos intencionalmente uma recompensa emocional. Quando nós buscamos recompensas emocionais, normalmente, saímos frustrados.

O professor citou o Padre Pio, disse que ele nos aconselhava a buscar um humor estável, um estado normal de humor; nem morrendo de felicidade, tampouco de infelicidade, nem triste nem alegre, simplesmente um estado normal; e esse estado normal é genuinamente uma alegria permanente. O professor explicou que é verdadeiramente incrível, porque dessa forma, nós estaremos permanentemente felizes. O nosso nível de infelicidade não abaixa, não reduz; todavia, nós só conseguimos este feito, quando dedicamos a nossa vida a algo que está muito acima de nós. O professor concluiu, explicando que este é um sinal evidente de que estamos curados, deixamos de ser um problema, uma vez que toda essa tragédia evolutiva é para que nós nos esqueçamos de nós mesmos.

Obrigado, Professor Olavo de Carvalho, o senhor cumpriu a sua missão com louvor; que Deus o receba nos Seus braços!

Capítulo 117

Compartilhando o Resultado

Neste centésimo décimo sétimo capítulo, temos como objetivo específico, identificar e explicar os comportamentos inconvenientes, mais recorrentes e difíceis de serem administrados na família; e que causam os maiores estragos.

Com esse Capítulo que nós vamos iniciar agora, nós fecharemos o Conteúdo deste Livro de GPCI. Confesso que nos desfechos sempre acontece uma mistura de sentimentos; sobretudo, alegria e tristeza. Querendo ou não, a pandemia acabou nos aproximando um pouco mais da família, inclusive, favorecendo o treinamento de GPCI, onde ele é mais difícil; no seio familiar! Em razão disso lembrei-me de uma pesquisa que eu fiz há algum tempo, uma espécie de levantamento, tipo uma pesquisa mesmo com algumas turmas, sobre os comportamentos inconvenientes mais recorrentes e difíceis de serem administrados "na família"; aqueles que causavam mais estragos. Assim, eu escolhi *três comportamentos inconvenientes* realmente delicados, mas que se destacaram nessa relação para que nós fechemos este livro. Só que existe um pequeno detalhe, eu não vou falar quais são; você terá que percebê-los! Combinado? Portanto, vamos ao desafio!

A palavra "Amor" têm algumas particularidades, algumas variantes, e existem alguns "comportamentos inconvenientes" que nos obrigam a entender um pouco melhor essa palavrinha simples, mas de uma complexidade incomensurável. Tem um cenário curioso que nós abordávamos muito na segurança privada, especificamente na minha empresa; o cenário de nós percebermos o "Amor" através da "Filosofia". Existem inúmeras modalidades de amor, mas quatro modalidades de amor se destacam: o amor Eros, o amor Storge, o amor Philia e o amor Ágape.

O amor Eros é o amor do desejo sexual. Na mitologia Romana é o Cupido, aquele das flechas. Na mitologia grega, o Deus Eros é o deus da paixão, do erotismo. É o amor da genitália! da sexualidade! Ele enquadra e ajusta o ser humano na sua totalidade. O amor Eros tem a ver com união carnal, com aquele sentimento de excitação dividido com o outro fisicamente; sentimento de carne!

Um outro tipo de amor é o Philia – Filos, que significa do amigo. Filosofia significa amigo do conhecimento. Esse amor Filos é um tipo de amor que nos une, nos reúne como parceiros, amigos mesmo, na visão de amizade, do carinho; perceba que tem tudo a ver com a empatia. Trata-se daquele afeto que você tem por uma determinada verdade, não necessariamente por alguém. Você pode sentir esse amor pela "forma de pensar" do outro; pela forma como você se identifica com o pensamento daquela pessoa. Você não quer ir para cama, você "não tem" um desejo sexual por aquela pessoa. De repente você se apaixonou pelo jeito como aquela pessoa verbaliza, se posiciona ou ensina uma determinada técnica; ou ainda, como aquela pessoa silencia, reflete. É uma forma de amor sem erotismo.

Uma outra forma de amor é o Storge; vem do grego – significa "afeição". Esse termo indica a afeição natural, aquela afeição natural que os pais sentem por toda a sua geração. Acontece especialmente na família, entre seus membros. É um amor que nasce sem compromisso com irrealidades, é o amor natural. Aliás é o mais benéfico dos afetos, nasce na família, é o afeto com a família, especialmente entre os membros da família. É aquele cuidado natural, involuntário, como o amor dos pais pelos filhos, dos avós pelos netos e vice-versa.

Tem também o amor Ágape. É aquele amor totalmente abnegado, é o amor mais puro; talvez uma palavra que o defina bem seja incondicional. Como diz o Padre Fábio de Melo, é o amor que faz com que a gente ame o outro mesmo na inutilidade. *Aquela pessoa é completamente inútil para nós, ela não tem absolutamente nada para nos oferecer, talvez em razão de um Alzheimer, mas a gente não consegue viver sem ela*; por isso é incondicional.

Quando nós falamos de amor conjugal, nós falamos de uma mistura de todos eles. Nós, geralmente, não nos casamos com uma pessoa que nós não nos identificamos; por exemplo no ponto de vista intelectual, talvez quem sabe, religioso, político, cultural, quando a divergência é muito acentuada; enfim! Se nós não temos pelo menos alguns pontos em comum, fica difícil um relacionamento, não é verdade? Não vai rolar! Aquela estória que depois de casado muda, é a maior furada.

É claro que somos diferentes, pensamos diferente e existe uma individualidade; mas, nesse caso do cônjuge, é preciso que tenhamos mais coisas em comum. É exatamente para isso que existe o namoro, certo? O fato é que faz parte da natureza humana sentir atração sexual por outra pessoa; e isso é perfeitamente natural. Todavia, quando nós somos atraídos pela sensualidade, pelo perfume, ou mesmo pelo momento, e, como agravante, a nossa competência, o nosso instinto de homem ou de mulher – que não sabe que somos casados, ACORDA! O que vai prevalecer, é sem dúvida o Treinamento. Aquele mesmo "Treinamento" que nós usamos para enfrentar o Congestionamento. Você se lembra? Como você vai gerenciar, como você vai administrar aquilo que a pessoa despertou em você, é que vai fazer toda a diferença.

Não é porque eu sou casado que eu estou imune a sentir atração por uma outra mulher. Eu não estou falando que é fácil, tampouco julgando ninguém; sei que é difícil demais, mas, aí é que entra a disciplina, a responsabilidade, e o treinamento daquele propósito de fazer o que é certo; e não o que nós queremos, ou o que dá prazer. O problema é que, se nós estivermos na imaturidade, na ignorância, na irresponsabilidade, talvez vivendo um momento difícil na relação ou passando pela Síndrome da Adolescência, aí de fato, é muito complicado, e o resultado poderá ser um desastre para ambos.

Outro dia eu ouvi da Lucila, minha esposa, que *quando nós emolduramos os nossos Medos, a Coragem faz as malas e vaza, vai embora.* Logo em seguida eu recebi de uma pessoa que está com muito medo, de tudo o que passamos e estamos passando com relação a pandemia, o seguinte diálogo:

A Morte perguntou para Vida:
- *"Por que todo mundo te ama e me odeia?"*

A Vida respondeu:
- *"Porque eu sou uma linda mentira e você uma verdade dolorosa."*

Eu acredito que nós só entendemos a realidade da Vida, de verdade, quando de verdade, nós entendemos a realidade da morte. Eu entendo que a morte é a Vida eterna! Mas, o objetivo aqui não é criar polêmica, a Morte vai continuar sendo um dos maiores mistérios da Vida.

O que de fato nos interessa é outra coisa, a nossa palavra-chave é a Verdade! E a Verdade muitas vezes acaba sendo colocada em segundo plano. A mentira é um comportamento "extremamente inconveniente," e a decisão de assumir a verdade na nossa casa, no nosso trabalho, dentro do tatame, com os nossos amigos e alunos, é nossa! E esta será sempre a melhor decisão, e com certeza, o comportamento mais "CONVENIENTE", mesmo que as vezes tenha um gosto amargo de fel.

Nós sabemos que existem situações difíceis, complicadas, mas o que passou, passou. Nós não podemos ficar presos a tumba do faraó por uma linha fraquinha, toda puída né! Nós, que temos uma equipe, um time sob nossa responsabilidade, quem sabe alunos, ou talvez filhos; enfim, pessoas que nós amamos e estão ao nosso redor, precisamos com todas as forças trazer o "Exemplo" de volta para sua posição de destaque. Este sempre foi e sempre será o melhor caminho! Todas estas pessoas são espertas demais e elas estão atentas às nossas atitudes, muito mais, mas, muito mais do que nas nossas "belas e sábias palavras." Sabe aquela história? "Palavras convencem pessoas, mas os exemplos arrastam multidões"; portanto, dê o exemplo. Nada é tão contagioso como o exemplo!

Nós vamos fechar esse capítulo, com uma reflexão bem legal, de um autor desconhecido. É a história de uma formiga que carregava uma folha enorme; carregava com muito sacrifício. Foram muitos os tropeços, mas nada impedia a formiga de cumprir aquela Missão e, assim, derramando sangue, suor e lágrimas, caindo e se levantando, a formiga, finalmente, chegou até a sua casa. Na verdade, era um buraco; o problema é que a folha era gigante, muito maior do que aquele pequeno orifício. Assim, a formiga entrou sozinha. Coitada! Tanto sacrifício pra nada! Mas, de repente, do buraco saíram outras formigas que rapidamente começaram a cortar a folha em pedaços, e em pouco tempo, aquela folha em pedaços, estava no interior do buraco.

Quantas vezes nós desanimamos diante das dificuldades? Talvez se a formiga tivesse olhado para o tamanho da folha, nem teria começado a carregá-la. A conclusão, é que nós precisamos da Determinação daquela formiga para que nós consigamos administrar os conflitos e os problemas do dia a dia. Também da Perseverança, para nós não desistirmos diante das quedas e, é claro, que nós não podemos nos esquecer da Humildade; é muito legal, quando nós compartilhamos o resultado, compartilhamos o êxito da chegada; mesmo quando o trajeto, por algum motivo, é solitário.

Talvez, nem você tenha percebido a quantidade de conhecimento que você adquiriu e o quão apto você está.

Você tornou-se de verdade, um líder, um expert em segurança pessoal e relacionamento humano, com uma base muito forte, *capaz de usar a inteligência emocional como autodefesa.* Você cumpriu a sua missão! Você agora, está PREPARADO para administrar todos os conflitos e problemas que surgirem, adotando sempre as medidas e atitudes preventivas, para que eles sejam minimizados, ou mesmo eliminados, através da projeção do resultado futuro das suas possíveis escolhas. E é com muito orgulho que nós queremos parabenizá-lo pela sua conquista. Você tornou-se um Estrategista em Segurança, que usa com elegância e generosidade a Inteligência Emocional na resolução dos conflitos e problemas do dia a dia. Para encerrarmos, não serei omisso; você aprendeu que ninguém é bom naquilo que não pratica, portanto, isso aqui, definitivamente não é o fim, mas o início de uma longa jornada, onde *somente os mortos verão o final deste treinamento*; você aprendeu o segredo, a FÓRMULA, assim, convidamos você para que estejamos, de alguma forma, sempre juntos nas redes sociais, através do site: ***gpci.online***, e quem sabe, em prováveis encontros presenciais futuros. Forte abraço! Fique com Deus! Osu.

Impressão e acabamento
Gráfica da Editora Ciência Moderna Ltda.
Tel: (21) 2201-6662